明清汉语语法研究丛书
丛书主编　石锓

- 国家社会科学基金重大项目"类型学视角下的明清汉语语法研究"（15ZDB098）成果

基于类型学视角的明清汉语并列标记研究

闫长伟 ◎著

华中科技大学出版社
http://press.hust.edu.cn
中国·武汉

◎ 丛书主编

石锓 男，湖南临澧人。文学博士，博士生导师，湖北大学文学院二级教授，湖北大学"沙湖学者计划"领军教授。公开出版学术专著6部（含合著），主编、协助主编和参与撰写教材多部。主编并出版"明清汉语语法研究丛书"。主持并完成国家社会科学基金重大项目1项（首席专家）、国家社会科学基金一般项目2项。曾获得第六届高等学校科学研究优秀成果奖（人文社会科学）二等奖、第十四届北京大学王力语言学奖二等奖、第六届湖北省社会科学优秀成果奖三等奖、第十届湖北省社会科学优秀成果奖二等奖、第十二届湖北省社会科学优秀成果奖三等奖。曾获得"湖北省有突出贡献中青年专家"称号、湖北省第二届"楚天园丁奖"。

◎ 作者简介

闫长伟 男，文学博士，毕业于北京语言大学，师从华学诚教授，后又在湖北大学文学院博士后流动站工作，合作导师石锓教授。研究方向为词汇学、历史语言学、语言类型学。

总 序
Introduction

"明清汉语语法研究丛书"是国家社会科学基金重大项目"类型学视角下的明清汉语语法研究"（项目编号：15ZDB098）的结项成果，由《基于类型学视角的明清汉语连动式研究》《基于类型学视角的明清汉语交互表达研究》《基于类型学视角的明清汉语焦点结构研究》《基于类型学视角的明清汉语并列标记研究》《基于类型学视角的明清汉语"V得"致使构式研究》《明代南方官话语法研究》《汉语历时语法与词汇研究》七部著作组成。

《基于类型学视角的明清汉语连动式研究》以明清汉语为研究时段，从类型学的视角出发研究明清时期汉语连动式，在吸收国内外语言连动现象研究成果的基础上，分析考察明清汉语连动式的语法面貌和属性特征，提出了可操作性的判定标准，厘清了一系列相关概念，并在此基础上探讨其跨语言的个性特征及共性特征。明清汉语连动式的发展已较为成熟，结构形式和语义表达丰富多样。该书在系统描写的基础上，对明清汉语连动式的句法结构和语义特征进行比较分析，从历时性角度对其结构特征、地域特征和时代特征进行考察，进而分析和探讨了其演变过程和相应的动因机制。

《基于类型学视角的明清汉语交互表达研究》以表达交互义的核心要素为线索，从交互标记、指代交互、言语交互、空间交互和行为交互五个方面，全面综合地描写了明清交互词语的使用情况。通过广泛细致分析各核心要素的交互表达理据，本书发现普遍存在的交互范畴可以从施受关系、共事关系和客观时空关系三个方面进行描写和判定，并依次制定了与以往不同的更全面的交互判定标准。通过细致的考察，本书揭示了"相"与"互"交互义的来源差异以及由此带来的用法上的差异，发现并揭示了比较范畴中的交互表达的典型性斜坡，发现并揭示了"彼此"的交互表达功能源于它的指代性。交互范畴是语言中的显性范畴，本书力图通过对明清汉语交互词语的描写与解释，以期能起到抛砖引玉的作用，从而推动更多相关研究的出现。

《基于类型学视角的明清汉语焦点结构研究》以明清汉语焦点结构为研究对象，考察了明清汉语焦点结构的使用情况与整体特征，重点探究了明清汉语中特有的"×的是、×便是"以及"是、只、就、才、连"字结构、"重动句和分裂结构"在这一时期的使用，对它们的句法和语义特征进行了详尽的描写。本书在共时层面上提出了全新的焦点结构分类方法，根据焦点结构所处的逻辑位置将焦点结构分为前置型焦点结构、后置型焦点结构、连接型焦点结构以及背景标记型焦点结构。前置型焦点结构句法上具有浮动性，语义上表示排他或者限定；后置型焦点结构句法上常位于句末，语义上暗含取舍；连接型焦点结构在句法上连接两个成分，语义上则存在多种类型；背景标记型焦点结构存在提示句中某项作为背景的成分。在历时层面上探讨了各类焦点结构的来源及其演变，前置型焦点结构最早产生，连接型焦点结构随后，后置型焦点结构在元明汉语中产生并出现了结构替换，背景标记型焦点结构则是在近代汉语中产生。本书对部分结构的来源及演变提出了新的看法，其中包含了前置型焦点结构"是"的产生历程，前置型焦点结构（限定副词）"就"来源于纵予连词"就"等相关研究。

《基于类型学视角的明清汉语并列标记研究》以明清汉语为研究时段，以"并列聚合"下的并列、承接、递进、选择四类连词为具体切入点，在系统描写的基础上，着重从历时性角度对汉语并列标记的来源、发展、演变及其内部动因进行了系统性的探讨。明清时期单语素并列连词仍占重要地位，主要承担句内连接的作用。这一时期，框架式并列连词集中出现并臻于成熟，填补了汉语句际并列连词的缺失。明清时期单语素承接连词衰萎，双音承接连词占主导地位，并且单语素双音节两类连词语法功能上的分工更加明显。单语素承接连词主要用于句内连接，没有句际分句或句子之间的用法，双音承接连词则一般用在句际分句，基本没有句内用法。明清时期通过同义复合、词组凝定、词汇黏合等方式新生一批双音递进连词，否定词和限止副词跨层黏合而成的"不但"类与否定词和言说动词黏合而成的"不说"类，在这一时期表现出强大的能产性和类推性。明清时期新生选择连词构成这一时期选择连词系统的主体，结构式的连词化是选择连词生成的重要方式。本书较为完整地描写了明清时期并列结构的概貌，并通过与共同语乃至其他地区的方言进行比较，从而弄清共同语和不同方言区之间并列标记的共性和个性，为更准确、科学地勾勒近代汉语语法提供了材料及理论支撑。

《基于类型学视角的明清汉语"V得"致使构式研究》以明清汉语"V得"致使构式为研究对象，在类型学视角与构式语法框架下，从构件特点、各子构式的形式与语义特点、构式在时间和空间上的特征等角度对该构式进行了全面、详尽的描写。同时基于构式层级互动与构式网络理论，研究了该构式内部、外部的互动，构建其所在的汉语致使构式网络，并从历时演变角度探讨了该构式在网络中作为节点的出现及其演变路径。基于相关研究，本书得出了主要结论：明清该构式各类子构式在形式结构、语义特征上都存在明显区别；该构式处于致使连续统的最右侧，是间接致使；其构式内部和构式外部存在互动关系和承继链接，其与英语 into-致使构式存在特殊联系；从明清到现代汉语，该构式谓词性致使者趋多，无生命致使者趋多，特殊子构式种类增多，多结果类"V得"致使子构式趋少；该构式在南北官话中存在不同特征。本书提出了汉语"V得"致使构式新的分类方法，并基于构式语法层级互动理论，探讨了"V得"致使构式内部、外部的互动。此外，本书结合语义地图与致使连续统理论，简略绘制出了汉语致使构式网络，分析了其在汉语致使构式网络中的地位及作用，考察了该构式与英语 into-致使构式的异同，为完善世界语言致使构式网络提供了类型学支撑。

《明代南方官话语法研究》以《初刻拍案惊奇》和《二刻拍案惊奇》（合称《二拍》）作为"明代南方官话"的代表语料，立足于《二拍》的文本语言事实，从语言类型学理论的思路和视角，对《二拍》的词类和句法现象进行描写和解释。由于涉及"明代南方官话"这个比较大的概念，《明代南方官话语法研究》采用了点面结合、以点带面的撰写原则，既关注描写范围的广度，也对重要的语法点进行专题阐释，关注描写内容的深度。本书坚持的基本研究价值观是描写出明代南方官话语法的基本面貌和重点语法现象的语言学特征，并进行合理的解释。本书的词类部分，主要描写了代词、数量词、介词、连词、助词等语法问题。本书的句法部分，主要阐释了动补结构、双宾语结构、被动结构、疑问句、"比"字比较句、致使结构、处置式等七个重要的句法现象。本书对明代南方官话句法部分的阐释，兼顾了已有的相关研究，同时根据语言类型学的基本原理和理念，结合现代语言学跨学科的价值取向和数据人文研究方法，在对句法现象和句法特征进行具体描写的过程中，融入了新的思考。

《汉语历时语法与词汇研究》基于典型、可靠的文献语料，借鉴语法化、认知语言学等的理论方法，重点对一系列明清时期的语法、词汇现象进行了研究，分析语言成分的典型意义、扩展功能和边缘功能，讨论其历时来源、演变过程和相应的机制与动因。本书所涉及的研究对象，大多是方所词或与方所词有历史关联的语言成分。全书的主要内容包括：样态（或情态）助词"家"的来源和形成以及后续变化；派生语素"家"的类型及其来源与形成；"里"由方位词到语气助词和情貌助词，以及词缀成分"里"的演变；方位词"后"是怎样变化为假设助词和语气助词的；方位语素"头"表示时间的类型、来源与形成；"×间""×/中间"表达时间和事件的类型及其关系；情状助词与词缀"生"的来源；指物名词"东西"的来源及形成；清代以来北京话副词"左不过""左不是"的来源与构成；约量助词"许"与数量形容词"少许"的来源和形成；量词"合"与"盒"之间的关系及其形成；"多""多么"的来源与形成；明清时期南方方言问数词"许多"和问数词"几化（×）"的来源以及功能变化等。结论是基于各章对问题的研究做一些理论或综合性的思考。

"明清汉语语法研究丛书"的出版，不仅得到了国家社会科学基金重大项目资金的资助，也得到了湖北大学文学院"双一流"学科建设经费的支持。在此，对支持本项目立项和结项的各位匿名专家表示衷心感谢，感谢你们一直以来关心和支持本项目的研究工作，并对本项目结项成果提出了宝贵的修改意见。同时，还要感谢湖北大学人文社会科学研究院和文学院领导对本项目的重视，并提供了部分资金支持。最后，感谢本丛书各位作者的努力研究和辛勤付出，以及华中科技大学出版社各位领导和周晓方、宋焱编辑对本丛书出版的大力支持。

2022 年 11 月于湖北大学文学院

前 言
Preface

  明清汉语是汉语发展史上连接古代汉语和现代汉语的重要中间阶段，这一时期既可以体现古代汉语并列标记形成和发展的轨迹，以及"优胜劣汰"的结果，也基本涵盖了现代汉语并列标记的主要成员和基本类型，可以使我们对汉语并列标记系统的认识既有动态性也有整体性。并列关系是汉语关系标记系统中最基本、最重要的类型，将并列、承接、递进、选择作为一个大类进行整体观照，不仅可以在很大程度上形成对其中每类关系标记提纲挈领式的系统性认识，而且还可以在研究视角和方法上形成对其它关系标记的重要参照。因此本书以明清汉语为研究时段，以"并列聚合"下的并列、承接、递进、选择四类连词为具体切入点，在系统描写的基础上，着重从历时性角度对汉语并列标记的来源、发展、演变及其内部动因进行了系统性的探讨。

  "明清汉语并列标记研究"一章，以话语中出现的并列连词为直接研究对象，从形式上将其分为单语素、复合式、粘合式和框架式四类。本章细致分析了每类并列标记的语源和明清汉语使用情况。在此基础上，从来源和系统的调整与发展两个角度得出结论。就来源而言，明清汉语并列标记大致可以分为源于连词和源于非连词两大类型。其中，非连词的诸种词类和结构是并列标记的主要语源成分。随着人类认识能力和语言能力的发展，语言结构在无标记状态下最易传达的关系类型由并列向承接转变。并列结构的本质属性是体现两个以上连接对象之间的对称性和一体性关系，并列结构的形式标记——并列标记，主要是在无标记形式表现并列关系"乏力"的情况下产生。并列标记形成的必要条件：一是可以"减弱时间顺序的干扰"，一是可以"体现对称性和一体性关系"。源于非连词的并列标记就是因为在语义上、功能上或形式上更宜满足"减弱时间顺序的干扰"和"体现对称性和一体性关系"两个条件而经过语法化被语言系统"遴选"而成为并列标记的，主要包括源于伴随介词和源于提顿词的两类单语素并列标记，以及源于复现成分的四类框架式并列标记。源于连词的并列标记则是连词发展与整个汉语发展趋势相适应的结果，是双音化趋势在并列标记系统的体现。就系统的调整与发展而言，明清汉语并列标记系统中，单语素并列标记仍占重要地位，主要承担句内连接。框架式并列标记集中出现并臻于成熟，填补了汉语句际并列标记的缺失。在单语素和框架式的夹缝中，双音节并列标记发展的必要性和可能性始终不高，与其他关系类型的连词系统相比，双音节标记在并列标记系统中的影响较弱。

"明清汉语递进标记研究"一章，以明清语料中出现的递进标记为直接研究对象，从形式上将其分为单语素、复合式和粘合式三类。本章细致分析了每类标记的语源和明清汉语使用情况，在此基础上从来源和系统的调整与发展两个角度得出结论。就来源而言，递进标记也可以分为源于连词和源于非连词两种。同承接相似，递进也是在并列关系基础上衍生出的一类新的关系范畴，是并列项在量范畴基础上的进一步有序化。递进关系的实质可以理解为"纵向并列"，也就是量的增加或蕴含。也就是说，其基本结构是以前项为基点，后项在此基础上呈现出纵向增加或包蕴的趋势。递进标记则是标示和凸显前后两部分之间这种变化趋势的形式标记。源于连词的一种，主要是并列连词因所连前后部分之间某一方面的递次变化渐趋在句意表达中占据主导而逐渐吸收语境赋予义，从而发生转类的结果。在这种转类基础上，单语素递进连词并用，又复合成双音节形式。源于非连词的一种，则是汉语递进标记的主要类型。这种标记表现递进意义的获得，一是句际递进意义灌注到语义虚化、位置适宜的实词之中，一是通过否定词的使用，表示当前数量、范围、程度方面的表述不足以体现问题全貌，为下文在这一方面的进一步说明作铺垫。一是随着意义的抽象和引申，本意表运动变化的动词虚化为可以表示事物、事件、动作行为在数量、范围、程度从多到少、从大到小、从浅到深变化的递进标记。就系统的调整与发展而言，明清汉语递进标记系统中双音趋势明显，聚合性和择一性表现明显。通过同义复合、词组凝固、词汇粘合等方式新生了一批双音递进标记。单语素形式已经不再是这一时期汉语递进标记系统的主体。粘合式成为这时期递进标记中数量最多、用法最齐备的成员，否定词与限止副词跨层粘合而成的"不但"类和否定词与言说动词粘合而成的"不说"类，在这一时期表现出强大的能产性和类推性，通过对两个构成语素的同类替代形成了较大的同义聚合群。

"明清汉语选择标记研究"一章，以明清语料中出现的选择标记为直接研究对象，从用法上将其分为未定选择和已定选择两类。其中，未定选择又分为任选和限选两种，已定选择又分为先取后舍式和先舍后取式两种。本章细致分析了每类标记的语源和明清汉语使用情况，在此基础上从来源和系统的调整与发展两个角度得出结论。就来源而言，根本上讲选择是一种特殊的并列关系，是可能性情境中的并列，平行并列的各项仅能在情境中平等共存，现实中却不能同现而仅能从中择取。选择关系的实质就是"析取式并列"。整体上看，选择标记都是在形式齐整的并列结构中生成，构式的语法化是这类标记形成的重要方式。就系统的调整与发展而言，明清汉语选择标记系统中，沿用前代的不多，新生选择标记构成了这时期选择标记系统的主体，并发展成为现代汉语时期的主要选择关系标记。

"明清汉语承接标记研究"一章，以明清语料中出现的承接标记为直接研究对象，从形式上将其分为单语素和双音节两类。双音节中又根据构成方式的不同分为复合式、附加式和粘合式三种。本章细致分析了每类承接标记的语源和明清汉语使用情况。在此基础上，从来源和系统的调整与发展两个角度得出结论。就来源而言，承接标记主要有两类语源。承接关系的实质可以理解为"历时性并列"，也就是并列关系内部因时间因素的影响越来越明显，经重新分析而滋生出的一类新的关系类型。并列关系的时间因素导致承接关系的产生，从而形成了承接结构的形式标记——承接标记。一类源于某些单语素并列连词，是连词自身功能转类的结果。一类来自非连词，源于汉语中表现时间概念的一些方式，包括时间词、时间介词、指称时间性成分的代词、以本身隐含的时间性表时间概念的动词，以及以它们为中心构成的一些粘合形式，或者逐渐因语境沾染而具有时间表述功能的相关成分等。就系统的调整与发展而言，明清汉语承接标记中单语素形式衰落，双音承接标记占主导，并且两种形式在语法功能上的分工更加明显。单语素承接标记主要用于句内连接，没有用于句际分句或句子之间的用法。双音承接标记则一般用在句际，基本没有句内用法。

目 录
Contents

绪论 ·· (1)

第 1 章　明清汉语并列标记研究 ··· (21)
 1.1　明清汉语并列标记概貌 ·· (21)
 1.2　明清汉语并列标记的来源 ··· (22)
 1.3　明清汉语并列标记的使用情况 ······································· (40)
 1.4　明清汉语并列标记小结 ··· (109)

第 2 章　明清汉语递进标记研究 ·· (112)
 2.1　明清汉语递进标记概貌 ··· (113)
 2.2　明清汉语递进标记的来源 ·· (113)
 2.3　明清汉语递进标记的使用情况 ······································ (133)
 2.4　明清汉语递进标记小结 ··· (197)

第 3 章　明清汉语选择标记研究 ·· (199)
 3.1　明清汉语选择标记概貌 ··· (199)
 3.2　明清汉语选择标记的来源 ·· (200)
 3.3　明清汉语选择标记的使用情况 ······································ (222)
 3.4　明清汉语选择标记小结 ··· (259)

第 4 章　明清汉语承接标记研究 ·· (261)
 4.1　明清汉语承接标记概貌 ··· (261)
 4.2　明清汉语承接标记的来源 ·· (262)

4.3 明清汉语承接标记的使用和发展 ……………………………（285）
4.4 明清汉语承接标记小结 …………………………………………（336）

第 5 章 结语 ………………………………………………………………（338）
5.1 从并列关系标记研究看关系标记的探源方法 ………………（338）
5.2 从并列关系标记研究看关系标记的语法化特点 ……………（339）
5.3 从并列关系标记研究看明清并列关系标记系统特点 ………（342）
5.4 从并列关系标记研究看其下属子系统近代汉语时期特点 …（344）

参考文献 ……………………………………………………………………（345）

后记 …………………………………………………………………………（351）

绪论

一、研究的对象及意义

本书以明清时期的并列标记为研究对象。学界对汉语语法的研究，一般都是重两头（即上古汉语和现代汉语）、轻中间（即近代汉语）。近代汉语语法研究起步较晚，黎锦熙先生于20世纪20年代，提出了"近代语研究"这一问题，但是其研究重点是词汇。直到1955年吕叔湘《汉语语法论文集》的出版，太田辰夫称之为"开辟了前人未曾研究过的领域，宣告了近代汉语研究的黎明"。之后，近代汉语语法研究得到学界的普遍重视，并取得了长足的发展，国内外都取得了一些高水平的研究成果，这不仅丰富了汉语语法史的学术积累，也为汉语语法特点的语言学理论的提升奠定了一定的基础。

在汉语史的分期上，一般把近代汉语的下限定在清初。虽然王力（1957：43）认为公元13世纪到19世纪（鸦片战争）为近代汉语时期，但胡明扬（1991：251）主张"七世纪的唐初到十六世纪末、十七世纪初的清初，上下一千年"为近代汉语时期，并把后期话本（元明到清初《红楼梦》以前）归入晚期近代汉语。蒋绍愚（1994：7）把近代汉语的下限"定为十八世纪中期，或者粗略一点说，定在清初"。清代在汉语史的分期上是一个特殊的时期，从反映口语的方面来看，清代中晚期的语言已基本上和现代汉语一致，王力就以《红楼梦》为主要语言材料写成《中国现代语法》一书。但清代出现很多从中古到现代过渡的语言现象，作为汉语史的研究不容忽视。太田辰夫（1991：212）指出"现代汉语的普通话虽以近代北京话为基础，但二者并不是完全同一的。所以在汉语史上，特别把清代作为一个独立的时代，并把它称为近代，是应该得到认可的"。

但是近代汉语语法研究多集中在中古和唐宋时期，蒋绍愚、曹广顺（2005：26-27）就对近代汉语语法研究的范围问题有过精辟论述，指出："以往对近代汉语的前期即唐宋时期的语法研究得比较多，这在今后还要继续做，但同时要向两头扩展。一是上溯到中古时期，很多近代汉语的语法现象在那个时期萌芽。一是下推到元明清时期，这个时期是近代汉语向现代汉语逐步发展的时候，这方面的研究对于了解现代汉语语法体系的形成和加深对现代汉语语法体系的认识有更直接的关系。"可见，在整个近代汉语的研究中，近代汉语后期的研究显得极为薄弱。即使对近代汉语后期进行研究一般也集中在元明时期，而研究现代汉语的又往往以五四运动以后的文献为主。这样，明清时期的很多语言现象没有得到相应的重视。

从语料的角度来看，明清时期出现了大量的口语体长篇白话小说，如《水浒传》、《西游记》、《金瓶梅词话》、《红楼梦》等，这是文学发展的结果，更是语言发展的结果，是研究近代汉语的重要语料，它的研究对构建完整的汉语史研究体系有重大的意义。徐时仪（2007：178）认为明清时期"渐形成了以北京话为基础的通语，白话也相应地进入了成熟期"。例如从《红楼梦》到《儿女英雄传》到老舍的一些作品，可以清晰地看出北京话的发展线索，《儿女英雄传》是近代清人文康所著的白话小说，以当时通畅的北京口语写成。其曾与《红楼梦》一起被胡适誉为"绝好的京语教科书"，龚千炎（1994）也称"《儿女英雄传》是《红楼梦》通向现代北京话的中转站"。刘冬青（2011）、张云峰（2011）、宋青（2012）就以《红楼梦》、《儿女英雄传》、《正红旗下》为研究对象，分别对北京话的副词、介词、连词进行了历时的研究，他们的研究不仅对构建近代汉语史有重要的意义，而且加深了对现代汉语语法现象的认识。

明清时期还有一些会话书，如《老乞大》、《朴通事》、《训世评话》等，大部分采用纯粹的口语，这些材料非常鲜明地反映了明清时期语言的共时状况以及历时发展的特点，当然有些不全都是当时口语的忠实纪录，可能会夹带一些少数民族语言的成分，即便是这样，也是研究语言接触的极好材料。蒋绍愚、曹广顺（2005）就曾指出："……近代汉语时期是汉语和各种语言频繁接触的时期，语言的频繁接触，对汉语造成了或大或小的影响。研究这些接触及其影响，是弄清近代汉语的面貌及其发展所不可缺少的，而且，可以为研究语言接触的理论提供丰富的资料，并进一步上升为理论。这是近代汉语的一个重要问题，但目前研究得还不多，还有待于深入。"多年来，大家的研究都集中在有限的几部小说和少量的语言接触会话书的研究上。大批口语性强的语料还很少有人涉足。如，明清刑部判案的各类实录语料、各地丰富的地方剧对白、数量庞大的明清其他白话小说、明清西方传教士所写各地语法课本、满汉合璧文书、"兼汉满洲套话"等满汉字书、子弟书等。这些语料需要展开大规模的调查研究。尤其是有一批流失海外的明清白话文献还很少引起注意。

蒋绍愚（2001）指出，从历时发展角度看，汉语各时期的语言现象既有时间差异，也有地域区别。同一语法现象在北方方言、南方方言、语言接触等不同风格的语言中不同的表现对比研究不够，对明清语言语法的多样性特点探讨不够。宋以前的语言还看不出有通语与方言的明显分区，但到了明代，南方话与北方话的区别已比较显著，需要去比较其不同，关注其分化。清代，北京话已基本形成，各地方言语料也相对增多。关注清代北京话的发展和各地方言的发展，两者都是不可偏废的。但是由于受历史遗留文献资料地域性不明确等因素的限制，人们比较关注语言发展的时间性，而不注重地域性的挖掘，目前学界的研究很少注意到这一方面。而地域性的挖掘对汉语语法史研究又极具意义。吴福祥（2005）认为，方言语法史是汉语语法史不可或缺的组成部分，方言语法史研究是当前汉语历史语法研究中亟须大力加强的一个研究领域。近代汉语，特别是明清时期，有不少方言背景明确、可以比较充分反映某一方言语法面貌的语料，明清时期的白话文献大量使用方言俗语，如属南方系语料的《水浒传》、《西游记》、"三言二拍"、《型世言》等，属北方系语料的如《老乞大》、《朴通事》、《红楼梦》、《儿女英雄传》、《燕京妇语》、《歧路灯》等。而且，即使同属于同一个大的方言背景下的文献，还可以继续划分为范围更小的次方言区。如同属北方方言的文献《歧路灯》和《儿女英雄传》，若细分的话，前者属河南方言，后者则属北京话。《金瓶梅词话》、《醒世姻缘传》、《聊斋俚曲集》则以山东方言为背景；"三言"、《型世言》、《官场现形记》等以吴方言为背景，由冯梦龙搜集整理的《明清民歌时调集》，较好地保存着当时吴方言的面貌，是研究吴方言的珍贵材料。

邢福义（1996）指出，普通话即现代汉语共同语里的一个语法事实，往往可以在方言或古代近代汉语里找到印证的材料。冯春田（2002）指出，明清时期的汉语是现代汉语的直接来源，该期的汉语方言又是现代汉语方言的前身。把汉语史研究与现代汉语方言研究结合在一起，是目前汉语史研究的一个重要课题。蒋绍愚（2005）指出，汉语史研究与现代汉语方言研究的结合有极大的好处。汉语史研究依据的是死的历史资料，现代汉语方言是活的语言材料，汉语历史演变中出现的一些语言现象，往往在现代汉语方言中依然保留，把两者结合起来进行研究，可以相互补充。近代汉语又是现代汉语的直接源头，这一时期的方言是现代方言的前身，因此研究明清时期各地区方言的并列结构，可以为现代汉语普通话及各地区方言的并列结构研究提供直接的参照条件，在沟通近代汉语与现代方言研究方面，具有重大的意义。这既可以弥补以往对地域方言并列结构研究不足的缺憾，同时也可以为汉语史研究及汉语历史方言语法研究提供素材。

并列结构是语言里普遍存在的结构式。上古小学家用"兼言、兼之、累数"来指称并列关系（孙良明，2002）。它也是引进最早的语法学概念之一。《马氏文通》中就提出并列句问题，说它是"排句而义无轩轾者"，即"有数句，其字数相同，而句义又相类，或排两句，或叠数句"。20世纪70年代以来，Dwight（1975）、Schachter（1977）、Haiman（1985）、朱德熙（1982）、黎锦熙和刘世儒（1987）、周荐（1987）、徐枢（1988）、廖秋忠（1992）、邢福义（1997、2002）、詹卫东（2000）等国内外学者都从不同角度对并列结构进行了细致的研究。储泽祥（2002）则在其专著《汉语联合短语研究》中，通过八大相互联系的专题，深入描写和讨论了汉语联合（并列）短语的各种重要特征及规律，探讨了汉语联合短语的共性和个性。同时，他还进一步分析了联合短语的语义基础、连接词语隐现的规律等一系列重要问题。国内学者对并列结构的研究取得了丰硕的研究成果，但也仍然存在一些问题。第一，国内学界对并列结构的研究多是简单的表层归纳描写，并没有将并列结构的问题与其他语言问题结合起来分析，更没有对这些问题作出统一解释。第二，对并列结构的研究多集中在一种语言的分析和研究上，缺乏与别的语言或者方言进行比较的类型学视角。第三，虽然说并列结构的研究取得了一定的成果，但并列结构的地位远不及定中短语、述宾短语、主谓短语等。第四，目前学界对并列结构的研究绝大多数集中在现代汉语层面，对古代汉语中的并列结构涉足甚少，即便有也只限于对并列连词的研究，如张莹（2010）、刘冬青（2012）、范桂娟（2014）。在国外，它一直是语言学研究的热点，也一直是语言研究中的难题。对于许多句法理论来说，并列结构会对它们构成一定的挑战。我们甚至可以说：适宜分析并列结构与否是判断一种句法结构理论好坏的标准之一。

鉴于上面的原因，我们选择明清时期的并列关系作为我们的研究对象，对明清时期的并列关系标记进行研究，一方面能够较为完整地描写明清时期并列结构概貌，并通过与共同语乃至其它地区的方言进行比较，从类型学的角度对明清时期的并列关系标记进行研究，从而弄清共同语和不同方言区之间并列标记的共性和个性，为更准确、科学地勾勒近代汉语语法提供材料及理论支撑。另外，近代汉语是现代汉语的源头，现代汉语中很多并列标记都能在近代汉语找到相对应的形式，有些并列标记就是近代汉语时期产生和发展的。明清时期是近代汉语的中后期，这一时期由于汉语自身的发展及语言接触等各方面因素的影响，并列标记也有一些不同于别的历史时期的特征，表现出较为明显的时代特征和变异色彩。对明清时期并列标记作较为详细的描写，进而清楚地描绘出这一时期并列结构的概括,对近代汉语并列结构整体面貌认识和对现代汉语并列标记系统的认识都有具有一定的参考价值。

二、研究范围及相关术语界定

(一) 并列结构

赵元任(1948)最早提出了"并列结构"这一概念,丁声树(1952)在《现代汉语语法讲话》中对这一概念进行了具体分析。之后,受结构主义的影响,学者们主要采用层次分析法,对并列短语的标记、语法功能、界定、分类以及划界和语义关系等方面进行了研究,取得了丰硕的研究成果。

1. 并列结构的界定

目前语言学界对"并列结构"这一概念并没有严格和统一的规定,它常常与"联合结构"相提并论,被视为等同或稍有区别。对并列结构的界定主要有三种处理方法:① 把联合处理为并列的下位概念;② 把联合和并列等同起来;③ 把联合处理为并列的上位概念。具体如下:

丁声树(1961)把并列句分为四小类:连贯句、联合句、交替句、对比句。即联合为并列的一种次类。他还指出,并列结构的成分是平等的,可以作句子的各种成分。并列结构的成分之间可以有连词,也可以没有连词。成分与成分之间讲究字数匀整。

朱德熙(1982)指出,联合结构由两个或更多的并列成分组成。并列项可以叠加,可以无形式上的标记,采用停顿隔开或在每一项后加上语气词,如"啊"、"啦"等,有时也可以用虚词连接。可见,朱先生并不严格区分并列与联合这两个术语。

范晓(1991)指出由两个或两个以上的直接成分并列地组合成的短语,叫作并列短语,也称联合短语,可见,至少在短语层面,范晓把并列和联合等同起来。

黄伯荣、廖序东(1991)认为联合短语是由语法地位平等的两个或几个部分组成的,其间是联合关系,可细分为并列、递进、选择等关系。一般是同一种词类的词语相连,整体功能同部分的功能一致。联合复句内各分句间意义上平等,无主从之分,可分为并列、顺承、解说、选择、递进等五小类。

钱乃荣(1991)把联合复句细分为并列、连贯、递进、转折四种类型。

邢福义(1996)指出,"不同的联合标志,在结构成分之间所表示的具体关系不完全相同,有的表示并列,有的表示选择,有的表示递进"。

张谊生(2000)认为"联合关系主要有并列、连贯、递进、选择、取舍五种"。

刘月华、潘文娱（2004）把联合复句分为以下几类：并列复句、承接复句、递进复句、选择复句。而将并列又细分为并列、对比、分合三种关系。

可见，上面几位学者都把并列处理为联合的一个次类。

马清华（2004）也指出学界并不严格区分并列与联合，他认为，"通常所谓联合只是并列的宽式，而通常所谓的并列则是其严式。并列一方面属于句法结构，一方面属于逻辑结构。在前一性质上，它跟主谓、述宾、定中等相对，在后一性质上，它跟因果、条件等相对。从句法结构形式的角度说，对并列的界定应当从宽，从逻辑语义的角度讲，对并列的界定应当从严。正因为存在这两个立足点，所以现行语法理论对并列结构的界定存在主观随意性大、标准不能贯彻始终等弊病"。

综上所述，我们认为并列强调的是语法单位之间的排列形式。联合强调的是语法单位之间的平等关系。联合结构和并列结构是上下位概念。并列结构只是表达联合结构类别中的一项逻辑关系：组成部分语法地位平等，表达同一语法功能的并列关系的组合。可见，相比于并列，联合更为抽象。因此，我们将并列视为联合的一个下位概念。

2. 并列标记的确定

赵元任（1980）指出，标示并列关系的记号主要有：① 零和停顿。并列式最简单而又最常见的记号就是零，即并列的词语连续出现，中间连停都不停。另一个标记是顿号，功能之一就是标明并列词语。但是，无论是说话还是念文章，事实上这个顿号的假设性超过实用性。② 用语气助词标出并列词语，尤其是表示生动或引人的事物。③ 降调结尾，降调结尾就是在词组的最后一个音节加上一个降调，听起来像是句子语调的特征，可是却作语助词用。

朱德熙（1982）认为，并列成分可以叠加在一起，中间没有什么形式上的标记，也可以用停顿隔开，有时在每一项后头加上语气词"啊"或"啦"。并列成分也可以用虚词连接起来。体词性并列成分用连词"和、跟、同、与、及"等连接。口语里"跟"用得最多，文章里最常见的是"和"。谓词性并列成分用副词"又……又……"、"也……也"或连词"而、并、并且"等连接。

李英哲（1990）认为，"并列关系"是指那些包含无标志连接手段（如：零标志、停顿、感叹尾词和降调）、有标志连接词语（如："跟"之类的连词，"又……又……"、"不但……而且……"之类的非连续性连接式）和转折词语（如："还是"和"或者"）的句子。

综上所述，学界对并列标志的界定较为宽泛，将语气词和一些副词也归入为"并列标志"，这种看法有其合理性。从历时角度看，并列标志确实是由其他功能标志以及某些实词发展演变而来，正是因为这种动态的演变过程，使得标示并列关系的语法标志的典型程度不一,而典型与非典型又没有一个明确的界线,这是造成学者对并列标志的范围界定不一的主要原因。在研究中,如果把这些非典型的并列标志纳入进来,会影响到对典型并列标志的使用规则的提取。比如在现代汉语中,使用频率最高的并列标志是"和",当并列项超过三项时,它一般位于最后一项和倒数第二项之间(苹果、桔子和香蕉),但起标识并列作用的语气词"啊"、"啦"之类需要附着在每项并列项之后(苹果啊、桔子啊、香蕉啊)。而在世界语言范围中 ABxC 是最典型的位置模式(x 表示并列标志)。

Haspelmath(2004)从语义上将并列标志分为四类:合取式(conjunctive)、析取式(disjunctive)、转折式(adversative)、因果式(causal)。这些分类很细致,为大多数学者采用。但并没有一个逻辑标准,无法保证分类的穷尽性与合理性。当然,这些分类让学者们意识到只有充分考虑到并列标志的内部次类,才能对并列标志作出清晰、全面、准确的研究。

在一种语言中,并列标志越少,那就意味着标志本身所承载的信息量越少,比如在汉语中会根据不同的情况选择到底使用"和"还是"暨",因此这两个不同的连词不但承载着连接的功能,还能给读者提供一些其他的信息。可以说,并列结构越发达的语言,典型并列标志的数量越少,并列结构越不发达的语言,典型并列标志的数量越多。

汉语连接手段的复杂性对全面系统的研究造成很大的困扰,目前无法实现使用大型语料库进行研究,因此,缩小研究中并列结构的范围,使得语料库研究方法的实现以及从语言类型学的角度研究明清汉语并列结构的共性与个性成为可能。因此,我们研究的并列标志是一些语法化程度比较高的虚词,并不包括语气词或者副词,也不包括停顿号、逗号、分号等。

并列标记不同于并列连词,并列标记的主要成员是并列连词,但是,也有不少成员属于其他词类,比如副词可以充当并列标记。并列标记中还有一类成员比较特别,它们不是词,而是超词成分,即短语,比如"不说"、"别说"、"不但"等,这些成分从其内部构成来看无疑是短语,不过语言使用者经常把它们当作连词使用,用来联结具有假设和递进关系的分句。目前,不少虚词词典或著作和汉语分词软件把"莫说是"、"简而言之"一类的连接成分直接当作连词处理,这是有一定道理的,从中文信息处理的角度来看,把这些超词成分当作连词处理是非常必要的,它有利于为汉语句子的句法语义分析提供显性的形式标记,从而更容易对汉语复句或句群甚至篇章的语义关系进行计算,这也符合当前所倡导的"大词库,小语法"的研究思想。

(二)并列结构关系的界定

马清华(2004)把并列结构分为:复合词内部的语素并列(简称语素并

列），词跟词的并列（简称词并列），短语跟短语的并列（简称语并列），子句跟子句的并列（简称子句并列）。另外，在词并列和语并列之间还有交错并用的类型：① 道路/清洁/学习（语素并列）；② 足球和游泳/辛苦劳累/打架斗殴（词并列）；③ 我父亲和他（语词混杂并列）；④ 玩游戏和做作业/勤奋的学生和优秀的老师（语并列）；⑤ 每个人都要知道只有机会是留给有准备的人，每个人也要知道成功是建立在勤奋之上的（子句并列）。

刘丹青（2008）将并列细分为三类：原型（狭义）、非原型（广义）和边缘。非原型的并列包括递进和选择等关系，边缘的并列包括连动、同位等。除去以上两类并列后就是原型并列。

石毓智（2006）在谈及并列结构的逻辑关系时指出，并列结构可分为合取类和析取类。"合取"是指两种或者多种事物、属性或动作行为等情况同时存在。在并列结构中，汉语中主要用"和"等。"析取"是指在两种或者多种事物、属性、动作行为中选择其一。汉语中用"或者"等连接。同样，所连接的言语单位包括词、短语或者句子。合取和析取作为现实世界中的各种事物现象之间的两种基本逻辑关系，体现在语言中时需要有必要的连接手段：词汇连接或缺省。

并列结构不完全是简单的机械的叠加，并列项之间有时发生"物理变化"，即整体意义等于各并列项的意义之和，如"我去了北京和上海"，意为"我去了北京，也去了上海"。有时也会发生"化学变化"，那即整体意义大于各并列项的意义之和，如"这几个月他北京上海的四处跑"，意为"他除了跑了北京，上海外，可能还跑了其他的一些地方"。

这里我们所谈的并列关系连词，包含并列标记、承接标记、递进标记和选择标记四大类型。所以采用"并列关系标记"的说法，主要是基于以下两点考虑：

第一，并列、承接、递进和选择关系标记反映各种各样的"并列聚合"，是广义并列关系的各式形式标记。从源起上看，并列是语义关系中最原始、最基本的类型，其他三类承接、递进、选择都是并列结构里前后成分之间随着人类认识世界能力的提高而进一步有序化的结果。不同的只是有序化的参照标准各有不同。承接是并列关系在时间先后序列上的有序化，递进是并列关系在量范畴基础上的有序化，而选择则是平行而不能并存的并列关系。可以说，承接、递进、选择三种语义类型的实质分别是"历时式并列"、"纵向式并列"、"析取式并列"，是并列关系下衍生出的新的关系范畴。"横式并列固然属于并列聚合，纵式并列也属于并列聚合。共时性并列固然属于并列聚合，历时性并列也属于并列聚合。合取性并列固然属于并列聚合，析取性并列也属于并列聚合。就是说，排除种种差异，几件事之间只要存在并列列举的关系，而不存在因果关系，那么都是广义的并列关系。"由此可见，这几种语义类型有标记结构中的形式标记，并列、承接、递进、选择这一大类连词反映各种各样的"并列聚合"，可以说是广义并列关系的各式形式标记，以"并列关系连词"统称，能够更加直观地体现它们蕴含在衍生关系中的类型实质。

第二，以"并列关系"统称并列、承接、递进和选择四类关系标记，"既可以讲清类统属，也容易讲清类跨属"。邢福义《汉语复句研究》中将"并列"、"因果"和"转折"作为汉语复句所包含的三种最基本关系，以"并列类"统称并列、承接、递进、选择四类复句。复句类型与关联标记的划分应该说是可以做到相互映照的。参照邢福义先生的复句分类法，我们以"并列关系标记"总括并列、承接、递进和选择四类关系标记，一方面"并列关系"统称，是从对标记所在结构的性质分析入手，在根本上抓住了四类关系标记的"共有属性"，便于讲清类统属的问题。另一方面在这样清晰认识四类关系标记"并列聚合"根本性质的基础上，也可以更系统、更清晰地阐释四类关系标记之间存在的跨类和转类现象，便于讲清类跨属的问题。另外，也可以将"并列关系"类与他类关系标记进行比较清晰的划分。凡是所连各项间具有并举罗列的关系，没有因果联系、没有转折关系，就是并列关系标记。

综合以上，"并列关系"的称说方式在根本上抓住了并列、承接、递进、选择四类连词表不同类型"并列聚合"的共同特点，在对语言事实的分析中也有更强的解释力，既可以讲清类统属，也容易讲清类跨属。对于每一类内部的语源问题，以及不同类别之间的转类问题都可以比较清晰地加以阐释。因此，我们以"并列关系标记"统称并列、承接、递进、选择等四类关系标记。

（三）并列标记的确定

关系标记既是复句句式中重要的句法标记，又是重要的语义关系标记。对于形态不丰富的汉语来说，发掘和整理这些可被计算机利用的形式标记就显得非常重要。随着句法语义研究的深入，对句子的语义关系标记的研究必然会更加细致。使用"关系标记"的概念，可以扩大研究范围，比如"再说"、"别说"、"也罢"、"也好"都可以归纳为关系标记。

本书的研究对象为并列关系标记，并列标记不同于并列连词，并列标记的主要成员是并列连词，连词是主要起连接功能的虚词，历史上关于连词的界定比较一致。《马氏文通》最早对连词进行了界定，"凡虚字用以提承推转字句者，曰连字"，即起提承推转词和句子作用的虚词为连词，这一定义主要是从连接功能上对连词进行界定的。其后学术界对连词的界定基本上也沿用了这一说法，主要从功能上确定连词，但对于语义关系的分类却更加详细，代表学者有黎锦熙、张志公、杨伯峻、何乐士、黄伯荣、廖序东、朱德熙、胡裕树、邢福义、邵敬敏等，如杨伯峻、何乐士指出"连词是在词、词组、分句、句、句群之间起连接作用，表示它们之间各种关系的词"；黄伯荣、廖序东（2007）认为："连词起连接作用，连接词、短语、分句和句子等，表示并列、选择、递进、转折、条件、因果等关系"；胡裕树（1995）的定义和黄伯荣、廖序东两位先生的看法大致相同。

本书认为连词的定义应该从功能、句法和语义三个方面综合判断：首先，连词是起连接作用的词，连接的语言单位有词、短语、句子、复句等；其次，连词不能独立作句中成分，一般也不受其它词的修饰；最后，连词能表示并列、选择、因果等各种逻辑语义关系。因此，连词是起连接作用，不充当句子成分，表示各种连接关系的虚词。

和连词功能接近比较难以区分的主要是关联副词和伴随介词。连词主要起连接作用，副词起修饰作用，介词起介引作用，它们从功能上来界定似乎泾渭分明，但实际上有时候在功能上有重叠的地方。首先来看连词和关联副词的界定问题。关联副词如"就"、"还"、"才"等也具有一定的连接功能，和连词的界限一直纠缠不清，学术界对二者的区分标准有三种观点：

第一，句法位置标准。赵元任（1979）的限定比较窄，他认为只能出现在主语前的是连词，吕叔湘（1979）则认为既能出现在主语前也能出现在主语后的是连词，副词只能出现在主语后。

第二，语法功能标准。李泉（1996）指出典型的连词和副词分别起连接和修饰作用，但副词的修饰对象是单一的，且主要修饰动词，而连词连接对象是两个或多个成分，且不限于动词。

第三，句法位置和语法功能结合标准。黄盛璋（1957）较早对此进行了研究，他指出："凡能用于主语前面的，一定是连词不是副词；凡是不能用于主语前面的，一定是副词不是连词；虽然能用于主语前头，但是能单独一句站得住，那也是副词不是连词；凡能用于主语前头，但又不能单独一句站得住，必须有上下文，是连词不是副词。"

同样，张宝林（1996）将关联作用放在了第一位，同时考虑到了句法位置，认为如果不起关联作用则肯定不是连词，起关联作用且只能位于主语前或位于主语前后皆可的是连词，而起关联作用但只能位于主语后的是副词。

综合以上观点，现在学术界有如下共识：一般来说，只能位于主语前的是连词，既能位于主语前也能位于主语后的是连词，而只能位于主语后的是副词。上述标准可以区分绝大多数连词和关联副词，但是词类界定的复杂性往往超乎我们的预料，还有少部分连词只能出现在主语后，如"虽"、"既"、"尚且"等，所以要完全区分清楚连词和关联副词，还必须考虑到连词的基本功能——连接功能，对于通过句法位置不能区分的词，要综合考虑其功能，如主要起连接功能的是连词，主要起修饰功能的是副词，当然这种功能不能直观显示的时候，还是需要通过句法手段进行辨别,如看需要辨别的词关联对象是否必须为两个,如果是两个则是连词,如果只有一个则是副词,正如周刚(2002)所提出的那样,连词连接的成分一般有后续或先行话语与之呼应,结构形式上具有粘附性,而关联副词与之组合的成分可以单说。

连词和介词的纠葛主要有两个小类,一是并列连词和伴随介词,如"并"、"与"、"和";二是因果连词和原因介词,如"因为"、"由于"。本书研究对象不包括偏正类连词,所以我们只讨论并列连词和伴随介词的划分问题。关于并列连词和伴随介词的分界,学术界成果比较多,如汤延池(1979)讨论"和"是介词还是连词时提出插入法和话题法,凡是可以在前一成分与"和"之间插入状语或其它成分的是介词,否则为连词;前一成分之间与"和"之间能停顿、附加语气词使其成为话题的是介词。刘静辉(1984)提出了三种方法,一为互换法,"和"的前后项能互换为连词,否则为介词;二为替代法,"和"能用顿号替代的是连词,否则为介词;三为插入法,与汤延池方法一致。邢福义(1996)认为介词前面可能有副词等状语性成分,连词后面可能有总括性副词"都"与之呼应气上面这些方法都是区分连词和介词比较有效的方法,但很多学者的概括不够全面,张谊生(1996)进行了比较详细的论述,他提出了替代法、互换法、分解法、插入法、题化法和转换法六种方法,替代法是用"他(她)们俩"替换"N1 跟 N2",替换后语义不变的是连词,否则是介词;互换法是将"和"前后互换位置,语义不变的是连词,否则是介词;分解法是将"N1 和 N2"分解开来,再跟后面的述谓成分组合,组合后语义不变的是连词,否则是介词;插入法是在"N1"与"跟"之间插入状语及其他成分,能插入的是介词,否则是连词;题化法是在"N1"之后略作停顿并附上语气词,使之成为话题,能题化的是介词,不能题化的是连词;转换法是将"N1"转换到"N2"及其述谓成分之后,重新与其它词语组合,凡是能转换的是介词,否则为连词。上述各种方法都是区分连介兼类词比较有效的方法,我们可以综合使用它们来对并列连词和伴随介词进行鉴别。

三、相关研究综述

学界关于并列结构的研究成果主要可分为三类。第一类,关于并列标志的研究,主要有并列标志的位置、历时演变途径、隐现、跨类合并等。第二类,关于并列项的研究,主要包括并列项的次序、并列项之间的语义关系、并列项并列的语义基础、异类并列等。第三类,关于并列结构作为一个整体的研究,主要有并列结构的生成规则、并列结构的核心问题、并列结构的界定、并列短语与其附加成分之间的关系、并列结构的成分省略、并列名词的一致关系、并列结构的否定等。关于并列结构的相关文献非常多，限于篇幅，我们只选取有代表性的文献对并列结构的情况进行大致的概括。

（一）现代汉语并列结构研究综述

1. 并列标记的研究综述

对并列短语和并列复句的研究，国内学界成果颇多，但研究对象多为汉语。近些年来，随着类型学的兴起，国内不少学者也开始从跨语言的角度对并列短语和复句进行研究（周刚，2001；吴福祥，2003；刘丹青，2004；马清华，2003、2007；邓云华，2004、2005、2009；姚双云，2006、2008、2010、2017；李丹弟，2013、2016；等等）。国外学者比较早地注重从类型学角度探究并列短语的结构规则（Payne，1985；Stassen，2000；Haspelmath，2004），但都没有对并列标志作系统的研究。可以说，在大部分有关并列结构的研究成果中，并列标志所占比重极少。这可能是因为语言类型学中，都没有把并列标志作为基本的数据参项。但并列标志是构成并列结构的最基本的句法手段。对并列标志的研究，也有助于更好地揭示并列结构的本质。

1）并列标记的位置类型

陆丙甫（1993）指出，世界语言中并列标志多位于倒数第二个位置（ABx-C）。Haspelmath（2004）根据并列标志的位置，从逻辑上将并列结构分为8种：x-AB、A-xB、Ax-B、AB-x、x-Ax-B、A-xBx、A-xx-B、x-AB-x。其中，x-AB在实际语言中尚未发现（x表示并列标志）。邓云华（2005）通过跨语言比较，发现各语言中并列短语的连接方式和位置的典型等级为：居中型连接＞前置框式连接＞后置框式连接。李占炳、金立鑫（2012）通过考察中国境内57种少数民族语言总结归纳出并列标志的位置类型。李丹弟（2013、2016）通过对汉英并列连接词位置的考察，发现了它们所表现的共性和差异，认为线性位置上中立的并列连词在语序类型上依然有前置和后置之分，并且与该语言的介词语序类型相和谐，与从属连词语序类型具有蕴含共性。并列连词成为语序类型学中重要参项的主因正是联系项居中原则。但这些研究成果描写远大于解释，仍然未找出并列标志位于不同位置时的条件，即在什么条件下并列标志居中，在什么条件下并列标志居尾，什么条件下用双标志模式，什么条件下用单标志模式，等等。也没有充分解释在所有位置类型中，为什么并列标志位于最后一项与倒数第二项之间最为典型。

从逻辑上来说，并列标志位置可以分为并列复合词中的位置、并列短语中的位置、并列小句中的位置。一般而言，并列复合词中不存在并列标志，因此也就无所谓并列标志的位置问题。对于并列短语中的位置，有的语言中不同属性的并列短语中并列标志的位置并不一样。另外，并列短语中的并列标志位置与并列小句中的并列标志位置也并不完全等同。这些问题，目前的文献中都鲜有涉及。

2）并列标记的合用及隐现问题

国内语言学界没有关于并列标志合用的专门研究成果，这是由于汉语中不同词类合用并列标志的情况不明显。虽然如此，但多会提到并列标志"和"主要连接名词性并列短语，有时也会连接谓词性成分，并认为所产生的并列结构是体词性的。因此放在谓语位置时会有一定的限制条件（如朱德熙，1982；刘丹青，2008；等等）。其实这也算并列标志的合并问题，但国内学者没有进一步展开。即没有追问为什么主要连接体词性并列短语的"和"可以连接谓词性并列短语，而主要连接谓词性并列短语的"并"、"而"却不能连接体词性并列短语，也没有考察在实际语言样本中"和"连接形容词性并列短语的频率与连接动词性并列短语的频率高低。国外学者 Payne（1985）、Stassen（2000）、Haspelmath（2004）等对并列标志的合用有过详细的研究，其中，Stassen 与 Haspelmath 的研究大都集中在名词和动词这两个范畴，如 The World Atlas of Language Structures（WALS）的第 64 个特征"Nominal and Verbal Conjunction"一文中根据动词性并列短语和名词性并列短语的并列标志合用情况将所调查的 301 种语言分为三种类型：合用并列标志（161 种）、不合用并列标志（125 种）、均缺省并列标志（15 种）。Payne（1985）提出了一个有关并列标志合用的连续统：S—VP—AP—PP—NP。即如果这个连续统上某个单位前后的两个单位合用同一个并列标志，那么该单位也一定使用这个并列标志。譬如 S 和 AP 合用一个并列标志，那么这个并列标志也肯定能连接动词性并列短语（VP）。但 Payne 也承认这个连续统只是倾向性，需要更为广泛的语言证明。

现代汉语中，并列标志的隐现是受限的。学界对制约并列标志隐现的因素的专门研究不多（储泽祥，2002；马清华，2004；邓云华，2004、2008、2009；刘丹青，2008；李丹弟，2013、2016）。而这些研究多集中在并列项之间的语义距离以及韵律对并列标志隐现的制约，如储泽祥（2002）认为"并列项之间的语义接近性程度与形式上的距离（有无标记）可以相互验证，遵循距离象似性原则"。马清华（2004）发现"两个单音节词结合成并列短语的难度大于双音节词"。Haspelmath（2004）以欧洲的语言为样本所观察的一样，他发现欧洲的语言中名词短语直接并列所受到的限制很大，很难直接并列，反倒是起修饰作用的形容词或副词可以直接并列。这些研究揭示出了一些并列标志隐现的规律，但制约并列标志隐现的因素很多、很复杂，远不止这些。

3）并列标记与伴随标记

关于汉语中的并列标志和伴随标志之间"纠缠不清"的关系，学界有许多文献作过讨论，如玉柱（1988）、储承志（1991）、张谊生（1996）、吴福祥（2003）、马清华（2003）、刘爱菊（2006）等。这类研究多侧重于伴随标志和并列标志之间的历时演变关系以及两者的区分方法。譬如储承志（1996）从句法和语义两个方面讨论了介词"跟"和连词"跟"的区分手段。吴福祥（2003）通过对汉语的历时考察和共时分析，发现在汉语中存在着"伴随动词＞伴随介词＞并列连词"这样一个语法化链。

不少国外学者从跨语言的角度对这个问题进行过调查研究。Stassen（2000）调查234种语言后发现：伴随标志与并列标志形式编码相同的语言（with-languages）有103种，主要分布于东亚、东南亚、非洲等地；两者采取不同形式编码的语言（and-languages）有131种，集中在欧洲和北美地区等。Haspelmath（2004）发现并列标志与伴随标志之间演化途径是单向的，即从伴随标志到并列标志。但是他们并没有找出演变的条件，也没有对单演化途径作出解释。

4）并列标记的搭配研究

朱德熙（1982）、卫乃兴（2002）、丁力（2003）、周静（2003）、姚双云（2008）、周有斌（2004）、尹蔚（2008）等都对并列标记的搭配进行详细、系统的研究。周静（2003）从篇章的角度对递进范畴进行全方位的考察，最后对递进范畴的语义类型、形式类型以及相关的语用条件进行研究，最后总结出递进的形式系统、语义系统以及语用条件系统。该文还从研究递进范畴的需要出发，对一些递进表达形式进行了历时性的考察。与此同时，对一些比较典型的形式和语义衔接现象进行了语法化的考察和分析。尹蔚（2008）以小句中枢说理论为指导思想，先对现代汉语共同语中的有标选择复句作了较为全面的考察，然后对汉语方言、少数民族语言、中文信息处理领域的有标选择复句依次进行研究，最后对"或者说"类有标选择复句的个案进行了考察。姚双云（2008）研究了复句关系标记在真实语料文本中的使用状况与分布概貌，考察了关系标记搭配的基本情况与关联规律，探讨了复句关系标记搭配格式的句式特点与语义问题，并对相关的搭配现象作出了合理的解释。关系标记是句子间的逻辑语义关系的重要标志之一，关系标记还是分句间各种句法关系的重要标志，在句法结构分析中具有双重作用。因此，关系标记的问题研究好了，可以为复句的研究打下基础，深入研究与之密切相关的复句问题，从而发现更多的复句句法特点与规律。此外，研究关系标记还可以起到以点带面的作用，由于关系标记的自身的句法地位，还可以带动相关的研究。关系标记的搭配研究对汉语教学、对外汉语教学、词典编撰、中文信息处理都具有重要的意义。

2. 并列结构的否定

学界关于并列短语以及否定范畴的研究成果都非常多,但将两者结合起来的专门研究只有袁毓林(1999)发表在《语言文字应用》关于并列结构的否定表达的研究,该研究成果被孙德金(2006)主编的《对外汉语语法及语法教学研究》收录。可见并列结构的否定表达在对外汉语教学也是一个难题之一,但自袁文之后,学界只有邹哲承(2001)、李占炳(2013)对这个问题进行过讨论。因此,本书将在袁文与邹文的基础上,从类型学角度分析明清汉语中谓词性并列短语的否定表达形式,并挖掘制约该形式的背后动因,同时对动因给予相应的功能解释,因为袁文指出的汉语现象,在其他语言中也存在,因此在一定程度上可能是一种语言共性。既然是共性,那就不是偶然的,也就更需要也更值得解释。

3. 并列结构的成分省略

关于并列结构的省略研究,国外多从形式角度出发,提取省略规则,并不断地对先前规则进行修订,如 Ross(1970)、Tai(1969、1971)、Sanders(1970、1975)、Marjorie(2000)、Vicente(2010)、Janis(2012)等,国内学界主要讨论现代汉语中是否存在动词空缺(gapping),如李艳惠(2005)、贺川生(2007)、傅玉(2012)等。这些研究绝大部分集中在对 gapping 模式的研究,即一个或多个并联小句中发生动词空缺的现象。但并列结构的省略并不仅这一种模式,还存在宾语、主语、状语等的省略。另外,从功能角度研究并列结构的省略问题的成果非常少。并列结构的省略问题在国内学界并没有引起足够的重视,多停留在举例阶段,很少解释,更很少与其他语言中的并列结构省略进行对比并作统一解释。

4. 并列结构的语序问题

国外对于英语并列短语的排序问题主要集中在不可逆的英语双项式并列短语(binomials)的成分顺序上。Malkiel(1959)最早引入 binomials 的定义,之后 Malkiel 提出决定双项式并列短语的词序固定因素有六个。Cooper 和 Ross(1975)针对 Malkiel 提出的词序因素的优先模式进行了补充和修正。

国内也有众多学者对并列结构的语序进行研究,取得了丰硕的研究成果,如王希杰(1980)、蒋文钦和陈爱文(1982)、石羽文(1984)、戴浩一(1985、1988)、陈萍(1990)、谢信一(1991)、吴竟存和梁伯枢(1992)、廖秋忠(1992)、沈家煊(1993、1999)、张敏(1998)、彭在义(1998)、齐沪扬（2000）、詹卫东（2000）、郭凤岚（2000）、文旭（2001）、崔应贤（2002）、储泽祥（2002）、王成宇（2002）、吴阳（2003）、吴云芳（2004）、高琴（2004）、周荐（2005）、石毓智（2006）、邓云华（2007）、徐新（2007）、王会芬（2007）、顾雅云（1998）、曹炜（2004）、吴茜（2009）、戴雪梅（2013）、王琳琳和蒋平（2013）、刘世英（2014）等。这些学者从不同角度对并列结构进行了研究，其成果集中体现在词序特征、概念语义原则和语用原则、并列结构换序的因素、汉英并列结构的共性和个性、汉英并列结构词序的异同、并列结构的词序制约因素及汉英对比研究、并列结构的语序及翻译等几个方面。

（二）古代汉语并列结构研究

1. 对古代汉语并列连词的研究

古代汉语的并列结构研究成果很少，其主要集中在对并列连词的研究，即便如此，早期对并列连词的研究多散见于各种语法综合研究的专著当中，对并列连词的整体性研究不够，但也有不少学者对某个具体并列连词进行个案动态分析，如刘坚（1989）、于江（1996）曹炜（2003、2006、2007）、吴福祥（2003）马清华（2004）、武振玉（2005）、熊永祥和钱宗武（2007）、刘爱菊（2006）、徐朝红（2007）、张玉金（2010、2012）、刘炜和曹炜（2009）、张亚茹（2005、2011）、郭才正和曹炜（2009）、李艳（2003、2012）、赵川兵（2010）。这些单篇论文对具体问题的精当分析是深化并列连词研究的坚实前提，但是仅仅停留在对具体问题的探求却不足以使我们对近代汉语这一时期连词在语源、形成、演变等方面形成动态性的、总揽全局的认识，不易掌握近代汉语并列连词发展的整体特点，也就不能以近代汉语这一中间阶段为桥梁贯通整个汉语连词、并列连词发展的历史，并以此为基础对汉语并列结构发展的整体趋向和规律作出科学的分析和把握。

随着研究的深入，出现了一批研究连词的硕博学位，如席嘉（2005）、谢洪欣（2008）、王淑华（2009）、刘萍（2011）、刘婷（2013）、李艳（2012）、胡泊（2012）、刘凌（2014）张莹（2010）、范桂娟（2014）等，这些硕博论文选择某部专著或者某个历史时期的连词为研究对象，对并列连词进行了较为细致的描写。这些研究整体性比单篇论文的整体性强，有助于从整体上把握并列连词的特点。但不足的是，其研究多停留在对并列连词的具体使用进行描写，对问题的解释稍显不足。另外，从研究范围来看，这些研究还多集中于近代前期，对近代中后期尤其是明清时期的并列连词研究不足。只有刘冬青（2012）对明清时期北京话的并列连词进行研究，因此，对明清时期的并列连词乃至并列结构的研究十分薄弱。

2. 对古代汉语并列短语的研究

相比较并列连词的研究，对古代汉语并列结构（短语）的关注很少，从我们检索的文献来看，只有为数不多的几篇单篇论文对古汉语的并列结构进行研究，如郭燕妮（2006）、王玉兰（2015）、郑路（2005）等。这些为数不多的成果也多注重描写、分析，缺乏解释。郭燕妮（2006）以《国语》中的并列短语为研究对象，首先描写分析了并列短语的结构形式，发现《国语》中并列短语的结构形式多样。其次考察了并列短语形成的动因与机制，发现经济性原则和语义亲近性原则是构成并列短语的重要理据，以丰富汉语语法史的研究，同时也为人们更深刻地认识并列短语提供历史依据。

四、研究语料说明

材料的选择对语言的研究至关重要。太田辰夫（2003：373）指出："在语言的研究中，最主要的是语料的选择。资料选择怎样，对研究的结果起着决定性的作用。"[①] 我们尽可能选取各个时期具有代表性的、口语性较强的[②]、作者写作年代准确的历史文献，个别语料年代尚存在争议的，我们暂以作者写作年代为依据。

明代的语料为《三国演义》、《金瓶梅词话》、《水浒传》、《西游记》；清代的语料为《红楼梦》、《儿女英雄传》。

《金瓶梅词话》成书大约在明代嘉靖年间，这部文献口语色彩浓厚，语言风格比较统一，可以为描写分析明代并列标记的发展演变情况及明代并列标记所独有的特点提供很好的素材，因而是研究明代并列标记的重要资料。同时还参考在官话的基础上带有南方方言色彩的文献，如《水浒传》、《西游记》等，这样做可以使明代的并列标记描写更为全面、细致，同时也更能为其中的差异提供线索。

《西游记》"汲取了民间说唱和方言口语的精华"，是明代一部口语化程度比较高的白话小说。书中有大量鲜活生动的民间语言，其语言时代性很强，是研究明清汉语的重要语料。

[①] 太田辰夫：《中国历史文法跋》（修订译本），北京大学出版社，2003 年版，第 373 页。

[②] 文献究竟能在多大程度上反映口语，这是一个很难解决的问题。我们所谓的口语性较强，并不是说绝对反映当时的口语，只是学者们按照常理推断尽可能反映当时的口语或者接近当时口语的材料。徐正考、王冰对此有过详细论述，详参徐正考、王冰：《两汉词汇语法史研究语料论述》，载《南开语言学刊》2007 年第 1 期，第 95-102 页。

《水浒传》大约成书于元末明初。从语体特色上看，《水浒传》主要用当时的白话写成，口语色彩很浓，但其中也夹杂着文言；从语言形式上看，它以散文为主，但也有韵文；从地域特色上看，它以通语为主，但也夹杂着方言。《水浒传》的语言现象虽然是复杂的，但从总体上看它基本真实地反映了汉语自南宋至明初这段时期的语言面貌，加之篇幅很长，语料丰富，因此是研究明清汉语的重要文献，具有多方面的研究价值。

《红楼梦》是一部家喻户晓的世界性文学名著，可以说至《红楼梦》中国古典白话小说艺术达到了最高峰，它的成就是多方面的。而他所使用的语言，是以当时的官话"北京话"为基础，还广泛吸收了当时人民群众的口头俚语、俗语以及某些特定地区的方言成分，又熟练地融入传统的韵散文学（诗、词、曲、赋、古文等）的语言成就，因此这是一种高度完美和成熟的语言，可以作为中国18世纪语言乃至清代语言的代表。从这个意义上讲，《红楼梦》的语言是我们研究清初语言的首选语料。而且，清初正是近、现代汉语的过渡时期，所以，《红楼梦》的语言在汉语史上也就具有了承上启下这样一种历史地位，因而我们对它的研究也就可以为现代汉语的研究提供历史资料和参考数据，这对于我们更好地了解和解释现代汉语是非常有帮助的。

《儿女英雄传》是公元19世纪前半叶的作品，大部分篇幅是用当时的北京口语写成的，曾与《红楼梦》一起被誉为"绝好的京语教科书"。这部书通篇采用评书人的口气撰写，语言生动俏皮，诙谐中见风趣，故成为京味小说的滥觞，对于研究北京话的近期历史以及今天的北京话，都是很好的语料。《儿女英雄传》的语言是明清白话向现代汉语普通话过渡时期的语言，一些从古代汉语中沿承下来的语言现象以及近代汉语新产生的语言现象，在这里都留有痕迹，是近代汉语向现代汉语转变时期的过渡性著作，具有较高的研究价值。

五、研究方法

在研究方法上，本书注重四个结合以求实现研究的科学性和纵深性。

一是共时描写与历时比较相结合。以共时描写为手段，以历时比较为手段。对明清时期六部重点语料中的并列关系标记分别作穷尽性静态描写。在此基础上，进一步比较明清并列关系标记系统在数量和功能等方面的差异，在动态视角下探求并列标记的发展趋向和变化规律。

二是定量统计与定性分析相结合。语言成分的演变大凡都有一个由量变到质变的过程，就并列关系标记的形成和发展而言，要做到分析准确，对语言事实的定量统计是很有必要的。在客观性定量分析基础上，通过比较研究和多角度的观察，对体现在数量变化上的深层规律作出分析。

三是并列标记的历史演变与句法的历史演变相结合，单个并列标记的演变与整个并列标记体系，甚至整个汉语体系的演变相结合。任何语言成分的演变都不是孤立的现象，只有从整个语法体系演变出发，从语法、语音、词汇、语用互动的关系出发，才可能对汉语并列关系标记的历史演变作出深入的描写分析。

四是描写与解释相结合。要说明并列关系标记在近代汉语时期有哪些发展变化，有哪些特点，并试图综合运用词汇化、语法化理论、认知语言学、篇章语言学等理论，对其发展变化及其特点的形成过程加以解释。

六、研究价值和意义

对于近代汉语并列关系连词的深入研究，有着积极的价值和意义。

一是有助明清汉语并列标记系统的进一步建构。无论从广度还是深度而言明清时期的并列标记研究都相对薄弱。由于时间和精力的限制，本书选取关系标记中来源上最根本、流变上最有代表性的并列关系标记作为研究对象，通过对重点语料中这类关系标记的穷尽式调查，再参考其他相关资料，比较全面地描写出明清汉语时期并列关系标记体系。在此基础几对这类标记的源流演变进行系统性分析，对其新旧成员的兴替过程进行理论性阐释，并进一步总结并列关系标记中所折射出的汉语关系系统形成和发展的基本规律，从而建构起明清汉语关系标记系统的一角。不仅如此，鉴于并列关系标记在源流和演变上的重要性和代表性，对这类关系标记的系统构筑和深入分析还可以为其他类别关系研究在视角和方法上形成参照，进而有助于近代汉语连词系统的进一步建构。

二是有助于对汉语关系标记系统研究的进一步深入。以"并列关系标记"统帅并列、承接、递进和选择四类关系，不是一种简单意义的取舍问题。这是在对无标结构深入分析的基础上从根本上把握各类关系标记作用的结果。准确把握每类关系标记根本作用，才能对此类关系标记的来源及其成因形成系统而科学的认识。比如并列关系一类，我们认为，并列结构的本质属性是体现两个以上的连接对象之间对称性和一体性的特点；并列结构的形式标记——并列关系标记，主要是在时间因素的干扰下，无标记形式表现并列关系"乏力"的情况下产生的。成为并列关系标记的必要条件：一是可以"减弱时间顺序的干扰"，二是可以"体现对称性和一体性关系"。来源于连词领域外的并列标记是因为在语义上、功能上或形式上更易于满足这两个条件而经过语法化被语言系统"遴选"为并列标记的。来源于连词领域内的并列标记则是并列标记发展与整个汉语发展趋势相适应的结果,是双音化趋势在并列关系标记系统的体现。对并列关系标记各次类的精细分析,可以形成有理有据、前后贯通的系统性认识。这种分类和分析,有助于汉语关系标记系统研究的进一步深入。

第 1 章
明清汉语并列标记研究

并列关系是结构关系系统中最简单、最原始的关系之一，并列标记的主要成员是并列连词，也有其它的一些并列标记，属于其它词类，如副词也可以表示并列关系，并列标记中还有一类成员比较特别，它们不是词，而是超词成分，即短语，如"比方说"、"也就是说"等。并列连词是用于连接具有并列关系的词、短语、小句乃至句子的一类连词，是汉语连词系统中最为基本的一类。并列连词的这种基础性地位，一方面使得对它的研究更加不易把握，陆丙甫（1998）、马清华（2004）都曾指出并列结构是最简单、最原始的句法组合之一，但越是基本的、原初的、简单的东西，研究起来就越是困难；另一方面也使得对它的研究可以成为进一步深化其他连词研究的突破口，因为并列连词往往可以直接或间接地作为其他连词研究的立论基点。很多其它连词的连接关系由此衍生发展而来。鉴于此，本章主要以语料中的并列连词为主要研究对象。

并列标记适用环境有三种：① 连接两个并列的体词性成分；② 连接两个并列的谓词性成分或主谓短语；③ 连接两个并列的分句（中间有停顿）。

1.1 明清汉语并列标记概貌

从形式上看，明清汉语并列标记主要有：单语素"和、并、与、共、同、及、而、并、连、兼、将"，复合式"而且、并及、以及"，框架式并列标记"一边……一边……、一面……一面……、一头……一头……、一行……一行……、一壁（厢）……一壁（厢）……、一来……二来……、一则……

一则……、一者……一者……、（第）一……（第）二……、……也好……也好、……也罢……也罢、且……且……、又……又……、也……也……"等。

单语素并列标记多继承古代汉语，一直是汉语并列标记的主要成员，主要用于连接词和短语。复合式并列标记是汉语词汇双音化在并列标记中的体现，但数量少，且功能限制较多。框架式并列标记则主要用于连接分句和句子，该类并列标记的大量出现和快速发展，是该时期并列标记系统的显著特点。下面我们逐一论述，对该时期的并列标记进行详尽、细致的描写，以求有所突破。

1.2 明清汉语并列标记[①]的来源

1.2.1 源于并列关系标记[②]之外的

我们认为，随着人类认识能力和语言能力的发展，无标记状态下语言符号最易传达的关系类型由并列向承接的转变，是作为并列结构形式标记的并列标记产生的根本动因。

---

① 并列标记不同于并列连词，并列标记的主要成员是并列连词，但是，也有不少成员属于其他词类，比如副词可以充当并列标记。并列标记中还有一类成员比较特别，它们不是词，而是超词成分，即短语，比如"总之"、"总而言之"等，这些成分从其内部构成来看无疑是短语，不过语言使用者经常把它们当作连词使用，用来联结具有假设和递进关系的分句。目前，不少虚词词典或著作和汉语分词软件把"莫说是"、"简而言之"一类的连接成分直接当作连词处理，这是有一定道理的，从中文信息处理的角度来看，把这些超词成分当作连词处理是非常必要的，它有利于为汉语句子的句法语义分析提供显性的形式标记，从而更容易对汉语复句或句群甚至篇章的语义关系进行计算，这也符合当前所倡导的"大词库，小语法"的研究思想。

② 这里的关系标记具体指并列连词，这里的"并列关系标记之外"主要指的是来源于并列连词之外的一些并列关系标记。从来源上讲，并列关系标记大致可以分为两类：一类源于连词领域外，由连词外的其他词类或结构语法化而成；一类源于连词领域，是连词系统自身调整和发展的结果，主要表现为功能上的转类或音节的扩展。具体到并列连词，它是连词系统中产生最早的类型，连词领域外的诸种词类或结构是并列连词最主要的来源。单语素和框架式多是这种语源在无标记并列结构中逐步虚化的结果。源于连词领域内的并列连词数量不多，主要指由单语素扩展为双音节的"并及"、"以及"、"及其"。

1.2.1.1 源于伴随介词的单语素并列标记

这种来源的并列连词主要包括单语素"及"、"与"、"同"、"将"、"并"、"和"、"跟"。关于这类连词的语源探析主要有动词说和介词说两种。吴福祥等学者研究认为，此类连词的形成主要经过了前后相继的两个语法化步骤：① 伴随动词→伴随介词；② 伴随介词→并列连词。我们认为，从并列连词形成的必备条件看，"及"类词连词化的这两个步骤都是不可或缺的。

首先，伴随动词向伴随介词的转化，为"及"类词最终虚化为并列连词创造了首要条件——取消"及"等在语言链条上的时间定位。介词区别于动词的重要性质就是不带"体"标记，没有动词所具有的时间性特征。在连动结构"NP1＋及＋NP2＋VP2"中，表偕同、伴随意义的"及"处于次要动词位置，语义上的相对劣势使它在"VP2"竞争中退出谓词核心地位，进而经过重新分析语法化为伴随介词。由动词虚化为介词，从表层信息退居到背景信息，从而退出语言链上的时间编码环节，摆脱了时间性的约束。这样就为"及"等能够自由表达不受时间先后制约的并列关系创造了必要条件。

其次，介词相邻两个成分之间具有的对称性和一体性关系被凸显，伴随介词向并列连词转化。这种转化的关键环节是"NP1＋与（伴随介词）＋NP2＋VP"结构中，对称性动词出现的位置。如：

（1）兄及弟矣，式相好矣，无相犹矣。（《诗经·小雅·斯干》）

（2）昔逮我献公及穆公相好，戮力同心，申之以盟誓，重之以昏姻。（《左传·成公十三年》）

（3）秋，师及齐师战于乾时。（《左传·庄公九年》）

（4）公及宋公遇于清。（《左传·隐公四年》）

虽然伴随介词相邻的两个名词一为主语一为介宾，有主有次，层次分明，但是相对于后面的对称性动词而言，鉴于同时具有集施事和动作对象于一身的特点，对于动作行为的有效实施是地位平等、缺一不可的。这种两个名词之间地位平等但缺一不可的深层语义进而影响到位于二者之间的介词"及"等，使其隐约带上传达对称性和一体性语义的因子。高频使用中这种隐含义又逐渐固化到这类介词的自身语义结构中。当"NP1＋与（伴随介词）＋NP2＋VP"结构中的动词由非对称性动词充当，"及"类词开始侧重于单独表达对称性和一体性关系，完成了从伴随介词向并列连词的转化。如：

（5）冬，楚子及诸侯围宋。（《左传·僖公二十七年》）

（6）秋，王及郑伯入于郐。（《左传·庄公二十年》）

(7) 六月食郁及薁，七月亨葵及菽。(《诗经·国风·豳风·七月》)
(8) 元年春，公及夫人嬴氏至自王城。(《国语·晋语四》)

从以上分析可以看出，逐渐具备"减弱时间顺序的干扰"和"表达一体性和对称性关系"两项必备条件，是"及"类词可以进入并列结构，被语法系统"选择"为并列连词的根本原因。

吴福祥（2003）认为，伴随动词虚化为并列连词，中间一般会经历伴随介词的虚化过渡，即伴随动词→伴随介词→并列连词。但是"并"没有相应的伴随介词用法，所以其来源如曹炜（2003）所说，"并"在秦汉时代的常用义是"合并、兼并"，可能有动词和副词两种用法。曹炜（2006）和席嘉（2010）都认为，连词"并"来源于动词"并"。那有没有可能并列连词"并"由其副词义"一起、一并"或"都、皆"虚化而来呢？我们认为不太可能，理由如下：首先，副词"并"在动词前起修饰限制作用，而连词"并"的连接项多为名词，起连接作用，二者功能相差实在太大，副词"并"虚化为连词"并"很难解释副词是如何由修饰功能转为连接功能的。其次，副词"并"的主语为并列的两个或两个以上的人或事物，而连词"并"的主语没有这一限制。所以连词"并"不大可能由副词虚化而来。

"并"作并列连词用法早在汉代就已经产生，中古时期开始流行，多见于汉译佛经，中土文献并不多见，曹炜（2003）在东汉的《汉书》注中找到一例并列连词用法，例如：

(9) 明帝永平五年，至长安迎取飞廉并铜马，置上西门外，名平乐馆。(《后汉书·卷16》)

徐朝红（2007）在十六国汉译佛经中找到两例，试举例如下：

(10) 此处可种禾，并种大小豆。(后秦鸠摩罗什《大庄严论经》)
(11) 王恐夫人念子懊恼或能致命，即与群臣严驾出城，追觅夫人并太子消息。(北凉法盛《佛说菩萨投身饴饿虎起塔因缘经》)

作为并列连词的"并"出现当不晚于东汉，中古时期用例增多，大量使用则在明初。到《金瓶梅词话》时代，用法由单一变为多样，如席嘉（2010：29）统计发现并列连词"并"《金瓶梅词话》中有231例，《红楼梦》中有164例，其出现频率仅次于"和"。"并"的语法化并没经历像其他"和"类虚词所经历的由伴随动词到伴随介词到并列连词的语法化链。

至此，我们可以得出如下结论：并列连词"并"由其动词义"并排、并列"义直接演化而来，因为"并排、并列"义表示的动作具有平等关系，其关涉事物之间不存在施受或主动被动关系，使得这一意义容易演化为并列关系连词。

当动词"并"前后出现其它动词,且句子语义重心转移时,"并"就由动词慢慢演化为并列关系连词了。

共,《说文解字》释为:"共,同也。从廿、廾。"段注:廿,二十并也。二十人皆竦手,是为同也。"可见"共"最初为动词,由二十人竦手站立的意思延伸出"共同使用"、"共同具有"、"共同承受"的意思。例如:

(12) 共食不饱,共饭不泽手。(《礼记·曲礼上》)

(13) 所学于夫子者,仁义也;仁义者,与天下共其所有而同其利者也。(《韩非子·外储说右上第三十四》)

(14) 乃命太史次诸侯之列,赋之牺牲,以共皇天上帝社稷之飨。(《礼记·月令》)

上述诸例中,动词"共"使用时主语一般为复数性质的人或事物,宾语为主语共同具有、承受或使用的事物,其格式可以归纳为"NP1+共+NP2"。

动词"共"后面能够连接其它动词,当语义重心转移到"共"后的动词时,"共"语法功能逐渐转为修饰限制后面动词,意义也演变为"共同、一起、总共"等副词义。

(15) 故国君取夫人之辞曰:"请君之玉女,与寡人共有敝邑,事宗庙社稷。"(《礼记·祭统》)

(16) 神农之世,卧则居居,起则于于,民知其母,不知其父,与麋鹿共处,耕而食,织而衣,无有相害之心,此至德之隆也。(《庄子·盗跖》)

(17) 凡天下所信约从亲坚者苏秦,封为武安君而相燕,即阴与燕王谋破齐共分其地。(《战国策·楚策一》)

副词"共"后面紧接的是动词,而连词"共"只连接名词,所以连词"共"不大可能由副词义演变而来。

动词"共"演变为连词可能经历了介词的虚化阶段,刘坚(1989)及向熹(2010)均认为六朝时期"共"产生了"同、跟"介词义,起介引名词作用,例如(下面三例转引自刘文):

(18) 吾共诸君逾越险阻,转战千里,所在斩获,遂深入敌地,至其城下。(《后汉书·吴汉传》)

(19) 过去有人,共多人众坐于屋中。(《百喻经·卷上》)

(20) 每常心共口敌,性与情竞。(《颜氏家训·序致》)

刘玉红(2012)发现,三国时期的汉译佛经中已经出现了"共"的介词用法,例如:

(21) 我今共汝往至于彼，随意角试。(《撰集百缘经·卷2》)

(22) 时舍利弗闻是语已，而告之言：我于今者，自当共汝入城受请，可得饱满。(《撰集百缘经·卷10》)

上面两例"共"前都有状语"今"、"当"修饰，是典型的介词用法，可见三国时期介词用法已经产生。

连词"共"在三国以后产生发展起来，例如：

(23) 时王太子阿阇世共提婆达多，共为阴谋，杀害父王，自立为主。(《撰集百缘经·卷6》)

(24) 今吴、蜀共帝，鼎足而居，天下摇荡，无所统一，臣等每为陛下惧此危心。(《三国志·魏书》)

上述例子中，第一例中有两个"共"，第一个为连词，连接"王太子阿阇世"和"提婆达多"，第二个为总括副词。从时间上来看，介词"共"和连词"共"几乎同时产生，但三国时期介词用法明显多于连词用法。连词"共"可能由介词发展而来，也有可能由动词"共"直接演化而来，一方面由动词直接演化成连词已有先例，如上文说的"并"即是如此；另一方面从时间上来看，连词和介词几乎同时产生，没有明显的时间过渡。所以"共"究竟由动词直接演化还是经过了介词阶段，还有待于进一步研究。我们倾向于连词"共"的演化经历了介词阶段，主要基于如下两方面的考虑：首先，在连词萌芽的三国时期，介词用法已经比较成熟，且使用频率较高；其次，大部分伴随动词演化为连词时经历了介词阶段。因此我们倾向于其连词用法由介词用法发展而来。

洪波、蓝鹰（2001）曾谈到选择连词"且"的来源，他们认为，选择连词"且"跟"抑"、"意"、"将"、"其"等一样，都是从副词虚化而来的。这些词无一例外都有"将要"、"大概"、"恐怕"的含义，表示未然是它们共同的语义特征之一。它们表示选择，一般都是出现在疑问句中，而且是两项以上可供选择的疑问句中。可以这样认为：两个以上可供选择的句子并举是选择关系的内核。表示未然，出现在疑问句中，是先秦选择连词形成的决定性条件。洪波、蓝鹰（2001）也曾谈到并列连词"且"的来源，认为它也是由副词虚化来的，它通常在"且……且……"的格式中表并列。

1.2.1.2 源于提顿词的单语素并列标记

对连词"而"的来源问题，洪波、蓝鹰（2001）作过探讨。他们认为，"而"最初是中指代词，其连词用法是由指代词虚化而来的。汉语最初是顺行结构，又叫左行结构。在这样的语序中，指代词一般可以出现在三个位置上，即句首、句中、句尾，其中在句首和句中的指代词有可能虚化为连词。作为指代词,"而"可以在句首作主语,复指前面分句的内容。上古汉语的指代词具有下述三个特点:即近指和远指具有模糊性,而中指代词更是如此;指示代名词和指示形容词不分;具有虚指性。这些特点对于"而"的虚化有重要意义。出现在句首的指代词,如果没有实在的指代意味,它就起连接作用。"而"由指代词虚化为连词,最基本的用法是表示承接,可译为"那么"、"于是"。句中的"而",主要是指主谓之间和状中之间的"而",也是由代词"而"演变而来的。原始汉语为左行结构,其名词短语的左行残留在上古汉语中还可以看到。如果分句中的短语有包括指代词在内的两个以上的修饰成分时,指代词总是在这个短语的最后。这样,指代词实际上可以出现在下面的句法位置:指代词$_1$处在主谓之间,指代词$_2$处在连谓或状中之间,指代词$_3$在句尾。如果它们无所谓指代,就可以分别虚化为主谓之间、连谓之间和状中之间的连接成分,句尾的则可以虚化为语气词。从壮侗语族的中指代词"那"来看,主谓之间的"而"正是在左行结构向右行结构的过渡中形成的。"而"虚化为连词,基本作用是承接,可译为"那么"、"于是"。

方有国(2002)基本同意蓝鹰、洪波(2001)的观点,但认为句首的"而"是否是左行结构现象,还可斟酌。这种"而"无后定修饰作用而是起复指作用。复指有结构和语用的需要。结构上当句子主语很长时,往往用代词复指,以求和谓语平衡;语用上需要主要是对复指成分的强调。所以这种"而"的虚化,不仅跟右行结构有关,跟它所处的位置和复指淡化也很有关系。

张玉金(2014),根据对出土战国文献的研究,指出并未见到"而"用来连接主语和谓语。另外,用于谓词语之间的"而",最多的不是表示承接关系,而是表示转折关系的。还有远古汉语是否为左行结构/顺行结构,尚待研究,因为从甲骨文来看,殷商汉语的语序跟后世汉语的语序并没有太大的区别。

虽然诸家研究没有形成对"而"来源的统一认识,但是多数倾向于认为"主+而+谓"结构是并列连词"而"形成的重要语境。杨荣祥(2008)进一步指出"子产而死"类的"主+而+谓"形式,其实质是"名词性成分充当的判断性谓语+而+谓词性成分充当的叙述性谓语","而"同样是连接两个谓词性成分表示两度陈述。据此我们大胆推测,"子产而死"类结构中"而"本为提顿语气词。用作提顿词是"而"是古汉语中的常见用法。上古时期名词性成分充当谓语的法并不少见,在"子产而死"类结构中,名词性成分充当的谓语和谓词性成分充当的谓语线性相连时,为了区分主谓结构和连谓结构,使用这时期已常见的语气词"而",放在名谓成分之后,通过这种语气词的提顿作用从而标示"名谓+动谓"的连谓结构性质,体现名谓和动谓之间的平衡性和对称性。久而久之,"而"语法化为这种连谓结构的标记性成分,并进一步扩展到两个谓词性成分充当谓语的连谓结构中,成为专职连接谓词性成分的并列连词。

1.2.1.3　源于复现成分的框架式并列标记

张敏（1998）指出："从形式上说，语言里的对称性和音乐里的对称性一样，常用结构的平行性表达出来，即从左到右重复某些相同的或相似的成分，如贝多芬《第五交响乐》的前两个乐句。"相同相似成分的复现是对称性的典型表现，同时形式上的齐整对称也可使这些成分直接关涉的语言对象带上一体性的语义因子。

当这种前后复现的相同相似成分在句法结构中不再充当谓宾等核心成分，由于其附带的对称性和一体性倾向，就容易在语义虚化后被语法系统"选择"为并列连词。这种复现形式，借助形式明显的对称性把时间概念排挤出决定性因素的地位，从而使所在语言结构保留在并列框架之内。根据相同相似成分语源性质的不同，这种来源的并列连词又可以分为以下几种类型。

一、源于复现的数词结构

由前后复现的数词结构虚化而来的框架式并列连词语源包括单纯数词，以及数词和其后语气词粘合两种情形。

1. 源于单纯数词结构

这种类型的连词是由数词列举结构"第一……第……"逐步虚化而来的并列标记。

（1）五纪：一曰岁，二曰月，三曰日，四曰星辰，五曰历数。（《尚书·洪范》）

（2）务三而已：一曰择人，二曰因民，三曰从时。（《左传·昭公七年》）

（3）人有恶者五，而盗窃不与焉：一曰心达而险；二曰行辟而坚；三曰言伪而辩；四曰记丑而博；五曰顺非而泽——此五者有一于人，则不得免于君子之诛，而少正卯兼有之。（《荀子·宥坐篇》）

（4）四时之田用三焉，唯其所先得，一为干豆，二为宾客，三为充君之庖。（《谷梁传·桓公四年》）

上述例子中，虽然序数词本身都有着严格的先后顺序，但如果具体语境中其后所跟成分之间在语义上没有明显的孰前孰后的限制，在句法结构上比较齐整和对称，这种数词结构严整的顺序意味就逐渐被淡化甚至取消。这样前后连用的省略式数名结构无论从结构上还是从意义上讲都变成一种完全的复现形式而不再有排序作用。作为主语的名词往往承前省略或者不言而喻，数词的排序意义也不存在了，数名结构在意义链上存在的必要性越来越小，通过重新分析，齐整对称的数词连用形式就可以理解为通过前后复现体现它们关联的小句之间平行并列关系的形式标记,即并列连词。所跟成分之间语义上的平行并举关系是体现为数词形式的省略式数名结构发生语义弱化的外部原因,而数词形式自身的前后齐整对应则是它可以用于体现并列关系的内部原因。当然这种框架连词源语义的滞留性还比较明显,尚处于语法化的初级阶段。近代汉语时期也有使用。

(5)伯爵定要行令,西门庆道:"我要一个风花雪月,第一是我,第二是常二哥,第三是主人,第四是钏姐。"(《金瓶梅词话·54回》)

(6)刘婆道:"他虽是个瞽目人,到会两三桩本事:第一善阴阳算命,与人家禳保;第二会针灸收疮;第三桩儿不可说,——单管与人家回背。"(《金瓶梅词话·12回》)

(7)要五件事俱全,方才行的。第一要潘安的貌;第二要驴大行货;第三要邓通般有钱;第四要青春少小,就要绵里针一般软款忍耐;第五要闲工夫。(《金瓶梅词话·3回》)

2. 源于"数词+助词"

这种类型的框架式并列连词主要有"一则……二则……"、"一者……一者、"一来……二来……"及其混用形式。

卢以纬认为"则,此是因有上意发下语"。清袁仁林在《虚字说》中认为:"则""乃直承顺接之辞"。刘淇《助字辨略》认为:"则"为"语辞也"、"乃也"、"辞之缓者"、"犹即也"、"语之急"、"语助,犹云'之'也"、"假设之辞,犹云若也"、"或辞"。上述著作都对"则"的用法有所论述。

刘淇《助字辨略》在"者"字条下说:"《说文》云:'别事辞也。'《正字通》云:'凡文有者字,所以为分别隔异也。'愚案:如《中庸》'仁者人也,义者宜也'是也。又《增韵》云:'即物之辞。'愚案:如《论语》'事其大夫之贤者,友其士之仁者'是也。又《论语》:'君曰:'告夫三子者。'《左传隐公五年》:'公将如棠观鱼者。'此'者'字,语已辞也。……《礼记檀弓》:'鲁人有周丰也者。''也者',语已辞。又《论语》孝弟也者。'此是语之顿挫,与上也者'义别。"(刘淇,1954:164-165)

袁仁林《虚字说》中在"者"字条下的一个用法倒是有了表示判断的意思:"'者'字尾句,乃倒指顿住之辞。用法有二:一是顿住起下,一是顿住缩上。凡义当引伸,借此一顿,特地指点,高声叫响,方下注解。此为顿住起下,与俗语'这个'二字相类,犹云某某这个非他,乃是如此也。'仁者,人也。''义者,宜也。'"

"则"、"者"很早就有用在主谓之间类似语气助词的用法,起着提顿语气、引起下文的作用,例如:

(8) 故义以分则和，和则一，一则多力，多力则强，强则胜物；故宫室可得而居也。(《荀子·王制篇》)

(9) 其北康居，西则大月氏，西南则大夏，东北则乌孙，东则扜鼌、于寘。(《史记·大宛列传》)

(10) 言《诗》，于鲁则申培公，于齐则辕固生，燕则韩太傅。言《礼》，则鲁高堂生。言《春秋》，于齐曰胡毋生，于赵则董仲舒。(《汉书·儒林传》)

(11) 主有术，两用不为患；无术，两用则争事而外市，一则专制而劫弑。(《韩非子·难一第三十六》)

(12) 军必有将，所以一之也；国必有君，所以一之也；天下必有天子，所以一之也；天子必执一，所以抟之也。一则治，两则乱。(《吕氏春秋·执一》)

(13) 南冥者，天池也。齐谐者，志怪者也。(《庄子·逍遥游》)

(14) 故桓公之兵横行天下，为五伯长，卒见弑于其臣，而灭高名，为天下笑者，何也？不用管仲之过也。(《韩非子·十过》)

如"源于单纯数词结构"一节所述，数词形式原本是省略式的数名结构作主语，当"者"或"则"用在数词主语和其后谓语之间表示提顿时，就造成了数词和"者"、"则"在语言表层上的线性相连。汉语双音化趋势影响下，单音节数词形式就倾向于和"者"、"则"内化为一个语音片段。随着分句谓语部分之间先后主次意义的淡化，数词结构的标序作用几近消失，主语地位也因此逐渐动摇。这样"一者……二者……"、"一则……一则……"就凭借前后成分复现造成的对称性和一体感，经过重新分析而语法化为表并列的框架连词。

(15) 故水一则人心正，水清则民心易，一则欲不污，民心易则行无邪。(《管子·水地》)

(16) 故一则治，异则乱；一则安，异则危。(《吕氏春秋·不二》)

(17) 夫人之，我可以不夫人之乎？夫人卒葬之，我可以不卒葬之乎？一则以宗庙临之而后贬焉，一则以外之弗夫人而见正焉。(《谷梁传·僖公八年》)

(18) 时有养日。养，长也。一则在本，一则在末，故其记曰"时养日"云也。(《大戴礼记·夏小正》)

(19) 兄弟三人，一者之齐，一者之鲁，一者之晋。(《公羊传·文公十一年》)

(20) 王曰："径上色泽相如也，一者千金，一者五百金，何也？"(《新序·杂事第四》)

(21) 一者，见流星出天门，入地户；再者，见流星出太阳，入太阴；三者，见列宿流入天狱中。(《太平经合校·卷86·来善集三道文书诀》)

(22) 问曰：新产妇人有三病，一者病痓，二者病郁冒，三者大便难，何谓也。师曰：新产血虚，多汗出，喜中风，故令病痓；亡血复汗，寒多，故令郁冒；亡津液，胃燥，故大便难。(《金匮要略方论》)

不同的是，"则"多用在两项并举式中，所以相对于"一则……二则……"，"则……一则……"的形式更多用"者"常用在多项并举中，相对于"一者……一者……"，"一者……二者……"的用法更多些。这种细微差别客观上导致"则"参与构成的连词形式受数词结构的语源义影响更小一些，连词化后的虚化程度也相应更深一些。

相对来说，"一来……二来……"的连词用法比较晚见，就检索的语料而言，元明时期始见这种表并列关系的框架结构。

(23) 小生西洛至此，闻上刹幽雅清爽，一来瞻仰佛像，二来拜谒长老。(《西厢记》)

(24) 那刘官人一来有了几分酒，二来怪他开得门迟了，且戏言吓他一吓，便道……(《醒世恒言》)

(25) 有个本县一财主，一来见他新进，人品整齐。二来可以借他庶盖门户，要来赘他。他不敢轻离母亲，那边竟嫁与他。(《三刻拍案惊奇》)

(26) 湖州人惯的是没水，但只是一来水深得紧，没不到底；二来这蚌大得紧，一个人也拿不起。(《三刻拍案惊奇》)

二、源于复现的空间方位名词[①]

"一边"、"一面"无论是在近代汉语还是现代汉语中，它们的关系词用法一直都在使用，可是"一头"在现代汉语中只有"数量"结构和名词的用法而没有固化了的关系词用法。对这几组词语，相关的语法论著或虚词词典要么没有收录，要么对这两个词的说明大都是认定二者是近代汉语中的关联副词。戴木金、黄海江(1984)收录了"一壁"、"一边"、"一面"，认为"一壁"多见于早期白话；陈金松(1994)对"一面"、"一边"为代表的同义关联格式进行了较全面的归纳，总结出了20余个格式。侯学超(1998)收录了"一壁"、"一边"、

---

① 本书中的"空间成分"，具体指"面、边、壁、头"等空间方位名词，为了行文方便，简称为"空间成分"。

"一面"，张斌（2003）收录了"一边"、"一面"、"一头"，黄伯荣（1996）中收有上海话的并列连词"一头……一头…"。就辞书收录方面的情况来看可以知道研究者对这几组关系词的认识也不尽相同。

通过我们对文献资料的检索，本书讨论的这几组关系词较早的用例最晚在唐宋时期就已经出现，"一头"、"一面"等在唐诗、敦煌变文以及宋代的一些文献和著作中就"表示两个动作同时发生"的关系词用法，如上面提到的《朱子语类》。又如：

（27）日月迁移年渐长，仕农工巧各跻排，一头训诲交仁义，一伴求婚嘱咋（作）媒。（《敦煌变文集·父母恩重经讲经文》）

（28）先说"王，人求多闻，时惟建事"，此是人君且学且效，一面理会教人，一面穷义理。（《朱子语类·卷79》）

上述第一例中的"一头"和"一伴"连用在《父母恩重经讲经文》中共出现了4例，都相当于"一边……，一边……"这样的用法。第二例中的"一面理会教人，一面穷义理"是说"理会教人"、"穷义理"这些动作是同时进行或是相伴随而发生的。

从唐宋到金元时期，"一头"、"一边"、"一面"、"一壁（厢）"等词语的关系词用法应该是处在一个早期阶段，所以有时使用的词语形式并不统一，有时使用的是"一头"，有的情况下用的是"一投"，而且使用的也不是非常的普遍，文献资料记录得也有限（见表1-1）。

表1-1 关系词在相关文献资料中出现的次数

关系词	《水浒传》	《三国演义》	《西游记》	《金瓶梅词话》	《红楼梦》	《儿女英雄传》
一边	2	1	4	3	6	4
一壁（厢）	8	1	10	11	8	2
一面	0	116	0	329	503	146
一头	40	0	0	3	7	5

我们以"一面……一面……"为例，对它们的连词化过程加以说明。

"一面……一面……"作为方位名词出现在句子里，"一面"为分句主语，与全句主语形成包含关系，后面谓语多由形容词或系词成分充当，表示不同空间位置里"相对且并存"的不同状态。

（29）尝譬如一个物有四面：一面青，一面红，一面白，一面黑。（《朱子语类·卷20》）

(30) 心如界方，一面青，一面赤，一面白，一面黑。(《朱子语类·卷 53》)

(31) 且如这一事，见得这一面是如此，便须看透那手背后去，方得。(《朱子语类·卷 109》)

从上述诸例可以看出，"一面"的意义不断泛化，从指称物体实有"一个表面"，发展到虚指"事"的非实体性"面"，空间意义逐渐淡化。

"一面"的意义泛化，与全句主语的关系越来越疏离，同时其后所接成分的动词性也逐渐增强。在逐步语法化过程中，"一面"失去表具体空间的词汇意义，在句中不再充当分句主语而是依附于它后面的动词存在。但是在表具体空间意义的用法中衍生出的"相对且并存"的语义被积淀下来，虚化后"一面……一面……"转而表达它们所关联的前后不同状态或动作之间相对而又并存的关系，从而演变为框架式并列连词。

(32) 德明问："向承见教，须一面讲究，一面涵养，如车两轮，废一不可。"(《朱子语类·卷 113》)

(33) 但一面自持敬，一面去思虑道理，二者本不相妨。(《朱子语类·卷 115》)

"一面……一面……"连接的两个谓词成分动作性增强，附带明显的时间先后次序，但是"一面……一面……"这一并列标记以相同成分重复出现这种格式上的强烈的制衡性，使时间因素对句意的影响退居其次，句子主要表达两种动作的并存。如：

(34) 孙策分拨将士，守把各处隘口，一面写表申奏朝廷；一面结交曹操，一面使人致书与袁术取玉玺。(《三国演义·15 回》)

(35) 李成听了，一面报马入城，一面自备了战马，直到前寨。(《水浒传·62 回》)

(36) 月娘众人见孩子只顾搐起来，一面熬姜汤灌他，一面使来安儿快叫刘婆去。(《金瓶梅词话·59 回》)

(37) 邻佑人等一面救火，一面救起杨太尉，这话都不必说。(《水浒传·72 回》)

(38) 月娘一面收好行李及蔡太师送的下程，一面做饭与西门庆吃。(《金瓶梅词话·55 回》)

"一面……一面……"连接的两个谓词成分至少一方为非肢体性动词，如头部动作行为动词"说"、"笑"等，使令动词"叫"、"派"、"差"等，心理活动动词"打算"、"想"等，动作性不强的动作行为动词"等候"等。这样前后两个动作行为客观上就可以在同一时间上"并存",并列连词"一面……一面……"把时间、词性因素也包容进来,表示两种动作行为的"同时进行"。如:

(39) 安老爷自从接了调署的札文,便一面打发家眷到高堰通判衙门任所,自己一面打点上院谢委,就便拜河台的大寿。(《儿女英雄传·2回》)

(40) 却说那褚一官取了纸笔墨砚来,安老爷便研得墨浓,蘸得笔饱,手下一面写,口里一面说道:"九兄,你大家要知那十三妹的根底,须先知那十三妹的名姓。"(《儿女英雄传·16回》)

(41) 他这里一面应着,一面听老爷的回话。(《儿女英雄传·14回》)

(42) 张金凤连忙掏出小手巾儿来,一面给他擦着衣裳,一面说道:"完了!新藕合皮袄了!"(《儿女英雄传·26回》)

这一类型的并列连词内部,由于语法化程度的参差,不同形式在用法上也存在一定的差异,如"一头……一头……"没有发展出连接句子的用法,"一边……边……"和"一行……一行……"发展出单用形式"边"、"一行",还有数词省略形式"边……边……"、"行……行……"。

三、源于复现的副词

紧缩构式是汉语中一种特殊而又常见的句法结构,而关联副词框架是其重要的常项构成。前人对单个副词作了较多的探索,但对成套副词框架的系统研究还较少见。紧缩构式指形式上又紧又缩,包含一定逻辑语义关系的两套互不作句法成分的表述性结构关联形成的有一定整体意义的序列配置。它大多由关联副词框架连接而成。关联副词框架指由关联副词和相关成分搭配而成的句法组合,有前后两个固定词语作为标志,是一种典型的框式结构。汉语中前置词、后置词并存。关联副词框架是前置标和后置标在句法中配合同现的产物,前后标有不同的句法范域及语义抽象度,是汉语的一大类型特点。

本书只对副词复现的这一类型进行研究,这种类型的框架式并列连词主要包括"又……又……"、"且……且……"、"也……也……"格式。对这几种格式的性质,学术界一直存有争议。我们认为,"又"、"且"、"也"的常用功能是用作副词,但是在连用格式中,它们的确有着明显的连词化倾向。与它们的副词用法相比,认定连词性质的必要条件是:① 连用格式"又"或"且"或"也"在句中所有谓语部分前都有出现;② 连接两个以上不同的事物事件、动作行为或性质状态;③ "又"、"且"、"也"连接的各成分之间语义上为并存列举或者同时进行关系。

(43) 只是这个理，分做四段，又分做八段，又细碎分将去。(《朱子语类·卷6》)

(44) 便是看义理难，又要宽着心，又要紧着心。(《朱子语类·卷9》)

(45) 看那事又要，这事又要，便是多欲。(《朱子语类·卷61》)

比较以上三例，第一例中"分做四段"前没有出现"又"，句中"又"为副词，强调的是动作行为的累加，表达"这个理"在"分做四段"基础上的进一步细分。后两例则完全不同，这两例中第一个动作行为前"又"同样出现，"又"在句中所有分句的谓语部分前都有出现。细味这种用法，"又"作副词时表示的累加意义反被取消，两个动作行为之间没有了先后和主次之分，具有并存列举或同时进行意味，可以随意调换位置而不影响句意的表达，形成平行对称的并列关系。我们认为，这种语义结构中前后复现的"又……又……"不宜再定性为副词，而应分析为并列结构的形式标记——并列连词。

(46) 利仁，贪利为之，未要做远底，且就近底做；未要做精底，且就粗底做。(《朱子语类·卷26》)

(47) 兵民得利既多，且耕且战，便是金城汤池。(《朱子语类·卷110》)

上述两例中"且"也是同样的区别，例(46)中"且"为副词，修饰"就……做"，表"暂且"，例(47)中"且……且……"没有时间副词意义，表示"耕"和"战"两方面的动作行为并存而不分主次，是明显的并列连词。

(48) 虽做得圣人田地，也只放下这敬不得。(《朱子语类·卷7》)

(49) 所谓穷理，大底也穷，小底也穷，少间都成一个物事。(《朱子语类·卷9》)

(50) 如东方望也如此，西方望也如此，南方望也如此，北方望也如此。(《朱子语类·卷79》)

以上"也"的用例也同样。后两例中"也"单用时的累加意义被消解，"也……也……"应该分析为框架式并列连词，句意为"大底"和"小底"、"东方望"、"西方望"、"南方望"和"北方望"都如此。

四、源于复现的助词

这种类型主要指"……也罢……也罢"、"……也好……也好"。

关于"……也罢……也罢"、"……也好……也好"的性质，各家认识不同。北大中文系55级、57级语言班编写的《现代汉语虚词例释》(1982)，侯学超

(1998)《现代汉语虚词词典》认为"也罢、也好"是助词,张谊生认为"也罢、也好"是带有关联性的助词,黄伯荣、廖序东(1988),齐沪扬(2002)认为是双音节语气词,周刚(2002)则把"也罢/好"定义为后置连词。雷冬平、胡丽珍(2008)指出真正的语气词"也罢"从元代开始,卢烈红(2012、2013)分别对"也好"、"也罢"的成词进行了细致详尽的分析和梳理。为了更好地描述并列关系标记的产生,我们将卢烈红(2013)的研究在这里进行大概的介绍。应该说,由于后置的特殊句法位置,"也罢"、"也好"似乎兼有多种语法功能,有助词功能,可以兼表句末语气,同时也不可否认地具有关联作用。对于"……也罢/好……也罢/好",我们认为相对于单用形式,这种连用格式的助词功能一定程度上减弱,关联前后两个分句的作用上升为首要功能,可以定性为后置性的框架式并列连词。

以"……也罢……也罢"为例,这类连词的语法化过程大致可以分为以下几个阶段:

"也罢"最初是副词,"也"修饰动词"罢"的状中结构,它所在的句子,主语多为不如意事情,"也罢"作谓语,带有"只好如此"、"也就算了"的意味,表示对已经发生事情的一种容忍或让步。

(51)(白)刘健儿,怎么不买冻鱼酒来我每吃?(生)不曾支粮,支了粮请你每一醉。(净、丑)也罢。刘健儿,今晚巡更,该你巡夜,一更是我,二更是他,三更四更五更都是你。(无名氏《刘知远白兔记·第十七出》,第9卷,第399页)

(52)你看么,我见他是出家人,则这般与他个茶吃,他又这般饶舌。也罢,依着他,左右茶客未来哩。(马致远《吕洞宾三醉岳阳楼·第二折》,第2卷,第167页)

(53)你既然替他还钱,也罢,我放了他。(高文秀《好酒赵元遇上皇·第二折》,第1卷,第688页)

例(51)中"也罢"是对上文的回应,以下谈巡更,话题已换,所以"也罢"是单独成句。例(52)中"也罢"是就下文而言的,因此属于居句首的单位。这种结构里,相对而言,"也罢"似乎更多地承担了表达容忍语气的功能,动词性成分"也罢"结构的出现为"也罢"退出谓语核心地位逐渐向虚词演变作了铺垫。

(54)但得个大小官职也罢。(郑光祖《虎牢关三战吕布·第二折》,第4卷,第415页)

(55)哥哥不知,那杜家老鸨儿欺负兄弟也罢了,连蕊娘也欺负我。(关汉卿《杜蕊娘智赏金线池·第三折》,第1卷,第121页)

(56) 若无桑椹子、马莲子也罢，吃下去倒消食。(刘唐卿《降桑椹蔡顺奉母·第二折》，第 2 卷，第 582 页)

这种句式的结构划分应该是"便……也＋罢（了）"，"便"相当于"如果、即使"，引导的是一个假设分句，整个结构是一个紧缩的复句，这种结构中的"也"和"罢"或者"罢了"在这类结构中，如果没有"也罢（了）"，句意是不完整的，句子不稳，加上"也罢（了）"，这个结构的句法意义是"如果（即使）……也算了"。

(57)"假若秀才藏过，则说无也罢，可怎生舒心还此带？"(关汉卿《山神庙裴度还带·第三折》)

(58) 行者暗笑道："……假若被他摩弄动了啊，留他在这里也罢。"(《西游记·82 回》)

(59) 八戒道："菩萨呀，若肯还我师父，就磕他一个头也罢。"(《西游记·41 回》)

这种结构所表达的意义与上面的例子相同，都是"如果（即使）……也算了"。不同的是前者的结构包含了两个 VP，形成"（假）若 VP1，（则就）VP2 也罢"，是后者结构的扩展。冯春田将这种结构中的"也罢（了）"分析成语气助词。"也罢"用在对过去或未来情境表示假定的假设句里。句中有关联词语"若"、"便"、"就"等明确表达假设意义。这种假设语义中的"也罢"分句往往只在整个句段中起到意义铺垫作用，其后还接有另一分句以进行进一步的申说。如：

(60) 那郑小姐这等薄情，他便不来看我也罢了……(石子章《秦修然竹坞听琴·第四折》)

(61) "(叫疼科云)范雎，你好苦也！大夫，你好狠也！你便打死我也罢了，怎么丢在厕坑里？"(高文秀《须贾大夫谇范叔·第二折》)

(62) "你不肯也罢，如何将行者污我牡丹？"(吴昌龄《花间四友东坡梦·第二折》)

(63) "(正末云)哥哥打了您兄弟也罢，可怎生不用就赶下山去？"(李文蔚《同乐院燕青博鱼·楔子》)

这种结构中当表假设的关联词语隐含不现，"也罢"逐渐沾染上句意中所包含的假设语气，可以认为已经退出谓语核心部分，虚化为兼表假设和容忍、让步义的语气助词，表示对假设性不如意事态的容忍和让步。

因为假设其实也是一种条件，而且"也罢"联合使用的结构所列举的条件往往是对立的双方,当事物的两个方面都不影响结论时,也就是说,命题的真假不受任何条件的影响,"也罢"连用的语气助词功能也就形成。例如:

(64)"(卒子云)哎哟!我儿也,你打了也罢,骂了也罢,你又骂俺元帅,我见俺元帅去。"(郑光祖《虎牢关三战吕布·第二折》)

(65)你伏侍别人,还相在我手里那等撒娇撒痴,好也罢歹也罢了,谁人容的你!(《金瓶梅词话·62回》)

在假设情境里,当"也罢"既可以跟在较好的事件后,也可以跟在较差的事件后,相反的两个事态一前后同时出现在句中,衍生出"……也罢……也罢"线性连用的格式,对好的事态接受,坏的事态同样容忍,表示不以任何情形为条件的兼容。如此一来,"也罢"因为也可以跟在积极事态的后面,表"容忍"、"算了"的语气助词功能相对弱化,"……也罢……也罢"连接语义上相反相对的两部分,前后部分产生相同的结果,相互之间平行并列,没有主次之分。这种"……也罢……也罢"整齐连用的对称格式就可以分析为框架式的并列结构标记,即并列连词。

语法化为并列连词后,"……也罢……也罢"连接的前后成分之间也可以不是语义对立的一对一反,相同性质的不同事物、事件也可以嵌入其中。这可以看作是这格式连词化程度的进一步深化,"……也罢……也罢"表示平列列举的意义更加纯粹。

(66)西门庆道:"你二位后日还来走走,再替我叫两个,不拘郑爱香儿也罢,韩金钏儿也罢,我请亲朋吃酒。"(《金瓶梅词话·32回》)

(67)姑娘,你如今就说我酸也罢,俗也罢,我安龙媒对了你这样的天人,只有五体投地了。(《儿女英雄传·8回》)

卢烈红(2013)指出表任何情况下都如此的配对型"也好"其确切用例出现在清代中期的《红楼梦》,而根据本书前面的分析,表任何情况下都如此的配对型"也罢"则在明代末年已出现,因此,非常清楚,就这种用法而言,"也罢"早于"也好"。那么,"也好"是不是受"也罢"的影响才产生配对使用表任何情况下都如此这种用法呢?卢烈红(2013)指出:"表'同等好'意义的句末状谓结构'也好',经由语义磨损、语义弱化衍生出单用型表'也还可以''也行'的'也好';表'也还可以''也行'的'也好'隔开连用,以句法位置处于句子前部、语义环境为无条件语境为契机进一步虚化,就演化成表示无论在何种情况下结果都一样的配对型'也好'。"由此可见,"也好"的虚化在语义基础和句法环境方面都与"也罢"具有高度的相似性,"也好"本身具有虚化的语义和句法条件,它是独立演化出配对使用表任何情况下都如此。

通过成分复现形成的并列关系标记，是借助自身表现形式上的对称来体现连接成分之间的对称性和一体性关系。相对而言，这种框架式并列标记形成对复句语义关系有着更加明显的反制约性。也就是说，排除其他因素的干扰，使句意保留在并列范畴内的作用力更强一些。需要注意的是，框架式并列标记的使用使这些关系类型只能作为并列关系包容下的次类型而存在。当然，认识到复现形式语法化而来的框架式并列连词可以反过来强化并列关系的同时，我们也可以从这个角度管窥出并列连词这些类型连词之间的衍推关系。

以上几种源于伴随介词、提顿词、重现成分的并列框架形成、发展过程中发生了语法化，构成一个由实到虚的语法化连续统。这样，历时的动态演变在共时平面上得到反映，这种动态性表明紧缩关联副词框架结构和意义都不是一种自在存在，而是一种自为存在，它的存在有其形成过程。

1.2.2 源于关系标记之内

除了上述源于连词领域外的几种，还有一些并列连词是连词领域内进一步语法化的结果。这类并列连词是在汉语双音趋势的影响下产生。逐步双音化是汉语从古到今发展演变中的一大特点。"单足以喻则单，单不足以喻则兼"，语音作为语法手段的不足，以及一词多义容易造成语义混淆的弊病，使汉语从单音词为主发展到双音节词占优势。连词的发展同样遵循这一规律。具体到并列连词，在双音化趋势的影响下，同义复合和词汇粘着是新生双音并列连词产生的两种主要方式。

与单语素并列连词没有直接组合关系而仅是位置相邻的一个语言成分，在双音化趋势下依附于并列连词，两者粘合形成双音连词，如"及其"。

"NP1＋及＋其＋NP2＋VP"的线性结构中，"及"为并列连词，"其"是"及"虚化后名词性成分的限定词，复指前边的名词。并列连词的本质作用是体现连接对象之间对称性和一体性的特点。从语义和功能上讲，"及"前后"NP1"和"其NP2"是对称且一体的。但在结构形式上，这两部分之间存在着不对称的因素，是光杆名词和定中结构的相连。这种不对称因素就造成了"NP1及＋其＋NP2＋VP"结构潜在的不稳定性。再加上汉语双音化的影响，单语素连词"及"和代词"其"倾向于"被聚合为一个组块而加以感知"，二者原有的分界逐渐被取消，经过重新分析演变为双音节连词"及其"，所在结果层次也更新为"NP1＋及其＋NP2＋VP"。如：

(1) 臣恐举国人民及其妻子皆以施以（与）人，我等终无生路。（《须大拏太子好施因缘》）

(2)弥勒道：我思往昔，为兜率天王及其眷属说不退转地之次，忽见维摩发笼离垢之缯，手柱（拄）弱梨之杖，谓我言道："弥勒：汝久居圣位，已出烦笼，三僧祇劫修行，百万生中精进。"(《维摩诘经讲经文四》)

(3)不断不常，不来不去，不在中间及其内外，不生不灭，性相常住，恒而不变，名之曰道。(《祖堂集·卷2》)

明清时期，"及其"尚处在连词化的初级阶段，语音上被处理为一个音步内的组块，但"其"的代词复指功能还比较明显，"及其"连接的前后成分之间除了并列关系外还兼有所属关系，"及其"的融合度还比较低，用例也不多，举例如下：

(4)一面使人诛戮二贼家小及其余党。(《三国演义·38回》)

(5)祜笑曰："汝众人小觑陆抗耶？此人足智多谋，日前吴主命之攻拔西陵，斩了步阐及其将士数十人，吾救之无及。"(《三国演义·120回》)

1.3 明清汉语并列标记的使用情况

根据逐步具备"减弱时间顺序的干扰"和"体现对称性和一体性关系"这两个并列标记根本条件途径的不同，源于连词领域外的并列连词又大致可以分为以下类型：单语素式、复合式、粘合式、框架式四类。

1.3.1 单语素并别标记

单语素并列连词中，根据具体语源、功能用法、发展方向方面的相似，又细分为四个小类："和"、"与"、"及"、"共"、"同"、"将"、"并"、"兼"、"而"，以便更加细致地把握相类并列连词之间在竞争替代和功能分化方面的特点和规律。

1.3.1.1 "和"、"与"、"及"、"并"

1.3.1.1.1 "和"

《说文》："和，相应也。"本义为唱和义。《广雅·释诂》："和，谐也。"当"和"出现于动词前，虚化为副词，表示其引申义，这在先秦就已有用例。"和"

的连词用法大约产生于晚唐五代时期,但尚处于形成阶段,可以连接体词性成分,连接成分可作主语或宾语,也可以连接谓词性成分,充当主语、宾语或谓语。明清时期"和"的连词用法进一步发展。

明清时期"和"的并列连词用法语法功能上由扩展到收拢,主要用于连接体词性成分,所连成分在句中充当或主语或宾语或定语或介词宾语;偶有连接谓词性成分在句中作宾语的用法。

明代,"和"连接体词性成分作主语。"和"既可以连接两个并列成分,也可以连接三个或三个以上的并列成分,举例如下:

(1) 也是天罡星合当聚会,自然生出机会来。李吉解那搭膊,望地下只一抖,那封回书和银子都抖出来。(《水浒传·1回》)

(2) 庄里史进和三个头领全身披挂,枪架上各人跨了腰刀,拿了朴刀,拽扎起,把庄后草屋点着。(《水浒传·2回》)

(3) 老儿和这小厮上街来,买了些鲜鱼、嫩鸡、酿鹅、肥鲊、时新果子之类归来。(《水浒传·3回》)

(4) 倘有些不然起来,我和你又敌他不过,后来倒难厮见了。(《水浒传·4回》)

(5) 官人和陆虞候出来,没半个时辰,只见一个汉子慌慌急急奔来家里,对娘子说道:"我是陆虞候家邻舍。"(《水浒传·6回》)

(6) 李桂姐和吴银儿就跟着潘金莲、孟玉楼,出仪门往花园中来。(《金瓶梅词话·58回》)

(7) 只见贲四嫂说道:"大姑和三姑,怎的这半日酒也不上,菜儿也不拣一箸儿?"(《金瓶梅词话·46回》)

(8) 这大圣呵呵冷笑,那行者也哈哈欢喜,揪头抹颈,复打出天门,坠落西方路上道:"我和你见师父去!我和你见师父去!"(《西游记·58回》)

(9) 次日,燕青和李逵吃了些早饭,吩咐道:"哥哥,你自拴了房门高睡。"(《水浒传·74回》)

(10) 且说李逵和燕青离了四柳村,依前上路,此时草枯地阔,木落山空,于路无话。(《水浒传·73回》)

"和"连接体词性成分作宾语,举例如下:

(11) 只见门外书童和画童两个抬着一只箱子,都是绫绢衣服,气吁吁走进门来,乱嚷道:"等了这半日,还只得一半。"(《金瓶梅词话·56回》)

(12) 正遇周内相请酒，便推事故不去，自在花园藏春坞，和吴月娘、孟玉楼、潘金莲、李瓶儿五个寻花问柳顽耍，好不快活。(《金瓶梅词话·56回》)

(13) 鸨子道："俺每如今还怪董娇儿和李桂儿。"(《金瓶梅词话·59回》)

(14) 且取衣服和直裰来，洒家穿了说话。(《水浒传·4回》)

(15) 正说着，只见贲四和来安儿往经铺里交了银子，来回月娘话，看见玉楼、金莲和大姐都在厅台基上坐的，只顾在仪门外立着，不敢进来。(《金瓶梅词话·58回》)

(16) 先是郁大姐在他炕上坐的，一面撺掇他往月娘房里和玉箫、小玉一处睡去了。(《金瓶梅词话·58回》)

(17) 落后金莲见玉楼起身，和李瓶儿、大姐也走了。(《金瓶梅词话·46回》)

(18) 不然，绑着鬼只是俺屋里丫头和奶子、老冯。(《金瓶梅词话·44回》)

(19) 见他爹老子收了一盘子杂合的肉菜、一瓯子酒和些元宵，拿到屋里，就问他娘一丈青讨，被他娘打了两下。(《金瓶梅词话·42回》)

(20) 敬济道："今日有大舅和门外花大舅、应三叔、谢三叔，又有李铭、吴惠两个小优儿。"(《金瓶梅词话·39回》)

"和"连接体词性成分作介词宾语，举例如下：

(21) 先把戒刀和包裹拴了，望下丢落去。(《水浒传·4回》)

(22) 又把他脸和腮颊都用尖指甲掐的稀烂。(《金瓶梅词话·58回》)

(23) 众人不由分说，把乔大户娘子和月娘、李瓶儿拉到前厅，两个就割了衫襟。(《金瓶梅词话·41回》)

(24) 把金莲和玉楼在外边忍不住只是笑的不了，骂："贼囚根子，到明日死了也没罪了，把丑都出尽了！"(《金瓶梅词话·35回》)

(25) 都不受来，被薛嫂儿和我再三说了，才受了下饭猪酒，抬回尺头。(《金瓶梅词话·95回》)

(26) 三个正在黑影里商量，却说李逵见了宋江、柴进和那美色妇人吃酒，却教他和戴宗看门，头上毛发倒竖起来，一肚子怒气正没发付处。(《水浒传·72回》)

连接体词性成分作定语，举例如下：

(27) 黄四哥在这里听着，看你外父和你小舅子造化，这一回求了书去，难得两个都没事出来，你老爹他恒是不稀罕你钱，你在院里老实大大摆一席酒，请俺们耍一日就是了。(《金瓶梅词话·67回》)

(28) 那妙玉便把宝钗和黛玉的衣襟一拉,二人随他出去,宝玉悄悄的随后跟了来。(《红楼梦·41回》)

(29) 李纨笑道:"老太太和太太说的都是。"(《红楼梦·94回》)

(30) 你既如此,你自去挑所宅子去住,我和你姨娘、姊妹们别了这几年,却要厮守几日,我带了你妹子投你姨娘家去,你道好不好?(《红楼梦·4回》)

明代,"和"主要用于"A和B、C"结构,即几个并列成分的第一项之后,例如:

(31) 小的和玳安、琴童哥三个,跟俺爹从一座大门楼进去,转了几条街巷,到个人家,只半截门儿,都用锯齿儿镶了。(《金瓶梅词话·59回》)

(32) 春鸿道:"我和玳安、琴童哥便在阿婆房里,陪着俺每吃酒并肉兜子来。"(《金瓶梅词话·59回》)

(33) 再表西门庆和应伯爵、常峙节,三人吃的酩酊,方才起身。(《金瓶梅词话·54回》)

(34) 且说月娘和桂姐、李娇儿、孟玉楼、潘金莲、李瓶儿、大姐,都在后边吃了饭,在穿廊下坐的。(《金瓶梅词话·52回》)

(35) 你们在家看灯吃酒,我和应二哥、谢子纯往狮子街楼上吃酒去。(《金瓶梅词话·40回》)

(36) 爹和应二爹、谢爹、韩大叔还在卷棚内吃酒。(《金瓶梅词话·35回》)

"和"主要用于"A、B和C"结构,即几个并列成分的最后一项之前,例如:

(37) 孟玉楼、潘金莲和李桂姐、吴银儿、大姐都在花架底下,放小桌儿,铺毡条,同抹骨牌赌酒顽耍。(《金瓶梅词话·58回》)

(38) 西门庆怕他思想孩儿,寻了拙智,白日里吩咐奶子、丫鬟和吴银儿相伴他,不离左右。(《金瓶梅词话·59回》)

(39) 只是吴月娘、李娇儿、孟玉楼、潘金莲、大姐,家里五顶轿子,陪乔亲家母、大妗子和李桂儿、郑月儿、吴舜臣媳妇郑三姐往坟头去,留下孙雪娥、吴银儿并两个姑子在家与李瓶儿做伴儿。(《金瓶梅词话·59回》)

(40) 大妗子、杨姑娘、吴月娘、李娇儿、孟玉楼、潘金莲、李瓶儿、孙雪娥和李桂姐众人,一个不少,都在跟前围着他坐的,听他演诵。(《金瓶梅词话·51回》)

(41) 李纨为首，余者迎春、探春、惜春、宝钗、黛玉、湘云、李纹、李绮、宝琴、邢岫烟，再添上凤姐儿和宝玉，一共十三人。（《红楼梦·49回》）

(42) 到了这一天黛玉绝粒之日，紫鹃料无指望了，守着哭了会子，因出来偷向雪雁道："你进屋里来，好好儿的守着他，我去回老太太、太太和二奶奶去。"（《红楼梦·90回》）

《红楼梦》中，"和"主要用于"A 和 B、C"结构，即几个并列成分的第一项之后，占 80.95%，例如：

(43) 到年下，你只把你们晒的那个灰条菜干子和豇豆、扁豆、茄子、葫芦条儿，各样干菜带些来，我们这里上上下下都爱吃。（《红楼梦·42回》）

(44) 刚至院门前，只见王夫人的丫鬟名金钏儿者，和那一个才留了头的小女孩儿站在台阶坡上顽。（《红楼梦·7回》）

(45) 一见他进来，惟有探春和惜春、贾环站了起来。（《红楼梦·23回》）

(46) 这里王夫人和李纨、凤姐儿、宝钗姊妹等见大夫出去，方从橱后出来。（《红楼梦·42回》）

(47) 老嬷嬷跟至厅上，只见宝玉的奶兄李贵和王荣、张若锦、赵亦华、钱启、周瑞六个人，带着茗烟、伴鹤、锄药、扫红四个小厮，背着衣包，抱着坐褥，笼着一匹雕鞍彩辔的白马，早已伺候多时了。（《红楼梦·52回》）

(48) 四人回说："老太太和哥儿、两位小姐并别位太太都没来，就只太太带了三姑娘来了。"（《红楼梦·56回》）

(49) 外面小螺和香菱、芳官、蕊官、藕官、荳官等四五个人，都满园中顽了一大回，大家采了些花草来兜着，坐在花草堆中斗草。（《红楼梦·62回》）

(50) 老太太和姨妈、姐姐们用罢。（《红楼梦·84回》）

(51) 焙茗便说道："你快进去告诉我们二爷和里头太太、奶奶、姑娘们，天大的喜事！"（《红楼梦·94回》）

《儿女英雄传》中，"和（合）"则主要用于"A、B 和 C"，占 56.25%，例如：

(52) 这其间不必讲，安太太合儿子自然有一番的絮话，金、玉姊妹合夫婿自然有无限离情，公子依依堂上，眷眷闺中，自然更有一番说不出来的别怀离绪。（《儿女英雄传·40回》）

(53) 跟安大人先走的是晋升、叶通、随缘儿、四喜儿,合褚、陆、冯、赵四个后拨儿。(《儿女英雄传·40回》)

(54) 公子也不觉好笑,便同他母亲并望着他舅母、岳母合金、玉姊妹说道:"我受恩典升了阁学,放了山东学台,作为观风整俗使的钦差,又加了右副都御史衔。"(《儿女英雄传·40回》)

(55) 这四个字,久已作了小说部中千人一面的流口常谈,请教这伴香、瓣香二位女史合那位伴瓣主人的这一宿,一边正当"王事贤劳,驰驱偃仰"之余,一边正在"寤寐思服,展转反侧"之后,所谓"今夕何夕",安得无话?(《儿女英雄传·37回》)

"和(合)"连接三个或三个以上的并列成分时,并列标记"和"由主要位于前两项并列成分之间(A 和 B、C)发展为主要位于后两项并列成分之间(A、B 和 C),其位置逐渐后移,这符合人类的思维逻辑。"和"的句法位置严格遵守联系项居中和标记后置的原则,这种模式在先秦汉语中就已经存在。因此,现代汉语中"A、B 和 C"这种位置模式出现频率也最高,并非欧化的结构,而是人类语言的一种普遍特征。

连接三个或三个以上并列成分的"和(合)"的用法也不尽相同。《红楼梦》中的"和"只用于连接体词性成分,而《儿女英雄传》中的"合"可以连接体词性成分和谓词性成分,例如:

(56) 琴儿和颦儿、云儿三个人也抢了许多,我们一概都别作,只让他三个作才是。(《红楼梦·50回》)

(57) 照这样作起来,我那青云山的'约法三章',德州的深更一梦,合甚么防嫌咧躲避咧,以至苦苦要去住庙,岂不都是瞎闹吗?(《儿女英雄传·26回》)

明清时期,连词"和(合)"的用法从单一逐步复杂多样化,但还是以连接两个并列的体词性成分为主,不过在这个过程中,连接多项并列成分的比重在逐渐上升,这也是连词的连接范围扩大及思维扩展的一个表现。另外,"和(合)"连接三个或三个以上的并列成分时,由主要位于前两项并列成分之间发展为主要位于后两项并列成分之间,即其位置呈现逐渐后移的历史变化,这符合人类的思维逻辑,由最初的连接两项并列成分到在第二个并列成分后无意识地追加更多的并列成分,然后用在最后两个并列成分之间作为列举结束的一个标志。

1.3.1.1.2 "与"

与,《说文解字》释为"赐予"。虚词"与"在上古时期主要作介词表"同、跟"义，如《诗经·邶风》"执子之手，与子偕老"。"与"的连词义为"和、及"，《汉语大词典》首引《易·说卦》："立天之道曰阴与阳，立地之道曰柔与刚，立人之道曰仁与义"。中古时期"与"主要用作介词的格局并未改变，如徐朝红（2008）统计，汉译佛经本缘部中"与"作并列连词有 265 例，作介词有 1682 例，后者是前者的 6 倍多。

1. 为非定位连词，主要连接体词

"与"所带连接项可以出现在主语、宾语位置，也可单独成句，其中出现于主语位置的用例最多，例如：

（1）当夜宋江与同柴进，依前扮作闲凉官，引了戴宗、李逵、燕青五个人，迳从万寿门来。（《水浒传·72 回》）

（2）林冲与公孙胜、吴用并众头领商议，立宋公明为梁山泊主，诸人拱听号令。（《水浒传·59 回》）

（3）宋江与卢俊义、吴用等正偏将佐，移扎营寨城东一里外。（《水浒传·92 回》）

（4）众雷神与阿傩、迦叶，一个个合掌称扬道："善哉！善哉！当年卵化学为人，立志修行果道真。"（《西游记·7 回》）

（5）进了相府，光蕊同小姐与婆婆、玄奘都来见了夫人。（《西游记·8 回》）

（6）与那九曜星、五方将、二十八宿、四大天王、十二元辰、五方五老、普天星相、河汉群神，俱只以弟兄相待，彼此称呼。（《西游记·5 回》）

（7）猿猴道："乃是佛与仙与神圣三者，躲过轮回，不生不灭，与天地山川齐寿。"（《西游记·1 回》）

（8）他与三宫妃后同眠，又和两班文武共乐，我老孙就有本事拿住他，也不好定个罪名。（《西游记·38 回》）

（9）老孙与井、角二宿并力追妖，直赶到西洋大海，又亏龙王遣子帅兵相助，所以捕获到此审究也。（《西游记·92 回》）

（10）三藏与八戒、沙僧都欢喜不尽。（《西游记·99 回》）

（11）那刁钻古怪、古怪刁钻与青脸儿是昨夜逃生而回者，即拿两条绳，把他二人着实捆了。（《西游记·90 回》）

"与"字结构出现于宾语位置，例如：

（12）把刘洪拿到洪江渡口先年打死陈光蕊处，丞相与小姐、玄奘，三人亲到江边，望空祭奠，活剜取刘洪心肝，祭了光蕊，烧了祭文一道。（《西游记·8 回》）

(13) 牛王方跑进去，喘嘘嘘的，正告诉罗刹女与孙行者夺扇子赌斗之事，闻报心中大怒，就口中吐出扇子，递与罗刹女。（《西游记·61回》）

"与"字结构出现于定语位置，例如：

(14) 丞相道："这和尚是我与你的外甥。"（《西游记·8回》）

(15) 臣出了东华门前，偶遇二僧，乃卖袈裟与锡杖者。（《西游记·12回》）

(16) 沙僧见了，大惊道："师父！大哥与二哥的眼都花了，把妖精放将来拿你了！你坐在马上，等老沙拿他去！"（《西游记·85回》）

《红楼梦》中，"与"作并列连词共见113例，其中，连接两项并列成分的有101例，98例连接体词性成分，仅有3例连接谓词性成分，且前后两个谓词性成分意义相反。12例连接三个或三个以上的并列成分。

到了《儿女英雄传》时期，"与"作并列连词仅有15例，其中，连接体词性成分的有9例，连接谓词性成分的有6例，后者的比重明显比《红楼梦》时期大。例如：

(17) 这正是古人说的："世上伤心无限事，最难死别与生离。"（《儿女英雄传·2回》）

(18) 姑娘听了这话，心里暗道："原来作孝子也有个幸不幸，也有个天成全不成全。"（《儿女英雄传·22回》）

出现在主语位置的"与"连接项以表人名词为主，如例（19）。不过也有少数例子属于连接项为事物和动作的，如例（20）。"与"作连词用时，后面常有总括性副词"俱、同"等表示并列义，如例（23）、例（24）、例（25）。

(19) 杨雄、石秀与杜兴说道："既是大官人被那厮无礼，又中了箭，时迁亦不能彀出来，都是我等连累大官人了。"（《水浒传·46回》）

(20) 行者与沙僧、八戒急起身，穿了衣服，侍立左右道："上告师父。这昏君信着那些道士，兴道灭僧，恐言语差错，不肯倒换关文。我等护持师父，都进朝去也。"（《西游记·45回》）

(21) 却说孙大圣与八戒、沙僧辞陈老来至河边，道："兄弟，你两个议定，那一个先下水。"（《西游记·49回》）

(22) 须臾过了五日，到廿七日早晨，雇了八名青衣白帽小童，大红销金棺与旛幢、云盖、玉梅、雪柳围随，前首大红铭旌，题着"西门冢男之柩"。（《金瓶梅词话·59回》）

(23) 吃了一回，潘金莲与玉楼、大姐、李桂姐、吴银儿同往花园里打了回秋千。(《金瓶梅词话·48回》)

(24) 当下月娘与玉楼、瓶儿俱是貂鼠皮袄，都穿在身上，拜辞吴大妗子、二妗子起身。(《金瓶梅词话·46回》)

(25) 不一时，周守备娘子、荆都监母亲荆太太与张团练娘子，都先到了。(《金瓶梅词话·42回》)

(26) 这五个杂毛狮子精与行者、沙僧正自杀到好处，那老怪驾着黑云，径直腾至城楼上，摇一摇头，唬得那城上文武大小官员并守城人夫等，都滚下城去。被他奔入楼中，张开口，把三藏与老王父子一顿噙出，复至坎宫地下，将八戒也着口噙之。(《西游记·90回》)

(27) 司马懿父子与张虎、乐琳合兵一处，同归渭南大寨，不想寨栅已被蜀兵夺了。(《三国演义·103回》)

(28) 孔明等与先主次子鲁王刘永、梁王刘理，来永安宫见帝，留太子刘禅守成都。(《三国演义·85回》)

(29) 先主曰："朕与关、张二弟生死之交，三十余年矣。"(《三国演义·81回》)

(30) 铁匠道："金箍棒有千斤，九齿钯与降妖杖各有八百斤。"(《西游记·90回》)

(31) 师徒四众与文武多官俱侍列左右，太宗皇帝仍正坐当中，歌舞吹弹，整齐严肃，遂尽乐一日。(《西游记·100回》)

(32) 跌跌与爬爬，门槛何曾跨！你头撞我头，似倒葫芦架。(《西游记·47回》)

(33) 浑战惊天并振地，强争设网与张罗。(《西游记·65回》)

(34) 玄德曰："孤与云长，誓同生死；彼若有失，孤岂能独生耶！"(《三国演义·77回》)

(35) 吾与汝等共据高城，南临大江，北背山险，以逸待劳，以主制客；此乃百战百胜之势。(《三国演义·85回》)

(36) 朕本待与卿等同灭曹贼，共扶汉室；不幸中道而别。(《三国演义·85回》)

(37) 吾与汝同去救第一屯。(《三国演义·76回》)

(38) 八戒捆在傍边，与王父子、唐僧，俱攒簇一处，恓恓惶惶受苦。听见老妖说声"众孙被和尚捉进城去"，暗暗喜道："师父莫怕，殿下休愁。我师兄已得胜，捉了众妖，寻到此间救拔吾等也。"(《西游记·90回》)

如果连接的是多项具体名词，则"与"在前两项并列成分之间；如果连接的是确指、泛指并用的名词，则"与"在确指、泛指两项之间。如：

（39）又去后面看处，见八戒、沙僧与长老还捆住未解，白龙马还在槽上，行李担亦在屋里。（《西游记·52回》）

（40）二人方醒，忽睁睛抹抹脸，抬头观看，认得是仙师与世同君和仙兄等众，慌得那清风顿首，明月叩头道："师父阿！你的故人，原是东来的和尚，一伙强盗，十分凶狠！"（《西游记·25回》）

（41）管家的道："还有七星剑、芭蕉扇与净瓶。"（《西游记·35回》）

（42）献神珍之铁棒，凤翅之金冠，与那锁子甲、步云履，以礼送出。（《西游记·3回》）

（43）早望见落伽山不远，遂落下云头，直到普陀岩上，见观音菩萨在紫竹林中与诸天大神、木叉、龙女，讲经说法。（《西游记·26回》）

（44）他那风，比不得甚么春秋风、松竹风与那东西南北风。（《西游记·21回》）

"与"及其连接项约有不到20%的例子是充当宾语（徐朝红，2008：40），作宾语时有时为非表人成分，而且连接成分的性质不限于名词，例如：

（45）外有请到客官张团练与蒋门神二人。（《水浒传·30回》）

（46）蓑衣当被卧秋江，鼾鼾睡，无忧虑，不恋人间荣与贵。（《西游记·9回》）

（47）酕醄醉了卧松阴，无挂碍，无利害，不管人间兴与败。（《西游记·9回》）

（48）玉帝传旨，即命大力鬼王与天丁等众，押至斩妖台，将这厮碎剁其尸。（《西游记·6回》）

（49）既如此，不当值者且退，留下六丁神将与日值功曹和众揭谛保守着我师父。（《西游记·15回》）

（50）小和尚见了丞相与夫人，哭拜在地，就怀中取出一封书来，递与丞相。（《西游记·8回》）

（51）将舍利子安在第十三层塔顶宝瓶中间，把龙婆锁在塔心柱上，念动真言，唤出本国土地、城隍与本寺伽蓝，每三日送饮食一餐，与这龙婆度口，少有差讹，即行处死。众神暗中领诺。（《西游记·63回》）

（52）只见众姊妹都在那边，都是一色大红猩猩毡与羽毛缎斗篷，独李纨穿一件哆罗呢对襟褂子，薛宝钗穿一件莲青斗纹锦上添花洋线番耙丝的鹤氅；邢岫烟仍是家常旧衣，并没避雪之衣。（《红楼梦·49回》）

（53）还有些蒸酥蜜食兼嘉馔，更有那美酒香茶与异奇。（《西游记·100回》）

（54）菩萨道："我方才不用五行之器者，知道此物与五行相畏故耳。"（《西游记·26回》）

（55）那大圣正与七十二洞妖王，并四健将分饮仙酒，一闻此报，公然不理道："今朝有酒今朝醉，莫管门前是与非！"（《西游记·5回》）

（56）刚强更有刚强辈，究竟终成空与非。（《西游记·26回》）

（57）若是吃了他肉就可以延寿长生，我们打甚么坐，立甚么功，炼甚么龙与虎，配甚么雌与雄？（《西游记·32回》）

（58）行者道："都是你这孽嘴孽舌的夯货，弄师父遭此一场大难！着老孙翻天覆地，请天兵水火与佛祖丹砂，尽被他使一个白森森的圈子套去。"（《西游记·53回》）

（59）低头看见心，受五戒，度大千，生生万法中，愿悟顽空与色空。（《西游记·81回》）

（60）再说西门庆在家，一面使韩道国与乔大户外甥崔本，拿仓钞早往高阳关户部韩爷那里赶着挂号。（《金瓶梅词话·49回》）

（61）最能摘蕊与偷香，度柳穿花摇荡。（《西游记·94回》）

（62）八戒道："哥哥，正是，你只去拿了妖精，报了你仇，那时来与不来，任从尊意。"（《西游记·31回》）

有少量"与"连接项单独成句的情况，例如：

（63）老孙只管师父好歹，你与沙僧，专管行李马匹。（《西游记·23回》）

（64）这一场在洞门外好杀！咦！金箍棒与七星剑，对撞霞光如闪电。（《西游记·35回》）

（65）虾与虾争，蟹与蟹斗。（《西游记·43回》）

（66）国王遂降龙床，与唐僧及文武多官同目视之，那怪一个是暴腮乌甲，尖嘴利牙。（《西游记·62回》）

（67）此时那龙子披了麻，看着龙尸哭，龙孙与那驸马，在后面收拾棺材哩。（《西游记·63回》）

（68）打扮得靴鞋护顶并胖袄，简鞭袖弹与铜锤。（《西游记·70回》）

（69）我也唬昏了，又吃他打怕了，那里曾查他人马数目！只见那里森森兵器摆列着：弓箭刀枪甲与衣，干戈剑戟并缨旗。（《西游记·70回》）

（70）且不言唐长老困苦，却说那三个魔头齐心竭力，与大圣兄弟三人，在城东半山内努力争持。（《西游记·77回》）

（71）顷刻间，龟鳖鼋鼍，鲌鲌鳜鲤，与虾兵蟹卒等，各执枪刀，一齐呐喊，腾出水晶宫外，挡住犀牛精。（《西游记·92回》）

（72）至今魂与魄，犹绕凤凰楼。（《三国演义·9回》）

2. "与"连接肯定和否定结构

"与"连接的前后两项可以为肯定否定选项，形成"A＋与＋非（不）＋A"格式。例如：

（73）不由他兄弟两个肯与不肯，柴进身边取出器械，便去开枷，放了卢俊义、石秀。（《水浒传·65回》）

（74）不信，你再筑几下，看看疼与不疼？（《西游记·19回》）

（75）你好道还活着些脚儿，只含糊答应，哄他些斋饭吃了，今晚落得一宵快活，明日肯与不肯，在乎你我了。（《西游记·23回》）

（76）行者笑道："该与不该，烦为引奏引奏，看老孙的人情何如。"（《西游记·87回》）

（77）不用商量！他又不是我的生身父母，干与不干，都在于我。（《西游记·23回》）

（78）战与不战，皆在于我，非在贼也。（《三国演义·58回》）

（79）权曰："若彼有吞并之意，战与不战，请足下为我一决。"（《三国演义·43回》）

（80）等乡试之后，中与不中，就赶紧起身，后赶了去，也不过半年多的光景。（《儿女英雄传·2回》）

（81）一面就在家信里谕知公子：无论中与不中，不必出京，且等看此地官项交完，或是开复原官，或是如何，再作道理。（《儿女英雄传·3回》）

（82）如今事情闹到这步田地，依我竟把这'婚姻'两字权且搁起，也不必问安公子到底可与不可的话，我就遵着姐姐的话，跟着爹妈一直送安公子到淮安。（《儿女英雄传·10回》）

（83）我就回他说："中与不中，各由天命，不走小道儿！"（《儿女英雄传·15回》）

（84）所以凡有志科甲者，既中了举人，那进士中与不中虽不可预知，却不可不预存个必中之心，早尽些中后的人事。（《儿女英雄传·36回》）

（85）宝玉擎茶笑道："前儿所言幸与不幸之事，我昼悬夜想，今日一闻呼唤即至。"（《红楼梦·28回》）

（86）先命小厮去打听贾琏在与不在，小厮回来说不在。（《红楼梦·65回》）

（87）每一题到手必先度其体格宜与不宜，这便是老手妙法。（《红楼梦·78回》）

（88）不知邢王二夫人依与不依，下回分解。（《红楼梦·117回》）

（89）你方才所说，自己想一想是与不是。（《红楼梦·118回》）

"与"连接谓词性成分的功能在近代汉语时期呈现出从扩展到收缩的发展态势。晚唐五代，"与"连接谓词性成分的用例不多。明清时期，"与"的这种用法得到突飞猛进的发展，这主要是缘于"与不"格式在这一时期的发展。连接语义相反相对的两个谓词性成分是"与"区别于其他相类连词的一个特点。但是，进入这一格式的谓词性成分基本都是光杆动词或者形容词，既不跟时间性成分也不能带宾语，动词性"磨损"严重。这种谓词性成分构成的并列结构出现在补语、宾语、介词宾语和定语位置时，语法功能发生相应变化，由表述性转化为指称性或修饰性，跟体词性成分功能相当。同时，除句法位置的影响外，句子结构的复杂化也是谓语性结构表述性功能减弱的原因之一。

由于体词性成分功能相当，"与"连接的谓词性并列结构迅速扩展到体词性成分可以担当的各种语法位置，从而形成宋代语料中的分布格局。充当谓语或补语，是"与"连接的谓词性并列结构"原型"性表述功能的体现，但是相对而言为数不多。例如：

（90）那宝玉只管跪着不肯起来，便说道："老太太见与不见，总是知道的，喜欢的，既能知道了，喜欢了，便不见也和见了的一样。"（《红楼梦·119回》）

（91）贾母听了点头，又笑道："跟主子却讲不起这孝与不孝。"（《红楼梦·54回》）

（92）功名自有定数，中与不中倒也不在用功的迟早。（《红楼梦·118回》）

上述例子中，"见与不见"则在并列形式下蕴含了浓厚的选择意味，可以看成是选择关系的无标记形式。"孝与不孝"、"中与不中"则是典型的相与关系。据此我们可以管窥出并列关系与选择关系的密切联系。随着选择结构"自成一体"的格局进步明晰化，选择连词进一步发展，"还是"等选择结构标记逐渐取代这种格式中的"与"。

3. 连接项可以为短语

"与"的连接项一般为词或短语，暂时还没有发现连接项为句子的情况。例如：

(93) 只见那四健将与各洞妖王，在那里操演兵卒。(《西游记·4回》)

(94) 你看那猴王得胜归山，那七十二洞妖王与那六弟兄，俱来贺喜。(《西游记·4回》)

(95) 此时龙子龙孙与那鱼鲫蟹士正欢笑谈此事未毕，只听得半空中叫："泾河龙王接旨。"(《西游记·9回》)

(96) 那高氏诸亲友与老高，忽见行者把那怪背绑揪耳而来，一个个欣然迎到天井中，道声："长老！长老！他正是我家的女婿！"(《西游记·19回》)

(97) 三藏师徒与本观众仙，都到园内观看时，那棵树倒在地下，土开根现，叶落枝枯。(《西游记·26回》)

(98) 又正性起身看处，颈项里与手足上都是金箍，勒得疼痛，便就除那箍儿时，莫想褪得动分毫，这宝贝已此是见肉生根，越抹越痛。(《西游记·43回》)

(99) 那妖精前前后后，寻不着唐僧等，又见天色将明，取了棒，帅众来赶，只见那二十八宿与五方揭谛等神，云雾腾腾，屯住山坡之下。(《西游记·65回》)

(100) 此时长老与徒弟们，并一个小童出殿上观玩不题。(《西游记·73回》)

(101) 原来那盘丝洞七个女怪与这道士同堂学艺，自从穿了旧衣，唤出儿子，径来此处。(《西游记·73回》)

综上所述，我们认为明清"与"主要用来连接两个体词性成分，这一用法占主体。在明代时期有少量的用例连接多个并列成分，既有体词性的又有谓词性的。明清晚期，连接多项并列成分的"与"只有连接体词性成分的用例，且只位于多项并列成分的中间和最后两项之间。

1.3.1.1.3 "及"

明代，并列标记"及"连接的短语可以充当主语、谓语、宾语、定语等多种句法成分，其中充当主语和宾语的频率最高。作主语，例如：

(1) 戴宗、花荣及同难的几个弟兄，听了这般话，也都掉下泪来。(《水浒传·93回》)

(2) 陈安抚及花将军等，俱有胆略，宛州不必忧虑。(《水浒传·106回》)

(3) 宛州城北临汝州，贼将张寿领救兵二万前来，被林冲等杀其主将张寿，其余偏牙将士及军卒，都溃散去了。(《水浒传·105回》)

(4) 那些游手无赖，及恶逆犯罪的人，纷纷归附。(《水浒传·105回》)

(5) 那些叛军及乌合奸徒，反随顺了强人。(《水浒传·105回》)

(6) 且说当夜房州差来擒捉王庆的一行都头土兵人役，被王庆等杀散，有逃奔得脱的，回州报知州尹张顾行说："王庆等预先知觉，拒敌官兵，都头及报人黄达都被杀害。"(《水浒传·105回》)

作宾语，作动词宾语，举例如下：

(7) 半路遇了张将军及张宜人，说了此情，他两个催动人马疾驰去了。(《水浒传·109回》)

(8) 当下闹动了一营，及左右前后邻舍众人，在营后墙外，照着血污衣服，细细检认，件件都是王庆的。(《水浒传·103回》)

(9) 一行三众，辞别高老及众亲友，投西而去。(《西游记·19回》)

(10) 此间乃是云多人少之处，却才闻得叫门，恐怕是妖狐、老虎及山中强盗等类，故此小介愚顽，多有冲撞，不知是二位长老。(《西游记·21回》)

(11) 张顾行即日与本州镇守军官计议，添差捕盗官军及营兵，前去追捕。(《水浒传·105回》)

(12) 张清、琼英、张青、孙二娘、唐斌、文仲容、崔埜、耿恭、曹正、薛永、李忠、朱富、时迁、白胜，分头去杀伪尚书、伪殿帅、伪枢密以下等众，及伪封的王亲国戚等贼徒，正是：金阶殿下人头滚，玉砌朝门热血喷。(《水浒传·100回》)

(13) 且说索超、徐宁、单廷珪、魏定国、汤隆、唐斌、耿恭等将，接得关胜、呼延灼、文仲容、崔埜陆兵，及水军头领李俊等水军船只，众将计议，留单廷珪、魏定国镇守潞城，关胜等将佐，水陆并进，船骑同行，打破榆社县，再留索超、汤隆镇守城池。(《水浒传·99回》)

(14) 再传令旨，教兄弟田豹、田彪同都督范权等，及文武多官，辅太子田定监国。(《水浒传·99回》)

(15) 乔道清回顾左右，止有费珍、薛灿及三十余骑。(《水浒传·96回》)

"及"所带连接项也充当谓语或单独成句，但其出现频率较小，例如：

(16) 各诵几卷，又念一卷《孔雀经》，及谈苾蒭洗业的故事，早又天晚。(《西游记·13回》)

(17) 所有鲁智深随身多余衣钵，及朝廷赏赐金银，并各官布施，尽都纳入六和寺里，常住公用。(《水浒传·119回》)

(18) 吕枢密直教小人去苏州，见了御弟三大王方貌，关了号色旌旗三百面，并主入陈将士官诰，封做扬州府尹，正授中明大夫名爵，更有号衣一千领，及吕枢密札付一道。(《水浒传·111回》)

(19) 宋江教公孙胜、乔道清主持醮事，打了七日七夜醮事，超渡阵亡军将，及淮西屈死冤魂。(《水浒传·110回》)

(20) 叶清道："今日恩主有了此人，及郡主琼英，何患宋兵将猛，何患大事不成。"(《水浒传·98回》)

(21) 次日黎明，众将军公服扑头，宋江率领众兄弟望阙朝贺，行五拜三叩头礼已毕，卸下扑头公服，各穿红锦战袍，九十二个头领，及新降将耿恭，齐齐整整，都来贺节，参拜宋江。(《水浒传·93回》)

(22) 却说威胜伪省院官，接得壶关守将山士奇，及晋宁田彪告急申文，奏知田虎，说宋兵势大，壶关、晋宁两处危急。(《水浒传·94回》)

作介词宾语，举例如下：

(23) 叶清又把仇申夫妇被田虎杀害掳掠，及琼英的上项事，备细述了一遍。(《水浒传·98回》)

(24) 行者把那战驸马，打龙王，逢真君，败妖怪，及变化诈宝贝之事，细说了一遍。(《西游记·63回》)

(25) 宋江令将士到王庆宫中，搜掳了金珠细软、珍宝玉帛，将违禁的龙楼凤阁、翠屋珠轩及违禁器仗衣服，尽行烧毁。(《水浒传·110回》)

(26) 王庆劫掳房州仓库钱粮，遣李助、段二、段五，分头于房山寨及各处，立竖招军旗号，买马招军，积草屯粮，远近村镇，都被劫掠。(《水浒传·105回》)

(27) 胡英刚进得城门，猛听得一声梆子响，两边伏兵齐发，将胡英及三千余人，都赶入陷坑中去，被军士把长枪乱搠，可怜三千余人，不留半个。(《水浒传·100回》)

"及"所带连接项在句法位置出现的频率与其所带连接项的词性有关，"及"多连接体词性成分，特别是名词性成分数量最多，连接谓词性成分的情况较少，使其连接结构整体上具备体词性特征，因此其充当的句法成分也以主语和宾语为主。

作定语，举例如下：

（28）看察至尊，候伺神器；离间二宫，伤害骨肉；天下汹汹，人怀危惧；此非先帝诏陛下及嘱臣之本意也。（《三国演义·107回》）

（29）于图书中检出书信一束，皆许都及军中诸人与绍暗通之书。（《三国演义·30回》）

（30）使者辞去，回到五丈原，见了孔明，具说："司马懿受了巾帼女衣，看了书札，并不嗔怒，只问丞相寝食及事之烦简，绝不提起军旅之事。"（《三国演义·103回》）

（31）今愿招城中居民，及本部人马，尽降将军。（《三国演义·117回》）

（32）嵩自陈留避难，隐居琅琊；当日接了书信，便与弟曹德及一家老小四十余人，带从者百余人，车百余辆，径望兖州而来。（《三国演义·10回》）

"及"属于句内连词，"及"的连接功能比较完备，可以连接词、短语。例如：

（33）自宣和元年作乱以来，至宣和五年春，那时宋江等正在河北征讨田虎，于壶关相拒之日，那边淮西王庆又打破了云安军及宛州，一总被他占了八座军州。（《水浒传·105回》）

（34）陈安抚众官及宋江以下一百单八个头领，及河北降将，都在南丰设太平宴，庆贺众将官僚，赏劳三军将佐。（《水浒传·110回》）

（35）各处藏下火炮，及铺放硫黄焰硝灌过的干柴。（《水浒传·108回》）

（36）数十员猛将，及十一万雄兵，前来拒敌；王庆亲自督征。（《水浒传·108回》）

（37）帐中自有随行军中内侍姬妾及范美人在帐中欢宴。（《水浒传·99回》）

"及"可以连接体词和谓词。"及"以连接体词为主，连接谓词相对来说较少。当连接项为短语时其功能类型较多，例如：

（38）自从别后，回到荆南，遇异人，授以剑术及看子平的妙诀，因此叫小子做"金剑先生"。（《水浒传·104回》）

(39) 随即把王庆犯罪及杀管营、杀官兵的事，略述一遍。（《水浒传·104回》）

(40) 萧让知我有病，特辞了陈安抚来看视我，并奉陈安抚命，即取金大坚、裴宣到宛州，要他每写勒碑石，及查勘文卷。（《水浒传·108回》）

(41) 原来那长老自到西天玉真观沐浴，凌云渡脱胎，步上灵山，专心拜佛及参诸佛菩萨圣僧等众，意念只在取经，他事一毫不理，所以不曾问得老鼋年寿。（《西游记·99回》）

(42) 将前项妆钻风、陷瓶里及脱身之事，细陈了一遍，"今得见尊师之面，实为两世之人也！"（《西游记·75回》）

(43) 各诵几卷，又念一卷《孔雀经》，及谈苾蒭洗业的故事，早又天晚。（《西游记·13回》）

(44) 此时是七月中旬新秋天气，刘敏引了鲁成、郑捷、寇猛、顾岑四员副将，及铁骑一万，人披软战，马摘銮铃，在后接应。（《水浒传·105回》）

(45) 鲁智深再将前面堕井及宋江与邬梨交战的事，细述一遍，卢俊义以下诸将，惊讶不已。（《水浒传·99回》）

从上述诸例中，可以看出"及"连接的短语包括偏正短语、联合短语、主谓短语、动宾短语、状中短语和动补短语等，基本涵盖了绝大多数短语类型，这表明其连接功能极其完备。

"及"的连接项具有事理顺序。"及"对连接项的顺序有比较严格的限制，这种顺序往往体现了人类对事物发展一般规律的认识，一般来说重要的、地位高者居前，次要的、地位低者居后，例如：

(46) 即具表申奏，太宗及文武国戚皇亲，俱至期赴会，拈香听讲。（《西游记·11回》）

(47) 他五百年前吃了这城国王及文武官僚，满城大小男女也尽被他吃了干净，因此上夺了他的江山，如今尽是些妖怪。（《西游记·74回》）

"及"可用于多项连接。"及"多连接两个连接项，但连接三个及以上成分的用例并不少见，例如：

(48) 王庆掌握中军，有许多伪尚书、御营金吾、卫驾将军、校尉等项，及各人手下偏牙将佐，共数十员。（《水浒传·109回》）

(49) 次日，令关胜、呼延灼、文仲容、崔埜，领兵马到潞城，传令宋军头领李俊等，协同汝等及索超等人马，进兵攻取榆社、大谷等

县，抄出威胜州贼巢之后，不得继虞。(《水浒传·99回》)

(50) 田虎亲自统领伪尚书李天锡、郑之瑞，枢密薛时、林昕，都督胡英、唐显，及殿师、御林护驾教头、团练使、指挥使、将军、校尉等众，挑选精兵十万，择日祭旗兴师，杀牛宰马，犒赏三军。(《水浒传·99回》)

(51) 田虎听罢，减了七分忧色，随即传令，封全羽为中兴平南先锋郡马之职，仍令叶清同两个伪指挥使，赍领令旨及花红、锦缎、银两，到襄垣县封赏郡马。(《水浒传·99回》)

(52) 至晚，戴宗回报，说宛州山南两处所属未克州县，陈安抚侯参谋授方略与罗戬及林冲、花荣等，俱各讨平。(《水浒传·108回》)

(53) 长闷棍，短窝槌，钢叉铣铇及头盔。(《西游记·70回》)

(54) 遂长揖一声，腾空而去，慌得那皇帝、皇后及大小众臣，一个个望空礼拜。(《西游记·71回》)

(55) 医官听命，即将八百八味每味三斤及药碾、药磨、药罗、药乳并乳钵、乳槌之类都送至馆中，一一交付收讫。(《西游记·69回》)

(56) 邓张二公笑道："若要行偷礼，除大圣再无能者，想当年大闹天宫时，偷御酒，偷蟠桃，偷龙肝凤髓及老君之丹，那是何等手段！今日正该拿此处用也。"(《西游记·51回》)

从"及"所处位置来看，"及"在连接项中的位置并不固定，当出现三个及以上连接项时，多数情况下"及"在最后一个连接项的前面，有时在多个连接项的中间，或者位于第一个连接项后面。例如：

(57) 却差炮手凌振，及李逵、樊瑞、鲍旭，并牌手项充、李衮，将带滚牌军一千余人，直去城下，施放号炮。(《水浒传·83回》)

(58) 那时胡俊已是招降了兄弟胡显，将东川军民版籍、户口及钱粮、册籍，前来献纳听罪。(《水浒传·110回》)

(59) 孙乾、简雍、糜竺、糜芳、刘封、吴班、关平、周仓、廖化、马良、马谡、蒋琬、伊籍，及旧日荆襄一班文武官员，尽皆升赏。(《三国演义·65回》)

(60) 此时张辽等一班旧将，皆封列侯，俱在冀、徐、青及合淝等处，据守关津隘口，故不复调用。(《三国演义·85回》)

(61) 自臣到汉中，中间期年耳，然丧赵云、阳群、马玉、阎芝、丁立、白寿、刘郃、邓铜等，及曲长屯将七十余人，突将无前，賨叟、青羌、散骑武骑一千余人，此皆数十年之内所纠合四方之精锐，非一州之所有；若复数年，则损三分之二也。(《三国演义·97回》)

(62) 只见他们扑哩扑剌的丢下一院子死兽、猪羊及细软物件,一齐叫道:"师父,我们已得胜回来也!"(《西游记·89回》)

(63) 行者暗笑道:"老孙五百年前大闹天宫时,吃老君丹、玉皇酒、王母桃及凤髓龙肝,那样东西我不曾吃过?"(《西游记·75回》)

(64) 及取灯火来看时,只见地下血淋淋的三块肉饼,老王父子及唐僧、八戒俱在,只不见了行者、沙僧。(《西游记·90回》)

(65) 正值五月五日天中节,宋江教宋清大排筵席,庆贺太平。请陈安抚上坐,新任太守及侯蒙、罗戬并本州佐贰等官次之;宋江以下,除张清晋京外,其一百单七人,及河北降将乔道清、孙安、卞祥等一十七员,整整齐齐,排坐两边。(《水浒传·101回》)

虽然"及"的位置不固定,但是还是有规律可循的,"及"主要用来区分人或事物的地位高低、重要性和类型,如"老王父子及唐僧、八戒";首先,地位高的、重要的连接项与地位低的、次要的连接项用"及"分开,如"及河北降将乔道清、孙安、卞祥等一十七员";其次,不同类型的连接项用"及"分开。地位高低用"及"隔开的,如"老君丹、玉皇酒、王母桃及凤髓龙肝"。

"及"可以与其它连词共现。当多个连接项出现时,可以用多个连接词连接,例如:

(66) 宋江大喜,即授密计与李俊及步军头领鲍旭等二十员,带领步兵二千,至夜密随李俊去了不提。(《水浒传·106回》)

(67) 再传令旨,教兄弟田豹、田彪同都督范权等,及文武多官,辅太子田定监国。(《水浒传·99回》)

(68) 却差炮手凌振,及李逵、樊瑞、鲍旭,并牌手项充、李衮,将带滚牌军一千余人,直去城下,施放号炮。(《水浒传·83回》)

(69) 邓艾、邓忠,并二千军,及开山壮士,皆度了摩天岭。(《三国演义·117回》)

(70) 祭典韦毕,方祭侄曹安民及长子曹昂,并祭阵亡军士;连那匹射死的大宛马,也都致祭。(《三国演义·18回》)

(71) 操传令教将耿、韦二人,及五家宗族老小,皆斩于市,并将在朝大小百官,尽行拿解邺郡,听候发落。(《三国演义·69回》)

(72) 时庞德并二董及成何,与步卒五百人,皆无衣甲,立在堤上。(《三国演义·74回》)

(73) 次日,孔明正要分兵缉擒孟获,忽报:"蛮王孟获妻弟带来洞主,因劝孟获归降,获不从,今将孟获并祝融夫人及宗党数百余人尽皆擒来,献与丞相。"(《三国演义·90回》)

(74) 群臣朝贺毕，卓命扶何太后并弘农王及帝妃唐氏永安宫闲住，封锁宫门，禁群臣无得擅入。(《三国演义·4回》)

(75) 李瓶儿正在屋里与孩子做端午戴的绒线符牌，及各色纱小粽子并解毒艾虎儿。(《金瓶梅词话·51回》)

(76) 原来乔大户娘子那日请了尚举人娘子，并左邻朱台官娘子、崔亲家母，并两个外甥侄女儿——段大姐及吴舜臣媳妇儿郑三姐。(《金瓶梅词话·41回》)

(77) 国王遂降龙床，与唐僧及文武多官同目视之，那怪一个是暴腮乌甲，尖嘴利牙；一个是滑皮大肚，巨口长须。(《西游记·62回》)

(78) 并领文申呈陈安抚，及上宿太尉书札。(《水浒传·110回》)

(79) 州尹张顾行，押了公文，便差都头，领着士兵，来捉凶人王庆，及窝藏人犯范全并段氏人众。(《水浒传·104回》)

(80) 段太公摆酒在草堂上，同二十余个亲戚，及自家儿子，新女婿，与媒人李助，在草堂吃了一日酒，至暮方散。(《水浒传·104回》)

"及"在语法功能上侧重连接体词性成分，但"及"连接体词性成分构成并列结构的频率在近代汉语时期呈下降趋势。清代两部语料《红楼梦》和《儿女英雄传》中，"及"更多地用作介词，或用作双音节动补式动词中的补充成分。这是"及"自身发展与这一时期连词系统内部调整相互作用的结果。明清时期"及"连接谓词性成分形成的并列结构始终都是零星而不多见。

1.3.1.1.4 "并"

《说文》："并，相从也。"象两人相并形，引申出"合并""兼并"义。《广雅·释言》："并，兼也。""并"的虚词用法是由本义引申而来的，可以用作连词、介词或副词。"并"的副词产生于先秦，并沿用至今。"并"的连词用法则产生于南北朝时期。

并列连词"并"最迟在东汉产生，中古时期用例增多，直至明清时期仍然流行，席嘉（2010）统计发现并列连词"并"，《金瓶梅词话》中有231例，《红楼梦》中有164例，其出现频率仅次于"和"。

连接的是体词性成分，在句中作主语。例如：

(1) 那太太同公子并内外家人不肯就睡，还在那里左盼右盼，看看等到亮钟以后无信，大家也觉得是无望了，又乏又困，兴致索然，只得打点要睡。(《儿女英雄传·1回》)

(2) 自有家中留下的两个女人并华嬷嬷支应,装烟倒茶。(《儿女英雄传·3回》)

(3) 只见他妹子宝琴并香菱都在这里,又见李婶娘等人也都来了。(《红楼梦·108回》)

(4) 又加了宁国府第入官,所有财产房地等并家奴等俱造册收尽,这里贾母命人将车接了尤氏婆媳等过来。(《红楼梦·106回》)

(5) 一行说,一行哭的呜呜咽咽,连王夫人并众姊妹无不落泪。(《红楼梦·80回》)

(6) 当下邢夫人并尤氏等都过来请安,凤姐及李纨姊妹等皆陪侍,听贾母如此说,都默无所答。(《红楼梦·73回》)

(7) 宁府中本日只有北静王、南安郡王、永昌驸马、乐善郡王并几个世交公侯应袭,荣府中南安王太妃、北静王妃并几位世交公侯诰命。(《红楼梦·71回》)

(8) 各色香烛纸马,并铺盖以及酒饭,早已备得十分妥当。(《红楼梦·65回》)

(9) 家中仍托尤老娘并二姐三姐照管。(《红楼梦·64回》)

作动词宾语。例如:

(10) 怎奈邢夫人信了兄弟并王仁的话,反疑心王夫人不是好意,便说:"孙女儿也大了,现在琏儿不在家,这件事我还做得主。"(《红楼梦·118回》)

(11) 可怜赫赫宁府,只剩得他们婆媳两个并佩凤、偕鸾二人,连一个下人没有。(《红楼梦·106回》)

(12) 贾琏始则惧罪,后蒙释放已是大幸,及想起历年积聚的东西并凤姐的体己,不下七八万金,一朝而尽,怎得不疼。(《红楼梦·106回》)

(13) 正说着,只见锦衣词官跪禀说:"在内查出御用衣裙并多少禁用之物,不敢擅动,回来请示王爷。"(《红楼梦·105回》)

(14) 王爷道:"政老,方才老赵在这里的时候,番役呈禀有禁用之物并重利欠票,我们也难掩过。"(《红楼梦·105回》)

(15) 择吉日先在省亲正殿上铺排起坛场,上供三清圣像,旁设二十八宿并马、赵、温、周四大将,下排三十六天将图像。(《红楼梦·102回》)

(16) 这里凤姐勉强扎挣着,到了初一清早,令人预备了车马,带着平儿并许多奴仆来至散花寺。(《红楼梦·101回》)

(17) 这里黛玉睁开眼一看，只有紫鹃和奶妈并几个小丫头在那里，便一手攥了紫鹃的手，使着劲说道："我是不中用的人了！"（《红楼梦·98回》）

(18) 不料赖大便吩咐了看园的婆子并小厮看守，惟给了些饭食，却是一步不准走开。（《红楼梦·94回》）

(19) 紫鹃刚从外间进来，只见雪雁正捧着一毡包衣裳，在傍边呆立。小几上却搁着剪破了的香囊和两三截儿扇袋和那铰折了的穗子。（《红楼梦·87回》）

作定语。例如：

(20) 到日后，对门并狮子街两处房子，都卖了罢，只怕你娘儿们顾揽不过来。（《金瓶梅词话·79回》）

作介词宾语。例如：

(21) 却说贾政先前曾将房产并大观园奏请入官，内廷不收，又无人居住，只好封锁。（《红楼梦·108回》）

(22) 那凤姐儿也无心瞻仰圣像，一秉虔诚，磕了头，举起签筒默默的将那见鬼之事并身体不安等故祝告了一回。（《红楼梦·101回》）

(23) 袭人仍将前日回王夫人的话并方才黛玉的光景述了一遍。（《红楼梦·97回》）

(24) 若没有，再叫丫头们去搜那些老婆子并粗使的丫头，不知使得使不得？（《红楼梦·94回》）

(25) 藕官因方才护庇之情感激于衷，便知他是自己一流的人物，便含泪说道："我这事，除了你屋里的芳官并宝姑娘的蕊官，并没第三个人知道。"（《红楼梦·58回》）

(26) 宁国府从大门、仪门、大厅、暖阁、内厅、内三门、内仪门并内塞门，直到正堂，一路正门大开，两边阶下一色朱红大高照，点的两条金龙一般。（《红楼梦·53回》）

(27) 因此薛姨妈即日到书房，将一应陈设玩器并帘幔等物尽行搬了进来收贮，命那两个跟去的男子之妻一并也进来睡觉。（《红楼梦·48回》）

(28) 只见那十三妹指着他向张老夫妻并张金凤道："你们三位可别打量这位安公子合我是亲是故，我合他也是水米无交，今日才见。"（《儿女英雄传·8回》）

(29) 这才把这桩事从头至尾并其中的委宛周折，详细向他告诉了一遍。（《儿女英雄传·23回》）

（30）却说安公子此时才得腾出嘴来，把程师爷并他丈人不同来的原故回明，又问了问父亲近日的起居，周旋了一阵舅母、岳母。（《儿女英雄传·35回》）

徐朝红（2007）指出，并列标记"并"产生以后，不仅数量逐渐增加，连接成分由单一走向多样，连接成分具有的句法功能逐渐丰富。后汉时期"并"连接的成分都是名词或名词性短语，且主要是与佛教相关的术语，到了中古中后期，"并"不仅能够用来连接名词或名词性短语，还可以连接动词或动词性短语、代词及形容词等。例如：

（31）无复惊心并溅泪。（朱敦儒《减字花木兰》）

（32）妾解清歌并巧笑，郎多才俊兼年少。（欧阳修《渔家傲》）

（33）不论高低并上下，并白都教一例。（陈郁《念奴娇》）

（34）棠棣辉荣并桂枝，芝兰芳馥和荆叶。（白居易《全唐诗》）

（35）孔怀须敬重，同气并连枝。（王梵志诗）

（36）神通并妙用，运水及般柴。（《五灯会元》）

（37）金刚般若性，外绝一纤尘，我闻并信受，总是假名陈。（《五灯会元》）

（38）场中恐怯并惊嗟，两两相看齐道好。（《敦煌变文集·降魔变文》）

和别的单语素并列标记不同的是，"并"在前后两个成分是谓词性成分时，能够更多地连接谓词性成分作谓语，换句话说，"并"连接的谓词性成分在句中能够更多地保持其表述性功能，充当句子的述谓成分。从我们检索明清时期的文献来看，"并"连接述谓成分的用法占其连接谓词性成分用法的一半以上，举例如下：

连接谓词性成分作主语，例如：

（39）自古感恩并积恨，千年万载不生尘。（《金瓶梅词话·11回》）

（40）额尖露臀并蛇行，早年必定落风尘。（《金瓶梅词话·29回》）

连接谓词性成分作谓语，例如：

（41）金莲，你休呆里撒奸，两头白面，说长并道短，我手里使不的你巧语花言，帮闲钻懒。（《金瓶梅词话·86回》）

（42）等到那轮皓月复了圆，又携手并肩倚着门儿望了回月，见那

素彩清辉，益发皓洁圆满，须臾，一层层现出五色月华来。(《儿女英雄传·34回》)

连接谓词性成分作介词宾语，例如：

(43) 那妇人唬得魂不附体，只得从实招说。将那时收帘子打了西门庆起，并做衣裳入马通奸，后怎的踢伤了武大心窝，用何下药，王婆怎地教唆下毒，拨置烧化，又怎的娶到家去，一五一十，从头至尾说了一遍。(《金瓶梅词话·87回》)

(44) 公子随把今日引见并见着乌大爷怎的告知的详细，从头回了一遍，老爷方得明白。(《儿女英雄传·36回》)

连接谓词性成分作定语，例如：

(45) 上回书讲得是安老爷义结邓九公，想要借那邓九公作自己随身的一个贯索蛮奴，为的是先收服了十三妹这条孽龙，使他得水安身，然后自己好报他那为公子解难赠金，借弓退寇并择配联姻的许多恩义。(《儿女英雄传·16回》)

相对而言，由于词类自身的特性，动词具有时间性，形容词则具有程度性，两者都具有不平衡性，这种可以更多地连接动词、形容词等谓词性成分充当谓语的功能，使"并"的用法从句内扩展到句际成为可能，并且在并列用法的基础上进一步衍生出递进连词、语气副词等其他功能。例如：

(46) 大凡有起客人经过，有无金银，并那金银的数目多少，都料估的出来。(《儿女英雄传·10回》)

(47) 那个当儿怎的来了个异样女子，并那女子的相貌、言谈、举止、装束，以至怎的个威风出众，神力异常……(《儿女英雄传·12回》)

(48) 直到我那孩子安骥同你那义妹张金凤到了淮安，说起你途中相救的情由，讲到你这十三妹的名字，并你的相貌情形，我料定除了你家断不得有第二家，除了你也断不会有第二个。(《儿女英雄传·19回》)

(49) 现在你的伯母合你的义妹张姑娘并他的二位老人家都在途中候你。(《儿女英雄传·19回》)

(50) 安公子这才敢去见父亲，并讨了母亲的主意。(《儿女英雄传·12回》)

范桂娟(2014)指出："并"所连接的并列成分具有一定的顺序，其连接表人名词时通常按照自然或社会顺序排列，社会地位高、重要的人排在前面，如：

（51）这回书接着上回，表的是安公子回到店里，把安老爷的话回明母亲，并上覆岳父、岳母，大家自是异常欢喜。（《儿女英雄传·13回》）

（52）邓九公这才恍然大悟，说："怪道呢，他昨日忽然交给我一块砚台，说是一个人寄存的，还说他走后定有人来取这砚台，并送还一张弹弓，又嘱我好好的存着那弹弓，作个纪念。"（儿女英雄传·16回）

（53）且说薛姨妈得了赦罪的信，便命薛蝌去各处借贷，并自己凑齐了赎罪银两。（《红楼梦·120回》）

上述例子当中，由于结构简单且对称，"并"连接的前后两个成分容易保持平行并列的关系。但随着谓词性成分内部结构逐渐复杂，结构上的齐整对称就会被打破，"并"所连接的成分在时间、范围、程度等方面的差别愈发明显。因此，连接多重谓语就成了"并"并列用法和递进用法交合的模糊地带。当"并"用于连接句子时，我们认为前后成分在结构和语义上具有明显的对称性，通常而言，连接对象在时间、范围、程度方面的个体"本位"性就显得更加清晰，前后成分之间在某个方面的递次变化就得到突显，"并"更倾向于看作递进标记。例如：

（54）却说一日，陈经济打点他娘箱中，寻出一千两金银，留下一百两与冯金宝家中盘缠，把陈定复叫进来看家，并门前铺子发卖零碎布匹。（《金瓶梅词话·92回》）

"并"连接三个或三个以上的并列成分，《红楼梦》中"A并BC"结构有7例，"AB并CD"结构有4例，"AB并C"结构有10例。例如：

（55）尤氏让邢夫人、王夫人并他母亲都上了坐，他与凤姐儿、宝玉侧席坐了。（《红楼梦·11回》）

（56）于是，尤氏的母亲并邢夫人、王夫人、凤姐儿都吃毕饭，漱了口，净了手；才说要往园子里去，贾蓉进来向尤氏说道：（《红楼梦·11回》）

（57）贾妃甚喜，命"不可难为了这女孩子，好生教习"，额外赏了两匹宫缎、两个荷包并金银锞子、食物之类。（《红楼梦·17—18回》）

（58）此时出殡以后，贾珍家下人少，除尤老娘带领二姐儿、三姐儿并几个粗使丫鬟、老婆子在正室居住外，其余婢妾都随在寺中。（《红楼梦·64回》）

《儿女英雄传》中"A 并 BC"结构有 9 例,"AB 并 CD"结构有 6 例,"AB 并 C"结构结构有 20 例,举例如下:

(59) 上回书讲的是雕弓宝砚自合而分,十三妹同安龙媒、张金凤并张老夫妻柳林话别,是这书中开场紧要关头。(《儿女英雄传·11 回》)

(60) 这回书紧接上回,讲得是十三妹向安公子、张金凤并张老夫妻把一往的原因来历交代明白,迈步出门,朝外就走。(《儿女英雄传·9 回》)

(61) 这日,恰好梁材从临清雇船回来,雇得是头二三三号太平船,并行李船、伙食船,都在离此十余里一个沿河渡口靠住。(《儿女英雄传·21 回》)

(62) 安老爷正在外面陪邓、褚诸人畅饮,安太太正合褚大娘子、张太太并两个侄儿媳妇闲话。(《儿女英雄传·29 回》)

(63) 这个当儿,张老夫妻是在他家等着接姑爷呢,只有舅太太、安太太、金、玉姊妹并一班丫鬟几个家人媳妇在那里。(《儿女英雄传·36 回》)

(64) 家人们只带了梁材、叶通、华忠、刘住儿、小小子麻花儿几个人,并两个打杂儿的厨子剃头的去。(《儿女英雄传·38 回》)

由此可见,并列标记"并"在连接三个或三个以上并列成分时,主要的位置在最后两个成分之间。

在《红楼梦》和《儿女英雄传》中,"并"作并列标记连接表并列关系的成分,后来"并"不再连接并列关系成分,连接的前后两项之间存在着递进关系,最终发展成为递进标记。"并"由一个用法复杂的并列连词发展演变为递进连词和其用法意义有密切联系。曹炜(2006)指出,"并"可表主次、类别的差异。即"并"在连接多项并列成分时通常有分类的作用,这就造成了其连接的前后两个成分之间出现了不同的层次,这是"并"由并列标记演变为递进标记的基础,限于篇幅,这里不再详细论述。

"并"还可以与其他并列连词搭配使用,如:

(65) 安老爷却又因那驴儿生得神骏,便合九公要了,作为日后自己踏雪看山的代步,合张老家的一牛一驴并车辆,都交华忠顺带了去。(《儿女英雄传·21 回》)

(66) 次日,何玉凤起来,见安太太婆媳合张太太并邓九公的那位姨奶奶都已梳洗,在那里看着仆妇丫鬟们归着随身行李。(《儿女英雄传·22 回》)

(67) 便忙着商量分拨家人清船价、定车辆、归箱笼、发行李，一面打发太太带了公子合媳妇并仆妇丫鬟人等先回庄园照料，只留下舅太太、张亲家老爷太太、戴勤家的、随缘儿媳妇、花铃儿并跟舅太太的仆妇侍婢并两个粗使老婆子合姑娘同行。（《儿女英雄传·23回》）

(68) 二十八日请皇亲驸马公诸公主郡主王妃国君太君夫人等，二十九日便是阁下都府督镇及诰命等，三十日便是诸官长及诰命并远近亲友及堂客。（《红楼梦·71回》）

(69) 只有张道士送了四样礼，换的寄名符儿。还有几处僧尼庙的和尚姑子送了供尖儿，并寿星、纸马、疏头，并本命星官、值年太岁、周年换的锁儿。（《红楼梦·62回》）

(70) 婆子去了半日，仍旧拿回来，说："不但能干织补匠人，就连裁缝绣匠并作女工的问了，都不认得这是什么，都不敢揽。"（《红楼梦·52回》）

(71) 况虽无大事办理，然一应针线并宝玉及诸小丫头们凡出入银钱衣履什物等事，也甚烦琐；且有吐血旧症虽愈，然每因劳碌风寒所感，即嗽中带血，故迩来夜间总不与宝玉同房。（《红楼梦·77回》）

1.3.1.2 "共"、"同"

1.3.1.2.1 "共"

"共"可以连接多项成分。"共"可以连接二项、三项及以上成分，连接时常与"并"、"及"和"及以"联合使用。例如：

(1) 鲸鳖并蛤蚌，蟹鳖共鱼虾。（《西游记·43回》）

(2) 群星与皓月争辉，绿水共青天同碧。（《金瓶梅词话·8回》）

(3) 八戒忍不住高声叫道："那里用甚么人马！又那里管甚么时辰！趁如今酒醉饭饱，我共师兄去，手到擒来！"（《西游记·62回》）

(4) 那国王听说，连忙下殿，共唐僧、沙僧，迎着称谢神功不尽，随命排筵谢恩。（《西游记·63回》）

(5) 火德共太子、邓、张二公立于高峰之上，与他挑战。（《西游记·51回》）

(6) 此时唐长老、沙和尚共陈家兄弟，正在厅中候信，忽见他二人将猪羊等物都丢在天井里。（《西游记·48回》）

(7) 你本是乌鸡国王的太子，你那里五年前，年程荒旱，万民遭苦，你家皇帝共臣子，秉心祈祷。（《西游记·37回》）

(8) 待我成功之后，共汝等同行。(《西游记·37 回》)

(9) 慌得那三星与镇元子共三藏师徒，一齐迎出宝殿。(《西游记·26 回》)

(10) 奇花与丽日争妍，翠竹共青天斗碧。(《西游记·24 回》)

(11) 李定，我两个"真是微吟可相狎，不须檀板共金樽"。(《西游记·9 回》)

(12) 中间是呼延灼和李韶交战，董平共韩明相持。(《水浒传·112 回》)

(13) 右军是张清和潘浚交战，穆弘共程胜祖相持。(《水浒传·112 回》)

《红楼梦》中，"共"作并列连词只见 1 例，且出现于韵文中：

(14) 蓉帐香残，娇喘共细言皆绝。(《红楼梦·78 回》)

《儿女英雄传》，"共"作并列连词出现 2 例，既可以连接谓词性成分，也可以连接主谓短语。用例如下：

(15) 我的小爷，你别着急，倘然你要急出个好共歹来，我们作奴才的可就吃不住了！(《儿女英雄传·3 回》)

(16) 这正是：不是雷轰随电掣，也教魄散共魂飞。(《儿女英雄传·11 回》)

明清时期，"共"用作并列连词已经很少见，偶见的几例也都带有特殊性，或者出现在章节开头的回目诗中，或者出现在"但见"等所引的骈文中，随着文体对语音方面要求的逐渐宽松，"共"赖以存在的语境渐少，语法功能也始终有限，加上"和"等新生连词的强大生命力，发展到后来，"共"字逐渐为"和"多取代。"和"字完全取代"共"字，大约是明朝的事，"共"的主要语法功能依然是用作副词。

1.3.1.2.2 "同"

《说文》："同，合会也。"本义是"会聚在一起"，引申为"皆"、"齐"、"俱"、"一样（无异）"等义，可用作副词、介词。先秦已有用例，后一直沿用至今。

据于江（1996）考证，连词"同"产生于宋代，元明以后，"同"作连词的用例逐渐增多。明清时代，"同"用作介词的例子有增多的趋势，正趋于主要作介词使用。

"同"连接体词性成分，作主语，例如：

(1) 乃同云长、翼德点精兵三千,往北海郡进发。(《三国演义·11回》)

(2) 忽见家奴秦庆童同侍妾云英在暗处私语。(《三国演义·23回》)

(3) 却说关公同孙乾保二嫂向汝南进发,不想夏侯惇领三百余骑,从后追来。(《三国演义·28回》)

(4) 孙夫人同玄德拜谢而出。(《三国演义·55回》)

(5) 忽报曹仁令大将常雕同诸葛虔、王双,引五万精兵飞奔濡须城来。(《三国演义·85回》)

(6) 仪同姜维等引兵扶柩望汉中而来。(《三国演义·105回》)

(7) 到得岸边,朱贵同林冲上了岸。(《水浒传·10回》)

(8) 拽上书斋门,将锁锁了,同晁盖、刘唐,到晁家庄上。(《水浒传·13回》)

(9) 宋江的父亲宋太公同兄弟宋清都在那里等候。(《水浒传·35回》)

(10) 今日无心,天幸使令李俊同两个弟兄上岭来,就买杯酒吃,遇见李立说将起来。(《水浒传·35回》)

(11) 李俊同张顺、三阮整顿船只。(《水浒传·40回》)

"同"连接体词性成分,作宾语,例如:

(12) 王允又命吕布同皇甫嵩、李肃领兵五万,至郿坞抄籍董卓家产、人口。(《三国演义·9回》)

(13) 玄德从之,即修书令云长同孙乾领五百军往江夏求救;令张飞断后;赵云保护老小;其余俱管顾百姓而行。(《三国演义·41回》)

(14) 遂命太常卿邢贞同赵咨捧执册锡,径至东吴。(《三国演义·82回》)

(15) 只见那耿恭同几个败残军卒,跑的气喘急促,鞍鞯欹侧,头盔也倒在一边,见了林冲、徐宁,方才把马勒住。(《水浒传·95回》)

(16) 传令柴进同李应去守陵川,替回花荣等六将前来听用,史进同穆弘守高平。(《水浒传·91回》)

明代,"同"可以连接二个、三个或三个以上的成分,举例如下:

(17) 却说司马懿闻曹爽同弟曹羲、曹训、曹彦,并心腹何晏、邓飏、丁谧、毕轨、李胜等及御林军,随魏主曹芳,出城谒明帝墓,就去畋猎。(《三国演义·107回》)

(18) 可怜夏侯霸同五百军,皆死于城下。(《三国演义·115回》)

(19) 后主令近臣推出宫门，遂令谯周作降书，遣私署侍中张绍、驸马都尉邓良同谯周赍玉玺来雒城请降。(《三国演义·118回》)

(20) 宋江带同花荣、杨雄、石秀上了马，随行三百马军，取路投李家庄来。(《水浒传·47回》)

(21) 女头领同乐大娘子，李应宅眷，另做一席在后堂饮酒。(《水浒传·49回》)

(22) 宋公明亦甚思想哥哥旧日放他的恩念，晁天王和众头领皆感激不浅，因此特地教吴军师同兄弟前来相探。(《水浒传·50回》)

(23) 杨林、白胜引着三百余人伏在草里看时，只见高廉步走，引领三百神兵，吹风胡哨，杀入寨中来，见是空寨，回身便走。(《水浒传·51回》)

(24) 再说宿太尉领了诏敕，不敢久停，准备轿马从人，辞了天子，别了省院诸官，就同柴进、萧让，同上辽邦，出京师，望陈桥驿投边塞进发。(《水浒传·89回》)

(25) 钮文忠同正偏将佐，统领着三万北兵，据守盖州，近闻陵川、高平失守，一面准备迎敌官军，一面申申文去威胜、晋宁两处，告急求救。(《水浒传·92回》)

(26) 此时孙立已换马出阵，同花荣、索超招兵卷杀过来，北兵大乱。(《水浒传·92回》)

(27) 至二更时分，士荣同偏将沈安、卢元、王吉、石敬，统领五千军马，人披软战，马摘鸾铃，出的城来，衔枚疾走，直至宋兵寨前，发声喊，一拥杀入寨来。(《水浒传·92回》)

(28) 看看危急，却得钮文忠同偏将曹洪、石逊，领兵救应，混杀一场，各自收兵。(《水浒传·92回》)

(29) 城楼上于玉麟同偏将杨端、郭信，监督军士守御。(《水浒传·92回》)

(30) 话说钮文忠见盖州已失，只得奔走出城，与同于玉麟、郭信、盛本、桑英保护而行，正撞着李逵、鲁智深，领步兵截住去路。(《水浒传·93回》)

(31) 钮文忠闻报，驰往东城，同褚亨、石敬、秦升督军士用火箭炮石，正在打射，猛可的一声火炮，响振山谷，把城楼也振动，城内军民，十分惊恐。(《水浒传·92回》)

在《红楼梦》时期，"同"作并列连词共33例，且全部用来连接体词性成分，既可以连接两项并列成分（31例），又可以连接三个或三个以上的并列成分（2例），例如：

(32) 须等我同二爷还到东府里混一混，才好过去的，不然人家就疑惑了。(《红楼梦·19 回》)

(33) 此时薛姨妈同宝钗、香菱、袭人、史湘云也都在这里。(《红楼梦·33 回》)

《儿女英雄传》中，并列连词"同"共有 46 例，连接的成分也全部为体词性。其中，连接两个并列成分的共有 42 个用例。当"同"连接三个或三个以上并列成分时，全部为"A 同 BC"式，共见 4 例。例如：

(34) 可又添上了个玉格在家，我同太太的不放心，这本是桩天生不能两全的事。(《儿女英雄传·2 回》)

(35) 一时下车，舅太太同张太太、张姑娘都接出去。(《儿女英雄传·27 回》)

马贝加（1993）对介词"同"的产生作过专题研究，认为"共"、"同"的动词义相同，"共"在六朝由动词发展为介词后，"同"受其影响也向介词转化，大约在八到十一世纪，介词"同"的用法成熟，比"共"晚两三个世纪。在这种分析的基础上，我们认为"同"的并列连词用法也应该是受到"共"的影响，类推机制下通过"伴随介词→并列连词"的路径逐步虚化而来。

唐宋时期，"同"的并列用法都非常罕见。明清时期"同"得到了相当的发展，不仅数量上而且语法功能也进一步拓展，可以连接介词宾语和定语性质的并列成分。但是，从宋到清"同"始终限于连接体词性成分。也许正是这种"专一性"使它在明清时期的并列关系标记系统调整中可以始终保有自己的稳定地位。

1.3.1.3 "而"、"且"、"连"

1.3.1.3.1 "而"

明清时期，"而"作并列关系标记的用例并不多见，《金瓶梅词话》7 例，连接谓词性成分作谓语，也可以连接两个分句；《红楼梦》9 例，以连接谓词性成分为主；《儿女英雄传》4 例，全部用来连接两个并列关系的单音节形容词，举例如下：

(1) 第二句说别来思不待言，这是叙寒温了，简而文，又不好哩！(《金瓶梅词话·56 回》)

(2) 彼钗、玉、花、麝者，皆张其罗而穴其隧，所以迷眩缠陷天下者也。(《红楼梦·21 回》)

(3) 勿使舞文之吏以挠其法，而奸顽之徒以逞其欺。(《金瓶梅词话·48回》)

(4) 袭人深知宝玉性情古怪，听见奉承吉利话又厌虚而不实，听了这些尽情实话又生悲感，便悔自己说冒撞了，连忙笑着用话截开，只拣那宝玉素喜谈者问之。(《红楼梦·36回》)

可见，明清时期"而"作并列连词的用法主要是连接谓词性成分，其次为连接主谓短语。作为并列连词的"而"，既有专职的一面，也有兼能的一面。专职指"而"只连接谓词性成分充当句子的述谓部分，连接句子也只是这种功能的扩张。兼能指，"而"具有"随体诘屈"的特性。谓词性成分之间的关系类型复杂多样，连接谓词性成分的并列连词更容易受到所连成分之间微妙关系的"反作用"。因此，"而"在并列用法基础上又衍生出表承接、转折、假设等多种关系的功能。这种衍生是语境赋予逐渐固定化的结果。因为这种多路径的衍生，也因为用在句际时前后成分之间对称性和平衡性不易维持，连词"而"原初的并列用法在近代汉语各个阶段明显下降。我们认为这一时期，只有在简单谓语相连和句式对偶性明显的情况下，"而"才适合分析为并列连词。

1.3.1.3.2 "且"

明清时期，并列连词"且"主要用于连接谓词性成分，功能较单一，使用频率不高。

1. "且"属于定位连词

并列连词"且"所带连接项一般单独成句或者充当谓语，以单独成句者居多，例如：

(1) 水镜曰："公怀王佐之才，宜择人而事，奈何轻身往见景升乎？且英雄豪杰，只在眼前，公自不识耳。"(《三国演义·35回》)

(2) 今江东兵精粮足，且有长江之险，犹欲使其主屈膝降贼，不顾天下耻笑。(《三国演义·43回》)

(3) 达曰："东吴兵精将勇；且荆州九郡，俱已属彼，止有麦城，乃弹丸之地；又闻曹操亲督大军四五十万，屯于摩陂：量我等山城之众，安能敌得两家之强兵？不可轻敌。"(《三国演义·76回》)

(4) 谡曰："当道岂是下寨之地？此处侧边一山，四面皆不相连，且树木极广，此乃天赐之险也；可就山上屯军。"(《三国演义·95回》)

(5) 且是在街上做买卖，大大小小不曾恶了一个人，又会赚钱，又且好性格，真个难得这等人。(《水浒传·23回》)

（6）未及数月，被大将王禀、赵谭怀挟帮源洞辱骂旧恨，累累于童枢密前诉说阮小七的过失，曾穿着方腊的赭黄袍、龙衣玉带，虽是一时戏耍，终久怀心不良，亦且盖天军地僻人蛮，必致造反。（《水浒传·120回》）

（7）已而灯下窥见他雪白的屁股儿，用手抱着，且细观其出入。（《金瓶梅词话·50回》）

（8）这五儿心内又气又委屈，竟无处可诉；且本来怯弱有病，这一夜思茶无茶，思水无水，思睡无衾枕，呜呜咽咽直哭了一夜。（《红楼梦·61回》）

（9）宝玉听说，先自己尝了一尝，并无清香，且无茶味，只一味苦涩，略有茶意而已。（《红楼梦·77回》）

2. 以连接谓词为主

并列连词"且"可以连接谓词和体词，以前者为主。连接谓词时形容词和动词都可以连接，多连接单音节词。"且"对连接成分具有音节上的限制，"且"连接成分一般为单音节词，例如：

（10）天心至仁且厚，唯恐一物不安其所，不遂其生，怎的又有个叫他想不到身上之说？（《儿女英雄传·32回》）

（11）燕子不来香且嫩，芽儿拳小脆还青。（《西游记·86回》）

（12）看麦娘，娇且佳。（《西游记·86回》）

3. "且"有固定格式

"且"作并列连词有"A且B"和"且A且B"两种格式，当其连接形容词时多使用前者，当其连接动词时均使用后者。

（13）天心至仁且厚，唯恐一物不安其所，不遂其生，怎的又有个叫他想不到身上之说？（《儿女英雄传·32回》）

（14）你看这位安老先生，也算得"待先生其如此恭且敬也"了。（《儿女英雄传·37回》）

（15）方才蓦遇，既昧于瞻拜，今蒙降临，又不及迎接，且惶且愧！（《儿女英雄传·39回》）

（16）王夫人听了，虽惊且怒，却又作难，因思司棋系迎春之人，皆系那边的人，只得令人去回那夫人。（《红楼梦·77回》）

另外，当"A"为形容词时有时候也使用"既A且B"格式，如：

(17) 此所谓既荒且唐，荒乎其唐，无一而不荒唐者也！（《儿女英雄传·23回》）

(18) 更兼这位老先生天生又是无论甚的疑难，每问必知，据知而答，无答不既详且尽，并且乐此不疲。（《儿女英雄传·38回》）

(19) 宜富当贵，既寿且昌，将来一定大有造化！（《儿女英雄传·39回》）

(20) 今日打听得凸碧山庄的人应差，与他们无干，这两个老婆子关了月饼果品并犒赏的酒食来，二人吃得既醉且饱，早已息灯睡了。（《红楼梦·76回》）

(21) 及至问他两句话，那老僧既聋且昏，齿落舌钝，所答非所问。（《红楼梦·2回》）

格式"（且）A且B"连接形容词时，表示事物同时具有"A"和"B"的性质或状态。

(22) 时天气寒且旱，二百里无水，军又乏粮，杀马为食，凿地三四十丈，方得水。（《三国演义·33回》）

(23) 雨润红姿娇且嫩，烟蒸翠色显还藏。（《西游记·64回》）

(24) 好个雨润红姿娇且嫩，雨润红姿娇且嫩！（《西游记·64回》）

(25) 勾爪如银尖且利，锯牙似凿密还齐。（《西游记·75回》）

格式"且A且B"连接动词时表示"A"和"B"两种动作同时发生，例如：

(26) 从黄昏掌上灯烛，且干且歇，直要到一更时分。（《金瓶梅词话·17回》）

(27) 众僧且喜且惧道："老师中华大国，到此何为？"（《西游记·91回》）

(28) 你看那两个行者，且行且斗，直嚷到南海，径至落伽山，打打骂骂，喊声不绝。（《西游记·58回》）

(29) 他两个在那半空里，扯扯拉拉，抓抓拉拉，且行且斗，直嚷至大西天灵鹫仙山雷音宝刹之外。（《西游记·58回》）

(30) 行者且行且答道："未哩！未哩！如今有处寻根去也。"（《西游记·52回》）

(31) 众兵见了孟获，且惊且喜，拜问曰："大王如何能勾回来？"（《三国演义·88回》）

(32) 史进引着一行人，且杀且走，直到少华山上寨内坐下。（《水浒传·2回》）

(33) 李成浑身是血，且走且战，护着梁中书，冲路而去。(《水浒传·65回》)

(34) 且说且行，径入洞天深处。(《西游记·5回》)

1.3.1.3.3 "连"

"连"连接两个体词性成分作主语，例如：

(1) 一个唤做"中箭虎"丁得孙，面颊连项都有疤痕，马上会使飞叉。(《水浒传·69回》)

(2) 这斋饭连钵盂，小神收下，让大圣身轻好施法力。(《西游记·50回》)

(3) 这底下行者三人，连白马平地而起，长老亦将经卷丢下，也从台上起于九霄，相随腾空而去，慌得那太宗与多官望空下拜。(《西游记·100回》)

(4) 却说八大金刚，驾香风，引着长老四众，连马五口，复转灵山，连去连来，适在八日之内。(《西游记·100回》)

(5) 请老大王坐首席，连本山大王共头目等众，约有四十多位。(《西游记·89回》)

"连"连接两个体词性成分，既可以和其他连词搭配使用，也可同副词"都"、"俱"、"皆"等一起使用，有"连……与……"、"连……并……"、"连……连……"等用法。

(6) 既是老爷府里的，我便立刻叫人去追办，包管明儿连车连东西一并送来。(《红楼梦·93回》)

(7) 一行说，一行哭的呜呜咽咽，连王夫人并众姊妹无不落泪。(《红楼梦·80回》)

(8) 不如直把司棋带过去，一并连赃证与那边太太瞧了，不过打一顿配了人，再指个丫头来，岂不省事。(《红楼梦·77回》)

(9) 因宝玉素昔秉赋柔脆，虽暑月不敢用冰，只以新汲井水将茶连壶浸在盆内，不时更换，取其凉意而已。(《红楼梦·64回》)

(10) 于是惊动诸人，连贾赦、邢夫人、贾珍、贾政、贾琏、贾蓉、贾芸、贾萍、薛姨妈、薛蟠并周瑞家的一干家中上上下下里里外外众媳妇丫头等，都来园内看视。(《红楼梦·25回》)

"连……和……"、"和……连……"、"连……并……"、"连……及……"，用例较多，例如：

(11) 行不到三五十步,和人连马,撷下陷坑里去。(《水浒传·33回》)

(12) 我说不是好人,早被他侮暗灯光,连油并我师一风摄去。(《西游记·92回》)

(13) 原来正遇着山岭峻处,那马如何立得脚牢,二将使得力猛,不想连人和马都滚下岭去。(《水浒传·118回》)

(14) 自此吕方、郭盛首先奔上山来夺岭,未及到岭边,山头上早飞下一块大石头,将郭盛和人连马打死在岭边。(《水浒传·118回》)

(15) 城上看见刘唐飞马奔来,一斧砍断绳索,坠下闸板,可怜悍勇刘唐,连马和人同死于门下。(《水浒传·115回》)

(16) 两个正在吊桥上撞着,被武松闪个过,撇了手中戒刀,抢住他枪杆。只一拽,连人和军器拖下马来,榾察的一刀,把贝应夔剁下头来。(《水浒传·115回》)

(17) 龚旺因和黄爱交战,赶过溪来,和人连马,陷倒在溪里,被南军乱枪戳死。(《水浒传·115回》)

(18) 城中只有避暑宫,乃是北齐神武帝所建,基址高固,当下附近军民,一齐抢上去,挨挤践踏,死的也有二千余人,连那高阜及城垣上,一总所存军民,仅千余人。(《水浒传·100回》)

(19) 番将轮起刀,觑着王文斌较亲,翻身背砍一刀,把王文斌连肩和胸脯,砍做两段,死于马下。(《水浒传·88回》)

(20) 四个人约斗到三十余合,吴秉彝用戟奔史进心坎上戳将来,史进只一闪,那枝戟从肋窝里放个过,吴秉彝连人和马抢近前来,被史进手起刀落,只见一条血颩光连肉,顿落金鐙在马边,吴秉彝死于坡下。(《水浒传·77回》)

"连……带……",例如:

(21) 只听得一声响,簌簌地,将那树连枝带叶劈脸打将下来。(《水浒传·22回》)

(22) 那青龙刀落处,把兀颜统军连腰截骨带头砍着,颠下马去。(《水浒传·89回》)

(23) 钮文忠吓得魂不附体,措手不及,被鲁智深一禅杖,连盔带头,打得粉碎,撞下马去。(《水浒传·93回》)

(24) 八戒闻言,不论好歹,一顿钉钯,三五长嘴,连拱带筑,把两颗腊梅、丹桂、老杏、枫树俱挥倒在地,果然那根下俱鲜血淋漓。(《西游记·64回》)

(25) 只听得半空中叮当一声,撇下一副金铙,把行者连头带足,合在金铙之内。(《西游记·65回》)

(26) 老爷正在那里想他这套道情不但声调词句不俗,并且算了算,连科白带煞尾通共十三段,竟是按古韵十二摄照词曲家增出"灰韵"一韵,合着十三辙谱成的,早觉这断断不是这个花嘴花脸的道士所能解。(《儿女英雄传·38回》)

(27) 我听说还有雅座儿,好极了,就忙忙的叫人提携着衣裳帽子,零零星星连酒带菜都搬到雅座儿去。(《儿女英雄传·32回》)

(28) 掳了掳袖子,上前就去割那绳子,颤儿哆嗦的鼓捣了半日,连锯带挑,才得割开。(《儿女英雄传·31回》)

作介词宾语,例如:

(29) 那老李开了腰门,把几个亲戚连唐僧都叫:"进来!进来!妖怪来了!"(《西游记·67回》)

(30) 行者闻说,将金杯连酒望空一撇,当的一声响亮,那个金杯落地。(《西游记·70回》)

(31) 好呆子,抖擞威风,举钯照门一筑,忽辣的一声,将那石崖连门筑倒了一边。(《西游记·61回》)

(32) 若少迟延,就要踢杀我等官员,还要把城池连百姓俱尽踏为灰烬。(《西游记·97回》)

(33) 老鼋即知不曾替他问,他就将身一幌,唿喇的滓下水去,把他四众连马并经,通皆落水。(《西游记·99回》)

(34) 也罢,等我和你去,把那厮连玉华王子都擒来替你出气!(《西游记·89回》)

(35) 八戒依言,径回庙里,把那猪羊祭醴,连桌面一齐搬到陈家。(《西游记·48回》)

(36) 三兄弟连马四口,恍恍忽忽,远望高张,并无一毫下落,前后找寻不题。(《西游记·64回》)

(37) 大仙把玉麈左遮右挡,奈了他两三回合,使一个袖里乾坤的手段,在云端里把袍袖迎风轻轻的一展,刷地前来,把四僧连马一袖子笼住。(《西游记·25回》)

(38) 不期那涧里有条孽龙,在彼成精,他把我的马连鞍辔一口吞之。(《西游记·15回》)

(39) 高廉只带得八九骑入城,其余尽被林冲和人连马生擒活了去。(《水浒传·53回》)

"连"可以连接三个或三个以上成分,例如:

(40) 我这里连方丈、佛殿、钟鼓楼、两廊,共总也不上三百间,他却要一千间睡觉,却打那里来?(《西游记·36回》)

(41) 行者骂道:"你这讨死的怪物!你一个妖精的性命舍不得,似我师父、师弟连马四个生灵,平白的吊在洞里,我心何忍!情理何甘!快快的送将出来还我,多多贴些盘费,喜喜欢欢打发老孙起身,还饶了你这个老妖的狗命!"(《西游记·35回》)

(42) 二魔道:"他已被我遣三座大山压在山下,寸步不能举移,所以才把唐僧、沙和尚,连马、行李,都摄将来也。"(《西游记·33回》)

(43) 你不知,近闻得东土唐朝差个御弟唐僧往西方拜佛,一行四众,叫做孙行者、猪八戒、沙和尚,连马五口。(《西游记·32回》)

(44) 此时又会了个七弟兄,乃牛魔王、蛟魔王、鹏魔王、狮驼王、猕猴王、猢狲王,连自家美猴王七个。(《西游记·3回》)

(45) 紧接着张老夫妻把煮的肘子、肥鸡,连饭锅、小菜、酱油、蒜片、饭碗、匙箸,分作两三荡都般运了来,分作两桌。(《儿女英雄传·9回》)

(46) 此外便是莫友士先生的少君,吴侍郎的令侄;还有安公子两三个同案秀才,连老少二位程师爷、张乐世、褚一官。除了邓九公、安老爷不曾进来,一共倒有十几个人,都进来闹房。(《儿女英雄传·28回》)

1.3.2 复合式并别标记

复合式[①]并列连词是单语素并列连词的并用形式在高频使用中逐渐固定下来从而形成的新的连词形式。成为复合式并列连词的必要条件是组成成分词形固定、语序固定,在不同时期不同语料都有一定的使用频率。

1.3.2.1 "以及"

明代,"以及"作并列关系标记的用例并不多见,例如:

---

① 汉语复合词的形成主要有两种途径:一是由短语降格而成的,其形式起初具有短语的身份,后来逐渐演变出词的功能,获得了成词的资格。二是按照特定的构词法造出的,其形式在语言系统里出现之初就具有词的身份。详见董秀芳(2001)。

(1) 且又有同胞手足,捉对夫妻,与叔侄郎舅,以及跟随主仆,……皆一样的酒筵欢乐,无问亲疏。(《水浒传·71回》)

(2) 凤楼下百兽来朝:为彪,为豹,为麒麟,为狻猊,为犴狴,为金翅,为雕鹏,为龟猿,以及犬鼠蛇蝎,皆知宋主人王。(《水浒传·82回》)

《红楼梦》"以及"作并列连词共18例,只连接体词性成分,以连接两个并列的体词性成分为主要用法(16例),仅见2例连接三个以上的并列关系的体词性成分,例如:

(3) 余者自亲王驸马以及大小文武官员之家凡所来往者,莫不有礼,不能胜记。(《红楼梦·71回》)

(4) 既是假语村言,但无鲁鱼亥豕以及背谬矛盾之处,乐得与二三同志,酒余饭饱,雨夕灯窗之下,同消寂寞,又不必大人先生品题传世。(《红楼梦·120回》)

(5) 当此圣世,咱们世受国恩,祖父锦衣玉食;况你自有生以来,自去世的老太太以及老爷太太视如珍宝。(《红楼梦·118回》)

(6) 岂知雨村也奇:我家世袭起,从"代"字辈下来,宁荣两宅,人口房舍,以及起居事宜,一概都明白。(《红楼梦·92回》)

(7) 一切动用家伙攒钉登记,以及荣国赐第,俱一一开列,其房地契纸,家人文书,亦俱封裹。(《红楼梦·105回》)

(8) 因此早已打点下行装细软,以及馈送亲友各色土物人情等类,正择日一定起身,不想偏遇见了拐子重卖英莲。(《红楼梦·4回》)

(9) 先是凤姐打发人送十香返魂丹来,随后王夫人又送至宝丹来,贾母、邢王二夫人以及尤氏等都打发丫头来问候,却都不叫宝玉知道。(《红楼梦·91回》)

(10) 人的眉、目、口、鼻以及出手、衣褶,刻得又清楚,又细腻。(《红楼梦·92回》)

《儿女英雄传》中,"以及"作为并列连词共有10个用例,前后项之间有主次之分,例如:

(11) 旁边又歇着倒站驴子,二把手车子,以及肩挑的担子,背负的背子,乱乱烘烘,十分热闹。(《儿女英雄传·4回》)

(12) 你老人家带了你们姑爷,拿了灯,先到那地窖子里把他那几个箱子打开,凡衣服首饰以及零星有记认的东西,一概不要。(《儿女英雄传·10回》)

(13) 那运河沿河的风气,但是官船靠住,便有些村庄妇女赶到岸边,提个篮儿,装些零星东西来卖,如麻绳、棉线、零布、带子,以

及鸡蛋、烧酒、豆腐干、小鱼子之类都有，也为图些微利。（《儿女英雄传·22回》）

(14) 便把他素日爱的家做活计，内款器皿，以及内造精细糕点路菜之类，备办了些。（《儿女英雄传·32回》）

(15) 才得天亮，他父女翁婿合那个孩子以及下人早已收拾了当，吃了些东西便要告辞。（《儿女英雄传·32回》）

(16) 安老爷因公子中后，城内各亲友都曾远到庄园贺喜，如乌、吴、莫诸人以及诸门弟子也都去过。（《儿女英雄传·36回》）

1.3.2.2 "而且"

大凡能连接两个分句的并列连词①，都能连接两个谓词性成分，连词"而且"（最晚出现于元明时期）以连接单音形容词（有时是动词）为主要用法，具有并列作用，《三国演义》中3例，均是用来连接词语，表示并列关系。《西游记》中1例，是用来连接词语表示并列关系的。例如：

(1) 粮在船中，船必稳重；今观来船，轻而且浮。（《三国演义·49回》）

(2) 操曰："王必是孤披荆棘厉艰难时相随之人，忠而且勤，心如铁石，最足相当。"（《三国演义·69回》）

(3) 汉中王从之，法正复奏曰："吴懿有一妹，美而且贤。"（《三国演义·77回》）

(4) 行者道："这法儿真是妙而且灵！"（《西游记·77回》）

1.3.3 粘合式并列标记

"及其"是单语素并列连词"及"和代词"其"跨层粘合而成的双音节连词。明清时期，"及其"正处在连词化的初级阶段，语音上被处理为一个音步内的组块，但"其"的代词复指功能还比较明显，"及其"连接的前后成分之间除了并列关系外还有所属关系。"及其"还处于融合度较低的阶段，用例也不是很多。如：

(1) 一面使人诛戮二贼家小及其余党。（《三国演义·38回》）

---

① 这里仅仅指同在并列，同时并列有例外。并列分同在（空间的，关联词如"而且"），同时（时间的，关联词如"同时"）两类，详参（邵敬敏，2000）。

发展到现代汉语,"及其"中"其"的复指功能愈见弱化,出现了"及其"后再跟指代词的用法,虚化程度进一步增强。例如:

(2) 由进一步的考察,他确认五星晨见东方时刻的这种超前或滞后及其时间的长短,也与二十四节气有紧密的、稳定的关系。

相对于其他连词中的双音比率而言,并列连词系统中复合式和粘合式两种双音形式在数量和使用上都很有限,发展也相对滞后。这种羸弱态势除其他形式发展后形成的阻断效应外,从双音形式自身角度看主要还有以下几个原因:第一,并列连词是连词系统中最原始、最基本的类型,在表示并列关系的基础上,一些连词在语义、句法等因素的影响下又衍生出其他诸如承接、递进、选择、转折等用法。为了避免同形歧义造成的困扰,在双音节趋势影响下,派生出的关系类型往往通过复合或粘着的方式,转变为与作为原型的并列用法相比,功能不同并且形式上也有所差别的双音节形式。而并列连词大多仍然采用原初的单语素形式。比如,"而"在并列用法基础上发展出承接连词"既而"、递进连词"而且"、转折连词"然而",并列用法几并没有双音化的必要。第二,双音形式相关的单语素并列连词往往是很常用的功能词,独立性都很强,这就造成连用时前后部分之间的结合松散而不易凝固为复合词。第三,两个单语素并列连词结构成词,组合成分之间在功能上大体平衡,进步整合或者发展出新的语法功能的可能性比较小。

这样基于语言的经济原则,单语素形式似乎更有优势,双音节并列连词产生和发展的语言必要性不足,也就没有形成大的聚合群。明清时期仅有语义相对特殊的"及"参与构成的"以及"和"及其"最终双音化。

1.3.4 框架式并别标记

1.3.4.1 "(第)一……(第)二……"

汉语中很多序数表达方式是运用语法手段来实现的,例如"第+数"结构,该结构中包含了数词,而数词有计数、排位、定序等功能,表达序数时,就要通过一定的语法手段使数词的排位功能凸显。"第"具有序数标记作用,能够让数词的排序功能凸显。

"第+数"受限格式,"第一,第二,第三"必须搭配使用,或者和"首先、其次、最后"等搭配使用,形成序列关系,表示连续列举或分述项目的次序。单打的"第+数"结构无法形成序列,必须有多个序列搭配使用才能形成序列,从而凸显其序数义。

大多数有序数的语言都能用序数来确定对象在时空排序序列中的位置,"从功能上看，序数的典型功能是识别一个给定的成员在其集合中和集合中其他成员的相对位置。因此，序数的主要功能是对对象域序列中空间位置的识别和对时间序列中事件或事物的先后次序的识别"。(Stolz & Veselinova，2005)

表时空排序的"序数＋量词"还可以通过隐喻运用于话语组织领域，可以说"第一点、第二点……"、"第一方面、第二方面……"、"第一个、第二个……"等。这种序数词连用形式的连词义是语境赋予的结果，与所连前后成分之间的顺序义逐渐淡化，主要功能转为列举并存的几种情况时，数词形式就在语境里逐步获得连词用法。例如：

(1) 嫂曰："若得三件事兼全之人，我方嫁之：第一要文武双全，名闻天下；第二要相貌堂堂，威仪出众；第三要与家兄同姓。"(《三国演义·52回》)

(2) 多感林教头贤弟推让我为尊，不想连得了两场喜事：第一赢得官军，收得许多人马船只，捉了黄安；二乃又得了若干财物金银。(《水浒传·19回》)

(3) 众上户把盏，说道："被这畜生正不知害了多少人性命，连累猎户吃了几顿限棒！今日幸得壮士来到，除了这个大害！第一，乡中人民有福，第二，客侣通行，实出壮士之赐！"(《水浒传·22回》)

(4) 那青州地面所管下有三座恶山：第一便是清风山，第二便是二龙山，第三便是桃花山。(《水浒传·32回》)

(5) 实不瞒你说，这五件事我都有些：第一，我的面儿虽比不得潘安，也充得过。第二，我小时也曾养得好大龟；第三，我家里也颇有贯百钱财，虽不及邓通，也得过；第四，我最耐得，他便打我四百顿，休想我回他一下；第五，我最有闲工夫，不然，如何来的恁频？(《水浒传·23回》)

(6) 望闻问切四般事，缺一之时不备全：第一望他神气色，润枯肥瘦起和眠；第二闻声清与浊，听他真语及狂言；三问病原经几日，如何饮食怎生便；四才切脉明经络，浮沉表里是何般。(《西游记·68回》)

(7) 且是我做大哥，有两件不妥：第一不如大官人有威有德，众兄弟都服你；第二我原叫做应二哥，如今居长，却又要叫应大哥，倘或有两个人来，一个叫"应二哥"，一个叫"应大哥"，我还是应"应二哥"，应"应大哥"呢？(《金瓶梅词话·1回》)

(8) 第一要潘安的貌；第二要驴大行货；第三要邓通般有钱；第四要青春少小，就要绵里针一般软款忍耐；第五要闲工夫。此五件，唤做"潘驴邓小闲"。(《金瓶梅词话·3回》)

(9) 伯爵定要行令，西门庆道："我要一个风花雪月，第一是我，第二是常二哥，第三是主人，第四是钊姐。"（《金瓶梅词话·54回》）

殷商甲骨卜辞中没有专门的序数表达式，基数表达和序数表达并没有形式上的差别，在整个上古汉语阶段，这种情况基本没有变化（孙锡信，1992）。但上古汉语时期，一些类似的专门性标记已初露端倪，举例如下：

(10) 卒有五章：前一行苍章，次二行赤章，次三行黄章，次四行白章，次五行黑章。（《尉缭子·经卒令》）

(11) 次以经卒，亡章者有诛，前一五行，置章于首；次二五行，置章于项；次三五行，置章于胸；次四五行，置章于腹；次五五行，置章于腰。（《尉缭子·经卒令》）

上述例子中的"前"、"次"都可以表示序数的作用，"次"的基本语义是"顺序"，"述事时"后项对前项之称，这种语义与专门性有内在的一致性，但"次"没有进一步发展，而是被"第"所代替。

上古汉语时期，专门性标记还不发达，表示序数时通常用词汇形式，如"伯、仲、叔、季"表示排行，用"正"表示第一。

到了中古，"第"作为专门性标记已经发展成熟。柳士镇（1992）认为，"第"在西汉时期就已经能够用在数词之前，但与名词组合一直到汉末才出现。该时期，"初"也发展成为专门表示时间的标记，"阿"也发展为表示排行的专门标记，数词与虚词也能够表示连用表示序数，举例如下：

(12) 昔管仲相齐，一则仲父，二则仲父，而桓公为霸者宗。（《三国志·吴书七·张昭传》）

(13) 事之宣泄，受罪不测，一则伤感损计，二则杜绝向化者心，惟明使君远览前世，矜而愍之，留神所质，速赐秘报。（《三国志·吴书十五·周鲂传》）

(14) 凡人所以临坚陈而忘身，触白刃而不惮者，一则求荣名，二则贪重赏，三则畏刑罚，四则避祸难。（《魏书·辛雄传》）

(15) 国之用材，大较不过六事：一则朝廷之臣，取其鉴达治体，经纶博雅；二则文史之臣，取其著述宪章，不忘前古；三则军旅之臣，取其断决有谋，强干习事；四则藩屏之臣，取其明练风俗，清白爱民；五则使命之臣，取其识变从宜，不辱君命；六则兴造之臣，取其程功节费，开略有术：此则皆勤学守行者所能办也。（《颜氏家训》）

(16) 一则应对殿堂，奉酬顾问；二则参训门子，以弘儒学；三则祠、仪二曹，及太常之职，以得藉用质疑。（《宋书·礼志一》）

(17) 匈奴为患，自古而然，虽三代智勇，两汉权奇，算略之要，二涂而已。一则铁马风驰，奋威沙漠；二则轻车出使，通驿虏庭。(《南齐书·孔稚珪传》)

"第、则、阿、初"等专门性标记的出现，使得序数表达有了明确的形式标记，也就是说，中古时期汉语的主要序数表达形式已经基本出现了，此后也出现了一些新的表达形式，如"数词＋来"。明清时期，这种用法依然存在，例如：

(18) 我第一来要酬报佛恩，第二来要消灾延寿，因此请师父来商议。(《金瓶梅词话·53回》)

1.3.4.2 "一则……二则……"、"一者……二者……"、"一来……二来……"

"数＋则/来/者"结构中，"则、来、者"语义虚化，是附着性准语法标记。此类表达式用于连续列举或分述项目的次序，表示序数时受到限制，对具体语境有很强的依赖性，必须是几个同类结构搭配使用，唯有如此才能构成序列，从而凸显他们的顺序义。

1.3.4.2.1 "一则……二则……"及其相关形式

明代，"一则……二则……"37例，"一则……二来……"36例，用例绝大多数集中在《西游记》中，《三国演义》、《金瓶梅词话》各有一例，如下：

(1) 某愿与偕往：一则同说刘表，二则监住玄德。(《三国演义·28回》)

(2) 一日，寄一封书来与天秀，要请天秀上东京，一则游玩，二者为谋其前程。(《金瓶梅词话·47回》)

(3) 如今送陛下自转轮藏出身，一则请陛下游观地府，一则教陛下转托超生。(《西游记·10回》)

(4) 那妖整做了这三年女婿，我太公不悦，说道："女儿招了妖精，不是长法，一则败坏家门，二则没个亲家来往。"一向要退这妖精。(《西游记·18回》)

(5) 我和你杂在众人丛中，一则看他那会何如，二则看金蝉子可有福穿我的宝贝，三则也听他讲的是那一门经法。(《西游记·12回》)

(6) 长老喜道："徒弟，我们且进这驿里去，一则问他地方，二则撒喂马匹，三则天晚投宿。"(《西游记·78回》)

(7) 一则腹中饥了,二则路又不平,正在危急之际,只见前面有两只猛虎咆哮,后边有几条长蛇盘绕。(《西游记·13回》)

(8) 一则取兵器还汝等归天,二则可解脱吾师之难。(《西游记·51回》)

(9) 一则未奉上天御旨,二则未曾带得行雨神将,怎么动得雨部?(《西游记·87回》)

(10) 不觉的半月有余,一朝闲暇,众监官都安排酒席,一则与他接风,二则与他贺喜。(《西游记·4回》)

(11) 行者道:"我贫道在方上云游,一则是为性命,二则也为寻亲。"(《西游记·44回》)

"一则……二来……",用例如下:

(12) 你不晓得,吃了他不打紧,只恐怕他那两个徒弟上门吵闹,未为稳便,且把他绑在后园定风桩上,待三五日,他两个不来搅扰,那时节,一则图他身子干净,二来不动口舌,却不任我们心意?(《西游记·20回》)

(13) 那大仙十分欢喜,急令取金击子来,把果子敲下十个,请菩萨与三老复回宝殿,一则谢劳,二来做个人参果会。(《西游记·26回》)

(14) 愚男一则请来奉献唐僧之肉,二来有句话儿上请。(《西游记·42回》)

(15) 满城中都盏添净水,炉降真香,一则看女王銮驾,二来看御弟男身。(《西游记·54回》)

(16) 一则不伤了他的性命,二来不损了你的元神。(《西游记·54回》)

(17) 一则师兄头痛,二来我师父是个真僧,决不以色空乱性,且就在山坡下,闭风处,坐这一夜,养养精神,待天明再作理会。(《西游记·55回》)

清代,"一则……二则……"的数量占绝大多数,相反,"一则……二来……"的用例数量大大减少。"一则"、"二则"、"三则"更多地出现在分句的句首,且用逗号隔开,关联标记的作用更加凸显。同时还有"一则呢……再则"、"一则……再者"等用法,例如:

(18) 一则,我们的宗祠里本来没有地方了;二则,这园子北面、土山以后、界墙以前,正有一块空地,你就在这地方正中给我盖起三间小小祠堂,立主供奉。(《儿女英雄传·1回》)

(19) 我也想到这里了，一则，隔着一百多地，骡夫未必肯去；二则，如果褚老一不在家，我那妹子他也不好跑出这样远来；三则，一去一来又得耽误工夫，你明日起身又可多走半站。(《儿女英雄传·3回》)

(20) 一则，见了玉格，到底问个明白是怎生一件事；二则，他乍经这等一件意外的恩荣，自然也有许多不得主意，我就当面指示明白，免得打发个人去传说不清。(《儿女英雄传·36回》)

(21) 一则，看看你二人的心思；二则，试试你二人的胆量；三则，我们今日这桩公案，情节过繁，话白过多，万一日后有人编起书来，这回书找不着个结扣，回头儿太长，因此我方才说完了话，便站起来要走，作个收场，好让那作书的借此歇歇笔墨，说书的借此润润喉咙。(《儿女英雄传·9回》)

(22) 一则呢，是十三妹姑娘的委派；再则我们头领也有话在头里。(《儿女英雄传·11回》)

(23) 一则是个热闹儿，再者，一个小孩子中了会子，也叫他兴头兴头。(《儿女英雄传·36回》)

1.3.4.2.2 "一者……二者……"及其相关形式

明代，"一者……二者……"《水浒传》中用例占绝大多数，《金瓶梅词话》有10例，也有少量"一者……二者……三者"的用例，例如：

(1) 好大娘，三娘，蒙众娘抬举，奴心里也要来，一者热孝在身，二者家下没人。(《金瓶梅词话·14回》)

(2) 生等一者过蒙盛情，二者又值喜庆，不觉留连畅饮，十分扰极，学生告辞。(《金瓶梅词话·31回》)

(3) 一者缘法撞遇，二者来得正好。(《金瓶梅词话·3回》)

(4) 你守不得此城：你一者酒后刚强，鞭挞士卒；二者作事轻易，不从人谏。(《三国演义·14回》)

(5) 一者可以保二夫人，二者不背桃园之约，三者可留有用之身：有此三便，兄宜详之。(《三国演义·25回》)

(6) 似此，一者，朝廷见喜，知道相公干这件大功；二者，免得梁山泊草寇来劫牢。(《水浒传·39回》)

(7) 我一者，去那里烧炷香，消灾灭罪；二者，躲过这场灾晦；三者做些买卖，观看外方景致。(《水浒传·60回》)

(8) 一者，吾与皇叔设誓，共扶汉室，吾今只降汉帝，不降曹操；二者，二嫂处请给皇叔俸禄养赡，一应上下人等，皆不许到门；三者，

但知刘皇叔去向，不管千里万里，便当辞去：三者缺一，断不肯降。(《三国演义·25回》)

"一者……二乃……（三来）"，例如：

（9）那西门庆，一者冤魂缠定，二乃天理难容，三来怎当武松神力，只见头在下，脚在上，倒撞落在街心里去了，跌得个"发昏章第十一"！街上两边人都吃了一惊。(《水浒传·25回》)

（10）杨雄却指着骂道："你这贼贱人！我一时误听不明，险些被你瞒过了！一者坏了我兄弟情分，二乃久后必然被你害了性命！我想你这婆娘，心肝五脏怎地生着！我且看一看！"(《水浒传·45回》)

（11）一者不得下山，二乃路途不顺，以此难得相见。(《水浒传·56回》)

（12）一者使贫道有传道之人，二乃免他老母倚门之望。(《水浒传·85回》)

（13）一者见伯伯包裹沉重，二乃怪伯伯说起风话，因此一时起意。(《水浒传·26回》)

从我们检索的语料来看，清代"一者……二者……"未见用例。

1.3.4.2.3　"一来……二来……"及其相关形式

明代，"一来……二乃……"，举例如下：

（1）吴军师一来与你相识，二乃和你两个武艺本事，特使戴宗来宅上相请。(《水浒传·38回》)

"一来……二来……（三者）"，举例如下：

（2）智深一来肚里无食，二来走了许多程途，三者当不得他两个生力。(《水浒传·5回》)

（3）一来连日辛苦，二来十分托大，初更左侧，不觉睡着。(《水浒传·64回》)

（4）这正是一来照顾郎中，二来又医得眼好，烦你回去上复你那家主，说我们是东土驾下差来的御弟圣僧往西天拜佛求经者，善能降妖缚怪。(《西游记·18回》)

（5）三藏谢了恩，收了文牒，又奏道："贫僧一来倒换文牒，二来与陛下寄有家书。"(《西游记·29回》)

（6）我辈一来奉拜，二来讨个宽限。(《西游记·26回》)

(7) 陆将军呈书备礼：一来与君侯作贺，二来求两家和好。(《三国演义·75回》)

(8) 我第一来要酬报佛恩，第二来要消灾延寿，因此请师父来商议。(《金瓶梅词话·53回》)

(9) 只有西门庆，一来远客，二来送了许多礼物，蔡太师到十分欢喜，因此就是正日独独请他一个。(《金瓶梅词话·55回》)

"一来……二者……"，举例如下：

(10) 柴进一来要看林冲本事，二者要林冲赢他，灭那厮嘴。(《水浒传·8回》)

(11) 一来还不曾过一周，二者刘婆子说这孩子囟门还未长满，胆儿小。(《金瓶梅词话·48回》)

(12) 玄德在关上看时，门旗影里，马超纵骑持枪而出；狮盔兽带，银甲白袍：一来结束非凡，二者人才出众。(《三国演义·65回》)

清代，"一来……二来……（三来）"基本沿袭了明代的用法，举例如下：

(13) 此时他大约是一来就持过当，二来快活非常，不知不觉的乡谈就出来了。(《儿女英雄传·37回》)

(14) 打发武生来，一来给老太爷、少老爷道喜请安；二来叫武生认认门儿，说赶到他老人家庆九十的时候，还叫武生来请来呢。(《儿女英雄传·38回》)

(15) 他一来怕羞了姑娘；二来想到姑娘自幼疼他，到了这里，又蒙安老爷、安太太把他配给随缘儿，成了夫妇，如今好容易见着姑娘，听了听姑娘口气，大有个不安于安家的意思，他正没作理会处。(《儿女英雄传·22回》)

(16) 说着，又见凤姐同邢夫人、王夫人、宝钗等都来笑道："我们一来道喜，二来送行。"(《红楼梦·82回》)

(17) 这些人，一来为着姑娘平日待他们恩厚，况又银钱挥霍，谁家短个三吊两吊的，有求必应；二来有这等一个人住在山里，等闲的匪人不敢前来欺负；三来这山里大半是邓九公的房庄地亩，众人见东翁尚且如此，谁不想来尽个人情？(《儿女英雄传·21回》)

(18) 一来为止住你来，二来也为将家里现有的产业折变几两银子，凑着交这赔项。(《儿女英雄传·12回》)

(19) 一来，亲家，咱俩坐下轻易也讲不到这上头；二来，我的嘴又笨，不大爱说话。(《儿女英雄传·33回》)

(20) 一来，这一路岔道儿多，防走错了；二来，我们也该专个人去请一请；三来，大短的天，我瞧明日这话说结了，他娘儿这一见，管取舍不得散，我家只管有的是地方儿，可没那些干净铺盖，叫他们把家里的大车套了去，沿路也坐了人，也拉了行李。（《儿女英雄传·16回》）

"一来……二则……"，举例如下：

(21) 一来酬愿，二则咱们吃杯喜酒，也不枉我老人家操了好些心。（《红楼梦·98回》）

(22) 一来要守十三妹姑娘的规矩，二则要保山寨的脸面，讲不得辛苦。（《儿女英雄传·11回》）

(23) 据媳妇看着，一来是感他的恩义，见公婆尚且这等重他，自己便不敢有一毫简亵，却是番体父母的心；二则，他合媳妇虽是过的未久，彼此相敬如宾，听他那口气，大约今生别无苟且妄想，又是番重伦常的心。（《儿女英雄传·23回》）

(24) 大家听了，一来是本官作主，二则又得若干东西，就不分书吏、班头、散役、仵作，甚至连跟班、轿夫，大家动起手来，直闹了大半日才弄停妥。（《儿女英雄传·11回》）

(25) 咱一来是为行好，二来也怕脏了我的店。（《儿女英雄传·3回》）

明清时期，这三种框架式并列连词日趋发展成熟，使用更加灵活，因此混用形式也比较多见。但即使混用，也只是在来源和功能相似的"一则"、"一者"、"一来"之间选择。

1.3.4.3 "一面……一面……"、"一边……一边……"、"一面……一边……"、"一壁（厢）……一壁（厢）……"、"一头……一头……"、"一行……一行……"

1.3.4.3.1 "一面……一面……"

"一面"最早表示具体事物的一个面。一个具体的事物不仅仅只有一个面，比如山峰、纸张、建筑等，事物的几个面有个很重要的属性共同存在，我们把这个属性标记为［+共存］。"一面"由表示事物几个面同时存在到表示几个动作同时发生，强调的都是［+共存］属性，它有转化为关联副词的语义基础。

作主语，例如：

(1) 又见昆仑山上，一面辄有四百四十门，门广四里，内有五城

十二楼,楼下有青龙白虎,蝼蛇长百余里,其口中牙皆如三百斛船,大蜂一丈,其毒煞象。(《抱朴子内篇·袪惑》)

(2) 譬若拘翼初得佛之处,四面若有人,直从一面来入;若鬼神、若禽兽,无有能害者。(《道行般若波罗蜜经》)

(3) 夫躄者一面病,痱者一方痛。(《新书·卷三·解县》)

(4) 不循古法,规为轻税,及至一方有警,一面被灾,未逮三年,校计骞短,坐视战士之蔬食,立望饿殍之满道,如之何为君行此政也?(《后汉书·仲长统传》)

上述例子中,"一面"和"一方"对举出现。

作宾语,例如:

(5) 汤收其三面,置其一面,更教祝曰:"昔蛛蝥作网罟,今之人学纾"。(《吕氏春秋·异用》)

(6) 人置四面,未必得鸟;汤去其三面,置其一面,以网其四十国,非徒网鸟也。(《吕氏春秋·异用》)

(7) 而汉王之将独韩信可属大事,当一面。(《史记·留侯世家》)

(8) 夫关中左崤函,右陇蜀,沃野千里,南有巴蜀之饶,北有胡苑之利,阻三面而守,独以一面东制诸侯。(《史记·留侯世家》)

(9) 蔽暗弟子再拜言:"夫大贤见师说一面,知四面之说。"(《太平经合校·卷37·五事解承负法》)

(10) 孟仲季相通,并力同心,各共成一面。(《太平经合校·卷48·三合相通诀》)

(11) 今所以失天道意者,夫贤者一人之言,知适达一面,明不尽睹,不能用流六方,洽究达内外七处,未能源万物之精,故各异说,令使天书失本文,乱迷惑者,正此也。(《太平经合校·卷50·去浮华诀》)

到了宋代,"一面……一面……"开始搭配出现,例如:

(12) 德明问:"向承见教,须一面讲究,一面涵养,如车两轮,废一不可。"(《朱子语类·卷113》)

(13) 因笑曰:"正如赵元镇相似,那边一面去督战,这边一面令回军,成甚举措!"(《朱子语类·卷131》)

(14) 但一面自持敬,一面去思虑道理,二者本不相妨。(《朱子语类·卷115》)

这些句子例（12）至例（14）和前面的句子相比有三个重要变化：一是在前面的句子中，"一面"的前面大多有一个名词，"一面"指代前面的名词的一个面，意义是很实在的，例（12）和例（14）的前面没有这类名词出现，"一面"失去了和它照应的名词后意义变得很空灵，也就是说它的词义虚化了。第二个重要变化是"一面"的前面出现了另外一类名词，并且这类名词和后面的动词有施受关系。很显然，我们应该把这个名词分析为句子的主语，这个时候，"一面"和后面的动词就不宜再分析成主谓关系，比较妥当的方法就是把"一面"和后面的动词分析为状中关系，又因为"一面"处在两个动词之间，所以最终由表示具体事物的一个面演化为并列关系标记。

明清时期，不仅用例丰富，在表达两个事件"并存"的基础上，"一面……一面……"又发展出连接（至少一方为）非肢体动词，表示两个动作"同时"发生的用法。另外，"一面"可以单用，甚至还可以连接具有并列关系的两个句子。明代，《三国演义》中有116例，《金瓶梅词话》中有329例，举例如下：

"一面……一面……"，举例如下：

（15）融教一面点兵，一面差人送书。（《三国演义·11回》）

（16）承、奉一面差人与催、汜讲和，一面密传圣旨往河东，急召故白波帅韩暹、李乐、胡才三处军兵前来救应。（《三国演义·13回》）

（17）月娘一面收好行李及蔡太师送的下程，一面做饭与西门庆吃。（《金瓶梅词话·55回》）

（18）一面让至房中，一面安着一张椅儿，笼着火盆，西门庆坐下。（《金瓶梅词话·47回》）

（19）宋江听了大惊，传下将令，一面教取卢俊义部下尽数军马，一面又取檀州、蓟州旧有人员，都来听调。（《水浒传·87回》）

（20）二将到帅府，参见了太尉，亲赐酒食，抚慰已毕，一面差人赏军，一面管待二将。（《水浒传·80回》）

（21）次日，与同诸将，披挂上马，一面行文申覆张招讨，飞报得了昱岭关，一面引军前进，迤逦追赶过关，直到歙州城边下寨。（《水浒传·118回》）

"一面"也能够单独使用，例如：

（22）遂令宋宪、魏续保护妻小与钱粮移屯下邳；一面自引军与陈登往救萧关。（《三国演义·19回》）

（23）曹操入城，即传令退了所决之水，出榜安民；一面与玄德同坐白门楼上。（《三国演义·19回》）

(24) 李瓶儿良久又悲恸哭起来,雪娥与吴银儿两个又解劝说道:"你肚中吃了些甚么,只顾哭了去!"一面叫绣春后边拿了饭来,摆在桌上,陪他吃。(《金瓶梅词话·59回》)

(25) 先是郁大姐在他炕上坐的,一面搂搋他往月娘房里和玉箫、小玉一处睡去了。(《金瓶梅词话·58回》)

(26) 月娘听了,一声儿没言语,一面叫将金莲来,问他说:"是你屋里的猫唬了孩子?"(《金瓶梅词话·59回》)

(27) 月娘见他不肯,一面教玉箫将他那原来的盒子,装了一盒元宵、一盒白糖薄脆,交与保儿掇着,又与桂姐一两银子,打发他回去。(《金瓶梅词话·45回》)

清代,《红楼梦》中有503例,《儿女英雄传》中有146例,举例如下:

(28) 那刘住儿一面哭,一面收拾,一面答应,忙忙的起身去了。(《儿女英雄传·3回》)

(29) 安公子一面拿灯光照着,一面眼睛随着笔一字字的往下看,接着口中念道……(《儿女英雄传·10回》)

(30) 他这里一面应着,一面听老爷的回话。(《儿女英雄传·14回》)

(31) 一面说,一面解了排扣,从里面大红袄上将那珠宝晶莹黄金灿烂的璎珞掏将出来。(《红楼梦·8回》)

(32) 一面走,一面早瞥见那水溶坐在轿内,好个仪表人才。(《红楼梦·14回》)

(33) 安老爷自从接了调署的札文,便一面打发家眷到高堰通判衙门任所,自己一面打点上院谢委,就便拜河台的大寿。(《儿女英雄传·2回》)

(34) 留下地保,一面庙外找人掩埋那两个和尚一个妇人的尸身,一面找泥水匠砌塔,一面补递报单。(《儿女英雄传·11回》)

(35) 凤姐听了,登时忙将起来:一面打扫房屋供奉痘疹娘娘,一面传与家人忌煎炒等物,一面命平儿打点铺盖衣服与贾琏隔房,一面又拿大红尺头与奶子丫头亲近人等裁衣。(《红楼梦·21回》)

(36) 只端了碗茶,一面陪着那个谈尔音,一面三回九转的心里盘算,一直等到客都把茶碗放下了,老爷还捧着个碗在那里盘算呢。(《儿女英雄传·39回》)

语法化不是孤立的,往往具有相同语义特征的词比较容易集中地演变为另一类词。据调查,和"一面"有相似语义特征的词语,如"一边"、"一头"、

"一壁/一壁厢"等也都朝着关联标记的方向语法化了。它们在意义上都有[＋共存]的属性，也都可以出现在"一边/头/壁（厢）＋VP，一边/头/壁（厢）＋VP"的句式中作主语。

1.3.4.3.2 "一边……一边……"

明代，"一边……一边……"用例，《水浒传》2例，《三国演义》1例，《西游记》4例，《金瓶梅词话》3例，举例如下：

（1）一边烘焙行李，一边喂养马匹。（《三国演义·28回》）

（2）到得亭子上看时，一边靠着浔阳江，一边是店主人家房屋。（《水浒传·37回》）

（3）一边嗟叹，一边泪落如雨。（《西游记·20回》）

（4）一边传报，一边接引。（《西游记·17回》）

（5）一边走，一边心思口念，手颤着道："再短细些更妙！"（《西游记·3回》）

（6）一边天王同三太子领着天兵神将，押住妖精，去奏天曹，听候发落；一边行者拥着唐僧，沙僧收拾行李，八戒拢马，请唐僧骑马，齐上大路。（《西游记·83回》）

到了清代，"一边……一边……"的用例大大增加，例如：

（7）不言卜家夫妇，且说贾芸赌气离了母舅家门，一径回归旧路，心下正自烦恼，一边想，一边低头只管走，不想一头就碰在一个醉汉身上，把贾芸唬了一跳。（《红楼梦·24回》）

（8）一边说，一边将一个锦匣举起来。（《红楼梦·24回》）

（9）一边向着老爷说，却又一边望着太太脸上，看那神情，好像说得是：这个人他母亲使着得力，如今自己不能在家侍奉，怎的倒把母亲一个得力的人带去服侍自己呢？（《儿女英雄传·40回》）

（10）当下见公西小端只管那等揖让周旋的赞襄了一阵，曾、仲两个依然是一边盛气相向，一边狂态逼人，把个冉望华直吓得退避三舍。（《儿女英雄传·39回》）

（11）那谈尔音耳朵里一边听着话，眼睛里一边瞧着银子，老爷这里话也不曾说完，他便望着那银子大哭起来。（《儿女英雄传·39回》）

（12）太太合二位少奶奶，一边是期望儿子，一边是关切夫婿，觉得有老爷这几句温词严谕更可勉励他一番。（《儿女英雄传·33回》）

（13）据我看起来，大约一边是从核算来的，一边是从阅历来的。（《儿女英雄传·33回》）

"一边……"单独使用,例如:

(14) 史湘云一边摇着扇子,笑道:"自然你能会迎宾接客,老爷才叫你出去呢。"(《红楼梦·32回》)

(15) 公子虽是不愿意,无如自己要见父母的心急,除了这样也再无别法,就照着华忠的话,一边问着,替他给那褚一官写了一封信。(《儿女英雄传·3回》)

上述例子中,"一边……"虽然只单独出现,通过上下文的语境来分析,例(14)"笑道"前面省略了"一边",例(15)"替他……"前面也省略了"一边"。

1.3.4.3.3 "一面……一边……"

"一面……一边……"的用例较少,例如:

(1) 去到他房里,取出生活,一面缝将起来。王婆自一边点茶来吃了,不在话下。(《水浒传·23回》)

(2) 宋江大喜;当日一面设筵庆贺,一边使人招安逃窜败军,又得了五七千人马;军内有老幼者,随即给散银两,便放回家;一边差薛永书往蒲东搬取关胜老幼,都不在话下。(《水浒传·63回》)

(3) 史进请三位头领上坐,史进对席相陪,便叫庄客把前后庄门拴了,一面饮酒。庄内庄客轮流把盏,一边割羊劝酒。(《水浒传·1回》)

(4) 蔡太师写成草诏,一面取闻焕章赴省筵宴。原来这闻焕章是有名文士,朝廷大臣多有知识的,俱备酒食迎接。席终各散,一边收拾起行。(《水浒传·79回》)

1.3.4.3.4 "一壁(厢)……一壁(厢)……"

明代,"一壁(厢)……一壁(厢)……"用例,《水浒传》8例,《西游记》10例,《三国演义》1例,《金瓶梅词话》11例,举例如下:

(1) 一壁厢安排御宴,一壁厢召丹青写下四众生形,五凤楼注了名号。(《西游记·63回》)

(2) 一壁推辞,一壁把银子接来袖了,深深道了个万福,说道:"谢姐夫的布施。"(《金瓶梅词话·15回》)

(3) 一壁厢教备素膳,一壁厢请八戒沙僧。(《西游记·95回》)

(4) 刚至园门前,只见贾母房内的小丫头子名唤傻大姐的笑嘻嘻走来，手内拿着个花红柳绿的东西，低头一壁瞧着，一壁只管走，不防迎头撞见邢夫人，抬头看见，方才站住。(《红楼梦·73回》)

相关变化用法，"一壁……一面"、"一面……一壁"用例：

(5) 一壁坐在西门庆怀里，一面在上，两个且搂着脖子亲嘴。(《金瓶梅词话·37回》)

(6) 一面叠成文案，一壁差人杖限缉捕凶身。(《水浒传·2回》)

(7) 敬济一壁接酒，一面把眼儿斜溜妇人，说："五娘请尊便，等儿子慢慢吃!"(《金瓶梅词话·24回》)

(8) 娘儿两个应了出来，一壁走着，一面说闲话儿。(《红楼梦·60回》)

"一壁（厢）"单用，这样的情况在这一时期，占多数，举例如下：

(9) 国王方喜，即宣钦天监正台官选择日期，一壁厢收拾妆奁，又出旨晓谕天下。(《西游记·93回》)

(10) 行者嘤嘤的飞将进去，只见那老妖吩咐各门上谨慎，一壁厢收拾兵器："只怕昨日那阵风不曾刮死孙行者，他今日必定还来，来时定教他一命休矣。"(《西游记·21回》)

(11) 一群猴都来叩头，迎接进洞天深处，请猴王高登宝位，一壁厢办酒接风都道："恭喜大王，上界去十数年，想必得意荣归也?"(《西游记·4回》)

(12) 那时群妖将唐僧三众收藏在后，把马拴在后边，把他的袈裟僧帽安在行李担内，亦收藏了，一壁厢严紧不题。(《西游记·65回》)

(13) 却才开东阁，筵宴唐僧，一壁厢传旨宣召丹青，写下唐师徒四位喜容，供养在金銮殿上。(《西游记·40回》)

清代，《红楼梦》8例，《儿女英雄传》2例，举例如下：

(14) 姑娘一壁厢说着，一壁厢便把袖子高高的捋起，请大家验明。(《儿女英雄传·25回》)

(15) 恰好华嬷嬷送上一碗茶来，张姑娘接过茶来，一壁厢喝着，一壁厢目不转睛的只看着那碗茶，想主意。(《儿女英雄传·25回》)

1.3.4.3.5 "一头……一头……"

"一头"是表空间意义的短语，语义弱化后，因位置上的合宜和形式上的对称而演变为并列标记。相对而言，"一头"的口语色彩更强一些，明清时期只在《金瓶梅词话》、《水浒传》中有用例，且只有连接分句而无连接句子的用法。

用于复句之中，例如：

(1) 一头骂，一头大踏步去了。(《水浒传·2回》)

(2) 一头叫娘子，一头摸来摸去。(《水浒传·4回》)

(3) 那先生一头打庄客，一头口里说道："不识好人！"(《水浒传·14回》)

(4) 这小猴子打那虔婆不过，一头骂，一头哭，一头走，一头街上拾梨儿，指着那王婆茶坊骂道："老咬虫！我教你不要慌！我不去说与他！不做出来不信。"(《水浒传·23回》)

(5) 却好转到卢员外解库门首，一头摇头，一头唱着，去了复又回来，小儿们哄动越多了。(《水浒传·60回》)

(6) 那瘦后生一头双手向着火盆，一头把嘴努着张顺，一头口里轻轻叫那梢公道："大哥，你见么？"(《水浒传·64回》)

(7) 那婆婆一头哭，一头笑起来，说道："怪呆子，你哥若是一百二百里程途，便可去的，直在那辽东地面，去此一万余里，就是好汉子，也走四五个月才到哩，你孩儿家怎么去的？"(《金瓶梅词话·57回》)

(8) 正在唠唠叨叨，喃喃呐呐，一头骂，一头着恼的时节，只见玳安走将进来，叫声"五娘"，说道："爹在那里？"(《金瓶梅词话·57回》)

(9) 张四道："我虽是异姓，两个外甥是我姐姐养的，你这老咬虫，女生外向，怎一头放火，又一头放水？"(《金瓶梅词话·7回》)

在句子之间，例如：

(10) 那婆婆一面自去解索。一头口里骂道："这个贼贱人直恁的倚势！我自解了！"(《水浒传·50回》)

(11) 一头走，一面肚里寻思道："早是没做公的看见！险些惹出一场大事来！"一头想："那晁盖倒去落了草！直如此大弄！"(《水浒传·19回》)

"一头……一面"、"一面……一头"，例如：

(12) 晁盖一头相待雷横饮酒，一面自肚里寻思："村中有甚小贼吃他拿了？"(《水浒传·13回》)

(13) 我等一面走，一头自说道："我七个只有些枣子，别无甚财货，只顾过冈子来。"(《水浒传·15回》)

（14）婆惜一头听了，一面肚里寻思："我只心在张三身上，兀谁耐烦相伴这厮！若不得把他灌得醉了，他必来缠我！"（《水浒传·20回》）

（15）婆子一头寻思，一面自在灶前吃了三大钟酒。（《水浒传·20回》）

（16）武松只不做声。寻思了半晌，再脱了丝鞋，依旧穿上油膀靴，着了上盖，带上毡笠儿；一头系缠袋，一面出门。（《水浒传·23回》）

（17）那人一头把手整顿头巾，一面把腰曲着地还礼。（《水浒传·23回》）

（18）宋江问酒保借笔砚，讨了一幅纸，一头哭着，一面写书。（《水浒传·34回》）

"一头……"单用，例如：

（19）口里说着，一头铺被，脱下上截袄儿，解了下面裙子，袒开胸前，脱下截衬衣，床面前灯却明亮，照见床头栏杆子上拖下条紫罗鸾带。（《水浒传·20回》）

（20）宋江一头忍笑不住，呷了两口汁，便放下箸不吃了。（《水浒传·37回》）

（21）李逵这时多饮了几杯酒，酣醉上来，一头与众人说着话，眼皮儿却渐渐合拢来，便用双臂衬着脸，已是睡去。（《水浒传·93回》）

（22）那妖正与八戒嚷闹，忽听得风响，急回头，见是行者落下云来，却又收了那杖，一头淬下水，隐迹潜踪，渺然不见。（《西游记·22回》）

（23）一头还在那里说，那只右手儿，已是接了纸包，揭开药箱盖，把纸包丢下去了。（《水浒传·102回》）

清代，"一头……一头"用例如下：

（24）他姊妹正在一头说笑，一头作活，听得是长姐儿的声音，便问说："是长姐姐吗？"（《儿女英雄传·33回》）

（25）瞧见你一个人儿仰着个额儿尽着瞅着那碑上头，我只打量那上头有个甚么希希罕儿呢，也仰着个额儿，一头儿往上瞧，一头儿往前走，谁知脚底下横不楞子爬着条浪狗，叫我一脚就造了他爪子上了。（《儿女英雄传·38回》）

（26）尤老只当真话，忙问是谁家的，二姊妹丢了活计，一头笑，一头赶着打。（《红楼梦·63回》）

(27) 兴儿笑嘻嘻的在炕沿下一头吃，一头将荣府之事备细告诉他母女。(《红楼梦·65回》)

(28) 晴雯只得出来，这气非同小可，一出门便拿手帕子握着脸，一头走，一头哭，直哭到园门内去。(《红楼梦·74回》)

(29) 一头说，一头到了潇湘馆内。(《红楼梦·74回》)

(30) 紫鹃只得起身出来，回到园里，一头走，一头想道："天下莫非只有一个宝玉？"(《红楼梦·94回》)

(31) 一头走着，一头落泪，想着："姊妹在一处一场，更兼他那容貌才情，真是寡二少双，惟有青女素娥可以仿佛一二，竟这样小小的年纪就作了'北邙乡女'！"(《红楼梦·97回》)

"一头……一头……一头……一头"，例如：

(32) 说着，早见他拿着条布手巾，一头走，一头说，一头擦手，一头进门。(《儿女英雄传·35回》)

"一头"单用，举例如下：

(33) 一头想着，已走到潇湘馆的门口。(《红楼梦·97回》)

1.3.4.3.6 "一行……一行……"

《红楼梦》中共14例，举例如下：

(1) 林黛玉一行哭着，一行听了这话说到自己心坎儿上来，可见宝玉连袭人不如，越发伤心大哭起来。(《红楼梦·29回》)

(2) 他却一行走一行编花篮，随路见花便采一二枝，编出一个玲珑过梁的篮子。(《红楼梦·59回》)

(3) 一面早有两三个人一行扣衣，一行分头去了。(《红楼梦·77回》)

(4) 一行说，一行哭的呜呜咽咽，连王夫人并众姊妹无不落泪。(《红楼梦·80回》)

(5) 那两个婆子见没人了，一行走，一行谈论。(《红楼梦·35回》)

(6) 说着，回头向头上拔下一根簪子来，向那丫头嘴上乱戳，唬的那丫头一行躲，一行哭求道："我告诉奶奶，可别说我说的。"(《红楼梦·44回》)

(7) 他且一行骂，一行说，将方才之话告诉与夏婆子。(《红楼梦·60回》)

(8) 春燕又一行哭，又一行说，把方才莺儿等事都说出来。(《红楼梦·59回》)

综上所述，根据我们检索的语料分析，"一壁（厢）"虽然用作复句关系词的用例不多，但是大多数作品中都有分布。"一头"在有些作品中的使用虽然不及"一面"，但是有的比"一边"的使用要多出许多。这一时期的"一头"和"一边"在分布和使用频率方面相当接近，但"一头"的关系词用法相对要多一些。到了民国时期，"一壁（厢）"、"一头"的使用明显减少，而新中国成立之后的作品中更是少见。关系词"一边"在明清两代的大多作品的用例很少超过10例，而到民国期间，老舍、茅盾的作品中，"一边"用例大幅增加，新中国成立之后"一边"的关系词用法和"一面"一起成为标示并列关系并连接并列复句两个主要的关系词。造成上述情况的原因可能有以下几个：

一方面是语言内部原因，这其中主要是词汇、语法系统内部的一些规则所致。"一壁（厢）"、"一边"、"一面"、"一头"等词语由于词义的原因，这里指在表示方位和表示"几个动作同时进行"义时，在"义类关系"上属于"同义关系"，这是从词汇方面来看。从"数名"结构上来看，它们自己还都有一些特别意义和功能，如"一头"，在词汇层面，可以表示"一端"义，还可以充当复句关系词，而在"数名量"结构这个层面，有"一头亲事"、"一头蒜"这样的短语，还有"一头撞到墙上"这样类似"程度副词"的用法。这又与"头"、"边"、"面"有较丰富的词义有关系。

明清汉语中由多个"一边"类的关系词，而发展到现代汉语中主要仅有两个，这体现了语言的经济性原则，不仅在词汇层面，而且在语法层面也体现出了经济和简化。这里仍以"一头"为例来说明，"一头"既是词语同时又是一个"数词十量词"结构，这样它的用法就比较多，这样就使得它在语言使用中发生意义、功能的变化，明清两代常用的关系词用法，发展到现代汉语普通话就没有了，只是在一部分方言中存在，而"一边"在明清时期的关系词用法不及"一头"，但是经过漫长的发展，成为现代汉语普通话和书面语中常用的复句关系词。从数个关系词演变到今天的普通话中的两个，可以认为是语言系统的经济性原则在起作用。主要表现在词汇、语法方面。

还有就是不同方言自身在语法方面有自己的特色，吴方言中较广泛地使用"一头"，有时使用"一壁"，而在北方方言中"一边"使用得要普遍一些，吴方言中少有"一边"的关系词用法，北方方言中也罕见"一头"、"一壁"的关系词用法，这体现了方言词汇、语法系统的经济性。在语言竞争过程中北方方言逐步被确立为"共同语"，这对"一边"的广泛使用起到了积极的促进作用，相反"一头"、"一壁"仍然是仅限于原来的方言而未能扩大影响，甚至受到共同语的影响而会有被取代的可能。

另一方面是语言外部原因,这种情况影响的整个语言系统,当然会关涉一些个别情况。20世纪早期的白话文运动对各个方言的影响很大,对推动北方方言成为共同语起了重要的推动作用。此外,北方尤其是北京在相当一个时期内既是政治中心也是经济文化中心,"推普"政策的执行也为北方方言中的一些用法得以推广起到一定作用,其中也包括关系词"一边"的用法。

1.3.4.4 "且……且……"、"又……又……"、"也……也……"

1.3.4.4.1 "且……且……"

到战国时期,"且"出现了连用形式,也表示并列关系。例如:

(1) 襄子迎孟谈而再拜之,且恐且喜。(《战国《韩非子》)

而到两汉时期时,"且"的连用形式逐渐多了起来。及至宋代、明代时已经非常普及,尤其常见于当时的史书和小说。到近现代时,则用得更加频繁。"且……且……"构式中既可以嵌入动词,也可以是形容词,但以动词居多。这是因为该构式主要表示两个动作的并列。例如:

(2) 策别无器械,只以弓拒之,且拒且走。(《三国演义·29回》)

(3) 玄德与关、张、赵云在后,且战且走。(《三国演义·31回》)

(4) 从黄昏掌上灯烛,且干且歇,直要到一更时分。(《金瓶梅词话·17回》)

(5) 行者且观且走,直至二层门下。(《西游记·66回》)

(6) 这八戒举钯迎敌,且战且退,跳出水中。(《西游记·63回》)

(7) 只杀得星不光兮月不皎,一天寒雾黑悠悠!那魔王奋勇争强,且行且斗,斗了一夜,不分上下,早又天明。(《西游记·61回》)

(8) 他两个在那半空里,扯扯拉拉,抓抓拉拉,且行且斗,直嚷至大西天灵鹫仙山雷音宝刹之外。(《西游记·58回》)

(9) 行者且行且答道:"未哩!未哩!如今有处寻根去也。"(《西游记·52回》)

(10) 两个嚷嚷闹闹,打出庙门,半雾半云,且行且战,复打到花果山,慌得那四大天王等众,提防愈紧。(《西游记·6回》)

(11) 且说且行,径入洞天深处。(《西游记·5回》)

清代,"且……且……"的用例锐减,举例如下:

(12) 更兼这位老先生天生又是无论甚的疑难,每问必知,据知而答,无答不既详且尽,并且乐此不疲。(《儿女英雄传·38回》)

(13) 忽见那厢来了一僧一道，且行且谈。(《红楼梦·1回》)

(14) 及至问他两句话，那老僧既聋且昏，齿落舌钝，所答非所问。(《红楼梦·2回》)

如今古雅的"且……且……"构式在网络的普及、明星效应、社会共鸣和人们的审美倾向等多种因素的合力作用下成为网络流行语，表现出很强的模式性、能产性和韵律性。其存在符合人们的语言期待与审美心理。

毕业虽易，求职不易，且行且珍惜（应届毕业生说）。

线上虽易，线下不易，且行且珍惜（IT工作人员说）。

1.3.4.4.2 "又……又……"

有关"又"的用法可以解释为三种：一是表示动作重复或相继发生；二是表示情况或性状同时存在；三是表示语气。根据邢福义（2001），我们认为前两种用法的"又"都是连接功能，因为它们都表示几个分句间的语法关系。除了主要用于陈述事实或观点外，和"并"相比，"又"所连接成分的句法表现就复杂得多，或前句肯定后句肯定，或前句否定后句否定，或前句肯定后句否定，或前句否定后句肯定。但不管是哪种情况，分句间都一致性地表现为并列关系。

明代，"又……又……"的用例如下：

(1) 月娘瞒着西门庆又请刘婆子来家跳神，又请小儿科太医来看。(《金瓶梅词话·59回》)

(2) 西门庆又见官哥手上皮儿去了，灸的满身火艾，心中焦燥，又走到后边问月娘。(《金瓶梅词话·59回》)

(3) 那潘金莲不住在旁先拉玉楼不动，又扯李瓶儿，又怕月娘说。(《金瓶梅词话·51回》)

(4) 这应伯爵就把吴银儿搂在怀里，和他一递一口儿吃酒，说道："是我这干女儿又温柔，又软款，强如李家狗不要的小淫妇儿一百倍了。"(《金瓶梅词话·45回》)

(5) 那玉箫掩着嘴儿笑，又不敢去拉，前边走了走儿，又回来了，说道："他不肯来。"(《金瓶梅词话·40回》)

(6) 却说袁绍既去了许攸，又去了张郃、高览，又失了乌巢粮，军心皇皇。(《三国演义·30回》)

(7) 玄德见兄弟重聚，将佐无缺，又新得了赵云，关公又得了关平、周仓二人，欢喜无限，连饮数日。(《三国演义·28回》)

(8) 忠拜谢而退，寻思："难得云长如此义气！他不忍杀害我，我又安忍射他？若不射，又恐违了将令。"（《三国演义·53回》）

(9) 张鲁又遣人去唤，又不肯回。（《三国演义·65回》）

(10) 到江边，回头又不见孙权，乃复翻身杀入围中，又寻见孙权。（《三国演义·68回》）

(11) 使曹洪领兵五万，往助夏侯渊、张郃同守东川；又差夏侯惇领兵三万，于许都来往巡警，以备不虞；又教长史王必总督御林军马。（《三国演义·69回》）

(12) 忠想昨日不杀之恩，不忍便射，带住刀，把弓虚拽弦响，云长急闪，却不见箭；云长又赶，忠又虚拽，云长急闪，又无箭；只道黄忠不会射，放心赶来。（《三国演义·53回》）

清代，"又……又……"用例如下，具体分为两种情况：
"又VP又VP"，例如：

(13) 那太太同公子并内外家人不肯就睡，还在那里左盼右盼，看看等到亮钟以后无信，大家也觉得是无望了，又乏又困，兴致索然，只得打点要睡。（《儿女英雄传·1回》）

(14) 且说贾环见他们考去，自己又气又恨，便自大为王说："我可要给母亲报仇了。"（《红楼梦·119回》）

(15) 贾琏到了老太太上屋，见了凤姐、惜春在那里，心里又恨又说不出来，便问林之孝道："衙门里瞧了没有？"（《红楼梦·112回》）

(16) 但是二奶奶病着，一个人又闷又是害怕，能有一个人在这里我就放心。（《红楼梦·111回》）

"……又……又……（又）"，例如：

(17) 但那宝玉既有如此的来历，又何以情迷至此，复又豁悟如此？（《红楼梦·120回》）

(18) 若说放他出去，恐怕他不愿意，又要寻死觅活的；若要留着他也罢，又恐老爷不依。（《红楼梦·120回》）

(19) 贾环见哥哥侄儿中了，又为巧姐的事大不好意思，只抱怨蔷、芸两个。知道探春回来，此事不肯干休，又不敢躲开，这几天竟是如在荆棘之中。（《红楼梦·119回》）

(20) 众人见他的话又像有理，又像疯话。（《红楼梦·119回》）

(21) 太太不提起侄儿也不敢说，四妹妹到底是东府里的，又没有父母，他亲哥哥又在外头，他亲嫂子又不大说的上话。（《红楼梦·117回》）

（22）又向各处一瞧，并没有笔砚，又恐人来，只得忙着看去。（《红楼梦·116回》）

（23）如今宝玉等出来，又不能同贾政一处坐着，为甄宝玉又是晚一辈，又不好叫宝玉等站着。（《红楼梦·115回》）

（24）又添了大老爷、珍大爷那边两处的费用，外头又有些债务，前儿又破了好些财，要想衙门里缉贼追赃是难事。（《红楼梦·114回》）

（25）但是手头不济，诸事拮据，又想起凤姐素日的好处，更加悲哭不已，又见巧姐哭的死去活来，越发伤心。（《红楼梦·114回》）

（26）内中紫鹃也想起自己终身一无着落，恨不跟了林姑娘去，又全了主仆的恩义，又得了死所。（《红楼梦·111回》）

（27）她嫂子磕了头出去，反喜欢说："真真的我们姑娘是个有志气的，有造化的，又得了好名声，又得了好发送。"（《红楼梦·111回》）

（28）凤姐不敢再言，只得含悲忍泣的出来，又叫人传齐了众人，又吩咐了一会，说："大娘婶子们可怜我罢！"（《红楼梦·110回》）

（29）不想进来以后，见宝钗、袭人一般尊贵稳重，看着心里实在敬慕；又见宝玉疯疯傻傻，不似先前风致；又听见王夫人为女孩子们和宝玉顽笑都摔了；所以把这件事搁在心上，倒无一毫的儿女私情了。（《红楼梦·109回》）

（30）湘云道："我们又吃又喝，还要怎样！"（《红楼梦·108回》）

（31）待要不睡，又是那眈困，又是寒冷。（《金瓶梅词话·38回》）

（32）王夫人又生气，又好笑，说："这婆子好混账。"（《红楼梦·103回》）

（33）地下这些人又怕又好笑。（《红楼梦·102回》）

（34）宝玉虽也有些不好意思，还不理会，把个宝钗直臊的满脸飞红，又不好听着，又不好说什么，只见袭人端过茶来，只得搭讪着自己递了一袋烟。（《红楼梦·101回》）

（35）那贾琏本是一肚子闷气，那里见得这一对娇妻美妾又尖利又柔情的话呢，便笑道："够了，算了罢。"（《红楼梦·101回》）

（36）因而走至茶房窗下，听见里面有人喊喊喳喳的，又似哭，又似笑，又似议论什么的。（《红楼梦·101回》）

（37）这里探春又气，又笑，又伤心，也不过自己掉泪而已。（《红楼梦·100回》）

1.3.4.4.3 "也……也……"

吕叔湘认为"也"字的基本作用是表示类同关系。马真（1982）指出"也"的基本意义是表示"类同"；沈开木（1983）认为"也"表示"异中有同"；杨亦鸣（1988）认为"也"本质是任意的类同追述性；崔永华（1997）指出"也"的本意表示"并存"；张建理（2007）认为"也"的概念是"类同"，表为两种语义，即"异畴类同"和"同畴个异"；陈鸿瑶（2012）提出"类同"是"也"的原型意义。关于"也"的基本意义，前人研究中多数认为是"类同"，也有的认为是"并存"。

"也"可以激活比较机制，将两个具有类同义的事件进行比较，这就决定了"也"最少可以衔接两个事件，两个事件中的前一事件，有的学者称其为"前项"，有的学者称其为"前提句"。只有两个事物可以在同一层面、同一类别中共现才有比较的可能，两事件的类同义使它们可以在同一范畴内比较异同，突出强调作为新信息被引进的不同之处，因此，"也"有"类同"义。同时，"也"还有一个意义是"追述义"，即在前一事件的基础上追述后一事件，追述的部分可以衔接并存两个事件，值得注意的是追述义指在类同的基础上产生的追述义。明清时期，"也"既可以表示一般的"重复"、"并存"，也可以表示元语增量。下面我们来看明清时期"也……也"的具体使用情况。

"亦……也"、"也……亦"，例如：

（1）太史慈亦将孙策兜鍪挑于阵前，也令军士大叫曰："孙策头已在此！"（《三国演义·15回》）

（2）这里玄德也不知曹操虚实，未敢擅动，亦只探听河北。（《三国演义·22回》）

"也……也……（也）"，例如：

（3）孔明到荆州，玄德将鲁肃书与孔明看毕，孔明曰："也不消动江南之兵，也不必动荆州之兵，自使曹操不敢正觑东南。"（《三国演义·58回》）

（4）又过了半月，史进寻思道："也难得这三个敬重我，我也备些礼物回奉他。"（《水浒传·1回》）

（5）庄客也有骂的，也有劝的。（《水浒传·4回》）

（6）这鲁智深也不谦让，也不推辞，无一时，一壶酒，一盘肉，都吃了，太公对席看见，呆了半晌。庄客搬饭来，又吃了。（《水浒传·4回》）

(7) 你这个鸟汉子！他也说得差了，你也忒认真，连累我们也吃你说了几声。(《水浒传·15回》)

(8) 武松道："我也要酒，也再切些肉来。"(《水浒传·22回》)

(9) 众囚徒也是这般说，我也是这般想，却怎地这般请我？(《水浒传·27回》)

(10) 秦明引了人马，飞也似奔过东山边来看时，锣也不鸣，红旗也不见了。(《水浒传·33回》)

(11) 卢俊义心慌，便弃手中折刀，再去刀架上拣时，只见许多刀、枪、剑、戟，也有缺的，也有折的，齐齐都坏，更无一件可以抵敌。(《水浒传·70回》)

(12) 那个管营姓张，双名世开，得了龚正贿赂，将王庆除了行枷，也不打甚么杀威棒，也不来差他做生活，发下单身房内，由他自在出入。(《水浒传·103回》)

(13) 那在先放囊的走来，也不解劝，也不帮助，只将桌上的钱都抢去了。(《水浒传·104回》)

(14) 看的人压肩叠背，也有唾骂的，也有嗟叹的。(《水浒传·110回》)

(15) 我也不是自幼出家，我也不是中年出家，我说起来，冤有天来大，仇有海样深！我父被人谋死，我母亲被贼人占了。(《西游记·8回》)

(16) 老孙也是便益，菩萨也是省力。(《西游记·17回》)

(17) 菩萨若要依得我时，我好替你作个计较，也就不须动得干戈，也不须劳得征战，妖魔眼下遭瘟，佛衣眼下出现。(《西游记·17回》)

(18) 哏，好风！哏，好风！老孙也会呼风，也会唤雨，不曾似这个妖精的风恶！(《西游记·21回》)

"也……也……也……（也）"，例如：

(19) 其余的人，也有取出弓箭来射的，也有取出石子来打的，也有取出标来标的，原来扮客商的这伙便是晁盖，花荣，黄信，吕方，郭盛。(《水浒传·39回》)

(20) 裴宣回道："小弟也有这个山寨，也有三百来匹马，财赋也有十余辆车子，粮食草料不算，也有三五百孩儿们，倘若仁兄不弃微贱时，引荐于大寨入伙，也有微力可效，未知尊意若何？"(《水浒传·43回》)

(21) 智深看那市镇上时，也有卖肉的，也有卖菜的，也有酒店面店。（《水浒传·3回》）

(22) 也有唱的，也有说的，也有拍手的，也有笑的。（《水浒传·6回》）

(23) 也会抱腰，也会收小的，也会说风情，也会做"马泊六"。（《水浒传·23回》）

(24) 武松道："我于路不曾害！酒也吃得！肉也吃得！饭也吃得！路也走得！"（《水浒传·27回》）

"又"和"也"语气强弱的差异与二者的基本意义有关。"又"表示同类事物的加合关系，即"累积"；"也"表示同类事物的并存关系，即"类同"。二者侧重点不同，用"也"强调异中有同，用"又"则强调在同的基础上相加。在言语行为场景这个话语平面使用时，"也"具有把命题内容与话语中作为期望而建立起来的内容并列起来，并使命题的断言值婉转化的功能，而"又"则具有把命题内容与期待的内容累加起来，从而使命题的断言值强化的功能。（毕永峨，1994）。

1.3.4.5 "也罢……也罢……"、"也好……也好……"

关于"也罢"、"也好"的词性，学界主要有以下四种看法，例如：

1. 语气助词

多数工具书对"也罢"和"也好"标注的词性都是助词。

2. 认为是语气词

王力（1985）称"也罢"为语气复合词。黄伯荣、廖序东（1985）认为"也罢"、"也好"是双音节语气词，只表示一个意义，不是两个成分的连用。张谊生（2000）认为单用在句末的"也罢"、"也好"是语气词，并且列出了"也罢、也好、的话、着呢、罢了、便乐、似的、而已、不可、不成、不行"等11个双音节语气词。齐沪扬（2002）将其称为非典型语气词，并列出了"也好、罢了、而已、不成、来着、的话、似的"等非典型语气词。

3. 认为是连词

史有为（1986）认为"也罢"、"也好"是连词。这种处在所连接成分后面的词，应该看作连词，可以叫作后置连词。连用格式（……也罢，……也罢；……也好，……也好）中的"也罢"、"也好"，史有为认为是连词，虽是后置的，但属特殊位置。周刚（2002）认为"也罢"、"也好"以双用形式出现，表示相容的选择关系。这种双用形式不能单说，必须有后续语句接应，即具有黏附性，同时它又具有关联性，可以预示后续语句接应。人们把"也罢"、"也好"归入助词不归入连词的原因，还在于它们总是在所连接成分后面，即总是后置的。助词绝大部分都是后置的，而连词似乎总是在所连接成分的前面，即总是前置的。"也罢"、"也好"的位置在后，于是就被看作助词。本书同意这种看法，将之视为并列关系标记。

4. 认为是连词和语气词的兼类词

张谊生（2000）认为"也罢"、"也好"等可以起连接作用的虚词应该归入连词，表示选择关系的连词，主要表示相容性选择。单用的"也罢"、"也好"是语气词，表示容忍的委婉语气。所以"也罢"、"也好"是语连兼类词，凡是成对使用的，都是连词；单用的则还是语气词。

1.3.4.5.1 "也罢……也罢……"

根据雷冬平（2006）、卢烈红（2013）的研究，"……也罢……也罢……"最早成对出现于元代戏曲中，依据我们对连词的判断标准，将《全元戏曲》中的"……也罢……也罢"认定为其并列连词用法的早期用例。如：

(1) 我儿也，你打了也罢，骂了也罢，你又骂俺元帅，我见俺元帅去。（全元戏曲·虎牢关三战吕布）

清代，"……也罢……也罢"隔开配对使用的比例大幅上升，根据我们检索的语料来看，主要集中在《红楼梦》中，隔开配对使用的例子中表示无论在何种情况下都如此的所占比例亦上升，且不少用例已具备典型性，例如：

(2) 别管他阴也罢，阳也罢，还是把他放回没有错了的。（《红楼梦·16回》）

(3) 我且不管你们是容易商量的也罢，不是容易商量的也罢，我只问你：我是个管作甚么的，怎么会叫你们把我的模样儿画了来了，一年之久，我直到今日才知道啊？（《儿女英雄传·29回》）

(4) 大凡一个人，有也罢没也罢，总要受得富贵耐得贫贱才好。（《红楼梦·108回》）

(5) 子兴道："邪也罢，正也罢，只顾算别人家的帐，你也吃一杯酒才好。"（《红楼梦·2回》）

(6) 第二件，你真喜读书也罢，假喜也罢，只是在老爷跟前或在别人跟前，你别只管批驳诮谤，只作出个喜读书的样子来，也教老爷少生些气，在人前也好说嘴。（《红楼梦·19回》）

(7) 我心里想着：姊妹们从小儿长大，亲也罢，热也罢，和气到了儿，才见得比人好。（《红楼梦·28回》）

(8) 因向薛蟠道："是你说的也罢，不是你说的也罢，事情也过去了，不必较正，倒把小事儿弄大了。"(《红楼梦·34回》)

(9) 好也罢，歹也罢，带了去，你们街坊邻舍看着也热闹些，也是上城一次。(《红楼梦·42回》)

(10) "监察"也罢，不"监察"也罢，有了钱了，你们还撑出我来！(《红楼梦·45回》)

(11) 不如同着一齐过去了，他依也罢，不依也罢，就疑不到我身上了。(《红楼梦·46回》)

(12) 赚钱也罢，不赚钱也罢，且躲躲羞去。(《红楼梦·48回》)

(13) 有也罢，没也罢，与我无干。(《红楼梦·56回》)

(14) 我并不闹什么，偶然想起，有也罢，没也罢。(《红楼梦·86回》)

(15) 姑娘，你如今就说我酸也罢，俗也罢，我安龙媒对了你这样的天人，只有五体投地了！(《儿女英雄传·8回》)

例（2）、例（3）中，句子前部有"别管他"、"不管"等起排除条件作用的词语，有时后续句还有表总括的词语"只"、"总"等进一步配合，如例（3）、例（4）。需要指出的是，即是不属于上述两种情况的也可以是表示无论在何种情况下都如此，如例（12）、例（13）等。

"也罢"由单用或连续叠用发展为隔开配对使用是一种重要的发展，因为单用或连续叠用都只是就一件事表明态度、作出评价，隔开配对使用则至少涉及两件事，这就向表示"任何情况下都如此"跨进了一大步，为其准备了句法框架。当然，早期隔开配对使用的"也罢"也是表达容忍。

1.3.4.5.2 "也好……也好……"

配对型"也好"的始见年代比较晚。宋代至明代偶见一些例子，如：

(1) 是也好，郑州梨胜青州枣。非也好，象山路入蓬莱岛。(《五灯会元·卷20》)

(2) 若理会得也好，理会不得也好，便悠悠了！(《朱子语类·卷117》)

(3) 如云佛氏也好，老氏也好，某定道他元不曾理会得。(《朱子语类·卷120》)

(4) 今人却似见得这两句好，又见说"克己复礼"也好，又见说"出门如见大宾"也好。(《朱子语类·卷121》)

但卢烈红（2012）指出，初看颇有些像我们所说的配对型"也好"，但仔细推敲，都似是而非，卢烈红指出例（2）的"悠悠"意为"荒谬"，这段话是说进德修业当奋发努力，不可采取苟且的态度。这里的"好"是"行"的意思，从满意度来说，比"好"、"坏"之"好"略低，但还是实词用法，"也好"与配对型"也好"不同。

根据卢烈红（2012）的研究，"……也好……也好……"配对型"也好"的确切用例出现在清代中期，这跟我们检索的语料相吻合，例如：

（5）死了越发难张罗，不如腾一处空房子，趁早把我和林妹妹两个抬在那里，活着也好一处医治伏侍，死了也好一处停放。（《红楼梦·98回》）

（6）一面又安慰宝玉道："你立意要撵他也好，我们也都愿意出去，不如趁势连我们一齐撵了，我们也好，你也不愁再有好的来服侍你。"（《红楼梦·8回》）

（7）依我劝，你正经下个气，陪个不是，大家还是照常一样，这么也好，那么也好。（《红楼梦·29回》）

（8）雪雁道："我听见侍书说的，是个什么知府家，家资也好，人才也好。"（《红楼梦·89回》）

卢烈红（2013）曾经指出："表'同等好'意义的句末状谓结构'也好'，经由语义磨损、语义弱化衍生出单用型表'也还可以''也行'的'也好'；表'也还可以''也行'的'也好'隔开连用，以句法位置处于句子前部、语义环境为无条件语境为契机进一步虚化，就演化成表示无论在何种情况下结果都一样的配对型'也好'。"由此可见，"也好"的虚化在语义基础和句法环境方面都与"也罢"具有高度的相似性，"也好"本身具有虚化的语义和句法条件，它是独立演化出配对使用表示"任何情况下都如此"这种用法的。

1.4 明清汉语并列标记小结

并列标记是汉语连词系统中最原始、最基本、数量最多、使用最频繁的一类。发展到明清汉语，并列连词系统基本成熟，是一个可以体现不同时间层次，可以呈现互补分工格局的词汇系统。

首先，就来源而言，明清汉语并列标记可以分为源于连词领域内和源于连词领域外两大类型，其中连词领域外的诸种词类和结构是并列标记的主要语源成分。

语言无标记状态下最易传达的关系类型由并列到承接的转变，是作为并列结构形式标记的并列标记产生的根本原因。并列结构的根本作用是体现连接对象之间的对称性和一体性特点,并列结构的形式标记——并列标记,主要是在无标记形式表现并列关系"乏力"的情况下产生。成为并列标记的条件一是可以"减弱时间顺序的干扰",二是可以"体现对称性和一体性关系"。源于连词领域外的并列标记就是因为语源成分在语义上、功能上或形式上更容易满足"减弱时间顺序的干扰"和"体现对称性和一体性关系"两个条件而经过语法化被语言系统"遴选"为并列标记的,主要包括源于伴随介词和提顿词的两类单语素并列连词,以及源于复现数词结构、复现空间方位名词、复现副词、复现助词结构的四类框架式。并列连词源于连词领域内的并列连词则是并列标记发展与整个汉语发展趋势相适应的结果,是双音化趋势在连词系统中的体现。

其次,就系统调整与发展而言,明清汉语时期并列连词系统经历了一系列的新旧更替与功能分化。单语素并列标记中,连接体词性成分常用的"与、及、和"一类中,后起的"和"逐渐取代"与"和"及",成为使用频率最高的一个体现连接对象之间的主次轻重关系,用于"与不"格式,这两种特殊用法分别在"及"和"与"的功能系统中固定下来,文言色彩较浓、对语体敏感的"共"只在近代汉语早期有一些用例,很快退出并列标记系统。连接谓词性成分并可以保持其述谓性的"并、兼、而",基本只能用在句内,当连接对象扩展到分句或句子时,往往在句意或语境因素的影响下向他类关系标记转化,如"并""兼"发展出递进用法,"而"更是可以表达承接、递进、转折等多种关系类型。

框架式并列标记在明清汉语时期集中出现并臻于成熟。这是并列标记系统发展的必然。如上所述,单语素并列连词连接分句或句子时,因为自身辖域有限而在并列关系的表达上明显"乏力",往往在句意或语境因素的影响下转变为他类关系标记,这种情况就造成了汉语句际并列连词的缺失。这种背景下框架式并列标记应运而生。一前一后相同成分的重复出现,一方面使得并列标记涉及的范围自然而然扩大到分句或句子,另一方面形式自身的平衡性和对称性也更有助于并列关系的有效表达。于是,并列标记系统在明清汉语时期呈现出分工进一步细化的趋势,单语素并列标记主要用于连接词和短语,框架式并列标记主要用于连接分句和句子。

这一格局下,双音节并列标记发展的必要性和可能性始终不大。此外,双音形式发展滞后的自身原因还有,在单语素并列标记基础上派生出的他类关系标记往往通过复合或粘着的方式,转变为与作为原型的并列用法相比,功能上不同并且形式上也有所差别的双音节形式,而并列标记大多是仍然采用原初的单语素形式,没有双音化的必要。与双音形式相关的单语素并列标记往往是很常用的功能词，独立性都很强，并用时前后部分之间的结合松散而往往不易凝固为复合词，两个单语素并列连词结构成词，组合成分之间在功能上大体平衡，进一步整合或者发展出新的语法功能的可能性也比较小。因此在语言经济原则的作用下，双音节并列标记的种类和用量始终都很有限。只有语义比较特殊的"及"参与构成的"以及"和"及其"保存到现代汉语并得到进一步的发展。

第 2 章
明清汉语递进标记研究

递进关系标记[①]是指连接具有递进关系的词、短语、小句乃至句子的一类连接成分，主要包括虚化程度较高的递进连词和习惯性短语。递进关系在意义上一层进一层，有层第关系，由少到多、由轻到重、由深到浅、由由易到难等（参看吕叔湘，1982；邢福义，2001；范晓，1998；陈昌来，2000）。

从递进标记所连接成分的意义来看，关联前项和关联后项之间的语义结构主要有两种情况：一是顺递推进，以关联前项的意思为基点，向关联后项的意思推进，表达一般的由浅入深的递进关系，语义关系是"前轻后重"；二是反逼推进，以关联前项的意思为基点，通过追加事项或理由的方式，向相比之下不值一提的关联后项所表示的意思反逼推进，语义关系是"前重后轻"（席嘉，2010）。

从句法位置上看，递进标记既有前置递进标记，我们称之为"预递标记"，又有后置递进标记，我们称之为"承递标记"。"预递标记"通常是前置非定位标记，"承递标记"则属于后置定位标记。

从关联情况来看，递进关系通常配套使用，预递标记和承递标记分别出现在关联前项和关联后项中；但单用的情况也有，或只出现预递标记，或只出现承递标记。

陈宝勤（1994）、彭小川（2004）、韩红星（2006）、苏振华（2006）、刘金

---

① 递进关系标记不同于递进连词，其主要成员是递进连词。但递进关系标记中有一类成员比较特殊，它们不是词，而是超词成分，即短语，比如"别说"、"不说"、"不要说"、"更不用说"等，这些成分从内部构成来看应该是短语，但言语使用者往往把它们当作递进连词使用，用来连接具有递进关系的词或句子，因此我们采用递进关系标记这个名称。

波（2011）、周莉（2012、2013（a，b）、2014（a，b）、2017）等都对具体的某一递进标记进行了研究，而景士俊（1991）、徐阳春（2001）、周静（2003）、姚双云（2006）、沈递（2007）、席嘉（2010）等则针对递进句式及递标记进行了研究。本章对明清时期汉语递进关系标记的研究，以主要语料中出现的递进连词和短语为研究对象，从来源和使用情况两个方面探讨这一时期递进关系标记的特征。

2.1 明清汉语递进标记概貌

从形式来看，明清汉语递进标记主要有单语素、复合式和粘合式三大类。单语素递进关系标记主要有"并"、"而"、"且"、"兼"、"况"。复合式递进关系标记主要有"并且"、"而且"、"况且"。粘合式递进标记根据其构成成分来源性质的不同又可以分为四类：① 否定副词与言说动词粘合而成，如"别说"、"不说"、"不要说"、"莫说"、"莫道"、"莫论"、"无论"、"非论"、"非论"；② 反诘副词与"况"粘合而成的"何况"、"岂况"；③ 否定副词与限止副词粘合而成，如"不但"、"不唯/惟"、"不徒"、"不独"、"不光"、"不止"、"不只"、"不特"、"非但"、"非独"、"非惟"、"非空"、"岂但"、"岂止"；④ 动词至与相关成分粘合而成的"以至（于）"、"甚至（于）"、"乃至"。

从整体来看，明清时期单语素递进标记在数量上已经不占优势，不再是明清时期汉语递进标记的主体，复合式、粘合式数量最多，且句法功能也更为丰富，通过两个构成语素的同类替代形成了同义聚合群，经过一定时期的发展，明清时期汉语递进标记同义聚合群内部"优胜劣汰"的格局逐渐形成并趋于稳定。需要注意的是，虽然单语素递进标记数量不再占有优势，但是它们在文献出现的频率却仍然比复合式、粘合式要高。

2.2 明清汉语递进标记的来源

递进是客观存在的，具有客观性。世界中，任何事物都是发展变化、循序渐进的。这种循序发展也就是递进。人们认识世界的发展，把握事物的发展过程，表述世界的变化时，都要遵循客观事物、性状、事件中包含着的递进因素（空间、时间、范围、程度、功能等）由小到大，由少到多，由浅到深，由近到远，由低到高，由落后到先进，由个别到一般，由具体到抽象，等等，或者反之。

这种发展规律也就决定了人们认识客观世界的模式：第一，由小到大，即递进；第二，由大到小，我们称之为递退。由此可见，递进不仅是客观的，也是可以认识的，具有认知性。递进范畴就是人们对客观世界递进关系的反映，具有认知性，这种认知成果投射到语言当中，也就形成了语言世界中的递进语义。

世界的递进范畴虽然是以客观世界为基础的，但它并不是我们对客观世界的简单摹写。因此递进又具有人的主观能动性，所以语言中的递进和客观世界的递进有一致性又有差异性。差异性表现在人们对客观世界的认识存在着差异，因此往往带有一定的主观性，这就和表达者的心理、认知、主观视点等因素都有关系。

语言中的递进一旦产生，也就形成了它自身的一整套系统。既和客观世界中的递进紧密联系，又有不同于客观世界递进的语言特征。我们了解客观世界的递进模式只有通过语言中的递进来认识。

递进标记在近代汉语时期得到了较大的发展，呈现出一定规模的同义聚合群。从来源上看，递进标记也可以分为源于递进标记领域内和源于标记领域外两种。源于关系标记领域内的一种，主要是并列标记因所在结构前后成分之间某一方面的递次变化渐趋在句意表达中占据主导而逐渐吸收语境赋予义，从而发生转类的结果。我们知道，语义语用因素是构成语法形式的重要手段，语法无外乎是"兼顾语义语用的编码手段"（陆丙甫，1998）。从语义上看，这种转类主要是由于言说者说话的视角由"信息上的追补"调整为"语义上的递进"，这个时候并列标记在言谈中所起的作用就会发生细微的变化——由并列功能转为递进功能。换句话说，这种转变是言说者主观化程度增强，言说者要在特定的语境中体现特定的主观意向，这也就导致言说者运用这一特定句法结构时的语用化程度的增强。语用化程度的加强又通常会导致句法结构原来既定语法意义的弱化或迁移，从而造成被用句式发生相对于"正常"句法现象的嬗变（Traugott，1998）。在这种转类基础上，单语素并用又复合成双音节形式。

源于递进标记外的另一种，则是汉语递进标记的主要类型。这种类型递进标记表现递进范畴的方式，是句际递进意义灌注到语义虚化、位置适宜的实词。一是通过否定词的使用，为下文在这一方面的进一步说明做好铺垫；一是本意表运动变化的动词在意义抽象、引申的基础上虚化为表示事物、事件、动作行为在数量、范围、程度上从多到少、从大到小、从浅到深变化的递进标记。

2.2.1　来源于连词

在词际关系上，并列连词是所有语言中最古老的、最本源的。绝大多数有连词的语言都有并列连词。陈梦家（1998）就曾指出："殷墟卜辞中的连词多半是连接名词与名词的，以连词连接两个短语的是少数。"19世纪俄罗斯比较语言学家波铁布尼通过比较大量语言材料得出：无连接词作为一种衔接手段要比连接词产生得早。而俄罗斯语言学家柯如希则在谈到并列和主从关系时指出，并列关系的产生要早于主从关系。

来源于连词的递进关系标记主要有两类：一类是由并列连词转化而来的单语素递进连词"并"、"而"、"且"、"兼"；另一类则是单语素复合而成的双音节递进连词"并且"、"而且"、"况且"。

2.2.1.1 源于并列连词的单语素递进连词

吕叔湘在《中国文法要略》中表述过："两件事情的加合，可以是平列的，也可以有轻重之别。""是平列还是递进，往往看说话的和听话的心理如何，同一方式可以有不同的作用。"黎锦熙在《新著国语文法》中也把具有典型标记的并列句"既……又……"归入进层复句，认为其中的"又"有进层的意味。举例如："他既不是个歹人，你又不是个傻子，为什么把事情弄到这个地步？"可见并列和递进之间是可以转换的。

"并"、"而"、"且"、"兼"都是可以连接谓词性成分的并列连词。相对而言谓词性成分在范围、程度等量范畴上更容易形成纵向梯度，所以常现语境的语义赋予是这类连词发生转类的根本原因。

我们认为递进连词"且"可能源自并列连词"且"，因为两者都属于联合关系，都是两项联合，只不过有递进关系的两项，后一项比前一项在意思上更进一层罢了。从意义上来说，表示并列关系的"且"可以译为"而且"，表递进关系的"且"也可译为"而且"，详见何乐士（2006：312-314）。两者关系如此密切，可以认为递进连词"且"源自并列连词"且"。

上古汉语"且"可以作为并列连词，多连接形容词性成分，例如：

（1）出自北门，忧心殷殷。终窭且贫，莫知我艰。（《诗经·邶风·北门》）

（2）陟彼阿丘，言采其蝱。女子善怀，亦各有行。许人尤之，众稚且狂。（《诗经·鄘风·载驰》）

（3）相剑者曰："白所以为坚也，黄所以为牣也，黄白杂则坚且牣，良剑也。"（《吕氏春秋·似顺论》）

（4）何以知尚贤之为政之本也？曰："自贵且智者，为政乎愚且贱者，则治，自愚贱者，为政乎贵且智者，则乱。"（《墨子·尚贤中》）

（5）侍者曰："公姣且丽。"（《吕氏春秋·恃君览》）

（6）田成子之所以得有国至今者，有兄曰完子，仁且有勇。（《吕氏春秋·似顺论》）

(7) 古者圣王制为衣服之法，曰："冬服绀緅之衣，轻且暖；夏服絺绤之衣，轻且清，则止。"（《墨子·节用中》）

大凡能连接两个分句的句并列连词，都能连接两个谓词性成分，例如：

(8) 故可以为文，可以为武，可以摈相，可以治军旅，完且弗费，善衣之次也。（《礼记·深衣》）

(9) 彼得其情以厚其欲，从其恶心，必败国且深乱。（《国语·晋语一》）

由于所连成分之间在性状上往往存在一定的程度差别，连接对象扩展到分句或句子后，形式上变得复杂而不对称，这种形式上的参差也使得单语素连词很难再维持句际间的平行对举关系，当用在并列关系中要表递进关系时，它无法依靠其语义内容的帮助将一定的逻辑关系揭示出来，只能靠语用上的常规来对前后两个分句所充当的背景与焦点的地位和作用作出定位。这就使得前后两分句的次序显得格外重要，例如：

(10) 与其勤而不入，不如逃之，君得其欲，太子远死，且有令名，为吴太伯，不亦可乎？（《国语·晋语一》）

(11) 子重耳出见使者，曰："子惠顾亡人重耳，父生不得供备洒扫之臣，死又不敢莅丧以重其罪，且辱大夫，敢辞。"（《国语·晋语二》）

(12) 吾谁欺？欺天乎？且予与其死于臣之手也，无宁死于二三子之手乎？且予纵不得大葬，予死于道路乎？（《论语·子罕》）

(13) 曰："即善矣！虽然，岂可用哉？"子墨子曰："用而不可，虽我亦将非之，且焉有善而不可用者？姑尝两而进之。"（《墨子·兼爱下》）

随着该类用例的增多，"且"表示递进，更多地体现说话人的主观认识或者态度，主观化程度更高，"且"从并列到递进的发展，是一种交互主观化。所谓交互主观化，指的是对"有关说话人在认识意义和社会意义上对听话人'自我'的关注"这样的隐含义加以编码。交互主观化与主观化这两种机制的区别是，主观化是意义变得更强烈地聚焦于说话者，而交互主观化是意义变得更强烈地聚焦于受话人。但交互主观化总是蕴涵着主观化，不可能存在没有某种主观化程度的交互主观化（一个形式若没有某种程度的主观化就不可能有交互主观化现象）。历时地看，交互主观化通常比主观化出现得晚并来源于主观化。语法化过程中，意义的虚化往往会引起形式的变化。"且"的语义特点、本源用法、高频使用等因素促使它演化为一个递进连词，它由"信息的追补"扩展到"语义的递进"，这也符合人类的认知规律。例如：

（14）沛公曰："始怀王遣我，固以能宽容；且人已服降，又杀之，不祥。"（《史记·高祖本纪》）

（15）鲜虞人闻晋师之悉起也，而不警边，且不修备。（《左传·昭公十三年》）

（16）郑叔瞻谏其君曰："晋公子贤，而其从者皆国相，且又同姓。"（《史记·晋世家》）

（17）好善而长，先君爱之；且近于秦，秦故好也。（《史记·晋世家》）

（18）赵盾与诸大夫皆患缪嬴，且畏诛，乃背所迎而立太子夷皋，是为灵公。（《史记·晋世家》）

（19）籍福恶两人有郤，乃谩自好谢丞相曰："魏其老且死，易忍，且待之。"（《史记·魏其武安侯列传》）

（20）廉颇曰："我为赵将，有攻城野战之大功，而蔺相如徒以口舌为劳，而位居我上，且相如素贱人，吾羞，不忍为之下。"（《史记·廉颇蔺相如列传》）

按照关联作用发生在短语内部还是句际之间，可以将并列连词分为语并列连词和句并列连词。此外，"且"由并列用法演化出递进用法，充分证明了浮现语法的一个观点："语法是由于日常较高频率的使用而成为惯例的固定下来的准则"（Hopper，1998）。马清华（2003）也曾指出句法适用面宽的并列连词存在内变范围内，存在"语并列连词——句并列连词"演化的趋势。

跟"且"相近的有"而"，它可以作并列连词，也可以作递进连词。马清华（2003）指出"而"的语法化轨迹为"类同义/临近义词→并列连词→承接连词→转折连词"，认为"而"作为连词，其承接、转折用法自并列用法内变而成。

"而"作为并列连词主要是连接动词性成分和形容词，如：

（21）乃言曰："始事事，宽而栗，柔而立，愿而共，治而敬，扰而毅，直而温，简而廉，刚而实，强而义，章其有常，吉哉。"（《史记·夏本纪》）

（22）夫治国家而弭人民者，无若乎五音者。（《史记·田敬仲完世家》）

（23）夫古者天地顺而四时当，民有德而五谷昌，疾疢不作而无妖祥，此之谓大当。（《礼记·乐记》）

（24）太子围曰："吾母家在梁，梁今秦灭之，我外轻于秦而内无援于国。"（《史记·晋世家》）

(25) 取地之财而节用之，抚教万民而利诲之，历日月而迎送之，明鬼神而敬事之。(《史记·五帝本纪》)

(26) 黄帝居于轩辕之丘，而娶于西陵之女，是为嫘祖。为黄帝正妃，生二子，其后皆有天下：其一曰玄嚣，是为青阳，青阳降居江水；其二曰昌意，降居若水。(《史记·五帝本纪》)

《史记》中"而"作为递进连词出现，用于递进复句当中，连接分句，共 7 例，例如：

(27) 今将军为秦将三岁矣，所亡失以十万数，而诸侯并起滋益多。(《史记·项羽本纪》)

(28) 当是时，夏桀为虐政淫荒，而诸侯昆吾氏为乱。(《史记·殷本纪》)

(29) 其锐兵尽于齐，重甲困于晋，而王制其敝，此灭吴必矣。(《史记·仲尼弟子列传》)

(30) 壁坚拒不得入，而秦奇兵二万五千人绝赵军后，又一军五千骑绝赵壁间，赵军分而为二，粮道绝。(《史记·白起王翦列传》)

(31) 夫事人君能说主耳目，和主颜色，而获亲近，非独色爱，能亦各有所长。(《史记·太史公自序》)

《金瓶梅词话》中"而"用在递进关系复句当中，共 9 例，举例如下：

(32) 庶两得其便，而民力少苏矣。(《金瓶梅词话·48 回》)

(33) 至于包养韩氏之妇，恣其欢淫，而行检不修。(金瓶梅词话·48 回》)

(34) 如此则敛散便民之法得以施行，而皇上可广不费之仁矣。(《金瓶梅词话·48 回》)

(35) 那消半月之间，渐渐容颜顿减，肌肤消瘦，而精彩丰标无复昔时之态矣。(《金瓶梅词话·60 回》)

2.2.1.2 源于单语素并用的复合式递进连词

汉语双音趋势的影响下，在单用基础上部分常用单语素递进连词两相聚合并逐渐凝固为双音形式。"而"、"且"同义复合为双音连词"而且"。"并"、"且"同义复合为双音连词"并且"。"况"、"且"同义复合为双音连词"况且"。例如：

(1) 今日不但性命无伤，而且姻缘成就，可见这事自有天作主。(《儿女英雄传·11 回》)

(2) 次后忽然宝玉去了,他二个又是那般景况,他母子二人心下更明白了,越发石头落了地,而且是意外之想,彼此放心,再无赎念了。(《红楼梦·19回》)

(3) 原来两座神主下首的旁边各镌着两行八个小字,归总又是一行三个大字,通共是十一个字,不但是写的,并且是刻的,刻的是"子婿安骥孝女玉凤仝奉祀"。(《儿女英雄传·26回》)

(4) 原来他两个这阵为难,一层为着不忍看着夫婿远行,一层也正为着不忍离开婆婆左右,并且两个人肚子里还各各的有一桩说不出口来的事。(《儿女英雄传·40回》)

(5) 乔道清在众将面前夸了口,况且自来行法,不曾遇着对手,今被宋兵追迫,十分羞怒,便对孙琪道:"你们且退后,待我上前拒敌。"(《水浒传·96回》)

(6) 三藏见了,虽则是一心忙似箭,两脚走如飞,终是心惊胆颤,腿软脚麻,况且是山路崎岖,林深日暮,步儿那里移得动?(《西游记·28回》)

"而且"

西汉时期,"而且"共2例,例如:

(7) 当此之时,诚使周公骄而且吝,则天下贤士至者寡矣,苟有至者,则必贪而尸禄者也,尸禄之臣,不能存君矣。(《说苑·尊贤》)

(8) 高而且大者,众人所不能逾也。(《法言·学行》)

东汉时期,"而且"共5例,例如:

(9) 脉濡而弱,弱反在关,濡反在巅,微反在上,涩反在下。微则阳气不足,涩则无血。阳气反微,中风汗出而反躁烦;涩则无血,厥而且寒。阳微不可下,下之则心下痞硬。(《伤寒论·卷九》)

(10) 公子光闻之,私喜曰:"吾闻楚杀忠臣伍奢,其子子胥勇而且智,彼必复父之雠来入于吴。"(《吴越春秋·卷三·王僚使公子光传》)

(11) "星陨如雨",如,而也,星陨而且雨,故曰"与雨偕也",明雨与星陨,两变相成也。(《汉书·五行志下之下》)

(12) 于是在民上者,道之以德,齐之以礼,故民有耻而且敬,贵谊而贱利。(《汉书·货殖传》)

(13) 承灵训其虚徐兮,仁盘桓而且俟。惟天地之无穷兮,鲜生民之晦在。(《汉书·叙传上》)

魏晋时期，共 4 例，例如：

(14) 若夫今日产生男女，贵而且贤。(《六度集经·卷5》)

(15) 然艰而且迟，为者鲜成，能得之者，万而一焉。(《抱朴子外篇·用刑》)

(16) 至于蜀锦丽而且坚，未可谓之减于蓑衣。(《抱朴子外篇·钧世》)

(17) 告退避贤，洁而且安，美名厚实，福莫大焉。(《抱朴子外篇·知止》)

南北朝时期，共 7 例，例如：

(18) 而且运等因内于阗兵，虏贤妻子而并其国。(《后汉书·莎车传》)

(19) 播越西迁移，号泣而且行。(《宋书·乐志三》)

(20) 众而且大，天下之所归乎。(《宋书·符瑞志上》)

(21) 言约理诣，和而且切。(《高僧传·卷11》)

(22) 气情而且穆。(《高僧传·卷8》)

(23) 又收瓜子法：食瓜时，美者收取，即以细糠拌之，日曝向燥，按而簸之，净而且速也。(《齐民要术·种瓜》)

(24) 粒似青玉，滑而且美。(《齐民要术·飧饭》)

递进连词"而且"，《汉语大词典》首引《荀子·富国》："故知节用裕民，则必有仁义圣良之名，而且有富厚丘山之积矣。"在我们调查的文献里，"而且"作递进连词有两个特点："而且"连接的成分都是单音节形容词①；"而且"是单句成分的递进，即"而且"连接的成分都是句子成分，并且在句子中作谓语，而没有连接分句的，换句话说，"而且"都是语连词，不是句连词。大凡能连接两个分句的句并列连词，都能连接两个谓词性成分，如近代汉语连词"而且"（最晚出现于元明时期），以连接单音形容词（有时是动词）为主要用法，具有并列作用，如，程昱曰："粮在船中，船必稳重；今观来船，轻而且浮。"（三国演义·49回）行者道："这法儿真是妙而且灵！"（西游记·77回）连接分句的例子极少，如"诸奸贯满，相次就缚；而且明正典刑，沥血设飨"（醒世恒言）。"而且"连接分句表示递进的用法直到清朝才逐渐多起来。

---

① 这一点和现代汉语明显不同，现代汉语里"单音节形容词并列要用'而'（除非有熟语性的才可以不要）"。详参吕叔湘主编《现代汉语八百词》，商务印书馆，2005 年，第 193 页。

上古汉语时期，递进连词"而且"可以连接分句，如《汉语大词典》引《荀子·富国》的用例。但是"而且"以连接分句为主表示递进关系，一直要到《红楼梦》时代。例如：

（25）怨不得他，真真是侯门千金，而且又小，那里知道这个？（《红楼梦·57回》）

（26）方才琏儿所说更加诧异，说不但库上无银，而且尚有亏空，这几年竟是虚名在外。（《红楼梦·106回》）

（27）今儿我听了他的短儿，一时人急造反，狗急跳墙，不但生事，而且我还没趣。（《红楼梦·27回》）

（28）不想如今忽然来了一个薛宝钗，年岁虽大不多，然品格端方，容貌丰美，人多谓黛玉所不及。而且宝钗行为豁达，随分从时，不比黛玉孤高自许，目无下尘，故比黛玉大得下人之心。（《红楼梦·5回》）

（29）咱们金玉一般的人，白叫这两个现世宝沾污了去，也算无能。而且他家有一个极利害的女人，如今瞒着他不知，咱们方安。（《红楼梦·65回》）

2.2.2 来源于非连词

连词领域之外的成分虚化而成的递进连词构成明清汉语递进连词的主体，包括源于名词的单语素连词"况"，源于疑问副词和名词粘合的"何况"、"岂况"，源于否定词和限制副词跨层粘合的"不但"类，源于否定副词和言说动词粘合的"不说"类，源于动词及其修饰成分构成的"甚至"类。

2.2.2.1 源于名词的单语素递进连词

李绍群（2012）认为是来自表示"更加"义的副词"况"。李宗江（2014）则认为"况"作递进连词，当由其表示比况的动词意义语法化而来，具体说是由通过比况以显示二者程度量级差异的比况句中的"况"演变而来。因为递进关系从逻辑语义上来说，也涉及两种事物或事件的类比关系，并表达其程度量级上的差异。"况"由动词向连接词的演变在先秦就已完成，一方面，从数量上看，"况"的用例多为连词，动词较少见另一方面，其前一分句中常有用于标记递进关系前项的纵予之词"犹、尚"等，即它常用于如下形式的递进复合句式中：犹（尚、且、犹尚、犹且、且犹、尚自）X，况Y。

"况"《说文解字》释为："寒水也，从水兄声。"段玉裁注："寒水也，未得其证。"段注认为"寒水"之说没有例证，我们也未找到相关证据，而且

"况"在上古时期的其它义项如"情形"、"比较"、"推及"等与"寒水"一说相去甚远,所以"况"本义为"寒水"一说还有待证明。递进连词"况"的产生可能源于其早期义项"情形",由这一义项产生"比较"义,进而产生"更加"副词义项,表示程度的加深,《词诠》卷三:"表态副词,滋也,益也。"由副词转化为连词后,表示递进关系。《助字辨略》卷四:"义转而益进,则云况也。"最后由副词义演变为递进连词。例如:

(1) 多我觏痻,孔棘我圉。为谋为毖,乱况斯削。告尔忧恤,诲尔序爵。(《诗经·大雅·桑柔》)

(2) 天或维之,地或载之。天莫之维,则天以坠矣;地莫之载,则地以沉矣。夫天不坠,地不沉,夫或维而载之也夫。又况于人?人有治之,辟之若夫雷鼓之动也。夫不能自摇者,夫或摇之。夫或者何?(《管子·白心》)

(3) 今若夫攻城野战,杀身为名,此天下百姓之所皆难也,若君说之,则士众能为之。况于兼相爱,交相利,则与此异。夫爱人者,人必从而爱之;利人者,人必从而利之;恶人者,人必从而恶之;害人者,人必从而害之。此何难之有!(《墨子·兼爱》)

(4) 侍者为吾听行于齐王也,夫何阿哉?又况于所听行乎万乘之主,人之阿之亦甚矣,而无所镜,其残亡无日矣。(《吕氏春秋·恃君览》)

上面例(1)中"况"为"情形"义,例(2)、例(4)为动词"比较"义,例(2)中的将"人"比之于"天"和"地",例(3)中的"兼相爱,交相利"比之于"攻城野战,杀身为名",重在讲二者的根本不同。"况"作为副词,只能作状语。它可以修饰谓语,是饰谓副词。下面我们再来看"况"作副词的用例,如:

(5) 在《康诰》曰:"父子兄弟,罪不相及",况在群臣?(《左传·昭公二十年》)

(6) 寡人有弟,不能和协,而使糊其口于四方,其况能久有许乎?(《左传·隐公十一年》)

上述诸例中,"况"用于主语和谓语之间,"况"作为副词,只能修饰谓语,是饰谓副词,如:

(7) 隗且见事,况贤于隗者乎?岂远千里哉?(《战国策·卷29》)

(8) 以众故不敢爱亲,众况厚之,彼将恶始而美终,以晚盖者也。(《国语·晋语一》)

(9) 范氏之亡也，百姓有得钟者。欲负而走，则钟大不可负。以椎毁之，钟况然有音。恐人闻之而夺己也，遽掩其耳。(《吕氏春秋·自知》)

有时也可作用于小句或者大于句子的话语层面，与整个小句或更大的单位相关，是饰句副词。而连词根据它连接语言单位的不同，可以分为词语连词（包含词和语）和句间连词（邢福义 1997）。这里所说的"饰谓、饰句"和"词语、句间"其实都是说句法位置的变化。副词"再"由饰谓到饰句，连词"再"由连接词和语到连接句子，都说明"况"的句法位置在发生由内到外的变化。我们看下面的例句：

(10) 夫事君者险而不懑，怨而不怒，况事王乎？(《国语·周语上》)

(11) 今我，寡也，尔又在下位，朝夕处事，犹恐忘先人之业。况有急惰，其何以避辟！(《国语·鲁语下》)

(12) 今子曰中立，况固其谋也，彼有成矣，难以得间。(《国语·晋语二》)

(13) 近犹仇之，况怨敌乎？(《左传·僖公十四年》)

(14) 有父恩忍之，况国人乎！(《列女传·卷七·晋献骊姬》)

(15) 祝聃请从之，郑伯止之，曰："犯长且难之，况敢陵天子乎？"(《史记·郑世家》)

(16) 及不忍魏齐，卒困于大梁，庸夫且知其不可，况贤人乎？(《史记·平原君虞卿列传》)

饰句副词一般用于句首，而不是在主语之后紧邻谓语动词（或形容词）。但当句子的主语承前省略的时候，从语言表达上看饰谓副词和饰句副词就没有差异了。当饰句副词所修饰的后句在语义上与前句有并列关系，这时的饰句副词很有可能演变为句间连词，若所修饰的句子承前省略了主语，形式上就变成了饰谓副词。汉语的无主零句也是语言表达的句子，那么饰谓副词演变为句间连词也是可行的。由于后面成分是对具体情况的详细说明，就语义表达的需要而言"况"只是一种形式上的存在。再加经常用于前后分句蕴含递进意义的反问句中，句法位置又处在后一分句句首，"况"就因语义虚化、语法位置合宜、语境影响而逐渐转化为义表反递的递进连词。

2.2.2.2 源于反诘副词与动词连用的粘合式递进连词

这一类型承接连词主要包括来源、功能都相仿的"何况"和"岂况"，其成词方式是反诘副词"何"、"岂"与动词"况"的粘合。

通常认为一个词，其来源只有两种可能，即来自构词法和来自句法结构的词汇化。但这两种来源都不适用于"何况"和"岂况"。因为如果说是词汇化的结果，即"何况"原本是个句法结构，那么只能说其中的"况"是动词，可是在先秦却没有见到这种组合。而且如果它们来自"况"为动词的偏正词组，那么应该可以找到不能解释为连词用法的用例，很遗憾，无论是汉代还是以后，我们都没有找到只能解释为偏正词组的用例，即它们一出现，就始终是处在递进关系连接词的位置。副词性的"何"和"岂"只能是前置的，所以也不可能是来自跨层结构。可如果说是来自构词法，那么也不能解释副词性的"何"、"岂"何以能和连接词性的"况"发生词法关系。

杨伯峻、何乐士（1992）反诘句特点之一是谓语中心词前有表反诘的副词"岂"、"何"等。李宗江（2014）指出"何况"和"岂况"的成词与前述先秦"况"字递进复句主要用于反问句这一特点有关。"何"和"岂"原本都是表示反诘语气的副词，它们的语义辖域是整个句子，但其语法分布却只能用于句子谓语之前，而不能用于主语之前，它们最常用于句尾加疑问语气词的反问句中，他用概念叠加和构式整合来解释这两个连接词的成词方式，兹不赘述。本书认为，"何况"、"岂况"的递进连词用法应该是"况"连词用法的类推，副词"况"在没有反诘副词的反问句中演变为表反逼递进的连词，在前有反诘副词的反问句中又与反诘副词粘合，形成双音递进连词"何况"、"岂况"。"何况"、"岂况"与"况"用法相类，用在反问句里以反向倒逼表达递进意义。

关于递进连词"何况"的出现年代，王海棻（1992）提到两汉时期已经出现"何况"的用例。向熹（1993）在《简明汉语史》中所举"何况"的连词用法出现在南朝的刘宋时期。曹小云（2005）则认为"何况"最早的用例出现在西汉，《淮南子》有5例，《盐铁论》有3例，例如：

(1) 故布衣皆得风议，何况公卿之吏乎？（《盐铁论·刺议》）

(2) 诸生若有能安集国中，怀来远方，使边境无寇虏之灾，租税尽为诸生除之，何况盐、铁、均输乎！（《盐铁论·国疾》）

(3) 是故鞭噬狗，策蹄马，而欲教之，虽伊尹、造父弗能化。欲害之心亡于中，则饥虎可尾，何况狗马之类乎？（《淮南子·原道》）

由于较浓的文言色彩，明清时期"岂况"只在晚唐五代语料中出现，而"何况"一直是汉语递进连词系统中的主要成员。反向倒逼表达递进意义是"何况"不同于其他双音递进连词的特殊之处，也是它可以在承接连词系统中长久保持旺盛生命力的主要原因。例如：

(4) 便是小胆的人吃了也胡乱做了大胆，何况性高的人！再说这鲁智深自从吃酒醉闹了这一场，一连三四个月不敢出寺门去。（《水浒传·3回》）

(5) 武松听了,呵呵大笑道:"管营听禀:我去年害了三个月疟疾,景阳冈上酒醉里打翻了一只大虫,也只三拳两脚便自打死了,何况今日!"(《水浒传·27回》)

(6) 不但授者心安,受者心安,连那银子都算不枉生在天地间了。何况这几两银子,我原说一月必还,又不是白用他的。(《儿女英雄传·9回》)

(7) 其实,按下去,任是甚的顶天立地的男儿,也究竟不曾见他不求人便作出那等惊人事业,何况你强煞是个女孩儿家!(《儿女英雄传·19回》)

(8) 大凡哥儿出门回来,手巾荷包,短了还要查个明白,何况这块玉不见了!(《红楼梦·94回》)

(9) 我原是个闲人,便是个街坊邻居,也要帮着些,何况是亲姨娘托我。(《红楼梦·56回》)

2.2.2.3 源于否定词与限止副词连用的粘合式递进连词

源于否定词与限止副词粘合的预递类连词是递进连词中的重要一类,明清汉语时期具有相当的能产性和类推性,否定副词"不"、"非"以及以反问表否定的副词"岂",与多个限止副词"但"、"唯/惟"、"只"、"光"、"特"等相互组合,一定时期形成了一个相对较大的同义聚合群,简称"不但"类。

"不但"类连词的成词一定经历了一个重新分析的过程,即"不"和"但"本来不处在一个句法层次上,但由于长期相邻使用,慢慢凝结在一起。这个过程中必定经过如下的转换:不+["但"类词及其所限制的成分]→["不但"类词]+"但"类词原限定成分。例如:

(1) 天君言,善信举之,恶无信下之,不但天上欲得善信人也,中和地下亦然。(《太平经·卷111》)

(2) 为神丹既成,不但长生,又可以作黄金,金成,取百斤先设大祭,祭自有别法一卷,不与九鼎祭同也。(《抱朴子·内篇金丹卷》)

(3) 非但今者,厄难之中得蒙济度,过去世时,我亦济彼脱诸厄难。(《撰集百缘经·卷4》)

(4) 今以穷迫,欲往依恃,恐必复反叛,一也。北兵之来,非但取蜀而已,若奔南方,必因人势衰,及时赴追,二也。(《三国志·蜀书12》)

(5) 且夫一致之善者,物多胜于人,不独龟鹤也。(《抱朴子·内篇对俗卷》)

（6）一质一文，一衰一盛，古而有之，非独今也。（《论衡·自然篇》）

（7）王命定于怀妊，犹富贵骨生，鸟雄卵成也。非唯人、鸟也，万物皆然。（《论衡·初禀篇》）

（8）然折而不挠，终不为下者，抑揆彼之量必不容己，非唯竞利，且以避害云尔。（《三国志·蜀书·先主传》）

（9）汝为吏，以官物见饷，非唯不益，乃增吾忧也。（《世说新语·贤媛》）

（10）曹操比于袁绍，则名微而众寡，然操遂能克绍，以弱为强者，非惟天时，抑亦人谋也。（《三国志·蜀书·诸葛亮传》）

（11）昔周狯犹侵镐及方，孝文匈奴亦略上郡，而宣王立中兴之功，文帝建太宗之号。非惟两主有明睿之姿，抑亦扞城有虓虎之助，是以南仲赫赫，列在《周诗》，亚夫赳赳，载于《汉》策。（《后汉书·庞参传》）

吕叔湘（1985）指出，否定词否定的是其"以后的全部词语"。从以上例句可以看出，伴随着"不但"类连词语法化的历程，"不"的否定辖域经历了一个从大到小的过程，并且在这个过程中"否定"义逐渐弱化，"连接"功能逐渐增强。"不唯/但"所在部分作为复句的前一分句出现，"不"否定意义的落脚点发生了变化，不再是对其后全部词语而只是对限止副词所圈定的数量、范围、程度的否定，后面的动作行为不再是"不"的语力所及范围，句意表达的是对动作行为的肯定。并且在这种肯定的基础上再加一层语义，通过"不"对限止副词的否定，取消了副词表达的限定意义，表示小量的限止副词仅仅为句意在数量、范围、程度上的表达确定了基点，而真正落脚点却被暂时悬空，有待于下文在肯定这个动作行为的基础上，以此为基点进一步累加、拓展或延伸。在这种用法中，否定词和限止副词之间的界限越来越模糊，久而久之"不"类词和"但"类词跨层粘合，重新分析为预递连词"不但"类。

在现代汉语中，"不但"类词里面只有"不但"是一个典型的连词，其他各词除连词功能外还其他功能。根据已有的研究成果，先于或跟"不但"同时产生的连词当有"不仅、不惟、不啻、独、不直、不徒、不特"等。后来"不但"占了优势。原因可能在于：在这几个词中，根据王力（1954），只有"但"在清代以后虚化为真正意义上的连词，而其他词都没有虚化为连词。因果溯源，可以推知"但"与"不"的结合应该是最合适的。因此"不但"产生以后，一些先产生的此类连词有的就消失了，而活下来的由于产生年代久远，也一直在文人作品中使用。而对后来产生的"不单"、"不光"等，它也形成了一种阻断效应，即当词库中已有一个词承担了某种功能，那么，同时承担该功能的其他词的产生要受到阻碍，从而延缓了其他几个词的最后合成。因此，后来的"不光"、"不单"等都没有像"不但"那样经历完全的语法化。

2.2.2.4 源于否定副词与言说动词连用的粘合式递进连词

否定副词和言说动词粘合而成的递进连词形成较晚，近代汉语后期也形成了一个相对较大的同义聚合群，简称"不说"类。根据其中副词性质的不同，又可以分为单纯否定副词"不"参与构成的"不"类，禁止副词"莫"、"勿"、"休"、"不要"、"别"参与构成的"莫"类，以及判断副词"非"参与构成的"非"类。

"说"的基本语义是表示"言说"。"不"主要用于否定，从主观的角度否定动作发出者（主语）发出某个动作的主观意思，或是说话者的主观评价。"不说"偏正短语主要表示没有言说什么的意愿。"不说"后可带直接引语。例如：

（1）你是个一家之主，不争你与他爹两个不说话，就是俺每不好张主的，下边孩子每也没投奔。(《金瓶梅词话·20 回》)

（2）应伯爵奈何了他一回，见不说，便道："你不说，我明日打听出来，和你这小油嘴儿算帐。"(《金瓶梅词话·16 回》)

（3）不说屋里，只怪俺们。(《金瓶梅词话·46 回》)

（4）见了应伯爵、谢希大骂道："你两个天杀的好人儿，你来和哥游玩，就不说叫俺一声儿！"(《金瓶梅词话·15 回》)

"说"是实在的言说，是一个言说动词。例（2）中"说"就可以有两种理解，既可以理解为言说意义，也可以理解为没有言说意义（单纯表示意愿否定）；例（4）"不说"中"说"的虚化已经非常明显，完全是意愿否定。其中"说"就由偏正短语中的动词演变为副词的一个词内成分。可见，"说"从言说动词到认知（意愿）动词的变化，是从行域到知域的变化，副词"不说"则进一步从知域发展到言域，成为显示说话人言说态度的主观性的形式标记。"说"的语义虚化正与"不说"的主观化相吻合。

"不"的语义演变路径为，语义否定→语义＋语用否定→语用否定。否定词"不"（不要），属于语用否定成分。"语用否定义"相对于"语义否定义"而言，这对概念由沈家煊（1993）提出。他指出二者的不同在于否定点的差别："语义否定"否定的是句子表达的命题的真实性，即否定句子的真值条件；而"语用否定"否定的是句子表达命题的方式的合适性，即否定语句的"适宜条件"。这"适宜条件"是指为达到特定的目的和适合当前的需要，语句在表达方式上应该满足的条件，如 Grice（1967、1975）提出的会话"合作原则"中"适量原则"。

"说"的语义演变：通过语用推理得到其"认知结果义"。"说"的语义演变是由其概念义"话语发出"经演绎推理后的结果。具体过程如下：

演绎推理
大前提：只有已经获得认知结果，才有话语的发出。
小前提：有话语的发出。
结论：必然已经获得认知结果。

可见，连词"不"中的"说"经过演绎推理表示"已经获得认知结果"。这一表认知的推理义与其概念义"话语的发出"没有直接的衍生关系，无法用传统的虚化关系来解释。目前，学界（董秀芳，2003；李明，2003；谷峰，2005）普遍认为"说"的"言说义"通过"言为心声"的隐喻途径获得其"认知义"，而我们认为"说"的语义演变是在语用推理中通过小前提对结论的认知转喻而获得。因为发话人总想"用有限的词语传递尽量多的信息及态度和情感"（沈家煊，2001a），所以，会在语言交际事件中"引入语用推理"，而当"表达发话人态度和情感"的"语用推理"在不断的使用中被逐渐"固化"，成为该语言表达式的语义内容，就出现意义的"主观化"（Traugott，2002）。这样，连词"别说"通过其中"说"在语用推理中获得的推理义就表达了说话人"自我"的立场、态度和评价，要么认为不值一提而贬低。

明代小说中，常用"不说……只说（且说）"来实现情节的转换，以作为段落或章节的过渡和衔接，"不说"后面是上个情节讲到的地方，"只说（且说）"后面是转入的新的情节的开始。"不说"的这种篇章功能，与在剧中的信息转换功能是相同的，例如：

（5）不说金莲独宿，单表西门庆与李瓶儿两个相怜相爱，饮酒说话到半夜，方才被伸翡翠，枕设鸳鸯，上床就寝。（《金瓶梅词话·20回》）

（6）不说这里调笑顽耍，且说家中吴月娘一者置酒回席，二者又是玉楼上寿，吴大妗子、杨姑娘并两个姑子，都在上房里坐的。（《金瓶梅词话·21回》）

（7）不说蒋竹山在李瓶儿家招赘，单表来保、来旺二人上东京打点，朝登紫陌，暮践红尘，一日到东京，进了万寿门，投旅店安歇。（《金瓶梅词话·18回》）

如果不是在故事的讲述中，而是讲人物的话语，那么用"不说……只说（且说）"来变换一种说法，"不说"引入的是根据上文的信息应该有的说法，而"只说"后面则是人物根据实际说出的另一种说法，例如：

(8) 却说泠苞得回雒城，见刘璝、张任，不说捉去放回，只说："被我杀了十余人，夺得马匹逃回。"(《三国演义·62回》)

上述例子中，"不说"和下句中的"只说"等相对，"不说"后面是真实的情况，而"只说"后面是人物选择的一种与事实不同的说法。

无论是转换情节，还是变换说法，共同点是"不说"后的信息是旧信息，是次要信息，而"只说（且说）"后的信息是新信息，是说话者重点要说的东西，但在以上情况下，"不说"的"说"有实在的意思，表示讲述或说话这种行为，指的是一个人说什么或不说什么，因而"不说"还是个动词性的偏正短语，它还有明确的施事。"不说"的词汇化是从"说"的虚化开始的。当下文不再出现"说、讲"类动词，两个句子之间也不再是两种不同的说法之间的对立，而是说话者心中两个事件之间重要程度的差别时，"不说"就虚化了。例如：

(9) 三藏欠身道："徒弟辛苦呀。"八戒道："且不说辛苦，只是降了妖精，送得你过河，方是万全之策。"(《西游记·22回》)

在上述例子中，根据上下文，"不说"还可以说有实在的意思，针对师父的说法"徒弟辛苦"，八戒讲"不说辛苦"仍是针对师父的话说的。但下文"只说"一类的成分，而是指和"辛苦"相比更重要的一件事"送你过河"，因而"不说"能够经重新分析，作实虚两种理解。

完全连词化的例子在清代出现，例如：

(10) 接着又说了那么些话，不说他主子待我好，倒说"不枉姑娘待我们奶奶素日的情意了"。(《红楼梦·56回》)

(11) 我拿回去，不说二爷不喝，倒要说我不尽心了。(《红楼梦·90回》)

(12) 不说香菱得放，且说金桂母亲心虚事实，还想辩赖。(《红楼梦·103回》)

连词"不说"="不"（语用否定成分）+"说"（认知结果义）。由语用否定成分"不"与"认知结果义"的"说"复合就得到连词"不说"的整体构式义，即"发话人否定自己已获得的认知结果"。连词"别说"的这一语义内在要求它在结构上一定会引导分句 P 出现，且此分句无论其具体内容如何，都可以被理解为表认知结果 M 的语句，否则，"别说"就无法实现它的认知义。既然 P 表达认知结果 M，那么，就决定连词"别说"所连接的 P、Q 间的递进关系要在言者的认知层上展开，即"别说"的使用模式：不说＋P（发话人认知结果 M），就是 Q（发话人认知预期 N）也/都……

"莫"、"休"、"勿"用于单纯否定，表明汉语中的否定副词曾有过一段"趋同"于"不"的过程。这种副词用法上的"趋同"，再加上类推机制下"不"类递进连词的类化，就促成了"莫"、"休"和"勿"参与构成的一系列递进连词的产生。另外，相对于以上禁止副词，"不要"和"别"产生较晚。吕叔湘认为"不要"一词用久了已经失去原义，干脆成了一个禁止词。到了"不要"二字合音成"别"的时期，那就和"休"、"莫"等单词没有什么两样了。于是，在"莫"、"休"、"勿"与言说动词粘合进而连词化的影响下，后起的禁止副词"不要"和"别"也衍生出相类递进用法。

(13) 淘气起来，莫说平人说他劝他不听，有时父兄的教训他也不甚在意。(《儿女英雄传·18回》)

(14) 这位姑娘的小解法就与那金凤姑娘大不相同了，浑身上下本就只一件短袄，一条裤子，莫说裙子，连件长衣也不曾穿着。(《儿女英雄传·9回》)

由于连词"别说"形成于语义演变，根据 Traugott（2002）的观点：语义演变源于语用推理，是转喻在起作用；这个转喻过程，大多涉及主观化，所以，语用推理≈转喻化≈主观化，即新义 M2＝源义 M1＋X（说话人的主观性）（贝罗贝、李明，2008）。这样，"不说"就在语用推理这样的"主观化"过程中自身具有了"主观性"，形成主观递进格式；而"不但"形成于句法演变，无法具备语义演变带来的"主观性"，就形成了客观递进格式。

二者不同的格式义使得"别说"既有"不但"无法传达的主观评价义，也可用于"不但"无法出现的夸张辞格，即那些夸张项并不客观存在的夸张辞格。这样，我们就从连词"别说"和"不但"的不同来源途径上找到它们各自用法的理据，对它们的不同使用情况作出根本性的解释。

2.2.2.5　源于动词"至"与其相关成分的粘合式递进标记

《说文》："甚，尤安乐也。"虚词"甚"与本义无关，是假借字。段注："引申凡殊、尤皆曰甚。"古汉语中的"甚"最初一向被看成副词，如马建忠（1983 [1898]：237）认为是状字，用在动字或静字的前面，"以状其所至之深浅也"。另外还有很多学者也认为如此（李杰群，1986）。但王力（1984 [1944]：177）指出"甚"在"汉代以后，似乎就只有末品的用途，也就是由形容词演变为真正的副词"；李杰群（1986）通过对"甚"的词性演变进行定量统计和考察，得出"甚"原本是形容词，在先秦更多的是作谓语，直到六朝后才演变为副词；杨荣祥（2005：197-199）也认为"甚"最初是形容词，后来才演变为副词。这一观点逐渐为学界所认可。

《说文》："至，鸟飞从高下至地也。"段注："凡云来至者，皆于此义引申假借。"《玉篇》："至，极也，达也，到也。""到达极点"是"至"的基本含义。"至"可用为动词，后来也有形容词用法，表示"到达极点的，最好的"，如："至人、至德、至交"。"至"也常用来修饰形容词，就虚化为副词；当进一步用来表达话题的转移时，就有了连词的用法。如果"到达"义的"至"用在句中处于从属地位，就变为介词。

"甚至"最初连用时，用在"NP甚＋至NP/VP"这样的句子格局，其中，"甚"也是形容词，作谓语，但后面有"至NP"而后扩展为"至VP"的后续成分。其中"至"是动词，表示达到，这个"甚"和"至"本来没有直接的句法关系，是"形容词'甚'＋动词'至'"非句法结构的词汇序列，后来分界转移而凝固。

(1) 肾者水也，而生于骨，肾不生，则髓不能满，故寒甚至骨也。(《黄帝内经·素问译解·逆调论篇第三十四》)

(2) 独斌意色益恭，俄雪甚至膝。(《太平广记·卷237》)

(3) 为君吟所寄，难甚至忘筌。(《全唐诗·卷83》)

上例应分别分析为"寒甚/至骨、雪甚/至膝、难甚/至忘筌"。句子的主语分别是"寒、雪、难"，都比较简短，谓语是"甚"，"至骨、至膝、至忘筌"是动宾短语作"甚"的补语，"甚"和"至"只是在句子的线性序列相连，彼此并不构成直接的句法关系，是非句法结构。

宋代，一种新的比较复杂的"甚至"句大量出现，上述"NP甚＋至VP"中的主语NP由比较简短的单词性成分扩展为一个主谓齐全的小句形式NP＋VP，这样句子就变为"NP＋VP1甚＋至VP2"的句子形式，"甚"前和"至"后都是复杂谓词性短语或小句。并且"甚"前有一个逗号与前小句隔开，用在后一小句的开头。《朱子语类》中一共出现9例"甚至"，其中6例属于此类，例如：

(4) 若或父母坚不从所谏，甚至怒而挞之流血，可谓劳苦，亦不敢疾怨，愈当起敬起孝。(《朱子语类·卷27》)

(5) 今要去一字两字上讨意思，甚至以日月、爵氏、名字上皆寓褒贬。(《朱子语类·卷83》)

(6) 此圣人教天下之为人子者，不惟平时有愉色、婉容，虽遇谏过之时，亦当如此；甚至劳而不怨，乃是深爱其亲也。(《朱子语类·卷27》)

(7) 近有为乡邑者，泛接部内士民，如布衣交，甚至狎溺无所不至。(《朱子语类·卷129》)

上述例子中,"甚至"从表面上看,似乎已和现代汉语"NP+VP1+甚至 VP2"中的连词"甚至"一样,但实际上它还未成词而是"NP+VP1 甚+至 VP2"。我们以(4)为例来进行分析,这个句子在语义上应该理解为:

(4)′若或父母坚不从所谏,(父母坚不从所谏)甚//至怒而挞之流血,可谓劳苦,亦不敢疾怨,愈当起敬起孝。

上述例子中,形容词谓语"甚"的主语,就是前小句"父母坚不从所谏",由于与前句相同就省略了,并不出现。"至"仍是动词,"怒而挞之流血"表"至"的程度,"至怒而挞之流血"仍是谓词"甚"的补语。"甚"和"至"只是共现连用,没有直接的句法结构关系。例(4)和例(4)′最大的区别就是主语由单词演变为小句,发生了句法演变。

因为句法演变的缘故,"甚"前的主语不再是简短的单词形式,而是一个主谓俱全的独立小句"NP+VP1"即"父母坚不从所谏",并且因为语用的关系并没有出现,和"甚"的关联也比较弱,就容易和"甚"发生离析。另外,"至"后成分VP2也具有一定的完整性和陈述性,也容易发生分离。这样,就使得位于"NP+VP1"和"VP2"之间的"甚"和"至"成为两个孤立的单词。另外,随着汉语文白的演变,"甚"和"至"单说、单用都受到一定限制,发展到后来只能作为构词语素出现,加之韵律和汉语双音化的发展,"甚至"就可能凝固成词。同时,加之韵律等多重因素的作用,就可能使人们在心理上把"甚至"作为一个整体进行感知,从而也带来一系列的变化:前小句的主语提升为全句的主语,"至"后的句子焦点提升作谓语,"甚"与"至"融合词汇化为一个新的连词"甚至",用在主语后、谓语前的VP1和VP2之间,主要起关联作用,表示一种顺向的表极致的递进关系。这样句子结构就变得非常简洁。

"甚至"词汇化后,也使句子的连贯性大大增强了。连贯(coherence)是指语篇内句子间的语义关系,尤指表示命题或交际行为的语义关系(Halliday和Hasan,1976)。未成词前,"甚"前的主语是一个主谓俱全的独立小句NP+VP1("父母坚不从所谏"),但是因为语用的关系并没有出现,使句子前后的连贯纯粹靠内在的语义,连贯性较弱。词汇化后,用了语法衔接中的连接(conjunction)手段,即显性的连接标记连词进行衔接(cohesion),使上下文内在的递进关系的语义更加凸显强化,在认知上更具连贯性。当然,反过来也可以说句子连贯性的要求促进了"甚至"的词汇化。

此外,"甚至"的词汇化也体现出主观性(subjectivity)的过程。主观性即在话语中多多少少总是含有说话人"自我"的表现成分。也就是说,说话人在说出一段话的同时表明自己对这段话的立场、态度和感情,从而在话语中留下自我的印记(沈家煊2001)。未成词前,"甚"前的小句所表述的是基本情况,而"甚"后则是基本情况到达极致程度后呈现的另一种极端情况,最初只是一种客观陈述。但句子的信息焦点一般都在句子的后半部分,"甚"后才是说话人想强调的重点,所以就具有了一定的主观性。词汇化后"甚至"连接两个小句,因为源格式和"甚"的源语义积淀,所以"甚至"后面的部分往往是作者想要强调的,前后小句就有了递进和程度加深的关系。又因为"甚"往往有到极致的意味,所以"甚至"后小句往往也具有一种到达极点从而产生反预期的递进关系,因此也就带上了说话人自我的表现成分,具有一定的主观性。演变前只是客观叙述一种事情、状态的先后顺序的发生,而演变后则是主观表述一种递进的关系。"甚"的不可逆的顺序义也残存在成词的"甚至"中。

2.3 明清汉语递进标记的使用情况

2.3.1 单语素递进标记

单语素递进连词中,"而"、"且"、"并"、"兼"是并列连词沾染语境递进意义后的转类,而"况"则是动词沾染语境递进意义后的连词化。

2.3.1.1 "而"

明清时期,相对于其他用法,"而"的递进用例为数不多,举例如下:

(1) 如此则敛散便民之法得以施行,而皇上可广不费之仁矣。(《金瓶梅词话·48回》)

(2) 那消半月之间,渐渐容颜顿减,肌肤消瘦,而精彩丰标无复昔时之态矣。(《金瓶梅词话·60回》)

(3) 青春未半,而白发来侵;贺者才闻,而吊者随至。(《金瓶梅词话·51回》)

(4) 至于包养韩氏之妇,恣其欢淫,而行检不修;受苗青夜赂之金,曲为掩饰,而赃迹显著。(《金瓶梅词话·48回》)

(5) 胡乃如东平一府,而有挠大法如苗青者,抱大冤如苗天秀者乎?(《金瓶梅词话·48回》)

2.3.1.2 "且"

明清时期,"且"属于后置定位连词,只位于连接后项句首位置,例如:

(1) 且说吕布在下邳，自恃粮食足备，且有泗水之险，安心坐守，可保无虞。(《三国演义·19回》)

(2) 幕府惟强干弱枝之义，且不登叛人之党，故复援旌擐甲，席卷起征，金鼓响振，布众奔沮。(《三国演义·22回》)

(3) 吾问从者，知是大汉刘皇叔夫人，且闻将军护送在此，吾即欲送下山来。(《三国演义·27回》)

(4) 今何又欲杀之耶？且颜良、文丑比之二鹿耳，云长乃一虎也：失二鹿而得一虎，何恨之有？(《三国演义·28回》)

(5) 书中先说运粮事；后言许攸在冀州时，尝滥受民间财物，且纵令子侄辈多科税，钱粮入己，今已收其子侄下狱矣。(《三国演义·30回》)

(6) 太中大夫孔融谏曰："刘备、刘表皆汉室宗亲，不可轻伐；孙权虎踞六郡，且有大江之险，亦不易取，今丞相兴此无义之师，恐失天下之望。"(《三国演义·40回》)

明清时期，主要用作句间连词，"且"作并列连词时主要用作句内连词，连接谓词性成分，而其递进连词用法则主要作句间连词使用，连接单句或复句。

在句子中间连接词或短语的仅见以下几例：

(7) 却说安老爷当日出京，家人本就无多，自从遭了事，中用些的长随先散了，便有那班一时无处可走且图现成茶饭的，因养不开多人，也都打发了。(《儿女英雄传·12回》)

(8) 翁平生出处皆不类范蜀公，而学海视君实且弗如远甚。(《儿女英雄传·39回》)

在复句中连接分句的，例如：

(9) 因此处房宇不多，且又矮小，故只有两个老婆子上夜。(《红楼梦·76回》)

(10) 其姬中有姓林行四者，姿色既冠，且武艺更精，皆呼为林四娘。(《红楼梦·78回》)

(11) 以鳖血制之，使其不致升提，且能培养肝阴，制遏邪火。(《红楼梦·83回》)

(12) 原来脚下软了，走的慢，且又迷迷痴痴，信着脚儿从那边绕过来，更添了两箭地的路。(《红楼梦·96回》)

在句群中连接句子的,例如:

(13) 袁绍怏怏而去,若购之急,势必为变。且袁氏树恩四世,门生故吏遍于天下;倘收豪杰以聚徒众,英雄因之而起,山东非公有也。(《三国演义·4回》)

(14) 曹操看书,大骂:"刘备何人,敢以书来劝我!且中间有讥讽之意!"(《三国演义·11回》)

(15) 某为大汉公卿,何谓吕布之人?若将军者,向为汉臣,今乃为叛贼之臣,使昔日关中保驾之功,化为乌有,窃为将军不取也。且袁术性最多疑,将军后必为其所害。(《三国演义·17回》)

(16) 今曹操南征北讨,以朝廷为名,主公拒之,其名不顺。且主公新立,外患未宁,内忧将作。(《三国演义·40回》)

(17) 至于刘琮降操,豫州实出不知;且又不忍乘乱夺同宗之基业,此真大仁大义也。(《三国演义·43回》)

(18) 曹操之众,远来疲惫;近追豫州,轻骑一日夜行三百里,此所谓强弩之末,势不能穿鲁缟者也。且北方之人,不习水战。(《三国演义·43回》)

有时候"且"作为句内连词似乎也有递进关系,但这种看似递进关系实际上还是以并列关系为主,例如:

(19) 王夫人听了,虽惊且怒,却又作难,因思司棋系迎春之人,皆系那边的人,只得令人去回邢夫人。(《红楼梦·77回》)

上例似乎理解为并列关系或递进关系皆可,但根据收集到的用例,结合句子上下文考虑,这种句内连接一般主要还是表达的并列关系,并没有明显的递进用法。

出现分句主语时,"且"既可以位于主语前(40例),又可以位于主语后(1例),以位于分句主语前为主。

位于主语前,例如:

(20) 宝玉因自来从未在平儿前尽过心,——且平儿又是个极聪明极清俊的上等女孩儿,比不得那起俗蠢拙物——深为恨怨。(《红楼梦·44回》)

(21) 因未有室,贾赦见是世交之孙,且人品家当都相称合,遂青目择为东床娇婿。(《红楼梦·79回》)

(22) 贾母看时,宝钗姊妹二人不在坐内,知他们家去圆月去了,

且李纨凤姐二人又病着，少了四个人，便觉冷清了好些。(《红楼梦·76回》)

位于主语后，例如：

(23) 谁知紫鹃走来，送了一卷东西与宝玉，拆开看时，却是一色老油竹纸上临的钟王蝇头小楷，字迹且与自己十分相似。喜的宝玉和紫鹃作了一个揖，又亲自来道谢。(《红楼梦·70回》)

"且"可以以深证浅，也可以由浅入深，递进连词"且"连接的前后连接项可以以深证浅，也可以由浅入深，例如：

(24) 伯喈旷世逸才，若使续成汉史，诚为盛事。且其孝行素著，若遽杀之，恐失人望。(《三国演义·9回》)

(25) 小沛亡，徐州危矣。且彼或来借粮，或来借兵：公若应之，是疲于奔命，而又结怨于人；若其不允，是弃亲而启兵端也。(《三国演义·16回》)

(26) 且如扬雄以文章名世，而屈身事莽，不免投阁而死，此所谓小人之儒也；虽日赋万言，亦何取哉！(《三国演义·43回》)

(27) 曹操以天子为名，其师不可拒。且其势大，未可轻敌。(《三国演义·44回》)

(28) 将军以神武雄才，仗父兄余业，据有江东，兵精粮足，正当横行天下，为国家除残去暴，奈何降贼耶？且操今此来，多犯兵家之忌：北土未平，马腾、韩遂为其后患，而操久于南征，一忌也；北军不熟水战，操舍鞍马，仗舟楫，与东吴争衡，二忌也；又时值隆冬盛寒，马无藁草，三忌也；驱中国士卒，远涉江湖，不服水土，多生疾病，四忌也。(《三国演义·44回》)

(29) 今以实较之：彼将中国之兵，不过十五六万，且已久疲；所得袁氏之众，亦止七八万耳，尚多怀疑未服。(《三国演义·44回》)

(30) 近闻诸葛亮杀败夏侯楙，困于南安，水泄不通，安得有人自重围之中而出？又且裴绪乃无名下将，从不曾见；况安定报马，又无公文。以此察之，此人乃蜀将诈称魏将。(《三国演义·92回》)

(31) 你说你不无礼，你原来是借扇之故！一定先欺我山妻，山妻想是不肯，故来寻我！且又赶我爱妾！常言道，朋友妻，不可欺。(《西游记·60回》)

(32) 又且高下悬隔，声唤不闻。(《水浒传·108回》)

(33) 更且一身本事，无人比得，拿着一张川弩，只用三枝短箭，郊外落生，并不放空，箭到物落。(《水浒传·60回》)

（34）亦且此人百伶百俐，道头知尾。（《水浒传·60回》）

"且"作递进连词，可表示"尚且"，位于前一分句中，共2例，下文有"何况"、"况"与之呼应：

（35）你想，这条路带着若干的银子，便华忠跟着且难保无事，何况你孤身一人？以致险遭不测。（《儿女英雄传·12回》）

（36）孝顺父母，不必求佛，上天自然默佑；不孝父母，天且不容，求佛岂能忏悔？况佛天一理，他又不是座受贿赂的衙门，听情面的上司，凭你怎的巴结他，他怎肯忍心害理的违天行事？（《儿女英雄传·24回》）

"且"和"又"、"更"、"兼"、"都"等副词搭配使用，"又"等副词具有强调功能，强调功能主要是指在递进语义关系的表达中，往往更加强调和突显递事。递事既可以强调客观上范围、数量、程度等的语义追深，也可以突显主观上的加合和补充，例如：

（37）只是薛蟠起初之心，原不欲在贾宅居住者，但恐姨父管约拘禁，料必不自在的，无奈母亲执意在此，且宅中又十分殷勤苦留，只得暂且住下，一面使人打扫出自己的房屋，再移居过去的。（《红楼梦·4回》）

（38）这茗烟乃是宝玉第一个得用的，且又年轻不谙世事，如今听贾蔷说金荣如此欺负秦钟，连他爷宝玉都干连在内，不给他个利害，下次越发狂纵难制了。（《红楼梦·9回》）

（39）冯紫英因说起他有一个幼时从学的先生，姓张名友士，学问最渊博的，更兼医理极深，且能断人的生死。（《红楼梦·10回》）

（40）贾瑞直冻了一夜，今又遭了苦打，且饿着肚子跪在风地里念文章，其苦万状。（《红楼梦·12回》）

（41）且满墙满壁，皆系随依古董玩器之形抠成的槽子。（《红楼梦·17回》）

（42）居士、主人到底不恰，且又累赘。（《红楼梦·37回》）

（43）当下刘姥姥听见这般音乐，且又有了酒，越发喜的手舞足蹈起来。（《红楼梦·41回》）

（44）别人不过拣各人爱吃的一两点就罢了；刘姥姥原不曾吃过这些东西，且都作的小巧，不显盘堆的，他和板儿每样吃了些，就去了半盘了。（《红楼梦·41回》）

（45）平儿倒在掌上看时，果见轻白红香，四样俱美，摊在面上也容易匀净，且能润泽肌肤，不似别的粉青重涩滞。（《红楼梦·44回》）

(46) 凤姐儿筹算得园中姊妹多,情性不一,且又不便另设一处,莫若送到迎春一处去,倘日后邢岫烟有些不遂意的事,纵然邢夫人知道了,与自己无干。(《红楼梦·49回》)

(47) 又见诸姊妹都不是那轻薄脂粉,且又和姐姐皆和契,故也不肯怠慢,其中又见林黛玉是个出类拔萃的,便更与黛玉亲敬异常。(《红楼梦·49回》)

(48) 原来天子极是仁孝过天的,且更隆重功臣之裔,一见此本,便诏问贾敬何职。(《红楼梦·63回》)

2.3.1.3 "并"

明清时期,当"并"连接的前后成分在时间、范围、程度方面的累积和增强成为句意强调的重心,"并"更倾向于认定为递进连词,但这一时期,"并"表递进的用例并不多见,例如:

(1) 贾政便将琥珀所记得数目单子呈出,并说:"这上头元妃赐的东西已经注明。"(《红楼梦·112回》)

(2) 便与幕宾商议,出示严禁,并谕以一经查出,必定详参揭报。(《红楼梦·99回》)

(3) 薛姨妈看了,怕宝钗担忧,也不叫他知道,自己来求王夫人并述了一会子宝钗的病。(《红楼梦·91回》)

(4) 贾兰等朝臣散后拜了座师,并听见朝内有大赦的信,便回了王夫人等。(《红楼梦·119回》)

(5) 这里王夫人叫了凤姐命人将过礼的物件都送与贾母过目,并叫袭人告诉宝玉。(《红楼梦·97回》)

(6) 那和尚把他关锁在屋里,扣在大筐底下,并说不许作声,但要高声,一定要他性命,就交给那个秃子合那瘦的和尚换替照应。(《儿女英雄传·7回》)

(7) 走去央浼亲家陈宅心腹,并使家人来旺,星夜来往东京,下书与杨提督。(《金瓶梅词话·10回》)

(8) 写了一纸供案,再不许到西门庆家缠扰。并责令地方火甲:"眼同西门庆家人,即将尸烧化讫来回话。"(《金瓶梅词话·27回》)

2.3.1.4 "兼"

较之其他几个由并列连词转类而来的单语素递进连词,"兼"的递进用法在近代汉语时期用量相对丰富。

（1）吕布勇力过人，兼有徐州之地；若布与备首尾相连，不易图也。（《三国演义·16回》）

（2）兄武艺超群，兼通经史，不思共使君匡扶汉室，徒欲赴汤蹈火，以成匹夫之勇，安得为义？其罪三也。（《三国演义·25回》）

（3）某素知刘备宽以待人，柔能克刚，英雄莫敌；远得人心，近得民望；兼有诸葛亮、庞统之智谋，关、张、赵云、黄忠、魏延为羽翼。（《三国演义·60回》）

（4）化曰："连年征伐，军民不宁；兼魏有邓艾，足智多谋，非等闲之辈；将军强欲行难为之事，此化所以未敢专也。"（《三国演义·115回》）

（5）那牛王只得回头，使宝剑又战八戒，孙大圣举棒相帮，这一场在那里好杀：成精豕，作怪牛，兼上偷天得道猴。（《西游记·61回》）

（6）生以不幸，闺人不禄，特蒙亲家远致赙仪，兼领诲教，足见为我之深且厚也。（《金瓶梅词话·61回》）

（7）又蒙遣人垂顾，兼惠可口佳肴，不胜感激。（《金瓶梅词话·98回》）

（8）贾母原没有大病，不过是劳乏了，兼着了些凉，温存了一日，又吃了一剂药疏散一疏散，至晚也就好了。（《红楼梦·42回》）

（9）昨蒙亲劳抚嘱，复又数遣侍儿问切，兼以鲜荔并真卿墨迹见赐，何瘝惠爱之深哉！（《红楼梦·37回》）

（10）奔腾而砰湃，江间波浪兼天涌，须要铁锁缆孤舟，既遇着一江风，不宜出行。（《红楼梦·62回》）

（11）道是：恒王好武兼好色，贾政写了看时，摇头道："粗鄙。"（《红楼梦·78回》）

（12）列公，你看十三妹那等侠气雄心兼人好胜的一个人，如何肯认"寻堂女子"这个名目？（《儿女英雄传·17回》）

（13）那女学生黛玉，身体方愈，原不忍弃父而往，无奈他外祖母致意务去，且兼如海说："汝父年将半百，再无续室之意，且汝多病，年又极小，上无亲母教养，下无姊妹兄弟扶持，今依傍外祖母及舅氏姊妹去，正好减我顾盼之忧，何反云不往？"（《红楼梦·3回》）

（14）况兼当初一路同来，模样儿，性格儿，都知道的。（《红楼梦·90回》）

(15) 到了宝玉娶亲，林黛玉一死，史湘云回去，宝琴在家住着，园中人少，况兼天气寒冷，李纨姊妹、探春、惜春等俱挪回旧所。(《红楼梦·102 回》)

(16) 此皆近日抄检大观园、逐司棋、别迎春、悲晴雯等羞辱惊恐悲凄之所致，兼以风寒外感，故酿成一疾，卧床不起。(《红楼梦·79 回》)

递进连词"兼"《汉语大词典》首引《谷梁传·闵公二年》"郑弃其师，恶其长也，兼不反其众，则是弃其师也"。"兼"义同"并且"，位于后分句句首，并且主语常承前而省，但也有出现的如例（4）。"兼"在明清时期能作并列连词和递进连词，但以递进连词为主。

更主要的是递进连词"兼"连接的前后分句语义基础也丰富：（1）递进关系。如例（6）"特蒙亲家远致赙仪"和例（9）"兼以鲜荔并真卿墨迹见赐"是程度上的递进关系，中间加上递进连词"兼"，语义基础和句法格式表现为一致。（2）并列关系。如例（11）和例（12），根据语境我们确定"兼"作递进连词，但是也可以把"好武"和"好色"位置互换，两者可以认为是并列关系，这同样体现了关联词的"转化"作用①。

关联词语在语言中是语法成分，是句法结构中的常项，是表明句法关系的一种标志。关联词语都是对客观事物之间的事理关系的认识在语言中的凝固形式，都包含事理关系和认识关系两层意思。可见，不同的关联词语表达不同的语义关系。但是在语言中关联词语固定下来的关系是有限的，而客观现象之间的关系是极其复杂的。

这样在一些句法形式的制约下，某些关联词语可以兼表多种关系，这就会出现在语言中同样的关联词语却表达了不同的语义关系。例如，"既……，又……"有时表达并列关系，但有的时候表达的却是递进关系，这也就出现了并列和递进的区别问题。吕叔湘先生和黎锦熙先生早就发现了这种现象。而这些问题的出现，是由于并列关系是很多复句关系的基础，因此并列关系也最容易和其他一些关系形成一些交叉。在并列关系和递进关系具有交叉的时候，句法形式就是并列和递进转换的强制性制约手段。

2.3.1.5 "况"

"况"作递进连词，在《红楼梦》和《儿女英雄传》中，都可以连接分句或

---

① 关联词作用我们参考邢福义的观点。邢福义（2001）认为关联词有四种作用：显示、选示、转化、强化。

句子，位于后一分句或句子之首。《红楼梦》中，"况"作递进连词共 47 例，其中，22 例（46.81％）在复句中连接分句，25 例（53.19％）在句群中连接句子。《儿女英雄传》中，"况"作递进连词共 45 例，其中，24 例（53.33％）在复句中连接分句，21 例（46.67％）在句群中连接句子。

1. 属于后置定位连词

递进连词"况"只位于后面连接项句首位置，形成"A，况 B"结构，一般情况下"况"位于无主句句首，当连接项有主语时位于主语前位置，没有另外的情况，所以"况"属于典型的后置定位连词。例如：

(1) 他是客，你我是主，便打他两拳也不值一笑。况他以礼而来，尤其不可使他借口。（《儿女英雄传·17 回》）

(2) 邓九公哈哈的笑道："先生，你我虽是初交，你外面询一询，邓某也颇颇的有些微名。况我这样年纪，难道还赚你这张弹弓不成？"（《儿女英雄传·17 回》）

(3) 我这段冤仇从来不曾向人提过，就我这师傅面前也是前日才得说起，外人怎的得知？况如今世上，那有恁般大英雄作这等大事？（《儿女英雄传·18 回》）

(4) 我又不忍其形景，等拐子出去，又命内人去解释他："这冯公子必待好日期来接，可知必不以丫鬟相看。况他是个绝风流人品，家里颇过得，素习又最厌恶堂客，今竟破价买你，后事不言可知。"（《红楼梦·4 回》）

(5) 你舅舅家虽升了去，还有你姨爹家。况这几年来，你舅舅姨娘两处，每每带信捎书，接咱们来。（《红楼梦·4 回》）

(6) 如今我既合姑娘见了面，况又遇着你老太太这样意外之事，待我报个信给他，他一定亲来见你。（《儿女英雄传·19 回》）

2. 连接单句和复句

"况"主要连接单句和复句，其中单句最多，少部分为复句，这里再举两个连接复句的例子：

(7) 他又道姑娘是位施恩不望报的英雄，况又是年轻闺秀，定不肯受礼。（《儿女英雄传·17 回》）

(8) 小厮们焉有不允之理，况都和这媳妇是好友，一说便成。（《红楼梦·21 回》）

(9) 贾政朝罢，见贾母高兴，况在节间，晚上也来承欢取乐。（《红楼梦·22 回》）

(10) 原来那宝玉自幼生成有一种下流痴病，况从幼时和黛玉耳鬓厮磨，心情相对；及如今稍明时事，又看了那些邪书僻传，凡远亲近友之家所见的那些闺英闱秀，皆未有稍及林黛玉者，所以早存了一段心事，只不好说出来，故每每或喜或怒，变尽法子暗中试探。(《红楼梦·29回》)

(11) 你便要去也不敢惊动，何况身上不好。(《红楼梦·30回》)

3. 既可以顺向递进，又可以让步递进

"况"类递进句连接的前后两项，既可以以深证浅，也可以由浅入深。以深证浅也就是吕叔湘（1956：447）所说的逼近句式，意为"深的尚且如此，别说浅的"，连接前项相对于后项在时间、范围、程度等方面更长、更大或更高，以前项证明后项更应如此；由浅入深与以深证浅正好相反，是连接后项相对于前项在时间、范围、程度等方面更长、更大或更高，通过追述事理来说明理由，意为"浅的尚且如此，别说深的"。

这类递进式的特点是：基事和递事都是肯定结构，或都表示肯定的意思。并且意义之间由轻到重，由小到大，由浅到深层递推进。例如：

(12) 况他性如烈火，到路上必有冲撞。(《水浒传·41回》)

(13) 却说袭人因宝玉出门，自己做了回活计，忽想起凤姐身上不好，这几日也没有过去看看，况闻贾琏出门，正好大家说说话儿。(《红楼梦·67回》)

(14) 贾琏来家时，见了凤姐贤良，也便不留心。况素习以来因贾赦姬妾丫鬟最多，贾琏每怀不轨之心，只未敢下手。(《红楼梦·69回》)

(15) 如今若温习这个，又恐明日盘诘那个；若温习那个，又恐盘驳这个。况一夜之功，亦不能全然温习。(《红楼梦·73回》)

(16) 因二府之门相隔没有一箭之路，每日家常来往不必定要周备，况天黑夜晚之间回来的遭数更多，所以老嬷嬷带着小丫头，只几步便走了过来。(《红楼梦·75回》)

(17) 天天三四趟去告诉贾母，鸳鸯测度贾母近日比前疼黛玉的心差了些，所以不常去回。况贾母这几日的心都在宝钗宝玉身上，不见黛玉的信儿，也不大提起，只请太医调治罢了。(《红楼梦·97回》)

(18) 到了宝玉娶亲，林黛玉一死，史湘云回去，宝琴在家住着，园中人少，况兼天气寒冷，李纨姊妹、探春、惜春等俱挪回旧所。(《红楼梦·102回》)

让步递进①只有当后分句只有当其后分句的反问形式是肯定的,其表达的反问意思才是否定的。这时的让步递进才属于正反递进句。因此正反递进句式往往是用让步的方式提出一种情况,递事的否定则往往用反问的形式把基事的意思推进一层。例如:

(19) 他又道姑娘是位施恩不望报的英雄,况又是年轻闺秀,定不肯受礼。(《儿女英雄传·17回》)

(20) 他这一下去,就如同一盆才抽出嫩箭来的兰花送到猪窝里去一般。况又是一身重病,里头一肚子的闷气。(《红楼梦·77回》)

(21) 身子是根本,俗语说的:"留得青山在,依旧有柴烧。况这里自老太太、太太起,那个不疼姑娘?"(《红楼梦·82回》)

4. 多用于疑问句和感叹句

"况"类递进句带有强烈的主观情感,该句子主要强调前后两项在时间、范围、程度、数量等方面的对比差异,说话者用这种句子表达浅者或深者出现的必然性,因此句子常用于疑问句和感叹句来显示这种主观情感。

(22) 今为卢员外打破大名,杀损人民,劫掠府库,赶得梁中书等离城逃走,他岂不写表申奏朝廷?况他丈人是当朝太师,怎肯干罢?(《水浒传·66回》)

(23) 宋江道:"师父法旨,弟子安敢不听?况公孙胜先生与江弟兄,去住从他,焉敢阻当?"(《水浒传·85回》)

(24) 三藏道:"你既殷勤,何不化斋我吃?我肚饥怎行?况此地山岚瘴气,怎么得上雷音?"(《西游记·27回》)

(25) 虽然是烧纸记库,此乃冥冥之事;况万岁爷爷那世里借了金银,有何凭据?(《西游记·11回》)

(26) 八戒道:"哥啊,常言道:'告人死罪得死罪。'须是理顺,方可为之。况御状又岂是可轻易告的?"(《西游记·83回》)

(27) 行者笑道:"真造化了!真造化了!烘焦了的尚能医活,况此推倒的,有何难哉?"(《西游记·26回》)

"况"类递进句出现的疑问句都是无疑而问的反问句,主要表达说话者认为应该如此、理所当然的语气,同样感叹句也是表达如此情感。为了表达说话者的这种主观情感,"况"类递进句中前项一般有"犹"、"尚"、"且"等语气副词,后项一般有"乎"、"哉"等语气词搭配。

---

① 吕叔湘(1956:447)称之为"逼近句",邢福义(2001)称之为"反逼递进"。

明清时期，单语素递进连词"而、且、并、兼、况"，从内部来看，使用频率上"而"、"且"、"并"不及"兼"和"况"，"况"兼有累积性和比较性两种递进用法，功能更加多样。从外部来看，这些单语素形式已经不再是这一时期汉语递进连词系统的主体，双音化趋势的影响下，以它们为核心形成了一系列的组合搭配形式，如以"况"为轴心形成"况当"、"况复"、"况夫"、"况乎"、"且况"、"况且"、"何况"等，围绕"且"形成"又且"、"且是"、"且况"等。我们认为，这些双音趋势下的临时语用搭配有成词的倾向，而最终经过"大浪淘沙"凝固成词的却并不多。虽然如此，由此同样可以看汉语双音化的整体发展趋势对连词系统的深刻影响。

2.3.2 复合式递进标记

复合式主要包括单语素递进连词并用凝固而成的"而且"、"并且"、"况且"、"尚且"等四个双音节形式。

2.3.2.1 "而且"

"而且"这一现代汉语常用递进连词形成较晚，宋元时期应该说还没有成熟的用例，《儿女英雄传》有11例，其中连接分句的9例，连接形容词的1例，连接短语的1例。《红楼梦》有36例，其中连接复句中分句的28例，连接句群中句子的7例，连接形容词的1例。

在复句中连接分句的，举例如下：

(1) 你道你是保定府人，听你说话，分明是京都口吻，而且满面的诗礼家风，一身的簪缨势派，怎的说得到是保定府人？(《儿女英雄传·5回》)

(2) 这番经舅太太在旁一一的调停指点，匀粉调脂，修眉理鬓，妆点齐整，自己照照镜子，果觉淡白轻红，而且香甜满颊。(《儿女英雄传·27回》)

(3) 因而步入门时，忽迎面突出插天的大玲珑山石来，四面群绕各式石块，竟把里面所有房屋悉皆遮住，而且一株花木也无。(《红楼梦·17回》)

(4) 况且素日全亏贾珍周济，此时又是贾珍作主替聘，而且妆奁不用自己置买，贾琏又是青年公子，比张华胜强十倍，遂连忙过来与二姐商议。(《红楼梦·64回》)

(5) 我为的是妈近来神思比先大减，而且夜间晚上没有得靠的人。(《红楼梦·78回》)

(6) 人家陪着你走了二三千里的路程，受了四五个月的辛苦，而且在路上又替你担了多少的惊怕沉重。(《红楼梦·67回》)

在句群中连接句子的用例，如：

(7) 不想如今忽然来了一个薛宝钗，年岁虽大不多，然品格端方，容貌丰美，人多谓黛玉所不及。而且宝钗行为豁达，随分从时，不比黛玉孤高自许，目无下尘，故比黛玉大得下人之心。(《红楼梦·5回》)

(8) 他心里想着，我家代代念书，只从有了你，不承望你不喜读书，已经他心里又气又恼了。而且背前背后乱说那些混话，凡读书上进的人，你就起个名字叫作"禄蠹"；又说只除"明明德"外无书，都是前人自己不能解圣人之书，便另出己意，混编纂出来的。(《红楼梦·19回》)

(9) 我赶着忙接了镯子，想了一想：宝玉是偏在你们身上留心用意、争胜要强的，那一年有一个良儿偷玉，刚冷了一二年间，还有人提起来趁愿，这会子又跑出一个偷金子的来了。而且更偷到街坊家去了。(《红楼梦·52回》)

(10) 咱们金玉一般的人，白叫这两个现世宝沾污了去，也算无能。而且他家有一个极利害的女人，如今瞒着他不知，咱们方安。(《红楼梦·65回》)

(11) 三则自我在园里，东南上小角门子就常开着，原是为我走的，保不住出入的人就图省路也从那里走，又没人盘查，设若从那里生出一件事来，岂不两碍脸面。而且我进园里来住原不是什么大事，因前几年年纪皆小，且家里没事，有在外头的，不如进来姊妹相共，或作针线，或顽笑，皆比在外头闷坐着好，如今彼此都大了，也彼此皆有事。(《红楼梦·78回》)

"而且"位于主语之前，例如：

(12) 今日不但性命无伤，而且姻缘成就，可见这事自有天作主。(《儿女英雄传·11回》)

"而且"所在的分句中未出现主语的，例如：

(13) 咱们如今损阴坏德，而且还小器。(《红楼梦·58回》)

(14) 如今贾环又生了事，受这场恶气，不但吞声承受，而且还要走去替宝玉收拾。(《红楼梦·25回》)

(15) 今日这天也不早了，而且不可过于声张。(《儿女英雄传·16回》)

(16) 不但无法，而且有理，料是"一不扭众"，只得点头依允，说："也只好如此。"(《儿女英雄传·23回》)

在复句中连接分句的，"不但……而且"共15例，举例如下：

(17) 方才琏儿所说更加诧异，说不但库上无银，而且尚有亏空，这几年竟是虚名在外。(《红楼梦·106回》)

(18) 我就和我母亲商量，若要转卖，不但卖不出原价来，而且谁家拿这些银子买这个作什么，便是很有钱的大家子，也不过使个几分几钱就挺折腰了；若说送人，也没个人配使这些，倒叫他一文不值半文转卖了。(《红楼梦·24回》)

(19) 因说："白白的只管乱射，终无裨益，不但不能长进，而且坏了式样，必须立个罚约，赌个利物，大家才有勉力之心。"(《红楼梦·75回》)

"不惟……而且……"、"况且……而且……"，例如：

(20) 只是一山无二向，本年不惟三煞有碍，而且大将军正在明堂，安葬是断断不可的。(《儿女英雄传·23回》)

(21) 况且又是他的好日子，而且老太太又打发了人来安慰你。(《红楼梦·44回》)

2.3.2.2 "并且"

《儿女英雄传》中"并且"作递进连词，共55例，《红楼梦》3例，都位于后一分句或句子。出现主语时，"并且"既可以位于主语之前（11例），也可以位于主语之后（2例）。

位于主语之前，例如：

(1) 公子道："也曾问过，无奈他含糊其词，只说在个'上不在天，下不着地'的地方住，并且儿子连他这称谓都留心问过，问他这'十三妹'三个字，还是排行，还是名姓，他也不肯说明。"(《儿女英雄传·13回》)

(2) 再转念一想，这安、张、邓、褚四家，通共为我一个人费了多少心力，并且各人是各人的尽心尽力，况又这等处处周到，事事真诚，人生在世，也就难得碰着这等遭际。(《儿女英雄传·22回》)

(3) 原来他两个这阵为难，一层为着不忍看着夫婿远行，一层也正为着不忍离开婆婆左右，并且两个人肚子里还各各的有一桩说不出口来的事。(《儿女英雄传·40回》)

(4) 贾政道："宝玉说亲，却也是年纪了，并且老太太常说起。(《红楼梦·84回》)

(5) 此外还有一个人，说来最是怕人，并且这人我还晓得，他要算八股里的一个作家。(《儿女英雄传·35回》)

"并且"位于主语之后，例如：

(6) 好张金凤！他把心思力量尽到这个分儿上，料定姑娘无不死心塌地的依从了，还愁他作女孩儿的这句话毕竟自己不好出口，因又劝道："姐姐，且莫伤心，妹子还有一言奉告，这话并且要背褚大姐姐。"(《儿女英雄传·26回》)

"并且"位于后一分句之首，分句主语省略的共42例，如：

(7) 谁想前年又接得你尊翁的信，道他升了副将，又作了那纪大将军的中军，并且保举了堪胜总兵。(《儿女英雄传·19回》)

(8) 且说贾宝玉见了甄宝玉，想到梦中之景，并且素知甄宝玉为人必是和他同心，以为得了知己。(《红楼梦·115回》)

(9) 这回书话表安老爷家报喜的一声报道公子中了，并且中得高标第六，阖家上下欢喜非常。(《儿女英雄传·36回》)

(10) 不想今日之下竟被他说到那里应道那里，一年半的工夫，果然乡、会连捷，并且探花及第，衣锦荣归了。(《儿女英雄传·37回》)

(11) 及至听了两个媳妇这段话，知道这个儿子不但能够不为情欲所累，并且还能体贴出自己这番苦心来，不禁喜出望外。(《儿女英雄传·33回》)

(12) 遇着件事，并且还着实有点把握，还不止专靠血气之勇。(《儿女英雄传·38回》)

从搭配来看，"并且"与"不但"配套使用，共13例，值得注意的是全出现于《儿女英雄传》，《红楼梦》无此用例，如：

(13) 不但像是个同胞姊妹，并且像是双生姊妹。(《儿女英雄传·13回》)

(14) 原来这是因为他是替死者磕头，不但不敢答，并且不敢受。(《儿女英雄传·17回》)

(15) 你不但不是姓石行三，并且也不排行十三妹。（《儿女英雄传·19回》）

(16) 列公，这念佛、持斋两桩事，不但为儒家所不道，并且与佛门毫不相干。（《儿女英雄传·21回》）

(17) 姑娘听了，益发觉得这人不但是个热人，并且是个趣人了。（《儿女英雄传·22回》）

(18) "只瞧……这里叫他们闹的这个……"姑娘这句话不但不接气，并且不成句，妙在说了这半句，往下也没话了。（《儿女英雄传·27回》）

"并且"与"不惟"配套使用，共1例：

(19) 听了这话，不惟是个至理，并且是个实情，早低下头去发起闷来，为起难来。（《儿女英雄传·33回》）

"并且"与"岂但"配套使用，共1例，如：

(20) 不消嘱咐，既如此商定，岂但不提方才的话，并且连这弹弓也先不好提起。（《儿女英雄传·14回》）

"并且"与"也"连用，共1例：

(21) 你不但不是姓石行三，并且也不排行十三妹。（《儿女英雄传·19回》）

"并且"与"连"并用，共2例（包含例(20)），如：

(22) 何小姐道："这话也不用你告诉我，我也深知你的甘苦，并且连你们背的那几句《四书》，我都听见了。"（《儿女英雄传·29回》）

"并且"与"还"连用，共9例，举例如下：

(23) 怎禁得那位程相公此时不但要逛逛财神殿、娘娘殿，并且还要看看七十二司，只望着老爷一个劲儿笑嘻嘻的啼溜。（《儿女英雄传·38回》）

(24) 第二层，这位张太太，论远近，本就该请他作男家新亲才是正理，并且还虑到他作了女家新亲，真要闹到《送亲演礼》，打起牙把骨来，可就不成事了，何况他还是噉白饭呢。（《儿女英雄传·28回》）

"并且"还能够与"还"配套使用，如：

(25) 列公，再不想邓九公这等一个粗豪老头儿，忽然满口大段的

谈起文来，并且"门外汉讲行家话"，还被他讲着些甘苦利害，大是奇事。(《儿女英雄传·32回》)

"并且"还可以跟"也"配套使用，共3例，如：

(26) 他那位师母的架子本就来得比老师沉些，更兼又是个大胖子，并且现在也怀月的身孕，门生在那里磕头，他只微欠了欠身，虚伸了伸手，说："起来罢。"(《儿女英雄传·40回》)

(27) 姑娘见自己的丫鬟也有了托身之地，并且此后也得一处相聚，更是放心。(《儿女英雄传·21回》)

(28) 并且见得人就有好德的，好的终是浮浅，直要像色一样的好起来，那才是真好呢。(《红楼梦·82回》)

"并且"用于句群之间，例如：

(29) 纵说这话不足为凭，前番我在德州作那个梦，梦见那匹马，及至梦中遇着了他，那匹马就不见了。并且我父母明明白白吩咐我的那个甚么'天马行空，名花并蒂'的四句偈言，这可是真而且真的。(《儿女英雄传·26回》)

(30) 老爷既是我这大哥的主人，也同我们的衣食父母一样，我该当伺候的。并且还有一句话请老爷的示下。(《儿女英雄传·14回》)

2.3.2.3 "况且"

《红楼梦》中"况且"作为递进标记，连接谓词性成分的共107例，连接体词性成分的共2例，连接分句或句子时，主语出现的共有75例，主语未出现的共32例。主语出现时，"并且"都位于主语之前，未见位于主语之后的用例。

(1) 我想你林妹妹那个孩子素日是个有心的，况且他也三灾八难的，既说了给他过生日，这会子又给人妆裹去，岂不忌讳。(《红楼梦·32回》)

(2) 那刘姥姥虽是个村野人，却生来的有些见识，况且年纪老了，世情上经历过的，见头一个贾母高兴，第二见这些哥儿姐儿们都爱听，便没了说的也编出些话来讲。(《红楼梦·39回》)

(3) 这会子大嫂子宝姐姐心里自然没有诗兴的，况且湘云没来，颦儿刚好了，人人不合式。(《红楼梦·49回》)

(4) 他想着："弟兄们一并都有父母教训，何必我多事，反生疏了。况且我是正出，他是庶出，饶这样还有人背后谈论，还禁得辖治他了。"(《红楼梦·20回》)

（5）我又不是管事的人，何苦我坏你的声名，我白去献勤。况且这事我自己也不便开口向人说。（《红楼梦·72回》）

（6）我们虽然年轻，已经是十来年的夫妻，也奔四十岁的人了。（《红楼梦·76回》）

（7）况且孝服未满，陪着老太太顽一夜还罢了，岂有自去团圆的理。（《红楼梦·76回》）

《儿女英雄传》中"况且"作递进连词共85例，其中26例（30.59%）在复句联系前后两个句子，58例（68.24%），在句群中连接句子，1例在语篇中连接段落。由此可见，"并且"在清代主要在句群中连接句子。

《儿女英雄传》中"况且"连接的分句或句子出现主语的共75例，不出现主语的共10例。

主语出现时，"况且"都位于主语之前，如：

（8）如今这项金银也还算得从义路而来，此时也无法不受，况且我也正用得着，竟是用了他的，了成全那女子一番义举，合你一片孝心，我们再图后报。（《儿女英雄传·12回》）

（9）张金凤姑娘便一只胳膊斜靠着桌儿，脸近了灯前，笑道："你果然爱他，我却也爱他，况且这句话我也说过。"（《儿女英雄传·23回》）

（10）论理，该你姐姐自己恭请入庙才是，但是大远的，他不好自己到外面去，况且他回来还得跪接，你替他走这荡也是该的。（《儿女英雄传·24回》）

（11）只是这首诗的命意、选词、格调、体裁，也还不丑，便是他三个的性情才貌，彼此题个号儿、叫个号儿，也还不至肉麻，况且字缘名起，伊古已然。（《儿女英雄传·29回》）

（12）依我说，酒可以罢了罢。倒比不得公婆在家里。况且婆婆出门去了，舅母虽是那样说，我同姐姐一会儿还得在上屋照料照料去才是。（《儿女英雄传·30回》）

（13）这却合那薛宝钗心里的"通灵宝玉"，史湘云手里的"金麒麟"，小红口里的"相思帕"，甚至袭人的"茜香罗"，尤二姐的"九龙珮"，司棋的"绣春囊"，并那椿龄笔下的"蔷"字，茗烟身边的"万儿"，迥乎是两桩事。况且诸家小说，大半是费笔墨谈淫欲，这《儿女英雄传评话》，却是借题目写性情。（《儿女英雄传·26回》）

（14）便没庚帖，我们受姐姐的好处，也作了夫妻了。况且姐姐的庚帖不是没有，只是此时就请姐姐看，略早些儿。（《儿女英雄传·26回》）

(15) 况佛天一理,他又不是座受贿赂的衙门,听情面的上司,凭你怎的巴结他,他怎肯忍心害理的违天行事?况且你的意思,找座庙原为近着父母,我如今把你令尊、令堂给你请到你家庙来,岂不早晚厮守?(《儿女英雄传·24回》)

(16) 但是从炕上跳下那样大一个人来,再没说看不见的。况且他虽说是个乡村女子,外面生得一副月貌花容,心里藏着一副兰心蕙性。(《儿女英雄传·8回》)

主语不出现,例如:

(17) 如今恰好老爷、少爷都到了这里,况且又受过他的好处,正要访他。老爷是念书作官的人,比我们总有韬略,怎么得求求老爷想个方法,见着他,留住了他,也是桩好事。(《儿女英雄传·14回》)

(18) 张老夫妻如今住得正近,况且又有了家了,清早起来便到东边祠堂来预备代东。(《儿女英雄传·32回》)

(19) 安老爷道:"九哥,且莫讲人生聚散无常,只你此番来京,可是算得到拿得稳的。况且转眼就是你九十大庆,小弟定要亲到府上,登堂奉祝,就便把昨日说给你作的那篇生传带去,当面请教。"(《儿女英雄传·32回》)

(20) 老爷虽说是能吃苦,也五十岁的人了,况且又是一场大病才好,平日这几个丫头们服侍、老婆子们伺候,我还怕他们不能周到,都得我自己调停;如今就靠这几个小子们,如何使得呢?(《儿女英雄传·2回》)

(21) 那丈尺是勘明白了,既有了丈尺,自然是核着丈尺算工料,核着工料算钱粮,怎么倒先定钱粮数目呢?况且叫我批定,又怎样个约略核计多少呢?(《儿女英雄传·2回》)

(22) 如今他把我的行藏说的来如亲眼见的一般,就连这银子的数目他都晓得,我还瞒些甚么来?况且看他这本领心胸,慢说取我这几两银子,就要我的性命,大约也不费甚么事。(《儿女英雄传·5回》)

"况且"能够跟"又"配套使用,共43例,《儿女英雄传》15例,《红楼梦》28例,举例如下:

(23) 况且他们今年又添了两口人,也难丢了他们跑到这里来。(《红楼梦·76回》)

(24) 周瑞家的等人皆各有事务,作这些事便是不得已了,况且又深恨他们素日大样,如今那里有工夫听他的话,因冷笑道:"我劝你走罢,别拉拉扯扯的了。"(《红楼梦·77回》)

（25）这墙四面皆无下人的房子，况且那边又紧靠着祠堂，焉得有人。(《红楼梦·75回》)

（26）况且我又是个下场的人，足下又不是身入公门，要一定这样的称呼，倒觉俗气。(《儿女英雄传·15回》)

（27）况且我又本不是从青云峰来。(《儿女英雄传·11回》)

"况且"也能跟"也"配套使用，共32例，《儿女英雄传》21例，《红楼梦》11例，举例如下：

（28）况且死了的也曾有过，也没有见我怎么样，此一理也。(《红楼梦·77回》)

（29）贾芸也笑道："我也不是为东西，况且那东西也算不了什么。"(《红楼梦·88回》)

（30）如今算来只有莺儿二爷倒不大理会，况且莺儿也稳重。(《红楼梦·118回》)

（31）如今这项金银也还算得从义路而来，此时也无法不受，况且我也正用得着，竟是用了他的了，成全那女子一番义举，合你一片孝心，我们再图后报。(《儿女英雄传·12回》)

（32）况且我看这个人也是个黄花女儿，岂有远路深更合位公子同行之理？(《儿女英雄传·8回》)

"况且"也可以跟"还"（8例）配套使用，都出现在《儿女英雄传》中，《红楼梦》只有1例，举例如下：

（33）况且，我看长姐儿那个妮子，虽说相貌差些，还不失性情之正。便是分赏罪人之子何伤！(《儿女英雄传·40回》)

（34）姑娘先说道："娘有事只管去罢，这里的事都妥当了，况且还有伯母、妈妈在这里，难道还丢的了我不成？"(《儿女英雄传·24回》)

（35）大太太是你的亲祖母，他说二爷不在家，大太太做得主的，况且还有舅舅做保山。(《红楼梦·119回》)

2.3.2.4 "尚且"

周刚（2002）指出，由"尚"和"且"同义复合构成的递进连词，见于宋元，明清时代已广泛使用。

《三国演义》"尚且"作递进连词，共5例，《水浒传》共13例，《西游记》共9例。

明代,"尚且"与"何况"配套使用,共2例,如:

(1) 王太守是个善儒之人,听得说了这话,便禀梁中书道:"梁山泊这一伙,朝廷几次尚且捕他不得,何况我这里一郡之力量?"(《水浒传·62回》)

(2) 张清见了大笑,骂道:"你这败将!马军尚且输了,何况步卒!"(《水浒传·69回》)

从连接成分来看,"尚且"可以连接分句,如:

(3) 前在那解阳山破儿洞遇他叔子,尚且不肯与水,要作报仇之意,今又遇他父母,怎生借得这扇子耶?(《西游记·59回》)

(4) 再迟些时,连我这两间房子,尚且不勾你还人!(《金瓶梅词话·19回》)

(5) 朕想宋江、卢俊义征讨四方房寇,掌握十万兵权,尚且不生歹念。(《水浒传·120回》)

从句法位置来看,"尚且"既可以位于前一分句,也可以位于后一分句,出现分句主语时,主要位于其后,如:

(6) 妇人尚且存忠义,何事男儿识见迷。(《水浒传·112回》)

(7) 有迟疑未决者,颜曰:"我尚且投降,何况汝乎?"(《三国演义·64回》)

(8) 我僧乃东土之人,乍来此处,街道尚且不通,如何夜里就知他观中之事?(《西游记·45回》)

(9) 我们夜轮流看米囤,如今四更,天气正冷,我们这几个吃尚且不够,那得回与你。(《水浒传·9回》)

(10) 俺没曾在灶上把刀背打他,娘尚且不言语。(《金瓶梅词话·11回》)

"尚且"出现于前一分句,后一分句为疑问句的情况,共8例,举例如下:

(11) 本要与晁天王报仇,兴兵去打曾头市,却思庶民居丧,尚且不可轻动,我们岂可不待百日之后然举兵?(《水浒传·59回》)

(12) 匹夫死在眼前,尚且不知!怎敢与吾决战?(《水浒传·77回》)

(13) 如今令侄得了好处,现随着观音菩萨,做了善财童子,我等尚且不如,怎么反怪我也?(《西游记·53回》)

(14) 白日里尚且难行,黑夜里怎生敢宿?(《西游记·67回》)

(15) 西方正是佛地!女流尚且注意斋僧,男子岂不虔心向佛?(《西游记·72回》)

《红楼梦》中"尚且"作为递进连词共3例,其中2例与"何况"配套使用,《儿女英雄传》中"尚且"与"何况"配套使用,共3例,如:

(16) 因看了看作官的尚且这等有冤没处诉,何况我们百姓?(《儿女英雄传·11回》)

(17) 连老太太尚且如此,何况他们?(《红楼梦·82回》)

(18) 连主子们的姑娘不教导尚且不堪,何况他们。(《红楼梦·74回》)

清代,《儿女英雄传》中"尚且"作为递进连词共20例,既可以位于前一分句,也可以位于后一分句,当分句主语出现时,"尚且"大多位于主语之后。

"尚且"位于前一分句,共17例,分句主语出现时,位于主语之后,共12例:

(19) 穿红的女子听了,笑道:"蝼蚁尚且贪生,怎么轻轻儿的就说个'死'字?"(《儿女英雄传·7回》)

(20) 这段话除了说书的肚子里明白,连邓、褚两家尚且不知,那安老爷怎生晓得底细?(《儿女英雄传·21回》)

前一分句主语不出现的情况,共5例,如:

(21) 非年过五十无子,尚且不得纳妾,何况这停妻再娶的勾当。(《儿女英雄传·23回》)

(22) 男人们读书不明理,尚且不如不读书的好,何况你我。(《红楼梦·42回》)

(23) 他的乳母丫鬟贴身服侍他更衣洗浴,尚且不知,这安老夫妻、邓家父女四位怎的晓得?(《儿女英雄传·25回》)

《儿女英雄传》中,"尚且"位于后一分句,共3例,如:

(24) 要说你又讲到那些甚么英雄豪杰不信鬼神的话,要知道,虽圣人尚且讲得个"鬼神之为德,其盛矣乎"。(《儿女英雄传·26回》)

(25) 况且,那何玉凤姐姐救了你我俩人性命,便是救了你我父母的性命,父母尚且把他作珍宝般爱惜,天人般敬重!(《儿女英雄传·23回》)

《儿女英雄传》中,"尚且"出现于前一分句,后一分句为疑问句的情况,共7例,如:

(26) 据这笑话听起来,照这样的遭际,玉帝尚且求之不得,那何玉凤现在所处的,岂不算个人生乐境?(《儿女英雄传·24回》)

(27) 这段话除了说书的肚子里明白，连邓、褚两家尚且不知，那安老爷怎生晓得底细？（《儿女英雄传·21 回》）

(28) 只这些小机关，你尚且见不到此，要费无限狐疑，岂不可笑！（《儿女英雄传·18 回》）

《儿女英雄传》中，"尚且"所在的后一分句中，可以和"更"、"也"搭配使用，各 1 例：

(29) 长姐儿尚且如此，此时的金、玉姊妹更不消说，是"难得三千选佛，输他玉貌郎君"。（《儿女英雄传·36 回》）

(30) 况且这等一块大石头，两个笨汉尚且弄他不转，他轻轻松松的就把他拨弄躺下了，这个人的本领也就可想而知。（《儿女英雄传·4 回》）

2.3.3 粘合式递进标记

粘合式一类根据粘合成分语源性质的不同又可分为四个次类：疑问副词与"况"粘合而成的"何况"、"岂况"；否定词与限止副词粘合而成的"不但"；类否定副词与言说动词粘合而成的"不说"类动词；"至"与相关成分粘合而成的"以至于"、"甚至于"、"乃至"。

2.3.3.1 "何况"

曹小云（1998）、李宗江（2014）都对"何况"、"岂况"的形成进行了详尽细致的分析，我们这里不再赘述，我们在前贤的研究基础上，对明清时期"何况"作递进关系标记的具体使用情况进行分析描写。

明清时期，《三国演义》"何况"共 20 例，《金瓶梅词话》"何况"共 15 例，《水浒传》共 8 例，《红楼梦》中，"何况"共 27 例，25 例（92.59%）用在复句中连接分句，2 例（7.41%）用在句群中连接句子，与此期的"况且"主要用来连接句子不同。发展至《儿女英雄传》，"何况"共 64 例，24 例（37.50%）在复句中连接分句，39 例（60.94%）在句群中连接句子，1 例（1.56%）在语篇中连接段落。这一时期，"何况"以在句群中连接句子为主。

明代，"何况"绝大多数连接名词短语，例如：

(1) 朱武道："一死尚然不惧，何况酒肉乎！"（《水浒传·1 回》）

(2) 张清见了大笑，骂道："你这败将！马军尚且输了，何况步卒！"（《水浒传·69 回》）

(3) 我去年害了三个月疟疾，景阳冈上酒醉里打翻了一只大虫，也只三拳两脚便自打死了，何况今日！（《水浒传·27 回》）

(4) 我等皆不如丞相远甚，丞相尚不能恢复中原，何况我等？（《三国演义·107回》）

(5) 忠奋然答曰："昔廉颇年八十，尚食斗米、肉十斤，诸侯畏其勇，不敢侵犯赵界，何况黄忠未及七十乎？军师言吾老，吾今并不用副将，只将本部兵三千人去，立斩夏侯渊首级，纳于麾下。"（《三国演义·70回》）

(6) 傻小淫妇儿，如今年程，三岁小孩儿也哄不动，何况风月中子弟。（《金瓶梅词话·52回》）

(7) 王太守是个善儒之人，听得说了这话，便禀梁中书道："梁山泊这一伙，朝廷几次尚且捕他不得，何况我这里一郡之力量？"（《水浒传·62回》）

"何况"后接介宾短语，1例，例如：

(8) 宓正色而言曰："蜀中三尺小童，尚皆就学，何况于我？"（《三国演义·86回》）

"何况"用于复句或句群中，共6例，如：

(9) 张飞大叫曰："异姓之人，皆欲为君，何况哥哥乃汉朝宗派！莫说汉中王，就称皇帝，有何不可！"（《三国演义·73回》）

(10) 在生之日，家家侍奉，何况今日为神乎？老夫只望蜀兵早早报仇。（《三国演义·83回》）

(11) 宋江道："在下山乡虽有贯伯浮财，未曾见如此富贵。花魁的风流声价，播传寰宇，求见一面，如登天之难，何况亲赐酒食。"（《水浒传·72回》）

(12) 你既收了他许多东西，又买他房子，今日又图谋他老婆，就着官儿也看乔了。何况他孝服不满，你不好娶他。（《金瓶梅词话·20回》）

(13) 何况见有我尊亲花大哥在上，先做友，后做亲，又不同别人。（《金瓶梅词话·20回》）

(14) 主公自思比袁绍若何？曹操向日兵微将寡，尚能一鼓克袁绍；何况今日拥百万之众南征，岂可轻敌？（《三国演义·43回》）

明清时期，"何况"后接名词性短语的用例减少，《红楼梦》9例，《儿女英雄传》仅有5例，例如：

(15) 那三岁孩子也知道，何况咱们？（《红楼梦·51回》）

(16) 就连宝兄弟也禁不住，何况众位姑娘。(《红楼梦·51回》)

(17) 二则，从来说'父仇不共戴天'，又道是'君子成人之美'，便是个漠不相关的朋友，咱们还要劝他作成这件事，何况我合他呢！(《儿女英雄传·16回》)

(18) 再说，当年如邓芝龙、郭婆带这班大盗，闹得那样翻江倒海，尚且网开三面，招抚他来，饶他一死，何况这些妖魔小丑？(《儿女英雄传·21回》)

(19) 那男子无端的弃了五伦去当和尚，本就非圣贤的道理，何况女子！(《儿女英雄传·23回》)

(20) 非年过五十无子，尚且不得纳妾，何况这停妻再娶的勾当。(《儿女英雄传·23回》)

(21) 及至到京之后，我家还有薄薄几亩闲地，等闲人还要舍一块给他作个义冢，何况这等正事。(《儿女英雄传·19回》)

《红楼梦》中，"何况"连接分句或句子，其后出现主语的有3例，未出现主语的有6例，出现主语时，"何况"全部位于主语之前。

出现主语，例如：

(22) 大凡哥儿出门回来，手巾荷包短了，还要个明白，何况这块玉不见了！(《红楼梦·94回》)

(23) 我们知道，连老太太叫姑娘吃酒姑娘们还不肯吃，何况太太们不在家，自然顽罢了。(《红楼梦·62回》)

(24) 我也和你一样，我就不似你这样心窄。何况你又多病，还不自己保养。(《红楼梦·76回》)

未出现主语，例如：

(25) 我们到的地方儿，有你到的一半，还有你一半儿到不去的呢。何况又跑到我们到不去的地方还不算，又去伸手动嘴的了。(《红楼梦·58回》)

(26) 据此亦该打，何况是撒谎。(《红楼梦·12回》)

(27) 宝姐姐先在家里住着，那薛大哥哥的事，他也不知道，何况如今在里头住着呢，自然是越发不知道了。(《红楼梦·28回》)

发展至《儿女英雄传》时期，"何况"可连接分句或句子，其后出现主语的有37例，未出现主语的有13例，出现主语时，与《红楼梦》时期相同，全部位于主语之前，例如：

(28) 其实，按下去，任是甚的顶天立地的男儿，也究竟不曾见他

不求人便作出那等惊人事业，何况你强煞是个女孩儿家！（《儿女英雄传·19回》）

（29）那时姑娘你又从那里不安去？何况姑娘你救了他两个性命，便同救了他两个父母、公婆。（《儿女英雄传·20回》）

（30）这个当儿，正是我家一个青黄不接的时候儿。何况我家又本是个不入敷出的底子，此后日用有个不足，自然还得从这项里添补着使。（《儿女英雄传·33回》）

（31）你听我说：这喜信断不得差，但是恪遵功令，自然仍以明日发榜为准。何况我同你都不曾叩谢过天君佛祠，我两老怎好便受你的头？（《儿女英雄传·35回》）

（32）又听那老者说道："郎官不可这等执性。'士先器识'，果人不足取，文于何有？何况这人的名字已经大书在天榜上了，你不中他，又其奈天何？"（《儿女英雄传·35回》）

《红楼梦》中，"何况"可与"又"（2例）搭配使用，《儿女英雄传》中，"何况"可以与"又"（15例）、"还"（13例）搭配使用，例如：

（33）何况又跑到我们到不去的地方还不算，又去伸手动嘴的了。（《红楼梦·58回》）

（34）何况你又多病，还不自己保养。（《红楼梦·76回》）

（35）果然命运风水一时凑合到一处，便是个披甲出身的，往往也会曾不数年出将入相，何况安公子又是个正途出身，他还多着两层"四积阴功五读书"呢！（《儿女英雄传·38回》）

（36）安老爷向来于戏文、弹词一道本不留心，到了和尚、道士两门，更不对路，何况这道士又自己弄成那等一副嘴脸！（《儿女英雄传·38回》）

（37）何况我家又本是个不入敷出的底子，此后日用有个不足，自然还得从这项里添补着使。（《儿女英雄传·33回》）

（38）说书的一张口本就难交代两家话，何况还要供给着听书的许多只耳朵听呢！（《儿女英雄传·23回》）

（39）种了这段福，就许造这条命，"才不才"这个名字儿，天已经许他想得到手了，何况这老头儿还不是个"不才"之辈呢！（《儿女英雄传·32回》）

（40）安公子更是个要好的人，何况他心里还比人多着好层心事！（《儿女英雄传·35回》）

（41）第二层，这位张太太，论远近，本就该请他作男家新亲才是正理，并且还虑到他作了女家新亲，真要闹到《送亲演礼》，打起牙把骨来，可就不成事了，何况他还是嗷白饭呢。(《儿女英雄传·28 回》)

"何况"前还可以加"更、又"构成"更何况"（1例）、"又何况"（2例）。例如：

(42) 就是我这师傅，不辞年高路远，拖男带女而来，他也是为好。更何况今日我既有了这座祠堂，这里便是我的家了，自我无礼断断不可。(《儿女英雄传·25 回》)

(43) 当那进退维谷的时候，倒是个练达老成人，也只得如此，何况于你？又何况你心里还多着为我的一层？(《儿女英雄传·12 回》)

(44) 况且，那何玉凤姐姐救了你我俩人性命，便是救了你我父母的性命，父母尚且把他作珍宝般爱惜，天人般敬重！又何况人家现在立志出家，他也是为他的父母起见！(《儿女英雄传·23 回》)

上述例子中，"何况……又何况……"搭配使用。

明清时期，"何况"后接介词短语，《红楼梦》2例，《儿女英雄传》4例，如：

(45) 你看这里这些人，因见老太太多疼了宝玉和凤丫头两个，他们尚虎视眈眈，背地里言三语四的，何况于我？(《红楼梦·45 回》)

(46) 倘天见怜，生了下来还可，若不然，我这命就不保，何况于他。(《红楼梦·69 回》)

(47) 马也会骑，何况于驴。(《儿女英雄传·10 回》)

通过上述例子可以看出，明清时期"何况"多用于反问句，按理说表示递进关系，并不必然要求用于反问句中，比如现代汉语中的"何况""况且""别说"等递进连词就常用于陈述句中。这是因为"何"、"况"原本都就表示反诘语气的副词它们的语义辖域是整个句子，但其语法分布却只能用于句子谓语之前，而不能用于主语之前，它们最常用于句尾加疑问语气词的反问句中，在这一点上，与连词"况"相同。例如：

(48) 古者五十而后爵，何大夫冠礼之有？(《礼记·郊特牲》)

(49) 心苟无瑕，何恤乎无家？(《左传·闵公六年》)

(50) 今子贵而忘义，富而忘礼，吾惧不免，何敢以告？(《国语·晋语》)

(51) 夫天机之所动，何可易邪？(《庄子·秋水》)

先秦的递进连词"况"却主要用于反问句中，如：

（52）我周之东迁，晋、郑焉依。善郑以劝来者，犹惧不蔇，况不礼焉？郑不来矣！（《左传·隐公六年》）

（53）千乘之君求与之友，而不可得也，而况可召与？（《孟子·万章》）

2.3.3.2 "不但"类

"不但"类是由否定词与限止副词粘合而成的一类双音递进连词。包括否定词"不"参与构成的"不但"、"不惟/唯"、"不独"、"不徒"、"不特"、"不光"、"不只"。否定词"非"参与构成的"非但"、"非惟"、"非独"、"非空"。以反诘语气表否定的"岂"参与构成的"岂但"。

2.3.3.2.1 "不但"

关于"不但"的来源问题，我们赞同刘立成、柳英绿（2008）的如下分析：

短语：不＋["仅"类词及其所限制的成分]→词汇化：["不仅"类词]＋"仅"类词原限定成分。

他们认为连词"不但"的成词经历了一个重新分析的过程，即"不"和"但"本来不处在一个句法层次上，但由于长期相邻使用，同现的结果就使得二者被看作一体。如：

（1）可骇哉！可骇哉！卿不及天师详问之，不但知是。（《太平经·卷41》）

（2）不但天爱之也，四时五行、日月星辰皆善之，更照之，使不逢邪也。（《太平经·卷114》）

连词"不但"的形成就是跨层结构的词汇化（董秀芳，2011），指的是仅在线性顺序上连接但并不构成一个句法单位的成分序列变为词的现象。这一类词的形成需要满足两个条件：一个是不构成句法单位的成分在线性次序上要紧密相连；另一个条件是不构成句法单位的成分一定出现在某个特定的高频使用的句法构式（construction）中（董秀芳，2011）。"不但"就处于"否定词＋限定副词＋被限定成分"这一句法构式中。尹洪波（2011）发现否定词和限定副词共现（如"不但"）时，否定的作用是对已知量的校正和修补，会导致"增量"。而"量"的变化对复句逻辑关系有所制约，即"增量"往往隐含着"递进"。所以，"否定＋限定（不但）"就只能用于语用否定的同质递进，而不具有异质递进中语义和语用双重否定功能的用法。

综上所述，我们认为连词"不但"形成于句法驱动下的变化。由于这种跨层结构词汇化中形成的"不但"未经历语义推理的演变过程,它自身没有"主观化",所以,"不但"只能表达客观递进格式义,无法表达主观评价义。

"不但"在格式"不但+P,就是Q也/都"中,连接语句P与Q,实现的是语篇连贯功能。周静(2003)分析格式内填充项P、Q间的递进关系包括两种:客观递进和主观递进。例如:

(3) 今儿三姐姐可叫林姐姐问住了,不但林姐姐是南边人到这里,就是我们这几个人就不同;也有本来是北边的;也有根子是南边的,生长在北边的;也有生长在南边,到这北边的,今儿大家都凑在一处,可见人总有一个定数。(《红楼梦·87回》)

(4) 不但我这女儿,就是女婿,也抵得一个儿子。(《儿女英雄传·32回》)

(5) 这是老世翁过谦的话,不但王大兄这般说,就是我们看,宝二爷必定要高发的。(《红楼梦·84回》)

(6) 不但说没有方子,就是听也没有听见过。(《红楼梦·80回》)

(7) 不但紫鹃和雪雁在私下里讲究,就是众人也都知道黛玉的病也病的奇怪,好也好得奇怪,三三两两,唧唧哝哝议论着。(《红楼梦·90回》)

(8) 不但没熟吃不得,就是熟了,上头还没有供鲜,咱们倒先吃了。(《红楼梦·67回》)

上述例子中,"不但P,就是Q",P和Q,如"紫鹃和雪雁在私下里讲究"和"人也都知道黛玉的病也病的奇怪"两者之间本来并不存在程度差异,是主观认为它们之间有差距,这种差距是主观的。

明代,"不但"作递进关系标记的用例并不多见,列举如下:

(9) 况且又在园里去,个个姊妹我们都肯拉拉扯扯,倘或露出来,不但在姊妹前,就是奴才看见,我有什么意思?(《红楼梦·74回》)

(10) 今日得汝捷报,不但陈有颜,连我也放下许多忧闷。(《水浒传·97回》)

(11) 不但武艺精熟,更有一件神异的手段,手飞石子,打击禽鸟,百发百中,近来人都称他做"琼矢镞"。(《水浒传·97回》)

(12) 当下不但邻近村坊人,城中人也赶出来眈看,把那青青的麦地,踏光了十数亩。(《水浒传·104回》)

(13) 若是再输与他,不但低了声名,又恐朝廷不敬重了。(《西游记·46回》)

(14) 且不但我等蒙惠,只这一庄上人,免得年年祭赛,全了多少人家儿女,此诚所谓一举而两得之恩也!敢不报答?(《西游记·49回》)

(15) 小的不但干了这件事,又打听得两桩好事来,报爹知道。(《金瓶梅词话·48回》)

到了清代,"不但"作递进关系标记的用例大大增多,《红楼梦》中,"不但"共见50例,占"不"类连词的89.29%,占递进连词的11.52%。发展至《儿女英雄传》中,"不但"继续保持了它的优势地位,共见111例,占"不"类连词的88.10%,占递进连词的16.02%,"不但"仍然是《儿女英雄传》中用例最多的"不"类递进连词,且是《儿女英雄传》中用例较多的递进连词之一,仅次于"以至"。

《红楼梦》时期,"不但"作递进连词主要在复句中连接分句,位于前一分句之首。根据范桂娟(2014)的研究,中古时期,"不但"主要出现在主语后,而《红楼梦》时期,"不但"既可以放在主语前(19例),也可以放在主语后(4例),但以出现在主语前为主。

"不但"位于主语之前,例如:

(16) 不但作者不知,抄者不知,并阅者也不知。(《红楼梦·120回》)

(17) 若信了人家的话,不但姑娘一辈子受了苦,便是琏二爷回来怎么说呢!(《红楼梦·118回》)

(18) 你叔叔便由着他们闹去,若弄出事来,不但自己的官做不成,只怕连祖上的官也要抹掉了呢。(《红楼梦·103回》)

(19) 只是我怕太太疑心,不但我的话白说了,且连葬身之地都没了。(《红楼梦·34回》)

"不但"位于主语之后,例如:

(20) 姨太太不但不肯照应我们,倒骂我糊涂。(《红楼梦·103回》)

(21) 李十儿便自己做起威福,钩连内外一气的哄着贾政办事,反觉得事事周到,件件随心,所以贾政不但不疑,反都相信。(《红楼梦·99回》)

(22) 若是站不住,家里不但不能请先生,反倒在他身上添出许多嚼用来呢。(《红楼梦·10回》)

《儿女英雄传》时期,"不但"既可以位于主语前(41例),又可以位于主语后(29例),仍以出现在主语前为主。

"不但"位于主语之前,例如:

(23) 经这样作一番,不但我得放心,你自己也有些把握。(《儿女英雄传·34回》)

(24) 不但你们老爷、太太越发喜欢了,连我这干丈母娘可也就更乐了。(《儿女英雄传·37回》)

(25) 不但我的房产地土都在这边儿,连坟地我都立在这里了,二位老人家我也请过来了,我算不想再回老家咧!(《儿女英雄传·32回》)

(26) 讲到老弟你了,不但我信得及你,是个学问高不过、心地厚不过的人,我是怎么个人儿,你也深知。(《儿女英雄传·32回》)

(27) 安老爷到得关厢,坐在车里一看,只见那条街上,不但南来北往的车驮络绎不绝,便是本地那些居民,也男男女女老老少少的,都穿梭一班拥挤不动。(《儿女英雄传·38回》)

"不但"在主语之后,例如:

(28) 尊客,你不但负了我的一片热肠,只怕你还要前程自悞!(《儿女英雄传·5回》)

(29) 若果如此,我不但不好辜负他这番美意,更得体贴他这片苦心,才报的过他来。(《儿女英雄传·9回》)

(30) 因此大家不但不笑他,转都爱他敬他。(《儿女英雄传·13回》)

(31) 等他接过这弹弓去看了,不用你开口,他必先问我。那时他不但不敢收这张弹弓,只怕还要备酒备饭帮助盘缠,也不可知。(《儿女英雄传·10回》)

(32) 你不但不是姓石行三,并且也不排行十三妹。(《儿女英雄传·19回》)

(33) 因此倒告诉随缘儿媳妇说:"这话关系要紧,你不但不可回老爷、太太,连你父母、公婆以至你女婿跟前,却不许说着一字。"(《儿女英雄传·22回》)

"不但"可以连接体词性成分,《红楼梦》3例,《儿女英雄传》3例,例如:

(34) 不但这个,就像前年那些人喝酒耍钱,都不是事。(《红楼梦·90回》)

(35) 你们那里知道,不但草木,凡天下之物,皆是有情有理的,也和人一样,得了知己,便极有灵验的。(《红楼梦·77回》)

(36) 不但这样,再有了这两个人沿路护送,他们都是一气,不怕有一万个强盗,你们只管大摇大摆的走罢。(《儿女英雄传·10回》)

(37) 不但他二位,便是我这奶公、奶母、丫鬟,现在既在伯父那里,一并也叫他们脱了孝,上路为是。(《儿女英雄传·20回》)

从搭配使用的角度来看,中古时期,汉译佛经中,与"不但"关联的主要是副词"亦",形成"不但……亦……"结构。发展至《红楼梦》时期,"不但"可以与"亦且"(5例)、"而且"(10例)、"且"(6例)搭配使用。

"不但……亦且",例如:

(38) 依老爷这一说,不但不能报效朝廷,亦且自身不保,还要三思为妥。(《红楼梦·4回》)

(39) 金氏此来,原要向秦氏说说秦钟欺负了他侄儿的事,听见秦氏有病,不但不能说,亦且不敢提了。(《红楼梦·10回》)

(40) 话说宝玉养过了三十三天之后,不但身体强壮,亦且连脸上疮痕平服,仍回大观园去。(《红楼梦·26回》)

"不但……且",例如:

(41) 果然不明白这话,不但我素日之意白用了,且连你素日待我之意也都辜负了。(《红楼梦·32回》)

(42) 因又自叹道:"若真也葬花,可谓'东施效颦',不但不为新特,且更可厌了。"(《红楼梦·30回》)

(43) 不但宝钗姊妹在此,且连邢岫烟也在那里,四人围坐在熏笼上叙家常。(《红楼梦·52回》)

"不但……而且",例如:

(44) 贾珍忙起身笑道:"大长进了,不但样式好,而且弓也长了一个力气。"(《红楼梦·75回》)

(45) 方才琏儿所说更加诧异,说不但库上无银,而且尚有亏空,这几年竟是虚名在外。(《红楼梦·106回》)

(46) 因说:"白白的只管乱射,终无裨益,不但不能长进,而且坏了式样,必须立个罚约,赌个利物,大家才有勉力之心。"(《红楼梦·75回》)

《红楼梦》时期,"不但"还可以和"连"(13例)、"就连"(4例)等搭配使用,例如:

(47) 黛玉笑道:"不但你我不能趁心,就连老太太、太太以至宝

玉探丫头等人，无论事大事小，有理无理，其不能各遂其心者，同一理也，何况你我旅居客寄之人哉！"（《红楼梦·76 回》）

(48) 紫鹃听了这话，不但不能再劝，连自己也掌不住滴下泪来。（《红楼梦·89 回》）

(49) 宝玉道："不但没说你，连见了我也不像先时亲热。"（《红楼梦·第 91 回》）

发展至《儿女英雄传》时期，与"不但"相关联的词更多，构成的结构更加多样。"不但"在复句中连接分句，用于前一分句，后一分句中常有"并且、而且、还要、连……也（都、还）……、就是（连）……也（都）……、便（是）、只怕、就、也、还"与之呼应，可构成"不但……并且……"（13 例）、"不但……而且……"（3 例）、"不但……还要……"（8 例）、"不但……连……也（都、还）……"（24 例）、"不但……就是（连）……也（还）……"（10 例）、"不但……便（是）……"（11 例）、"不但……只怕……"（4 例）、"不但……就……"（1 例）、"不但……也……"（12 例）、"不但……还……"（7 例）的结构。还有"不但……也……也……（也）"、"不但……也……就连"等结构。

"不但……并且……"，例如：

(50) 不但像是个同胞姊妹，并且像是双生姊妹。（《儿女英雄传·13 回》）

(51) 你不但不是姓石行三，并且也不排行十三妹。（《儿女英雄传·19 回》）

(52) 原来这是因为他是替死者磕头，不但不敢答，并且不敢受。（《儿女英雄传·17 回》）

"不但……而且……"，例如：

(53) 讲到姐姐今日这喜事，不但有媒有妁，而且还请得是成双成对的媒妁，余外更多着一位月下老人。（《儿女英雄传·26 回》）

(54) 今日不但性命无伤，而且姻缘成就，可见这事自有天作主。（《儿女英雄传·11 回》）

(55) 玉凤姑娘此时被大家你一句我一句说的心里乱舞莺花，笑也顾不及了，细想了想，这事不但无法，而且有理，料是"一不扭众"，只得点头依允，说："也只好如此。"（《儿女英雄传·23 回》）

"不但……还要……"，例如：

(56) 这不但是这桩事里的一个好机缘，还要算这回书里的一个好穿插呢？（《儿女英雄传·16 回》）

(57) 这不但算你三个闺阁中一段快谈，还要算我家庭间一桩盛事。(《儿女英雄传·37回》)

(58) 要说为方才这句话来的，我不但不领情，还要怪你老人家的大错！(《儿女英雄传·25回》)

"不但……也……"结构用例如下：

(59) 这话不但不是三五句可了，也不是三两月可完。(《儿女英雄传·33回》)

(60) 讲到老弟你了，不但我信得及你，是个学问高不过、心地厚不过的人，我是怎么个人儿，你也深知。(《儿女英雄传·32回》)

(61) 若果如此，不但那女子可以远祸，我们也可放心。(《儿女英雄传·13回》)

"不但……也……也……（也）"结构的用例如下：

(62) 只要把他逼到正路上去，不但如了公婆的愿，成了他个人，也不枉我拿着把刀把你两个撮合在一块子，也不枉你说破了嘴把我两个撮合在一块子。(《儿女英雄传·30回》)

(63) 自己不但不能料理薪水，连丈夫身上一针一线也照顾不来，作丈夫的没奈何，弄个供应栉沐衾裯的人，也算照顾了自己，也算帮助了他，于他何等不妙？(《儿女英雄传·27回》)

"不但……连……也（都、还）……"结构的用例如下：

(64) 大家听了这话，不但安太太合安公子小夫妻三个不懂，连安老爷听了也觉诧异，便问道："这话怎的个讲法？"(《儿女英雄传·33回》)

(65) 太太这话不但二位少奶奶觉得是这样好，连那个不须他过虑的"司马长卿"也望着老爷的俯允。(《儿女英雄传·34回》)

"不但……也……就连"结构的用例如下：

(66) 这《儿女英雄传》既是康熙、雍正年间的事，那时候不但不曾奉试帖增八韵的特旨，也不曾奉文章只限七百字的功令，就连二场还是专习一经，三场还有论判呢。(《儿女英雄传·34回》)

"不但……便是……"结构用例如下：

(67) 那何太太是位忠厚老实不过的人，再加上后来一病，不但邓九公合他漠不关心，便是褚大娘子也合他两年有余，不曾长篇大论的谈过个家长里短，却从那里得这许多方便眼泪？(《儿女英雄传·21回》)

(68) 伯父、伯母，今日此举，不但我父母感情不尽，便是我何玉凤也受惠无穷！（《儿女英雄传·24回》）

"不但……只怕……"结构用例如下：

(69) 不但我们这两个"凤兮凤兮，已而已而"了，只怕连你这今之所谓风雅，也就"殆而殆而"了！（《儿女英雄传·30回》）

(70) 如今还要裁革了去，不但于我心不忍，只怕老太太未必就依。（《红楼梦·74回》）

(71) 你叔叔便由着他们闹去，若弄出事来，不但自己的官做不成，只怕连祖上的官也要抹掉了呢。（《红楼梦·103回》）

"不但……就……"结构用例如下：

(72) 果然如此，不但嬷嬷爹在跟前不中用，就褚一官来也未必中用！（《儿女英雄传·5回》）

(73) 不但此也，就作了个天不求人，那个代他推测寒暑？（《儿女英雄传·19回》）

"不但……还……"结构用例如下：

(74) 是我拔刀相助，不但保全了他的英名，还给他挣过一口大气来。（《儿女英雄传·8回》）

(75) 凡是这等，我都要用他几文，不但不领他的情，还不愁他不双手奉送。（《儿女英雄传·8回》）

2.3.3.2.2　"不惟/唯"

明代，"不惟"全部用于复句分句中连接分句，位于前一分句之首，后一分句中与"并亦"、"亦"、"亦且"搭配使用，如：

(1) 不知者竟目为淫书，不惟不知作者之旨，并亦冤却流行者之心矣。特为白之。（《金瓶梅词话·60回》）

(2) 将军若是听从，明日夜间，轻弓短箭，骑着快马，从小路直人贼寨，生擒林冲等寇，解走京师，不惟将军建立大功，亦令宋江与小将得赎重罪。（《水浒传·63回》）

(3) 孔明笑曰："公非袁术座间怀桔之陆郎乎？请安坐，听吾一言：曹操既为曹相国之后，则世为汉臣矣。今乃专权肆横，欺凌君父，是不惟无君，亦且蔑祖，不惟汉室之乱臣，亦曹氏之贼子也。……"（《三国演义·43回》）

《儿女英雄传》中的"不惟"全部用于复句中连接分句，位于前一分句之首，后一分句中可有"况且、而且、并且、连"与之搭配使用，举例如下：

（4）想了想，受他那等一分厚情，此时要一定讲到一酬一酢，不惟力有不能，况且他又是个便家，转觉馈出无辞，义有未当。（《儿女英雄传·32回》）

（5）只是一山无二向，本年不惟三煞有碍，而且大将军正在明堂，安葬是断断不可的。（《儿女英雄传·23回》）

（6）听了这话，不惟是个至理，并且是个实情，早低下头去发起闷来，为起难来。（《儿女英雄传·33回》）

（7）无如积重难返，不惟地方上不见些起色，久而久之，连那些地主官也就视为具文。（《儿女英雄传·40回》）

2.3.3.2.3 "不独"

明代，"不独"只存在于《金瓶梅词话》中，例如：

（1）"你老人家不消多虑，奴过去自有道理，料不妨事。"张四道："不独这一件。"（《金瓶梅词话·7回》）

（2）不独资财如粪土，也应嗟叹后来人。（《金瓶梅词话·41回》）

（3）不独纤微能济物，无缘滴水也难为。（《金瓶梅词话·58回》）

（4）不独桃源能问渡，却来月窟伴嫦娥。（《金瓶梅词话·59回》）

清代，"不独"只在《红楼梦》中有少量用例，如：

（5）且说元宵已过，只因当今以孝治天下，目下宫中有一位太妃欠安，故各嫔妃皆为之减膳谢妆，不独不能省亲，亦且将宴乐俱免。（《红楼梦·55回》）

（6）即值仓皇流离之日，虽连香亦无，随便有土有草，只以洁净，便可为祭，不独死者享祭，便是神鬼也来享。（《红楼梦·58回》）

（7）那茯苓霜是宝玉外头得了的，也曾赏过许多人，不独园内人有，连妈妈子们讨了出去给亲戚们吃，又转送人，袭人也曾给过芳官之流的人。（《红楼梦·61回》）

（8）本是一双秋水眼，再吃了酒，又添了饧涩淫浪，不独将他二姊压倒，据珍琏评去，所见过的上下贵贱若干女子，皆未有此绰约风流者。（《红楼梦·65回》）

（9）不独菱角花，就连荷叶莲蓬，都是有一股清香的。（《红楼梦·80回》）

综上所述，明清时期，"不独"表递进关系的用法已经不多见。

2.3.3.2.4 "不只"、"不止"

明清时期,"不止"作递进关系标记,用例并不多见,例如:

(1) 更有一计,不止保安徐州,并可生擒袁术。(《三国演义·17回》)

(2) 昭然垂万古,不止冠三分。(《三国演义·77回》)

(3) 不止一身好花绣,更兼吹得弹得,唱得舞得,折白道字,顶真续麻,无有不能,无有不会。(《水浒传·60回》)

(4) 若说袈裟,似我等辈者,不止二三十件。(《西游记·16回》)

(5) 众将上前看王英时,不止伤足,连头面也磕破。(《水浒传·98回》)

清代,"不止"用作递进关系标记,举例如下:

(6) 原来这庙里和尚作恶多端,平日不公不法的事,也不止安公子这一件。(《儿女英雄传·7回》)

(7) 及至看《广舆记》上,不止关夫子的坟多,自古来有名望的人,坟就不少,无考的古迹更多。(《红楼梦·51回》)

(8) 据这样看起来,这人不止是甚么给强盗作眼线的,莫不竟是个大盗,从京里就跟了下来?(《儿女英雄传·5回》)

(9) 自然不止你两个,想这园里凡大的都要去呢。(《红楼梦·77回》)

(10) 登时脸上的气色大变,那神情儿不止像在悦来店见了十三妹的样子,竟有些像在能仁寺撞着那个和尚的样子!(《儿女英雄传·40回》)

"不只"用例如下:

(11) 也不只放翁才用,古人中用者太多。(《红楼梦·76回》)

(12) 我想二爷不只用这个呢,只怕还要用别的。(《红楼梦·43回》)

2.3.3.2.5 "非但"、"非惟"

明清时期,"非但"、"非惟"表递进关系的用例不多见,举例如下:

(1) 昔马援对光武云:当今之世,非但君择臣,臣亦择君。(《三国演义·29回》)

(2) 曹操势不及袁绍，而竟能克绍者，非惟天时，抑亦人谋也。（《三国演义·38回》）

(3) 汝欺中原无好人物，倘有人进言，于山僻中以兵截杀，非惟五千人受害，亦大伤锐气。（《三国演义·92回》）

2.3.3.3 "不说"类

"不说"类是由否定副词与言说动词粘合而成的一类双音递进连词。包括单纯否定副词"不"参与构成的"不说"、"不论"，禁止否定副词"莫"、"休"、"勿"、"不要"、"别"参与构成的"莫说"、"莫论"、"莫道"、"休说"、"勿论""不要说"、"别说"、"别要说"判断否定副词"非"参与构成的"非论"。

2.3.3.3.1 "不说"

邢福义（2002）、董秀芳（2004）、李敏（2005）、李宗江（2009）、张旋（2010）、唐善生（2016）从不同角度对"不说"的词性、词汇化、语法化等不同进行了研究，本书这里不再赘述，我们重点对明清时期"不说"具体使用情况进行描写和分析。

明代时，"不说"萌芽，往往跟"单说"、"且说"等词语引导的小句连用。"不说"连接的两个事件具有语义上的不平等性，随着使用频率的增多，这种用法逐渐固定，就分化出了"不说"前后句形成对比，"排除"意味很明显，"不说"主要起到话题转换的功能。例如：

(1) 不说卢俊义、乔道清两路杀，且说"神驹子"马灵，领兵摇旗擂鼓，辱骂搦战，只见城门开处，放下吊桥，南军将佐，拥出城来，将军马一字儿排开，如长蛇之阵。（《水浒传·99回》）

(2) 不说宋江等军马去了，且说燕青立在人家房檐下看时，只见李逵从店里取了行李，拿着双斧，大吼一声，跳出店门，独自一个，要去打这东京城池。（《水浒传·72回》）

(3) 不说赌博光景，更有村姑农妇，丢了锄麦，撇了灌菜，也是三三两两，成群作队，仰着黑泥般脸，露着黄金般齿，呆呆地立着，等那粉头出来。（《水浒传·104回》）

(4) 不说方腊分调人马，两处迎敌，先说宋江大队军马起程，水陆并进，离了睦州，望清溪县而来。（《水浒传·118回》）

(5) 不说高太尉催促造船征进，却说宋江与众头领自从济州城下叫反杀人，奔上梁山泊来，却与吴用等商议道："两次招安，都伤犯了天使，越增得罪恶重了，朝廷必然又差军马来。"（《水浒传·80回》）

(6) 不说这里调笑顽耍，且说家中吴月娘一者置酒回席，二者又是玉楼上寿，吴大妗子、杨姑娘并两个姑子，都在上房里坐的。(《金瓶梅词话·21回》)

(7) 不说金莲独宿，单表西门庆与李瓶儿两个相怜相爱，饮酒说话到半夜，方才被伸翡翠，枕设鸳鸯，上床就寝。(《金瓶梅词话·20回》)

(8) 不说妇人思想西门庆，单表一日玳安骑马打门首经过，看见妇人大门关着，药铺不开，静落落的，归来告诉与西门庆。(《金瓶梅词话·19回》)

(9) 且不说吴月娘等在花园中饮酒。(《金瓶梅词话·19回》)

(10) 却说冷苞得回雒城，见刘璝、张任，不说捉去放回，只说："被我杀了十余人，夺得马匹逃回。"(《三国演义·62回》)

这种用法在明代进一步扩大，这有两方面的表现：第一，上述用法在数量上日益增多；第二，"不说"不仅仅可以跟"单说"、"且"，引导的小句连用，还跟"却说"、"单表"、"再说"、"只说"、"话说"、"后说"、"先说"、"说"等引导的小句连用，后一小句也可以没有引导词。"不说……只说/且说/先说"可以实现情节的转换，以作为段落或章节的过渡或衔接。"不说"后面是上一个情节讲到的地方，"且说"等后面是转入的新的情节的开始，可以表示在时间、空间、人物、情节等各方面跨度都较大的话题转接。"不说"的这种篇章功能，与在句中的信息转换功能是相同的。

此外，在明代，"不说"连接前后项绝大多数时候需要相关的词语配合使用，"不说"和"且说"配合最为常见，其次是"却说"、"单表"、"再说"、"只说"，有时候也使用"话说"、"后说"、"先说"、"说"等。在这个时期也出现了一些不需要相关词语配合的用例，这大概是语言演变的经济原则的体现。

清代的时候，"不说"的使用格局发生了一些变化，在清代，"不说"和"再说"类词语配合最为常见，"且说"、"单×"、"却说"虽然用例有所减少，但依然常用，值得注意的是，"不说"单用在清代有着较好的发展势头。通过比较明清时期与"不说"搭配的词语所占总数的比例图，我们可发现"且说"、"却说"、"话说"、"后说"、"先说"所占总数的比例都呈下降趋势，而"单×"、"再×"、"无"、"只说"所占总数的比例则呈上升趋势。我们认为上述格局的变化反映了三种变化趋势：第一，"不说"单用将逐渐成为一种主流的选择；第二，"再说"将会产生连词用法；第三，"单"和"只"的使用将会促使"不说"表示递进关系。而这三种趋势在现当代汉语中都已经实现。

明清时期，"不说"作为递进关系标记，它标志一个反预期信息，这个反预期信息也是说话人不期望的信息。"不说"表示对某人不实施某一行为的责怪或埋怨，带有说话人强烈的主观情绪。例如：

(11) 怎么着，我今日之下住在我好朋友家里，就你们这么一起子毛蛋蛋子，不说夹着你娘的脑袋滚的远远儿的，倒在我眼皮子底下把人家房上地下糟塌了个土平！（《儿女英雄传·31回》）

(12) 人家二叔今日给送行，你老人家不说找个开心的兴头话儿说说，且提八百年后这些没要紧的事作么？（《儿女英雄传·32回》）

"不说"常常标明说话人的强烈的不满情绪，因此"不说"句常常会出现在责骂的语境中。

(13) 不说丫鬟们太小心过余，还只当我素日是这等轻狂惯了呢。（《红楼梦·8回》）

(14) 他最嫌人斗牌，他看见人斗牌，却也不言语，等过了后儿提起来，你可听么，不说他拙笨懒儿全不会，又是甚么"这桩事最是消磨岁月"了，"最是耽误正经"了，又是甚么"此非妇人本务家道所宜"了，绷着个脸儿，嘟嘟个不了。（《儿女英雄传·29回》）

(15) 史湘云道："你不说你的话噎人，倒说人性急。"（《红楼梦·32回》）

(16) 那是醉汉嘴里混嗄，你是什么样的人，不说没听见，还倒细问！（《红楼梦·7回》）

(17) 故贾瑞也无了提携帮衬之人，不说薛蟠得新弃旧，只怨香、玉二人不在薛蟠前提携帮补他，因此贾瑞金荣等一干人，也正在醋妒他两个。（《红楼梦·9回》）

(18) 宝玉笑道："你这会子才力已尽，不说不能作了，还贬人家。"（《红楼梦·38回》）

上述例句中"轻狂惯了"、"拙笨懒儿"等都是贬义的词语，表示说话人的强烈的不满情绪。

明清时期，"不说"标记反预期信息和反期望信息。在话语信息传递的过程中，由于交际双方的个体差异，同一信息对不同的对象而言地位并不相同。吴福祥（2004）根据语言成分所传递的信息与受话者预期信息是否一致，将话语中语言成分所传达的信息分为"预期信息"、"中性信息"与"反预期信息"。Heine等（1991）认为，反预期信息标记的功能是表示说话人认为一个陈述在某种方式上与特定语境中一种常规的情形相背离。很多语言常常用一些专门的语法手段来标示反预期信息，汉语也是如此。汉语中常见的反预期标记有"虽然、别看、没想到"。（齐沪扬、胡建锋，2007；刘焱，2009；谷峰，2014）副词"不说"所标记的也是反说话人所预期的信息，确切地说，标记的是责怪方反预期信息。

(19) 今儿我咳嗽出两口血来,太太叫大夫来瞧,不说替我细问问,你且弄这个来取笑。(《红楼梦·36回》)

(20) 妈急的这个样儿,你不说来劝妈,你还反闹的这样。(《红楼梦·34回》)

(21) 凤姐儿问道:"我又不是鬼,你见了我,不说规规矩矩站住,怎么倒往前跑?"(《红楼梦·44回》)

(22) 贾母啐道:"下流东西,灌了黄汤,不说安分守己的挺尸去,倒打起老婆来了!"(《红楼梦·44回》)

(23) 老娘那边送了礼来,他不说在外头张罗,他倒坐着骂人,礼也不送进来。(《红楼梦·45回》)

(24) 因向何小姐道:"你不说要给妈开斋呢吗?"(《儿女英雄传·29回》)

如例(19)中说话人的预期是希望帮自己问问,反预期是反而取笑;例(20)说话人的预期是来劝妈妈,反预期是闹的这样。

"不说"标记的不仅是责怪方的反预期信息,而且是责怪方的反期望信息。郑娟曼(2009)认为:人总是对自身、他人或某一事件的发展方向或实现结果有所期望或希望,这就表现为一种期望。新信息对于言谈参与者来说,可能是其期望的信息,也可能是其非期望的信息。前者称为"期望信息",后者称为"反期望信息",两者之间可能存在一个"无期望"信息。"期望"与"预期"是两个不同的概念。前者是对某个对象或结果的心理期待,一般是积极方向;后者是根据已知经验或毫无经验对某一结果作出预先判断。预期信息也不一定是期望信息,期望信息也不一定是预期信息;而反预期信息有可能是期望信息,反期望信息也可能是预期信息。

"不说"标记的是责怪方反预期的信息,也标记了责怪方的期望信息。如例(21)"倒往前跑"是反预期信息,换句话说,"规规矩矩站住,不跑"是说话人的预期,但客观事实是被说的人却跑了。正是由于反预期与说话人期望的对立,说话人才有强烈的不满。这也是"不说"带有埋怨、责怪的直接原因。

2.3.3.3.2 "莫说"、"莫论"、"莫道"

明清时期,"莫说"用作递进关系标记的用例并不多见,例如:

(1) 这位姑娘的小解法就与那金凤姑娘大不相同了。浑身上下本就只一件短袄,一条裤子,莫说裙子,连件长衣也不曾穿着。(《儿女英雄传·9回》)

(2) 讲他的心胸本领，莫说杀一个仇人，就万马千军冲锋打仗，也了的了，不用旁人过虑，这是一。(《儿女英雄传·16回》)

(3) 淘气起来，莫说平人说他劝他不听，有时父兄的教训他也不甚在意。(《儿女英雄传·18回》)

(4) 到了自己的贴身儿的东西，莫说男子，连自己亲娘都有见不得的时候。(《儿女英雄传·26回》)

(5) 办得妥当，莫说老爷、太太还要旋恩奖赏，是个脸面。(《儿女英雄传·33回》)

(6) 我是横了心的，当着众人在这里，我这一辈子莫说是"宝玉"，便是"宝金""宝银""宝天王""宝皇帝"，横竖不嫁人就完了！(《红楼梦·46回》)

(7) 莫说村居不好，只要人家清白，孩子肯念书，能够上进。(《红楼梦·120回》)

明清时期，"莫道"用作递进关系标记的用例也不多见，例如：

(8) 正是：莫道东南能制胜，谁云西北独无人？毕竟此人是谁，且看下文分解。(《三国演义·47回》)

(9) 莫道不分玉与石，为庆为殃心自扪。(《水浒传·100回》)

(10) 不瞒师父说，莫道是只虎，就是一条龙，见了我也不敢无礼。(《西游记·14回》)

(11) 莫道此生沉黑海，性中自有大光明。(《红楼梦·22回》)

(12) 莫道此花知识浅，欣荣预佐合欢杯。(《红楼梦·94回》)

2.3.3.3.3 "休说"

明清时期，"休说"并不多见，既可以可连接词语，也可连接分句，多为前置用法，也可用于后置。如：

(1) 你不曾见夜间那火，光腾万里，亮透三天，且休说二十里，就是二百里也照见了！坐定是他见火光煜耀，趁着机会，暗暗的来到这里，看见我们袈裟是件宝贝，必然趁哄掳去也。(《西游记·16回》)

(2) 如今我三人同去望他一望，就与你道达此情，教那唐和尚莫念《紧箍儿咒》，休说三日五日，只等你求得方来，我们才别。(《西游记·26回》)

(3) 朱仝道："若要我上山时，依得我一件事，我便去！"吴用道："休说一件事，遮莫几十件也都依你。"(《水浒传·50回》)

(4) 我这城中，且休说文武官员好道，富民长者爱贤，大男小女见我等拜请奉斋，这般都不须挂齿，头一等就是万岁君王好道爱贤。(《西游记·44回》)

(5) 黑旋风李逵在侧边叫道："哥哥休说做梁山泊主，便做个大宋皇帝你也肯！"宋江大怒道："这黑厮又来胡说！再若如此乱言，先割了你这厮舌头！"李逵道："我又不教哥哥不做。"(《水浒传·59回》)

(6) 且休说小校威雄，亲随勇猛。(《水浒传·80回》)

2.3.3.3.4　"别说"、"不要说"

关系标记的核心功能是连贯。连贯功能分为两个层次：一个是语篇连贯，指语句内部分句内容之间的连接；另一个层次是认知连贯，指语句所表达的言者认知的连接。关系标记"别说"在"别说＋P，就是 Q 也/都……"中，表面上连接着语句 P 和 Q，而实质是连接由 P 所表达的言者认知结果 M 和 Q 所表达的言者认知预期 N。其中，认知结果 M 是言者通过外界刺激后得到的已知信息；认知预期 N 是一种与言者的认识、观念相联系的抽象世界，指言谈事件中发话人的知识状态。关系标记"别说"实现的就是认知连贯，即发话人在他的主观量级上，用"别说"否定 P 表达的认知结果 M 的主观量不足而完成 Q 表达的。认知预期 N 对 M 的递进。关系标记"别说"的认知连贯功能源于其基本概念义"不要说"，刘永华、高建平（2007），韩磊、刘炎（2007），尹海良（2009a），侯瑞芬（2009），李宗江（2010），周莉（2013，2014）都围绕"别说"的词汇化或语法化的实词虚化规律来谈。本书只重点描写论述明清时期"别说"的递进用法。

以往对递进类型的研究多以发挥语篇连贯功能的"不但"为例，分析复句前后分句 P、Q 的形式关系。如周静（2003）提出同向递进和异向递进。而我们对实现认知连贯的"别说"所表达的递进关系分析则跳出分句 P、Q 言者的认知结果 M 和预期 N 之间的关系来谈，把它分为同质递进的"别说[1]"和异质递进的"别说[2]"。下面我们来看明清时期的"别说"的具体使用情况。

同质递进的"别说[1]"。认知预期 N 与认知结果 M 在同质认知前提下，发话人用"别说"来否定 M 的"量"不足而形成 N 对 M 的同质递进。李宇明（2000）把这类否定叫作"同纬度否定"，指出这种否定的作用不在于否定事物所具有的性质，而在于校正性质的级次。同质递进的典型表达结构为"别说 P，就是 Q"，例如：

(1) 你们这会子别说一千两的当头，就是现银子要三五千，只怕也难不倒。(《红楼梦·72回》)

(2) 咱们若是不能吃人参的人家，这也难说了；你公公婆婆听见治得好你，别说一日二钱人参，就是二斤也能够吃的起。(《红楼梦·11回》)

(3) 别说我吃了一碗牛奶，就是再比这个值钱的，也是应该的。(《红楼梦·19回》)

(4) 好姐姐，好亲姐姐，别说两三件，就是两三百件，我也依。(《红楼梦·19回》)

(5) 别说他是咱们家的香火，就是平白不认识的庙里，和他借，他也不敢驳回。(《红楼梦·43回》)

(6) 别说自己的侄孙女儿，就是亲戚家的，也是要好才好。(《红楼梦·118回》)

(7) 别说鸳鸯，就是那些执事的大丫头，谁不愿意这样呢。(《红楼梦·46回》)

"……，别说……"中"别说"单独使用，表示同质量递进，例如：

(8) 这些人都是我父亲手下的败将，别说还有我何家妹子在这里，怕甚么！(《儿女英雄传·21回》)

(9) 有也是施主，没也是施主，别说我们是本家庵里的，受过老太太多少恩惠呢。(《红楼梦·115回》)

异质递进的"别说^2"。认知预期 N 与认知结果 M 在相反的认知前提下，发话人用"别说"对 M 的"质"进行语义否定得到～M（～为命题逻辑中表并非的否定符号）的同时，又对～M 的"量"进行语用否定，最终形成 N 对 M 的异质递进。邢福义（2001）称这类递进关系为"反递关系"。这样，"别说"就通过双重否定功能实现了乙的认知预期 N 对与之异质的认知结果 M 在认知层面的递进，实现认知连贯的功能。这就不同于以往仅从语篇形式上对复句前后分句 P、Q 间关系的分析。具体情况又可以分为两种："P，别说 Q"和"别说 Q，P"。

"P，别说 Q"，例如：

(10) 你也不想想，焦大太爷跷跷脚，比你的头还高呢。二十年头里的焦大太爷眼里有谁？别说你们这一起杂种王八羔子们！(《红楼梦·7回》)

(11) 蓉哥儿，你别在焦大跟前使主子性儿。别说你这样儿的，就是你爹、你爷爷，也不敢和焦大挺腰子！(《红楼梦·7回》)

(12) 便是朝廷宫里，也有个定例，或几年一选，几年一入，也没有个长远留下人的理，别说你了！(《红楼梦·19回》)

(13) 众婆子笑道："林姑娘方才也不认得，别说姑娘们。"（《红楼梦·57回》）

"别说 Q，P"，例如：

(14) 这会子热剌剌的说一个去，别说他是个实心的傻孩子，便是冷心肠的大人也要伤心。（《红楼梦·57回》）

(15) 别说上路，等过二十天起了炕，就算好的！（《儿女英雄传·3回》）

(16) 别说想病好，求其不添，也就罢了。（《红楼梦·64回》）

(17) 再想想，又怕夜长梦多，迟一刻儿不定老爷想起孔夫子的那句话合这件事不对岔口儿来，又是块糟，连忙说道："老爷说的关系不关系这些话，别说老爷的为人讲不到这儿，就是俩媳妇儿也断不那么想，总是老爷疼他们。"（《儿女英雄传·40回》）

(18) 张姑娘道："别说姐姐呀，妹妹比姐姐多来着一年呢，今日也是头一遭儿见哪！"（《儿女英雄传·37回》）

(19) 公子道："别说妹妹呀，连哥哥比你两个多来着不差甚么二十年，今日还是头一遭儿见呢！"（《儿女英雄传·37回》）

(20) 我且问你，别说我们这一处，你看满园子里，谁在主子屋里教导过女儿的？（《红楼梦·58回》）

(21) 别说靠着我这个面子儿合你们脑袋上钮子大的那个金顶儿，合人家套交情去，这出戏可就唱砸了。（《儿女英雄传·40回》）

"别说……，连……"搭配使用，表示反向递进，例如：

(22) 薛姨妈笑道："别说凤丫头没见，连我也没听见过。"（《红楼梦·40回》）

(23) 别说这个，有一年连草根子还没了的日子还有呢。（《红楼梦·61回》）

(24) 别说鸳鸯等看去不像样，连凤姐自己心里也过不去了。（《红楼梦·110回》）

(25) 别说锅渣面筋，我连咸酱都不动，我许的是吃白斋。（《儿女英雄传·21回》）

"别说"可以和"也"、"连"等词搭配使用，表示异质递进。

(26) 昨日儿子也没有细查，只看家下的人丁册子，别说上头的钱一无所出，那底下的人也养不起许多。（《红楼梦·107回》）

(27) 连邢女儿我还怕你哥哥糟蹋了他，所以给你兄弟说了。别说这孩子，我也断不肯给他。(《红楼梦·57回》)

王健（2008）指出的现象：当不含"别说"的分句是一个否定命题时，无论含"别说"分句中是否出现否定性成分，都只能作否定解读，下面例子中"别说"连接的分句并未出现否定性成分，但也只能作否定解读。

明清时期，"别说"还能够与"便是、单只、倘或"等搭配使用，例如：

(28) 别说他素日殷勤小心，便是不殷勤小心，也拼不得。(《红楼梦·26回》)

(29) 别说是妈，便是旁人来劝你，也为你好，倒把你的性子劝上来了。(《红楼梦·34回》)

(30) 殊不知别说庶出，便是我们的丫头，比人家的小姐还强呢。(《红楼梦·55回》)

(31) 越自己谦越尊重，别说是三五代的陈人，现从老太太、太太屋里拨过来的，便是老太太、太太屋里拨过来的，便是老太太、太太屋里的猫儿狗儿，轻易也伤他不的。(《红楼梦·63回》)

(32) 怡红院别说别的，单只说春夏天一季玫瑰花，共下多少花？(《红楼梦·56回》)

(33) 别说拿不来，倘或拿了来也要闹出来的。(《红楼梦·111回》)

"且别说，……"，也可以表示递进关系，如：

(34) 这且别说，老爷你当被卖之丫头是谁？(《红楼梦·4回》)

(35) 且别说病，只论好的日子我是怎么形景，就可知了。(《红楼梦·45回》)

"别说"表示递进关系，例如：

(36) 有也是施主，没也是施主，别说我们是本家庵里的，受过老太太多少恩惠呢。(《红楼梦·115回》)

明清时期，"别说是"也可以表示递进关系，例如：

(37) 大姐姐，你只听这话，别说是乌里雅苏台，无论甚么地方，还想他肯跟出小子去吗？(《儿女英雄传·40回》)

(38) 偏偏今日早晨他兄弟来瞧他，谁知那小孩子家不知好歹，看见他姐姐身上不大爽快，就有事也不当告诉他，别说是这么一点子小事，就是你受了一万分的委曲，也不该向他说才是。(《红楼梦·10回》)

(39) 别说他那书上那些世宦书礼大家,如今眼下真的,拿我们这中等人家说起,也没有这样的事,别说是那些大家子。(《红楼梦·54回》)

(40) 别说是鸳鸯,凭他是谁,那一个不想巴高望上,不想出头的?(《红楼梦·46回》)

(41) 你别说我是你的外孙女儿,是隔了一层了,我的娘是你的亲生女儿,看我娘份上,也该护庇些!(《红楼梦·82回》)

(42) 别说是女人当不来,就是三头六臂的男人,还撑不住呢。(《红楼梦·83回》)

(43) 别说是嫂子啊,就是秋菱,我也从来没有加他一点声气儿啊。(《红楼梦·83回》)

根据我们检索的文献,明清时期,"不要说"表递进关系的用例,只有3例:

(44) 那金莲取过来坐在身底下,向李瓶儿道:"等他来寻,你每且不要说,等我奈何他一回儿才与他。"(《金瓶梅词话·33回》)

(45) 伯父、伯母,这事礼过于情,不要说我何玉凤看了不安,便是我的母亲九泉有知,也过不去。(《儿女英雄传·20回》)

(46) 我有好些朋友都是通天的本事,不要说他们送殡去了,家里剩下几个女人,就让有多少男人也不怕。(《红楼梦·111回》)

2.3.3.4 "再说"、"再者"、"再加"、"再兼"、"再则"、"更加"

2.3.3.4.1 "再说"

郑贵友(2001)、周威兵(2005)讨论了"再说"的关联性和篇章功能,罗耀华、牛利(2009)讨论了"再说"从动词性短语到具有关联作用的连词的语法化历程和机制。胡斌彬、余理明(2010)提出"再说"的词汇化和语法化进程与分布和频率有密切关系。魏慧萍(2010)也对"再说"的词汇化、语法化及相关问题进行了研究,本书不再赘述,只对明清时期"再说"用作关系标记的具体情况进行描写分析。

《红楼梦》中36例"再说"全部为副词加动词,未见"再说"作连词的用例。《儿女英雄传》"再说"为重要的"再"类递进连词,共见60例,举出更进一层的原因、理由。

(1) 姑奶奶,你婆婆托付了我会子,咱把人家舅太太一个人儿丢下不是话,再说他晚上还给我弄下吃的了。(《儿女英雄传·29回》)

(2) 如今我这庄园树木也不全,再说遇着个阴天,那火镜儿也着实不便,所以我才给你备了这火链、取灯儿两桩东西。(《儿女英雄传·28回》)

(3) 那豆子、高粱、谷子还用说吗?再说菜,有的是那么两三块大园子,人要种个吗儿菜,地就会长个吗儿菜。(《儿女英雄传·33回》)

(4) 再说安公子,若说不愿得这等一个绝代佳人,断无此理。(《儿女英雄传·10回》)

(5) 且莫只顾闲谈,打断了人家小夫妻三个的话柄。再说安公子此时是一团的高兴,那里听的进这路话去?(《儿女英雄传·30回》)

(6) 怎的才放下来,不曾起身,却又从头等辖转了阁学,从乌里雅苏台参赞调了山东学政,从副都统衔换了右副都御史衔?再说这个右副都御史正是各省巡抚的兼衔,又与学政何干?(《儿女英雄传·40回》)

(7) 他四个一听这话,各各诧异,暗说:"不信我们门里出身的倒会不及个门外汉了!再说这章书,我们只看高兴讲章也不知看过多少次了,怎的说不是这等讲法呢?"(《儿女英雄传·39回》)

(8) 老爷虽说是能吃苦,也五十岁的人了,况且又是一场大病才好,平日这几个丫头们服侍,老婆子们伺候,我还怕他们不能周到,都得我自己调停,如今就靠这几个小子们,如何使得呢?再说,万一得了缺,或者署事有了衙门,老爷难道天天在家不成?(《儿女英雄传·2回》)

(9) 姑爷,你知道的,我不会喝酒,又不吃那些零碎东西。再说今日亲家老爷、太太都不在家,他们伴儿们倒跟了好几个去,在家里的呢,也熬了这么几天了,谁不偷空儿歇歇儿?(《儿女英雄传·29回》)

从语义来看,"再说"作为短语出现时,表示"重复、持续言说动作"。作为词出现时,其意义发展并凝固为"论及、叙述"、"进一步说明"、"延迟处理、目前不予考虑的主观态度"等。从功能看,短语"再说"可以充当谓语核心,连词"再说"可以作为话题转接(多见于句首)、同一话题内追加信息(多见于句间)的标记,动词"再说"除"延迟处理"义外,还表示主体的主观态度趋于观望式的消极化处理,具有委婉化的表达功能。

"再说"既可以在句群中连接句子,也可以在篇章中连接段落。在书面上,"再说"后多有逗号,使更进一层的意义更清晰,例如:

(10) 因看得我是泰山一般的朋友,才肯把这东西托付于我,"士为知己者用",我就不能不多加一层小心。再说,我同我这东人一路北来,由大道分手的时节,约定他今日护着家眷投茌平悦来老店住下等我,我由桐口岔路到此,完了这桩事体,今晚还要赶到店中相见。(《儿女英雄传·17回》)

(11) 这些事都不用老爷子操心,我才听得老哥儿俩一见就这样热火,我都预备妥当了。再说,既要喝酒,必要说说话儿,这里也不是说话的地方儿,一家人罢咧,自然该把二叔请到咱里头坐去。(《儿女英雄传·15回》)

(12) 二来,想着这番连环计原是卫顾姑娘的一片心,假如一朝计成,倒把人家诳来作了自己的儿子媳妇,这不全是一团私意了吗?再说,看那姑娘的见识心胸,大概也未必肯吃这注,倘然因小失大,转为不妙。(《儿女英雄传·23回》)

(13) 这都是褚大姐姐合小金凤两个闹的。再说,我这不出嫁的话,我是合我干娘说了个老满儿,方才他老人家要在跟前儿,到底也知道我是叫人逼的没法儿了,偏偏儿的单挤在今日个家里有事,等人家回来,可叫我怎么见人家呢?(《儿女英雄传·27回》)

(14) 楚回来再想到自己身上,也只仗了一个女儿照看,难道眼看九十多岁的人,还指望养儿得济不成?再说,设或生个不肖之子,慢讲得济,只这风烛残年,没的倒得"眼泪倒回去往肚子里流,胳膊折了望袖子里褪",转不如一心无碍,却也省得多少命脉精神!(《儿女英雄传·21回》)

(15) 要不从这根子上说起,怎见得出那十三妹姑娘的英风义气,见不出那十三妹姑娘的英风义气,这回书可还有个甚么大听头儿呢?再说,人家听书的又知道我邓九公到底是个谁呢!(《儿女英雄传·15回》)

上述诸例中,"再说"其句间衔接功能在词汇化过程中得到了加强,同时,其跨度较大的段落衔接功能有所减弱。这意味着"再说"作为词汇词的组句备用性质越来越强,从而使得"再说"词汇身份不断强化。动词"再说"的意义基础建立在由"言说"引起的"考虑、处理"义上,在高频使用过程中,其动作行为义逐渐虚化,"观望、不予考虑"等主观态度意义得到强化。这说明动词"再说"沿着语法化的路继续前行,并走向了主观化的语法化倾向。"再说"单独使用或加语气词"吧"的成句现象可以看作主观化倾向的顶点,至此,其主观态度意义基本上可以用"委婉拒绝"来描述了。另外,在语境中还可以表达主观认为"目前论及此话题不合时宜"的意思。

连词"再说"在句中充当话语标记语,在使用过程中也有对话语的语用制约功能,具体表现为两点。明示功能:明示语义逻辑关系,制约听话人对话语关联性的寻找，以便其理解话语间的关联性；强化功能：强化语境效果，促进听话人对话语隐含意图的理解与把握。

将"再说"之前的句子看作现存的语境假设，"再说"引出的句子为新信息，那么，当连词"再说"承担并列、递进关系时，其体现的语境效果为新信息与现存信息相互作用，共同产生语境含义。

如用于句首的连词"再说"在明清书面语料中常见于段首，可以表示在时间、空间、人物、情节等各方面跨度都较大的话题转接，与"却说""话说"平行使用。其篇章衔接功能比现代汉语中的"再说"要强一些。现代汉语中用于句间的连词"再说"数量比古代汉语多，但书面语料中用于段首的情况减少了。可见，连词"再说"的段落衔接功能有所减弱。

"再说"由一个状中式偏正短语最终词化为连词和动词，连词"再说"的意义基础建立在"言说"义的基础上，进而表示"论及、谈及"，具有篇章语义衔接功能和话题标记功能。

"再说"的词汇化、进而词化是以逐渐改变与前接、后接相邻句法成分的句法制约关系为条件的。也就是说，在词汇化进程中，越来越具有独立词性的语言成分逐渐改变了始源结构的句法包含关系，从而最终实现独立运用。用来实现句间衔接的连词"再说"就是通过这样的方式，确立了前后都出现有标记停顿的独立使用模式。

2.3.3.4.2 "再者"

张谊生（2000）指出具有连接作用的"再"作为一个独立的语调单位有其特别的语用功能。这种作为独立语调单位的"再"处于语篇中，具有一种衔接功能，该功能是评注性的，因为后面有语气词；李秉震（2009）认为，"再"具有承接义，是指依次叙述连续发生的或即将发生的几个行为事件，表示各个事件的小句之间的顺序是一定的，不能相互颠倒。大约在宋元时期，"再"演化出了非官职叙述性的承接用法，或承接前后相继的两个假设性事件，或叙述已然发生的诸多事件之间的前后相承的关系等。

乐耀（2015）在史锡尧（1996）、李秉震（2009）研究的基础上，将"再"演变为连词的语义演变过程归纳为：两次、第二次—重复—延续—补充、添加—次序、承接—并列连接。

乐耀（2015）指出，在北京口语中，具有连接作用的"再"自身可以作为一个独立的语调单位[①]；还可以和语气词连用构成一个独立的语调单位。例如：

[①] 语调单位（intonation unit，IU）就是任何一个自然语调框架内所发出的言语串（Chafe，1987、1994；Du Bios，et al.，1993）。

全国这么多人呢，每年要毕业出多少万年轻人，怎么包法儿啊。再，每年得有多少工厂，多少工厂才能容得下这些人呢，所以后来国家这个政策我觉着很好，不像从前那样啦。（转引自乐耀，2015）

就说现在呢，基本上已经，嗯，电缆已经铺设完毕了。再呢，就是，应当这个，恢复原来这个路面哈。可是呢，现在已经好几个月了，嗯，就是说没人管。（转引自乐耀，2015）

"再"和语气词"者"、"呢"形成话题标记框架，用于引出框定第二个次话题，即新话题，实现了话题的转化、新话题的开启（方梅，1994；徐烈炯、刘丹青，2007）。

李小军、刘利（2008）分析了语气词"者"的形成途径、机制及其语气意义的发展变化，文章指出，语气词"者"源于表自指的指代词"者"。"者"本是一个指称标记，功能是名词化，由于常位于前一小句末，随着指代义的弱化（bleaching），表提顿和话语标记功能凸现。这一过程大致开始于战国初，在战国中后期语气词"者"得以形成，表停顿，同时兼作话题标记。

从语言共性的角度来看，提顿词（或句中语气词、前一小句末语气词）与话题标记具有天然的联系，绝大多数提顿词都能或专用或兼用作话题标记。"者"在表停顿语气的同时，兼有话题标记的功能，正是语言共性的体现①。

"者"有舒缓、停顿语气的效果，因而言语主体有时会有意识地使用"者"来表示停顿，这是一种言语策略。随着指代性的减弱，"者"的语用功能在逐渐增强。慢慢地，言语的受众听到或看到"者"，就会马上推断出后面肯定接有说明或评述性的言语，就会期待下文，这是语用推理的结果，实际上也是交互主观化过程。伴随这一推理过程的就是"者"字慢慢沾染上了表停顿、提示以引起别人注意后面的说明或评述性言语的语气，即我们所说的话题标记的功能。

《红楼梦》中"再者"作递进标记，共20例，《儿女英雄传》共13例，既可以在复句中连接分句，也能够在句群中连接句子，后者则占多数。

在复句中连接分句的，如：

（1）奴才管的那地里本有几块低洼地，再者今年的雨水大，那棉花不得晒，都受了伤了。（《儿女英雄传·36回》）

（2）老爷想，玉格这么年轻轻儿的，再者，屋里现放着俩媳妇儿，如今又买上个人，这不显着太早些儿吗？（《儿女英雄传·40回》）

---

① 关于提顿语气词、话题标记的关系，徐烈炯、刘丹青有较多的讨论，且使用了较多汉语史和方言的例证，指出提顿词具有强化话题性的作用。此外如方梅、郭校珍也分别讨论了北京话和晋语中的提顿词（句中语气词）和话题标记的关系。

(3) 神仙采药烧药,再者高人逸士采药治药,最妙的一件东西。(《红楼梦·51回》)

(4) 尤氏虽天天过来,也不过应名点卯,亦不肯乱作威福,且他家内上下也只剩他一个料理,再者每日还要照管贾母王夫人的下处一应所需饮馔铺设之物,所以也甚操劳。(《红楼梦·58回》)

(5) 宝玉道:"先时妹妹身上不舒服,我怕闹的他烦,再者,我又上学,因此,显着就疏远了似的。"(《红楼梦·86回》)

(6) 晴雯此症虽重,幸亏他素习是个使力不使心的;再者素习饮食清淡,饥饱无伤。(《红楼梦·53回》)

(7) 我替你们算出来了,有限的几宗事:不过是头油、胭粉、香、纸,每一位姑娘几个丫头,都是有定例的;再者,各处笤帚、撮簸、掸子,并大小禽鸟、鹿、兔吃的粮食。(《红楼梦·56回》)

在句群中连接句子的用例,如:

(8) 咱们只去见官,省得捕快皂隶拿来。再者咱们只过去见了老太太、太太和众族人等,大家公议了,我既不贤良,又不容丈夫娶亲买妾,只给我一纸休书,我即刻就走。(《红楼梦·68回》)

(9) 我受些委屈就省些。再者年例送人请人,我把脸皮厚些,可省些也就完了。(《红楼梦·53回》)

(10) 如今是自己的事情,又是公中的,人人说得话。再者外头的银钱也叫不灵,即如棚里要一件东西,传了出来总不见拿进来。(《红楼梦·110回》)

(11) 叫他使人告诉跟你的小厮,若没什么事趁便请你回来歇息歇息。再者那里人多,你那里禁得住那些气味。(《红楼梦·64回》)

(12) 每日也不习文,也不学武,又怕见人,只爱在丫头群里闹。再者也没刚柔,有时见了我们时,喜欢时没上没下,大家乱顽一阵;不喜欢各自走了,他也不理人。(《红楼梦·66回》)

(13) 老爷这又来了,那儿就至于忙得这么着呢!再者,玉格儿那孩子那个噶牛脾气,这句话还得我先告诉明白了他。(《儿女英雄传·40回》)

(14) 等我找了你老的女孩儿来,你老自己告诉他罢。再者,二叔在这里,也该叫他出来见见。(《儿女英雄传·15回》)

(15) 自家人,二爷何必说这些套话?再者:我们大爷这件事,实在叫二爷操心,大奶奶久已要亲自弄点什么儿谢二爷,又怕别人多心。(《红楼梦·90回》)

(16) 且说凤姐梳了头，换了衣服，想了想，虽然自己不去，也该带个信儿。再者，宝钗还是新媳妇，出门子自然要过去照应照应的。(《红楼梦·101 回》)

(17) 就比那谋虚逐妄，却也省了口舌是非之害，腿脚奔忙之苦。再者，亦令世人换新眼目，不比那些胡牵乱扯，忽离忽遇，满纸才人淑女、子建文君红娘小玉等通共熟套之旧稿。(《红楼梦·1 回》)

2.3.3.4.3 "再加"

明代，"再"和"加"在线性序列中，共 4 例，其中 3 例都是副词＋动词，例如：

(1) 被鄞泰大喝一声，只一简，把山士奇打下马来，再加一简，结果了性命，拍马舞剑来迎。(《水浒传·108 回》)

(2) 娘再加一美言。(《金瓶梅词话·34 回》)

(3) 伏望圣明垂听，敕下该部，再加详查。(《金瓶梅词话·48 回》)

清代，《红楼梦》"再加"共出现 3 次，未见作递进关系标记的用例，例如：

(4) 把这四样水调匀了，和了药，再加十二钱的蜂蜜，十二钱的白糖，丸了龙眼大的丸子，盛在旧磁坛内，埋在花根底下。(《红楼梦·7 回》)

(5) 彼时李嬷嬷等已进来了，听见醉了，不敢前来再加触犯，只悄悄的打听睡了，方放心散去。(《红楼梦·8 回》)

(6) 更有颦儿这促狭嘴，他用"春秋"的法子，将市俗的粗话，撮其要，删其繁，再加润色比方出来，一句是一句。(《红楼梦·42 回》)

《儿女英雄传》中"再加"用作递进关系的用例，共 10 例，"再加"连接分句或句子，出现在主语之前，共 7 例，如：

(7) 这段姻缘又正是安家这等一分诗礼人家，安老爷、佟儒人这等一双慈厚翁姑，安公子这等一位儒雅温文夫婿，又得张姑娘这等一个同心合意的作了姊妹，共事一人，再加舅太太这等一个玲珑剔透两地知根儿的人作了干娘，从中调停提补，便是今生绝绝不想再见的乳母、丫鬟，也一时同相聚首。(《儿女英雄传·29 回》)

(8) 人家自有天样高明的严父，地样博厚的慈母，再加花朵儿般水晶也似的一对佳人守着，还怕体贴不出这个贤郎、这个快婿的？（《儿女英雄传·33 回》）

(9) 及至我过来，问了问，自从公公回京进，家中不曾减得一口人，省得一分用度，如今倒添了我合妹妹两个人，亲家爹妈二位，再加我家的宋官儿合我奶娘的三口儿，就眼前算算，无端的就添了七八口人了。（《儿女英雄传·30 回》）

(10) 此犹其小焉者也。再加一个工程出来，府里要费，道里要费，到了院费，更是个大宗。（《儿女英雄传·2 回》）

(11) 只因他一团纯孝，此时心中只有个父母，更不能再顾到第二层。再加十三妹心里作事，他又不是这位姑娘肚里的蛔虫，如何能体贴得这样到呢？（《儿女英雄传·10 回》）

(12) 既弄到这里了，假如方才那个玛瑙杯竟摔在台阶儿上，锵琅琅一声，粉碎星飞，无论毁坏了这桩东西，未免暴殄天物，这席酒正是他三个新婚燕尔、吉事有祥、夫妻和合、姊妹团聚的第一次欢场，忽然弄出这等一个破败决裂的兆头来，已经大是没趣了。再加公子未曾摔那东西先赌着中举、中进士的这口气，说了那等一个不祥之誓，请问，发甲发科这件事可是先赌下誓后作得来的？（《儿女英雄传·31 回》）

(13) 姑娘是个性情中的人，岂有不感化的理？再加自己家里的老底儿人家比自己还知道，索性把小时候拉青屎的根儿都叫人刨着了，这还合人家说甚么呢？（《儿女英雄传·19 回》）

"再加"可位于后一分句或句子之首，主语省略，共见 2 例，如：

(14) 此刻正用着媳妇说话解劝公婆了，无如金、玉姊妹两个心里那种难过，也正合他公婆相同；再加见了公婆这等样子，他两个心里更加难过，怎的还能相劝？（《儿女英雄传·40 回》）

(15) 这位老爷，天生的是天性重，人欲轻，再加一生蹭蹬，半世迂拘，他不是容易教养成那等个好儿子，不是容易物色得那等两个好媳妇，才成裹起这分好人家来。（《儿女英雄传·40 回》）

"再加"可连接名词性成分，仅 1 例，见例 (9)。

2.3.3.4.4　"再兼"

《儿女英雄传》和《红楼梦》中各见 1 例，列举如下：

(1) 又因他自己是个女孩儿，看着世间的女孩儿自然都是一般的尊贵，未免就把世间这些男子贬低了一层。再兼这张金凤的模样、言

谈、性情、行径，都与自己相同，更存了个"惺惺惜惺惺"的意见。（《儿女英雄传·10回》）

（2）士隐知投人不着，心中未免悔恨，再兼上年惊唬，急忿怨痛，已有积伤，暮年之人，贫病交攻，竟渐渐的露出那下世的光景来。（《红楼梦·1回》）

2.3.3.4.5 "再则"

"再则"用例并不多见，例如：

（1）场前的工夫，第一要慎起居，节饮食；再则清早起来，把摹本流览一番，敛一敛神。（《儿女英雄传·34回》）

2.3.3.4.6 "更加"

"更加"可连接分句或句子，也可以用于句群，出现主语时，位于其前，共见6例，如：

（1）宝玉这时不看花魁，只把两只眼睛独射在秦小官身上。更加蒋玉函声音响亮，口齿清楚，按腔落板，宝玉的神魂都唱的飘荡了。（《红楼梦·93回》）

（2）那薛蝌却只躲着，有时遇见也不敢不周旋他，倒是怕他撒泼放刁的意思。更加金桂一则为色迷心，越瞧越爱，越想越幻，那里还看的出薛蝌的真假来？（《红楼梦·100回》）

（3）那张太太是提着精神招护了一道儿女儿、女婿，到了这里，放了乏了，晚饭又多饮了一杯，更加村里的人儿不会熬夜，才点灯，就有些上眼皮儿找下眼皮儿，打了两个哈欠，说道："要不咱睡罢？"（《儿女英雄传·12回》）

（4）更加此地虽有几个朋友可谈，在这县衙里又不得常见，只有程相公陪着谈谈，偏又是个不大通的。（《儿女英雄传·12回》）

（5）更加他新近才磨着母亲给作了件簇新的洋蓝绉绸三朵菊的薄棉袄儿，……心里却也不能一时就丢下这分东西。（《儿女英雄传·34回》）

（6）这桩事本不是一个人干得来的事，更加他又是奶娘丫鬟服侍惯了、不能一个人干事的人，弄是得弄不妥当，只将就将就鼓捣了会子，就算结了。（《儿女英雄传·34回》）

"更加"位于后一分句之首,主语省略,仅见 1 例:

(7) 姑娘此时断想不到这班人忽然在此地同时聚在一处,重得相见,更加都穿着孝服,辨认不清,到了他那个丫鬟——随缘儿媳妇——隔了两三年不见,身量也长成了,又开了脸,打扮得一个小媳妇子模样,尤其意想不到,觉得诧异。(《儿女英雄传·20 回》)

"更加"后可接体词性成分,共见 2 例(仅举一例),如:

(8) 就自己眼底下见过的这班时派人里头,不是纨袴子弟,便是轻薄少年,更加姑娘那等天生的一冲性儿,万一到个不知根底的人家,不是公婆不容,便是夫妻不睦,谁又能照我老夫妻这等体谅他?(《儿女英雄传·23 回》)

(9) 更加凡公婆口里不好合他说的话,自己都好说,无可碍口,便是把他惹翻了,今昔情形不同,也不怕他远走高飞,拿刀动杖。(《儿女英雄传·26 回》)

"更加"可与"又"呼应,全书见 2 例,如:

(10) 这桩事本不是一个人干得来的事,更加他又是奶娘丫鬟服侍惯了、不能一个人干事的人,弄得弄不妥当,只将就将就鼓捣了会子就算结了。(《儿女英雄传·34 回》)

按照我们对关系标记的定义,以上例句中的"更加"是递进关系标记,义同"并且"。从句法位置来看,"更加"后接分句并且位于分句句首,尤其当分句主语出现时,"更加"位于主语的前面,如作为副词的"更加"是不可能位于主语前面的。即使接分句,表示前后分句内容的相加,在"更加"连接的两个分句之后,还有总结性的分句,"更加"连接的前后两个成分有关联性,并且在语义上"加"后接成分比前接成分有更进一层的意思。递进连词"更加"属于后置连词,后分句主语一般以零形式出现,前分句没有相应的关联词与之关联。

2.3.3.5 "以至"、"甚至"、"乃至"

2.3.3.5.1 "以至"

"以至"词汇化之初,只是一个表示连接的动词,后来随着用例的增多虚化成了连词,"以至"作为连词,大致从唐以后开始显露出来,其产生的句法环境是,"以至"通常处于后分句的开头。随着使用频率的增加,前后分句之间的隐含因果逻辑关系得以凸显,且被后分句所吸收,最终导致"以至"作为连接的功能得以凸显。开始,"以至"通常表示因果关系,其结果多是不如意的情况。

需要注意的是,"以至"经常处于后分句的开头,前后分句之间却没有隐含因果关系,这样以事理为主的句子就会转向表示递进关系,这种用法至迟在南宋已经出现。例如:

(1) 晋任宗室,以八王之乱,自宋而后,皆杀兄弟宗室。以至召去知其不好,途中见人哭。(《朱子语类·卷136》)

(2) 如《书》中尧之所说,也只是这个;舜之所说,也只是这个;以至于禹汤文武所说,也只是这个。(《朱子语类·卷118》)

(3) 朱温由宣武节度使篡唐,疑忌他人,自用其宣武指挥使为殿前指挥使,管禁卫诸军。以至今日,其权益重。(《朱子语类·卷128》)

"以至"明代鲜有表示递进关系的用例,清代《红楼梦》时期有较少的用例,发展至《儿女英雄传》时期用例明显增多。两个时期中,"以至"用于并列成分之间,表示数量、程度的递增或递减,以连接体词性成分为主要用法。

《红楼梦》中"以至"共9例,可连接词、短语,表示递进关系,可以只有两三项,也可以有七八项,举例如下:

(4) 不但你我不能趁心,就连老太太、太太以至宝玉、探丫头等人,无论事大事小,有理无理,其不能各遂其心者,同一理也,何况你我旅居客寄之人哉!(《红楼梦·76回》)

(5) 如江淹《青苔赋》,东方朔《神异经》,以至《画记》上云张僧繇画一乘寺的故事。(《红楼梦·76回》)

(6) 这话还等你说,我才已将他素日所有的衣裳以至各什各物总打点下了,都放在那里。(《红楼梦·77回》)

(7) 每日只和姊妹丫头们一处,或读书,或写字,或弹琴下棋,作画吟诗,以至描鸾刺凤,斗草簪花,低吟悄唱,折字猜枚,无所不至,倒也十分快乐。(《红楼梦·23回》)

(8) 一到店,必是另外煮些饭,熬些粥;以至起早睡晚,无不调停的周到。(《儿女英雄传·4回》)

从连接成分的句法分布看,既可以是体词性的,也可以是谓词性的,"以至"前面通常较少停顿,但连接短语时要安排停顿。

当然,也可以是直接表示时间和数量的短语,例如:

(9) 这婆子答道:"可不是,从没有缩过,或是长两日三日,以至十日都长过。"(《红楼梦·10回》)

(10) 当此,则自欲将已往所赖天恩祖德,锦衣纨袴之时,饫甘餍肥之日,背父兄教育之恩,负师友规谈之德,以至今日一技无成,半生潦倒之罪，编述一集，以告天下人：我之罪固不免，然闺阁中本自历历有人，万不可因我之不肖，自护己短，一并使其泯灭也。(《红楼梦·1 回》)

从上面的描写来看，同样是连接具有并列关系的词和短语，"以至"与常用的组合连词"和、跟、同、与"有几点不同：① 组合方式上，"以至"连接的成分更加多样，可以连接体词性成分和谓词性成分；② 从语义关系来看，"以至"连接的各项通常不是并列关系，而是具有一定的拓展、延续的特征；③ 从句法位置来看，在多项并列成分中，"以至"可以根据表达需要安排位置，这点跟"和、同、与"等必须位于最后两项之间不同。

《儿女英雄传》"以至"作递进连词的用例大量增加，共 115 例，主要连词词、短语，也能够连接谓词性成分。例如：

(11) 那厨房里墙上挂着一盏油灯，案上鸡鸭鱼肉以至米面俱全。(《儿女英雄传·6 回》)

(12) 若论十三妹，自安太太以至安公子小夫妻、张老老夫妻，又那个心里不想答报他？(《儿女英雄传·14 回》)

(13) 这日清早起来，便把那点薄薄家私归了三个箱子，一切陈设器具铺垫以至零星东西，都装在柜子里。(《儿女英雄传·17 回》)

(14) 原来安老爷虽是生长京城，活了五十来岁，凡是京城的东岳庙、城隍庙、曹公观、白云观，以至隆福寺、护国寺这些地方，从没逛过。(《儿女英雄传·38 回》)

(15) 玉格又年轻，万一有个紧要些的事儿，以至寄家信、带东西这些事情，我都托了乌明阿乌老大了。(《儿女英雄传·2 回》)

(16) 姑娘一看，原来里面小袄、中衣、汗衫儿、汗巾儿，以至抹胸、漆裤、裹脚、襻带一分都有，连舅太太亲自给他作的那双凤头鞋也在里头。(《儿女英雄传·27 回》)

(17) 那山门里便有些卖通草花儿的、香草儿的、磁器家伙的、耍货儿的，以至卖酸梅汤的、豆汁儿的、酸辣凉粉儿的、羊肉热面的，处处摊子上都有些人在那里围着吃喝。(《儿女英雄传·38 回》)

(18) 只这找地立坟，以至葬埋封树，岂是件容易事？(《儿女英雄传·19 回》)

(19) 这妇德，须孝敬翁姑，相夫教子，调理媳妇，作养女儿，以至和睦亲戚，约束仆婢，都是天性人情的勾当。(《儿女英雄传·27 回》)

(20) 那时儿子一想，这女子吹得天花乱坠，只是他来的古怪，去的古怪，以至说话行事无不古怪，心里有些信他不及。(《儿女英雄传·12回》)

(21) 老师这几个门生，现在的立身植品，以至仰事俯蓄，穿衣吃饭，那不是出自师门？(《儿女英雄传·13回》)

从句法位置来看，"以至"连接多个体词性成分，既可以位于中间，也可以位于最后一项之前。另外，《儿女英雄传》时期，"以至"连接体词性成分的时候，也经常停顿，用逗号隔开，"以至"的话语标记功能更加凸显。

从连接的句法单位来看，"以至"作为连词，可以连接分句组成复句，也可以在句群中连接句子，例如：

(22) 据说这人天文地理无所不通，遁甲奇门无所不晓，以至医卜星相皆能。(《儿女英雄传·40回》)

(23) 然则他当日那番轻身救父，守义拒婚，以至在淮上店里监里见着安老夫妻的那一番神情，在自家闺房里训饬张姑娘的那一篇议论，岂不是个天真至情谨饬一边的佳子弟？(《儿女英雄传·30回》)

(24) 再还有小烟袋儿咧，吃食盒儿咧，以至那个关防盆儿这些东西，也还不记得在那儿搁着呢。(《儿女英雄传·40回》)

(25) 只管问"夫子何哂由也？"只管问"唯求、唯赤则非邦也与？"以至夫子烦恼不过，逐层驳斥，一直驳斥到底。(《儿女英雄传·39回》)

(26) 这个人，要讲他那点儿本事儿、活计儿，眼睛里的那点积伶儿，心里的那点迟急儿，以至他那个稳重，那个干净，都是婆婆这些年调理出来的，不用讲了，最难得的是他那个性情儿。(《儿女英雄传·40回》)

(27) 那柳湘莲原是世家子弟，读书不成，父母早丧，素性爽侠，不拘细事，酷好耍枪舞剑，赌博吃酒，以至眠花卧柳，吹笛弹筝，无所不为。(《红楼梦·47回》)

(28) 此时甚么叫作登泰山，望东海，拜孔陵，谒圣庙，以至子路、曾皙、冉有、公西华怎的个侍坐言志，老爷全顾不来了，只擎着杯酒，愁眉苦眼，一言不发的在座上发愣。(《儿女英雄传·40回》)

(29) 那边是一个把定自己的金玉姻缘，还暗里弄些阴险，一个是妒着人家的金玉姻缘，一味肆其尖酸，以至到头来弄得潇湘妃子连一座血泪成斑的潇湘馆立脚不牢，惨美人魂归地下，毕竟"玉带林中挂"，蘅芜君连一所荒芜不治的蘅芜院安身不稳，替和尚独守空闺，如

同"金钗雪里埋",还叫他从那里"之子于归,宜其室家"?(《儿女英雄传·34回》)

从关联的方式来看,"以至"连接由于某种原因导致的逻辑性因果句,往往重在由于程度的加深、变化的延展、事物的发展而导致的因果关系。从表达的内容来看,"以至"所引出的结果,既可以是如意的,也可以是不如意的,当然更多是中性的,无所谓中意不中意。

表递进的"以至"大多是事理上的延展,这个"以至"更接近"甚至"、"甚而至于",例如:

(30)他便把公子叫他回太太今日怎的在海淀办折子,预备明日谢恩,不得回来,并叫叫戴勤去,吩咐他到山东去见老爷,以至大爷还说叫告诉二位奶奶再打点几件衣裳叫他带回海淀去的话,回了一遍。(《儿女英雄传·40回》)

表连贯的"以至"表示时间上的延续,这个"以至"更接近"及至",例如:

(31)又震于"吾与点也"一句,反复推求,不得其故,便闹到甚么"胸次悠悠"了、"尧舜气象"了、"上下与天地同流"了,替曾皙敷衍了一阵,以致从南宋到今,误了天下后世无限读者。(《儿女英雄传·39回》)

表递进和连贯这两种关联方式,是组合连词"以至"的连接功能进一步的拓展和引申,突显加合关系的就发展为递进关系复句,突显顺序关系的就发展为连贯关系复句。

2.3.3.5.2 "甚至"

刘红妮(2012)对"甚至"的词汇化过程进行了详尽、细致的描写,指出"甚至"作为连词在宋代已经成词。词汇化后"甚至"连接两个小句,因为源格式和"甚"的源语义积淀,所以"甚"的不可逆的顺序义也残存在成词的"甚至"中。本书不再详细论述"甚至"的成词过程,只对明清时期"甚至"用作递进关系标记的使用情况进行描写分析。

明清时期,"甚至"可以连接词或短语,既可以放在体词性成分的最后一项,也可以放在谓词性成分的最后一项,"甚至"表示递进关系,反预期的意味加强,连词用法更加成熟。例如:

(1)只见许多异草:或有牵藤的,或有引蔓的,或垂山巅,或穿石隙,甚至垂檐绕柱,萦砌盘阶,或如翠带飘摇,或如金绳盘屈,或实若

丹砂,或花如金桂,味芬气馥,非花香之可比。(《红楼梦·17回》)

(2) 随便有清茶便供一钟茶,有新水就供一盏水,或有鲜花,或有鲜果,甚至荤羹腥菜,只要心诚意洁,便是佛也都可来享,所以说,只在敬不在虚名。(《红楼梦·58回》)

(3) 自此以后,常在门首成两价拿银钱买剪截花翠汗巾之类,甚至瓜子儿四五升里进去,分与各房丫鬟并众人吃。(《金瓶梅词话·23回》)

(4) 他两人倒替着在外书房住下,日间便与家人厮闹,有时找了几个朋友吃个车箍辘会,甚至聚赌,里头那里知道。(《红楼梦·117回》)

(5) 贾环贾蔷等愈闹的不像事了,甚至偷典偷卖,不一而足。(《红楼梦·117回》)

当分句(甚至句子)的主语因为语用省略或隐含时,句子结构简化,并且在类推的作用下,演变为放在几个并列的谓词性成分的最后一项。"甚至"强调量级的最高级。"甚至"放在几个并列的谓词性成分的最后一项,表递进关系,这种用例比较多,例如:

(6) 也有想插在里头做跑腿儿的;也有能做状子,认得一两个书办,要给他上下打点的;甚至有叫他在内趁钱的;也有造作谣言恐吓的;种种不一。(《红楼梦·91回》)

(7) 府内家人几个有钱的,怕贾琏缠扰,都装穷躲事,甚至告假不来,各自另寻门路。(《红楼梦·107回》)

(8) 不像宝二爷娶了亲的人还是那么孩子气,这几日跟着老爷跪着,瞧他很不受用,巴不得老爷一动身就跑过来找二奶奶,不知唧唧咕咕的说些什么,甚至弄的二奶奶都不理他了。(《红楼梦·110回》)

(9) 一连拉了许多名马来看,那马不是见了他先跬躅咆哮的闪躲,便是吓得周身乱颤,甚至吓得撒出溺来。(《儿女英雄传·18回》)

(10) 岂知宝玉一日呆似一日,也不发烧,也不疼痛,只是吃不像吃,睡不像睡,甚至说话都无头绪。(《红楼梦·95回》)

(11) 到了别的事,我绰总儿合你们说这么句话罢:这丫头自从十二岁上要到上屋里来,只那年你公公碰着还支使支使他,到了第二年,他留了头了,连个溺盆子都不肯叫他拿,甚至洗个脚都不叫他在跟前,说他究竟是从小儿跟过孩子的丫头。(《儿女英雄传·40回》)

(12) 我看了看,我不像是这里头的虫儿,就结识了一班不安分的人,使枪弄棒,甚至吃喝嫖赌,无所不至,已经算走到下坡路上去了。(《儿女英雄传·15回》)

"甚至"放在几个分句之后，"甚至"后面的部分往往是作者想要强调的，前后小句就有了递进和程度加深的关系。又因为"甚"往往有到达极致的意味，所以"甚至"后小句往往也具有一种到达极点从而产生反预期的递进关系。因此也就带上了说话人自我的表现成分，具有一定的主观性。演变前只是客观叙述一种事情、状态的先后顺序的发生，而演变后则是主观表述一种递进的关系。例如：

(13) 何况这长姐儿还是从前因为他妈给他择婚决意不嫁，说过这一辈子刀搁在脖子上也休想他离开太太，甚至太太日后归西他还要跟了去当女童儿的个人呢！（《儿女英雄传·40回》）

(14) 起先晚上不敢行走，以致鸟兽逼人，甚至日里也是约伴持械而行。（《红楼梦·102回》）

(15) 凤姐这日竟支撑不住，也无方法，只得用尽心力，甚至咽喉嚷破敷衍过了半日。（《红楼梦·110回》）

(16) 但是要找这座庙，既须个近便所在，又得个清净道场，断非十日八日可成，少也得一月两月，甚至三月半年都难预定。（《儿女英雄传·23回》）

"甚至"，放在几个分句（甚至句子）的最后一项，例如：

(17) 任是争强好胜的，偏逢用违所长。甚至跟前才有个转机，会被他有力者夺了去，头上非没个名器，会教你自问作不成。（《儿女英雄传·35回》）

(18) 外面早有山上山下远村近邻的许多老少男女都来上祭。也有打陌纸钱来的；也有糊个纸包袱，装些锞锭来的；还有买对小双包蜡，拿着箍高香，一定要点上蜡、烧了香才磕头的；又有煮两只肥鸡，拴一尾生鱼来供的；甚至有一蒲包子炉食饽饽，十来个鸡蛋，几块粘糕饼子，也都来供献供献磕个头的。（《儿女英雄传·21回》）

(19) 自己也有几分姿容，丈夫又有些儿淘气，既没那见解规谏他，又没那才情笼络他，房里只用几个童颜鹤发的婆儿，鬼脸神头的小婢，只见丈夫合外人说句话，便要费番稽查；望一眼，也要加些防范。甚至前脚才出房门，后脚便差个内行探子前去打探。（《儿女英雄传·27回》）

(20) 此外如遇着楚狂接舆、长沮、桀溺那班人，受了他许多奚落，依然还是好言相向；便是阳货、王孙贾、陈司败那等无礼，也只就他口中的话说说儿也就罢了。甚至弄到性命呼吸，也不过说了句"天生德于予，桓魋其如予何"。（《儿女英雄传·39回》）

(21) 最奇不过的是这老头儿家里竟会有书，案头还给摆了几套书，老爷看了看，却是一部《三国演义》，一部《水浒传》，一部《绿牡丹》，还有新出的《施公案》合《于公案》。其余如茶具酒具以至漱盥的这分东西，弄了个齐全；甚至如新买的马桶，新打的夜壶，都给预备在床底下。(《儿女英雄传·39回》)

"甚至"又有用在几个并列的谓词性成分的最后一项的用法，类推出可以用在体词性并列词语的最后一项，表示递进。体词性并列成分中的"甚至"是其连词用法成熟的标志。例如：

(22) 内中又有几个乍着胆子闯将进去，里外屋里甚至地窨子里搜了个遍，那有个凶手的影儿？(《儿女英雄传·11回》)

(23) 类如他到了衙门里，过起日子来，凡是出入的银钱，严谨个里外，甚至穿件衣裳的厚薄，吃个东西的冷热，这些事情都算个外场儿。(《儿女英雄传·40回》)

(24) 也有送酒席的，也有送下程的，到后来就不好了，闹起整匣的燕窝，整桶的海参鱼翅，甚至尺头珍玩，打听着甚么贵送起甚么来了。(《儿女英雄传·13回》)

(25) 里头两位少奶奶带着一群仆妇丫鬟，上下各屋里甚至茶房、哈什房都找遍了，甚么人儿甚么物儿都不短，只不见了张亲家太太。(《儿女英雄传·35回》)

(26) 又见天气冷了，给他作了几件轻暖细毛行衣，甚至如斗篷、卧龙袋一切衣服，都备得齐整。(《儿女英雄传·32回》)

"甚至"也可以不放在最后一项，共4例，例如：

(27) 这却合那薛宝钗心里的"通灵宝玉"，史湘云手里的"金麒麟"，小红口里的"相思帕"，甚至袭人的"茜香罗"，尤二姐的"九龙珮"，司棋的"绣春囊"，并那椿龄笔下的"蔷"字，茗烟身边的"万儿"，迥乎是两桩事。(《儿女英雄传·26回》)

(28) 渐次学到手谈、象戏、五木、双陆、弹棋，又渐次学到作画、宾戏、勾股、占验，甚至镌印章、调印色，凡是他问的，那先生无一不知，无一不能。(《儿女英雄传·18回》)

(29) 大家听了，一来是本官作主，二则又得若干东西，就不分书吏、班头、散役、仵作，甚至连跟班、轿夫，大家动起手来，直闹了大半日才弄停妥。(《儿女英雄传·11回》)

"甚至于"的用例,如:

(30) 大家头宗要脱干系,二宗听见重赏,不顾命的混找了一遍,甚至于茅厕里都找到了。(《红楼梦·94回》)

(31) 先是一冲一撞的拌嘴,后来金桂气急了,甚至于骂,再至于打。(《红楼梦·80回》)

(32) 倏尔神鬼乱出,忽又妖魔毕露,甚至于扬幡过会,号佛行香,锣鼓喊叫之声闻于巷外。(《红楼梦·19回》)

(33) 如今这两首诗虽无考,凡说书唱戏,甚至于求的签上皆有注批,老少男女,俗语口头,人人皆知皆说的。(《红楼梦·51回》)

(34) 过了几天,宝玉更糊涂了,甚至于饭食不进,大家着急起来。(《红楼梦·115回》)

(35) 一点不留神,栏杆也歪了,柱子也塌了,门窗也倒竖过来,阶矶也离了缝,甚至于桌子挤到墙里去,花盆放在帘子上来,岂不倒成了一张笑"话"儿了。(《红楼梦·42回》)

(36) 贾母也曾差人去请众族中男女,奈他们或有年迈懒于热闹的;或有家内无人,不便来的;或有疾病淹缠,欲来竟不能来的;或有一等妒富愧贫不来的;甚至于有一等憎畏凤姐之为人而赌气不来的;或有羞口羞脚,不惯见人,不敢来的:因此族众虽多,女客来者只不过贾菌之母娄氏带了贾菌来了,男子只有贾芹、贾芸、贾菖、贾菱四个现是在凤姐麾下办事的来了。(《红楼梦·53回》)

(37) 要一个天仙来,也不过三夜五夕,也丢在脖子后头了,甚至于为妾为丫头反目成仇的。(《红楼梦·57回》)

2.3.3.5.3 "乃至"

清代,"乃至"表递进的用例并不多见,例如:

(1) 从通部以至一回,乃至一句一字,都是从龙门笔法来的,安得有此败笔?(《儿女英雄传·26回》)

(2) 只是与自己无干,不值得管这些闲事。乃至方才合那瘦子、秃子两个和尚交手,听了那一段不三不四的话,早料定这庙中除了劫财害命,定还有些伤天害地的勾当作出来,因急切要救安公子,且不能兼顾到此。(《儿女英雄传·7回》)

(3) 如此看来,人生缘分都有一定,在那未到头时,大家都是痴心妄想。乃至无可如何,那糊涂的也就不理会了,那情深义重的也不过临风对月,洒泪悲啼。(《红楼梦·113回》)

2.4 明清汉语递进标记小结

明清时期递进标记系统得到较大发展，新生连词数量较多，不仅原有生成方式表现出强大的能产性，新的生成方式也具有相当的类推力。

就来源而言，递进标记也可以分为源于连词和源于非连词两种。递进关系的实质可以理解为"纵向并列"，也就是量的增加或蕴含，其基本结构是以连接对象中的前一成分为基点，后一成分在此基础上呈现出纵向增加或包蕴的趋势。递进关系标记则是标示和凸显前后成分之间这种变化趋势的形式标记。源于连词的，主要是并列标记因所在结构中前后成分之间某一方面的递次变化渐趋在句意表达中占据主导而逐渐吸收语境赋予义，从而发生转类的结果。在这种转类基础上，单语素递进标记并用又复合成双音节形式。源于非连词一种则是汉语递进连词的主要类型。这种类型标记表现递进范畴的方式，一是语义灌注虚化、位置适宜的实词；二是通过否定词的使用，表示当前数量、范围、程度方面的表述不足以体现问题全貌，为下文在这一方面的进一步说明做好铺垫；三是随着意义的抽象和引申，本意表运动变化的动词虚化为表示事物、事件、动作行为在数量、范围、程度方面多到少、从大到小、从浅到深变化的递进标记。

就系统调整与发展而言，可以说汉语双音趋势对递进标记系统的深刻影响在明清汉语时期递进标记的发展中得到了集中体现。单音节"而"、"且"、"并"、"兼"、"况"已经不再是这一时期汉语递进标记系统的主体，在双音化趋势的影响下，以它们为核心形成了一系列的双音组合搭配形式，并最终复合凝固成双音递进连词"而且"、"并且"、"况且"。在双音趋势影响下，粘合式成为这一时期递进连词中数量最多、用法最齐备的成员。疑问副词与名词粘合而成"何况"、"岂况"，既可用于累积性递进，也可用于比较性递进。"并且"在《红楼梦》中未见用例，发展至《儿女英雄传》时期，可见为数不少的用例。"况且"是《红楼梦》时期使用频率最高的递进标记，发展至《儿女英雄传》时期，这种优势稍有所下降。

否定词和限止副词跨层粘合而成"不但"类递进标记，在这一时期表现出强大的能产性和类推性，通过对两个构成语素的同类替代形成了较大的同义聚合群，共有"不"类、"非"类、"岂"类三个次类个递进标记。经宋元时期的膨胀和扩展，明清时期同义聚合群内部"优胜劣汰"的格局逐渐形成并自此趋于稳定。《红楼梦》时期，"不但"主要与"亦且"、"而且"、"且"搭配使用，发展至《儿女英雄传》时期，"不但"出现了复杂的搭配形式，形成了十余种搭配结构，发展至《儿女英雄传》时期，"不但"的用法逐渐规范化，主要与"而且"搭配使用。

　　同"不但"类一样，否定词和言说动词粘合而成的"不说"类在明清时期也形成较大的同义聚合群。同义类推、新旧兴替两种变动趋势在这类连词内部同时并存，近代汉语后期也仍处于扩张期，直到现代汉语"不说"类连词的格局才基本稳定。"不说"类不仅具有"不但"类表累积性递进的功能，同时还兼有比较性递进关系的用法。功能的齐备也是这类标记表现出强大生命力的原因之一。由于汉语中短语和词同构，递进标记"别说"无须必经短语实词化的中间环节，可通过短语"别说"中"别"和"说"分别的语义演变直接形成，获得认知连贯和主观评价的双重功能，形成主观递进格式；"不但"通过句法驱动下的跨层结构词汇化获得语篇连贯功能，形成客观递进格式。不同的来源路径决定二者不平衡的关系："不但"都可被"别说"替换；而"别说"只能部分被"不但"替换。替换后二者语义并不等同，即"别说"＝"不但（不）"＋主观评价义。"更加"、"再说"、"再者"递进关系标记的产生是这一时期递进标记系统的突出特点。

　　由动词及其修饰成分虚化粘合而成的递进标记"以至于"、"甚至于"、"乃至"，在整个明清汉语时期始终不是递进连词系统的主流，但是它们同样体现了双音趋势下递进标记在明清汉语时期的扩张力。

第 3 章
明清汉语选择标记研究

3.1 明清汉语选择标记概貌

语言学界对选择复句的认识确实存在较大分歧,因而导致了具体分类上的不同。我们认为,选择复句实际上就是以复句的语言形式表达选择关系范畴。因此,认识选择复句,其关键所在就是如何理解选择关系范畴。这里我们不妨从两个角度来理解选择关系范畴。首先,从哲学的角度来看,人类对客观世界和主观世界的认识,是确定性与不确定性的辩证结合,这种辩证结合导致了选择关系范畴的产生。换而言之,选择关系范畴有两大特征,那就是它反映了人类认识上的确定性与不确定性。其次,从数学的角度来看,选择关系范畴其实就是表达了这样一种含义,说话人或者行为主体认识到某个集合里含有某个元素,但是在某一具体的事件当中,不能确定是 n_1,还是 n_2……

从句法功能来看,明清汉语选择连词主要分为未定选择和已定选择两大类型[①]。

---

① 范晓(2000)、陈昌来(2000)、张斌(2002)等都将选择复句分为取舍未定和取舍已定两类。一、取舍未定的选择。几个分句提出几种情况,让人从中选取一项,至于选取哪一项,说话者没有确定。取舍未定的选择可以是两项选择,也可以是三项或三项以上的选择。二、取舍已定的选择。这种选择复句由两个分句组成,说话者在所提出的两项情况中已进行了取舍选择,有的是先取后舍,有的是先舍后取。先取后舍,说话者在两项之中进行权衡,选择前者而舍弃了后者,也就是说肯定了前一分句,否定了后一分句,经常用关联词语"宁可……也不……"、"宁肯……也不……"等来表示。先舍后取,说话者在两项之中权衡之后,舍弃了前者,选取了后者,通常用关联词语"与其……不如……"等来表示。

第一大类未定选择中又可分为任选式和限选式两种。任选式连词主要包括"或……或……"、"或是……或是……"、"或者……或者……"、"为……为……"、"为是……为是……"、"为复……为熨……"、"为当……为当……"、"是……是……"、"是……还是……"、"还是……还是……"、"还是"、"可是"、"可"。限选式连词主要包括"非……则……"、"不是……就是/便是/则是……"、"要不"、"不然"、"再不"。第二大类已定选择又包括先取后舍和先舍后取两种。先取后舍式标记主要包括"宁"、"宁当"、"宁可"、"宁只"、"乍"、"乍可"。先舍后取式连词主要包括"不如"、"不若"、"不若如"、"无如"、"与其"、"比是/比时"。

整体来看，汉语选择连词大多脱胎于并列结构中的一些结构式，语义影响下的构式语法化是其形成的主要方式，因此这类标记基本上都是源自连词领域之外。

明清时期是选择标记的重要发展阶段，选择连词系统在这一时期经历了大幅度的生成、替换和更新。现代汉语常用选择连词"还是"、"不是……就是……"、"要不"、"不然"都是在这时期形成、发展并逐渐成熟的。

另外要特别指出的是，不管如何界定选择复句，也不管将其作何分类，只要能在自己的分类体系里尽其所能地充分观察、充分描写、充分解释选择复句，就一定能深化对这一领域的认识，就一定能作出实实在在的贡献。

3.2 明清汉语选择标记的来源

从哲学的角度看，人类对客观世界和主观世界的认识，是确定性与不确定性的辩证结合，这种辩证结合导致了语言中选择关系范畴的产生。选择关系可以理解为在可能性情境中与不确定中对确定性的寻求。所谓可能性情境，既可以是未然态也可以是已然态。未然态的可能性是因为具体事件尚未发生，一切表述都是推测性的。已然态的可能性则是因为具体知识尚未以确切信息的形式进入说话人的认知储备。

从根本上讲，选择是一种特殊的并列关系，是可能性情境中的并列，平行并列的几项仅在可能性情境中平等共存，现实中却因主客观因素不能同现而仅能从中择取。选择关系的实质也就是"析取式并列"①。从对确定性的寻求效果

---

① 邢福义（2001）认为，分句间有选择关系的复句是选择复句，这类复句是析取性的。"或者……或者……"是点标志，"是……还是……"、"不是……就是……"、"要么……要么……"等属于标志群。

看，选择关系可以分为未定选择和已定选择两大类。已定选择的"尘埃落定"并不是现实意义上的，而是说话人在主观层面上对几种可能性的取舍。因此，未定选择和已定选择也可以理解为客观性选择和主观性选择。这种主客观的差别也决定了两种不同类型选择关系中的选择连词在来源上有着根本的不同。下面依次按类分析。

3.2.1 未定选择标记来源

未定选择，几个分句提出几种情况，让人从中选取一项，至于选取哪一项，说话者没有确定。取舍未定的选择可以是两项选择，也可以是三项或三项以上的选择。未定选择一类又可分为"或此或彼"的任选式和"非此即彼"的限选式。从语源上讲，任选式中的选择连词都源于带有肯定意义的实词或构式，而限选式中的选择连词则往往由否定意义的结构式词汇化、语法化而来。

3.2.1.1 任选句式中选择标记来源

3.2.1.1.1 源于肯定性代词结构的虚化

"或"

1. 动词"或"

"或"《说文解字》释为："邦也，从口从戈，以守一。一，地也。"段玉裁注为："邦也。邑部曰：邦者，国也。盖或国在周时为古今字……既有国字，则国训邦，而或但训有。汉人多以有释或。""或"本义为"国"，有守国或守地之义，后由动作"有地"泛化、抽象化为一般的"拥有"、"具有"动作义。例如：

(1) 内作色荒，外作禽荒，甘酒嗜音，峻宇雕墙。有一于此，未或不亡。(《尚书·五子之歌》)

(2) 非汝封刑人杀人，无或刑人杀人。非汝封又曰劓刵人，无或劓刵人。(《尚书·康诰》)

2. 副词"或"

"或"常用于无主句句首，后面连接谓语动词，这正是副词的典型位置，慢慢其指代义被磨蚀，产生了副词用法，表"或许"义，修饰限制后面的动作。例如：

(3) 今公子兰，姞甥也。天或启之，必将为君，其后必蕃。(《左传·宣公三年》)

(4) 赏而去之，其或难焉。(《左传·襄公二十一年》)

这两例中，"或"的指代意义不明显，因此学术界多认为其为副词较好。杨树达先生在《词诠》（2006）中认为第一例中的"或"字为"表态副词"。第二例中的或，刘淇《助字辨略》（1983）中认为"或"与"或者"同，是"疑辞，犹云，'无乃'也。""或"在先秦两汉时期的主流的句子结构类型为"或＋谓语＋宾语"。

3. 无定代词"或"

上古时期"或"的意义"有地"的宾语进一步泛化，扩展到"有人"、"有些人"、"有的"、"有些"等无定代词义，例如：

(5) 或以德进，或以事举，或以言扬。（《礼记·文王世子》）

(6) 或相倍蓰，或相什百，或相千万。子比而同之，是乱天下也。（《孟子·滕文公上》）

(7) 今齐、楚相伐，或谓救之便，或谓救之不便，子独不可以忠为子主计，以其余为寡人乎？（《战国策·秦策二》）

(8) 或取一编菅焉，或取一秉秆焉，国人投之，遂弗藝也。（《左传·昭公二十七年》）

(9) 君独不观博者乎？或欲大投，或欲分功。（《战国策·秦策三》）

上例是无定代词"或"的典型用法，它一般位于无主句句首连用，"或"为肯定性无定代词，指代说话人不愿、不能或不必说出的具体对象或者具体时间，意为"有人"或"有时"。在这种平行列举式的并列结构中，对整个话题而言，固然是全部具备"或……或……"谈及的种种情形。但是，如果关注视角切换到"或"所指代的分话题时，就人事而言，往往无法同时兼备数种情形，而只能是对应其中一种具体情况。这种"不可兼备，仅能择一"的附带意义，正是"或……或……"可以转类为选择标记的语义基础。

当"或"的前后出现确指性的主语或时间成分，对一人事而言"不一可兼备，仅能择一"的隐含义就被激活从而上升为主要语法意义，"或"意义虚化，不宜再分析为"有人"或"有时"，"或……或……"与前面成分不再形成"整体＋部分＋部分"的结构，平行列举的语法意义也就不复存在，"或……或……"演进为纯粹的选择连词。

(10) 其俗或士箸，或移徙，在蜀之西。（《史记·西南夷列传》）

(11) 自曹沫至荆轲五人，此其义或成或不成，然其立意较然，不欺其志，名垂后世，岂妄也哉！（《史记·刺客列传》）

(12) 其神或岁不至，或岁数来，来也常以夜，光辉若流星，从东南来，集于祠城，则若雄鸡，其声殷云，野鸡夜雊。（《史记·封禅书》）

上述例子当中，例中"或"后分别紧跟分句主语"其俗"、"其义"和"其神"，"或"前出现有定性主语，"或"在句中都不充当句法成分，分句间不是分次列举而是或此或彼的选择关系。因此，以上三例中"或……或……"应当分析为选择连词。

4. 选择标记"或"

学术界一般认为"或"的选择连词用法由其无定代词用法演化而来，但具体如何演化还存在一定分歧，如李英哲、卢卓群（1997）和席嘉（2010）提出其演化路径为：不定指代词→副词（表示不特定的时间）→连词（连接不特定的情况），姚亮（2012）提出的演化路径为：无定代词→分指代词→选择连词。上述演化路径的分歧点在于选择连词是否经过了副词阶段。我们倾向于没有经过副词阶段，原因有三：第一，"或"作副词的使用频率不如无定代词多，我们能够确定为副词的例子有一些，但和无定代词比较起来差距十分大，根据语法化的频率原则，使用频率高的词更容易虚化，所以无定代词演变为选择连词的概率更大。第二，副词的主要语法功能是作状语修饰限制其后的动词（词组），形成状中结构，状语和中心语的结合较紧；而选择连词主要连接两个分句，起句间连接作用，连词和作为连接项的句子之间的结合较松散。从连接成分的紧密度来看，分指代词和选择连词更接近，更可能演变为选择连词。第三，副词"或"前面经常出现主语，如"天或启之，必将为君"（《左传·宣公三年》），而直到中古时期选择连词"或"很少带主语。

5. 或者

姚尧（2012）认为复音词"或者"来源于"或"，在上古汉语早期尚未出现，但在上古汉语中期已十分常见。

先秦时期，"或者"句式就已经出现，但是其用法不是表示选择关系，而是用来表示推断、猜测之义，翻译为"也许"、"大概"。

（13）今君或者未及武丁，而恶规谏者，不亦难乎！（《国语·楚语上》）

（14）晋公子有三焉，天其或者将建诸？君其礼焉！（《左传·僖公二十三年》）

（15）后之人或者将敬奉德义以事神人，而申固其命，若之何待之？（《左传·宣公十五年》）

根据我们检索的语料来看，这一时期"或"的出现要早于"或者"，在使用频率上远远高于"或者"，在用法上更加的多样化，而"或者"多处于主语和谓语之间，作为状语而出现，表示推测之义。

先秦时期，"或者"也有极个别用例，可以视为无定代词，例如：

(16) 今之城者，或者操大筑乎城上，或负畚而赴乎城下，或操表掇以善眒望。(《吕氏春秋·不屈》)

上述例子中，"或者"和"或"出现在相同的句法位置，"或者"在该具体语境中，可以视为无定代词。何乐士等在《古代汉语虚词通释》(1985)中认为"或者"的用法与"或"的用法一致。而楚永安在《文言复式虚词》(1986)中指出"或者"是个副词性结构。"或"是个无定代词，同时也是个副词。当它与"者"字连用，变成"或者"这种复合形式以后，一般是作为副词来使用。

两汉时期，"或者"的主流用法还是用作副词，在句子中表示推测、也许之义。有时放在句子开头，有时放在主语和谓语之间。

(17) 楚王方侈，天其或者欲盈其心，以厚其毒而降之罚，未可知也。(《新序·善谋上第九》)

(18) 今周室少卑，晋实继之，其或者未举夏郊邪？(《说苑·辨物》)

(19) 仲尼，圣人也，或者劣诸子贡。(《法言·问明》)

魏晋南北朝时期，"或者"的代词用法较先秦时期略有增加，举例如下：

(20) 足下或者见城围不解，救兵未至，感婚姻之义，惟平生之好，以屈节而苟生，胜守义而倾覆也。(《三国志·魏书七·臧洪传》)

(21) 而或者所闻见，言是而非，然则我之耳目，果不足信也。(《抱朴子内篇·塞难》)

(22) 永元中，清河宋景遂以历纪推言水灾，而伪称洞视玉版。或者至于弃家业，入山林。(《后汉书·张衡传》)

(23) 而或者忽不践之地，赊无用之功，至乃谇噪远术，贱斥国华，以为力诈可以救沦敝，文律足以致宁平，智尽于猜察，道足于法令，虽济万世，其将与夷狄同也。(《后汉书·方术传》)

上述几例中，"或者"都用作无定代词。这一阶段的"或者"的出现频率也有所增多。我们发现"或者"的绝大多数用法是作为表推测的副词，"或"的绝大多数用法多是表示人称代词。当"或者"作副词用法时，不缺主要成分，主语和谓语都存在，"或者"只是充当表示推测的副词，其句子结构类型为"N＋或者＋VP"或"或者＋N＋VP"。古代汉语中常存在省略的用法，所以"或者"句式也会出现一些"N＋或者＋VP"或"或者＋N＋VP"的形式的变体。然而其极少数表示代词的用法，我们认为主要是与"或者"中的"或"有着极大的关系，这点上文已有涉及，兹不赘述。

唐宋时期,"或者"走向多样化的阶段,尤其是宋代时期,代词用法的频率开始有所攀升。

(24) 或人以为当时当服大功者只服十五日,当服小功者只服七日,当服纤者只三日,恐亦不解恁地。臣为君服,不服则已,服之必斩衰三年,岂有此等级!或者又说,古者只是臣为君服三年服,如诸侯为天子,大夫为诸侯,及畿内之民服之。(《朱子语类·卷135》)

(25) 兀术闻之,遂亟走归,杀虚中,而尽灭其族。或者以为秦桧知虚中消息,密令人报房中,云虚中欲叛,故房人得先其未发诛之。(《朱子语类·卷130》)

(26) "其从之也",只合作从或者之言,不宜作从井中之仁也。(《朱子语类·卷33》)

唐宋时期,"或者"的使用变化不大,基本还是和先前时期的副词和代词用法一致。只是这一时期的代词用例数量开始上升,并且在《朱子语类》中"或者"的代词用法比例占到95%,《朱子语类》中"或者"共出现26次,25次用作不定代词。所以我们认为本阶段的"或者"一词逐渐分化为副词和代词。并且本阶段的"或者"作为副词时,用于"N+或者+VP"或"或者+N+VP"形式的变体中,省略了主语;本阶段的"或者"作代词时,大都用于"或者+VP"结构中。

明清时期"或者"句式蓬勃发展,使用频率大大提高,而且用法上也出现了新的搭配。用于表示推测时,多与"也不可知"、"也未见得"搭配。"或者"除了用于"N+或者+VP"或"或者+N+VP"这种从先秦沿用下来的句式外,还常出现在"或者+也未可知"或"或者+也不见得"这种新的句式中。但根据我们检索的文献来看,我们发现"或者"的主流用法虽然还是表推测,但是此阶段是其具有连词用法的关键时期,依据整理的一些语料,我们认为在这一阶段中"或者"的代词用法逐渐被连词的用法取代,语料中表示的选择之义逐渐明朗起来。

(27) 假若不是这怪弄法,或者淬杀师父,或者被妖吃了,我等不须苦求,早早的别寻道路何如?(《西游记·49回》)

(28) 其实,安公子不是不会说官话的人,或者说相貌也还端正,或者说举止也还大方,都没甚么使不得。(《儿女英雄传·12回》)

(29) 这两包每包里头五十两,共是一百两,是太太给的,叫你拿去或者作个小本买卖,或者置几亩地,以后再别求亲靠友的。(《红楼梦·42回》)

(30) 所有贺节来的亲友一概不会,只和薛姨妈李婶二人说话取

便,或者同宝玉、宝琴、钗、玉等姊妹赶围棋抹牌作戏。(《红楼梦·53回》)

(31) 所以小的今日特来回爷,或者爷内库里暂且发给,或者挪借何项,吩咐了小的好办。(《红楼梦·64回》)

上述用例中的"或者"并不具有实际意义,只起连接作用,表示选择的关系,如"或者说相貌也还端正"和"或者说举止也还大方"列举两种并列的情况。"或者爷内库里暂且发给"和"或者挪借何项"表示两种建议措施,二者择其一。

明清时期,"或者"在表示选择意义上还出现了与其他词语搭配使用的例子,构成了双用或多用的形式,"或者"构式基本作为一个整体义来表示选择,如:

(32) 或者是你家中那娘使了你来?或者是里边十八子那里?(《金瓶梅词话·16回》)

(33) 地方官自然奏表,那昏君必有旨意,或与国丈商量,或者另行选报。(《西游记·78回》)

(34) 实在没法,所以来求太太,或者就依他们做尼姑去,或教导他们一顿,赏给别人作女儿去罢,我们也没这福。(《红楼梦·77回》)

上述诸例中,"或者"与其他词语搭配使用构成双用或多用的形式,与"或"搭配使用,针对不同的情况,用"或者"、"或"引出两种或多种可选择的前后项,这一阶段的"或者"句式比较接近现代汉语的选择句式的用法。

3.2.1.1.2 源于肯定性系词结构

据我们所考察的文献来看,"是……还是……"句式最早使用的时期是在唐代,那么其作为选择疑问句出现的这一表义形式的源头就值得我们去探索,也就是说在唐代之前,选择疑问句是什么样的,它们是用什么样的标记词(如何表示)来标记选择疑问句的。

向熹在《简明汉语史》(1993)中谈到了上古时期汉语的复句概况,把上古汉语的复句分为联合复句和主从复句两大类,其中在联合复句中谈到了选择式的复句。他认为:联合复句中的选择式是两个分句提出了不同的判断或叙述,让人们从中选择一个。在上古汉语中,"是……还是……"构式义的表达多为问句形式,用"其"、"将"、"且"、"抑"、"意"、"亡"、"妄"等连词来标记。

(1) 将送往劳来,斯无穷乎?宁诛锄草茅,以力耕乎?将游大人,以成名乎?宁正言不讳,以危身乎?(《楚辞·卜居》)

(2) 秦之攻赵也，倦而归乎？王以其力尚能进，爱王而不攻乎？（《战国策·赵策三》）

(3) 道固然乎？妄其欺不谷邪？（《国语·越语下》）

(4) 子之义将匿邪，意将以告人乎？（《墨子·耕柱下》）

上述例子中的连词都可以解释为"……，还是……"，例（1）是指"我宁愿忠厚诚恳，朴实地忠诚呢？还是迎来送往，不使自己穷困呢？"例（2）的意思为"秦国攻打赵国，是他们疲倦退兵的呢？还是他们的能力还能进攻，只是爱护大王而没有攻打呢？"例（3）为"道理本来就是这样呢？还是你在欺骗我呢？"例（4）说的是"你的这种义将隐藏起来呢？还是将告诉别人呢？"通过对以上例子的分析，我们发现这一时期的疑问选择句后经常跟疑问语气词"乎"、"邪"等，翻译为"……呢"。

根据我们所查阅的文献以及前人研究来看，本时期的"是……还是……"构式的标记词为"其"、"将"、"且"、"抑"、"意"、"亡"、"妄"等连词和"乎"、"邪"、"与"等疑问语气词，它们搭配使用，组成一种固定结构，两个疑问分句并列使用。经过语料考察，我们发现上古时期的选择句大多采用疑问语气，很少使用陈述语气。

这一阶段，先秦时期的"是……还是……"构式义的句式结构模式为"意（其、将、且、亡）+选择项+乎（邪、与）？意（其、将、且、亡）+选择项+乎（邪、与）？"或者是"选择项+乎（邪、与）？意（其、将、且、亡）+选择项+乎（邪、与）？"。

魏晋南北朝时期标记词的使用发生了一些变化，"其"、"将"、"且"、"抑"、"意"、"亡"、"妄"等逐渐被"为"、"将"所替代。选择连词"为"[①]、"将"，或者与"为"、"将"相关的选择连词成为表示这一构式义的标记词，且表示选择连词的复音词居多，这与其韵律有着密切的关系，汉语双音化趋势明显。"为"字或者与"为"相关的选择连词单用或双用来表示选择疑问句。

(5) 若应用者，为各用一？为应用两？（《宋书·志第四·礼一》）

(6) 若然，将以何事致之？为欲修身改俗，为欲仍染前事？（《魏书·列传第九·献文六王》）

[①] 关于选择连词"为"的来源，学术界有许多争议，主要有如下几种看法：系词说，李崇兴（1990）、柳士镇（1992）、吴福祥（1997）等人认为选择用法由系词直接演变而来；假设连词说，梅祖麟（2000）认为"为"经历了系词到假设连词到选择连词的演化过程；疑问副词说，太田辰夫（1991）认为"为"经历了系词到疑问副词到选择连词的演化过程；语气副词说，赵长才（2011）认为其演化路径为：系词→语气副词（表示认定、确认）→语气副词（表追究、探究）→选择连词。我们认为与"为"的系词用法有关。

(7) 尔时，阿那邠邸长者白世尊曰："修摩提女为满富城中满财长者所求，为可与？为不可与乎？"（《增壹阿含经·卷22》）

(8) 复次若言生死有初始者，此初身者，为从善恶而得此身，为不从善恶自然有耶？（《大庄严论经·卷1》）

上例的"为"连接项均为相对或相关项，说话者提供两个选择让听话者选择。随着选择义的增强，其探究语气逐渐弱化，后来这种听说者的探究义被选择义替换，从而产生了选择连词用法。当然，由于受源词用法影响，选择连词用法一直出现在疑问句中。

(9) 此人为是独一家法使其如是，为当一切诸世间相？悉皆如斯。（《佛本行集经·卷14》）

(10) 此人为当独一家法，为当一切世间众生悉有是法？（《佛本行集经·卷15》）

(11) 此何征祥？为凶为吉？是何果报？为复我身寿命欲尽？为共圣子恩爱别离？（《佛本行集经·卷16》）

(12) 世尊！昨夜光明，照于祇桓，为是梵释四天王乎？二十八部鬼神将也？为是他方诸大菩萨来听法耶？（《撰集百缘经·卷5》）

(13) 世尊！昨夜光明，照于世尊，为是释梵转轮圣王、二十八部鬼神将耶？（《撰集百缘经·卷6》）

(14) 汝是谁也？为是天耶？为是龙耶？为野叉耶？为乾闼婆？为阿修罗？为迦楼罗？为紧那罗？为是摩睺罗伽？为是帝释侨尸迦耶？为是天尊大梵王耶？或能见我在于厄难，怜悯我辈，故来至此，欲来救拔我等苦也？（《佛本行集经·卷49》）

以上例子是"为"或与"为"相关的"为是"、"为当"、"为复"、"为欲"选择连词的双用，它们通常位于两个选择问句的句首，表达"是……还是……"的意义。

本阶段"是……还是……"构式义的标记词发生了变化，其主要句法形式为"为（将、为是、为复、为当）＋选择项＋乎？为（将、为是、为复、为当）＋选择项＋乎？"以及变体"为（将、为是、为复、为当）＋选择项（，/？①）为（将、为是、为复、为当）＋选择项？"或"选择项？为（将、为是、为复、为当）＋选择项？"。这一时期是选择疑问句形式转变的萌芽时期。

唐宋时期是"是……还是……"构式发展变化的关键阶段，这一时期新旧标记词并存。本时期在句式上变化不大，标记词方面，多为"为是"、"为当"、

---

① 此处的"，"或"？"表示句子的停顿或语气作用。

"为复",双用情况较多,常见于佛经语录中,但"是"、"还是"进入这一句式中。

(15) 第四问曰:"凡修心地之法,为当悟心即了,为当别有行门?若别有行门,何名南宗顿旨?若悟即同诸佛,何不发神通光明?"(《祖堂集·卷6》)

(16) 仰山谘和尚:"为当欲得记他见解,为当欲得行解?"(《祖堂集·卷18》)

(17) 师有时谓众云:"有一句子,如山如岳;有一句子,如透网鱼;有一句子,如百川水。为当是一句,为当是三句?"(《祖堂集·卷12》)

(18) 为是上界天帝释?为是梵众四天王?(《频婆娑罗王后宫彩女功德意供养塔生天因缘变》)

值得注意的是,这一时期判断动词"是"在本时期与"为复"、"为当"组合成"为复是"或"为当是",这为判断动词"是"进入选择疑问句做了前期准备工作。

(19) 为复是逢强即弱?为复是妙用神通?(五灯会元·卷17》)

(20) 有一句子,如百川水。为当是一句,为当是三句?(《祖堂集·卷12》)

需要特别说明的是,唐宋时期的选择疑问句除了延续汉魏时期的基本特点外,唐宋交接之际,还出现了新的形式。判断动词"是"进入选择句中,关联词"还是"也出现在这一时期,本时期"是"和"还是"有时搭配使用,组成"是……还是……"形式,有时"还是"自己对举,组成"还是……还是……"形式。唐五代时期这一用法还不是很明显,只是一个萌芽的阶段,"是"和"还是"的搭配凝固性不强,所以表示的选择意义也不是很明显。

"是……是……"是语义弱化而不再担当句中主要谓语和疑问句中语境赋义两方面共同作用的结果。"是"本为系词,典型作用是联系两个名词项,表明两个事物之间的同一关系或者类属关系。但当"是……是……"进入选择问句,断定意味被疑问语境消解,同时又被语境赋予新的选择意蕴,倾向于演变为选择连词。学者张美兰(2002)指出,晚唐五代"是……是……"句式的使用,表现了当时选择问的新特点。只是晚唐五代"是……是……"还处于语法化的初期阶段,"是"更多地保留了自身的动词性,后面主要还是多跟名词性成分。

(21) 和尚借问:"山人所住是雌山?是雄山?"(《祖堂集·卷3》)

(22) 师却问僧:"是明阐提?是暗阐提?"(《祖堂集·卷8》)

我们认为,"是……是……"结构最重要的意义不在于它自身的连词化倾向,而在于由它滋生出近代直至现代汉语中重要的选择连词"还是"。"还是"应该是在副词"还"进入"是……是……"结构后形成的"是……还是……"中逐渐演化,最终褪去动词义变为纯粹且功能多样的选择连词的。

"是……还是……"结构形成初期,"还是"仍是动词结构,其中"是"的判断性还比较明显。唐五代时期这一用法还不是很明显,只是一个萌芽的阶段,"是"和"还是"的搭配凝固性不强,所以表示的选择意义也不是很明显,例如:

(23) 去心既是病,摄来还是病,去来皆是病。(《神会语录》)

从上面这一例子中,我们可以看出判断动词"是"的判断义很强,"还是"在此处的意义更加偏向于依旧的意思,无论是去还是来都是病。在这一句中没有表示疑问选择的意思,所以,由此我们可以看出唐五代以前"是……还是……"并没有作为选择疑问句的标记而被使用。

北宋时期"是……还是……"形式、"还是……还是……"形式以及"是……是……"形式等表示选择疑问句的语料开始增多,表示选择的意义明显增强,引导两种不同选择项,例如:

(24) 时举曰:"'盖有之矣,我未之见也',是言未见用力底人,还是未见用力而力不足之人。"(《朱子语类·卷26》)

(25) 问:"'知皆扩而充之矣','知'字是重字?还是轻字?"(《朱子语类·卷53》)

(26) 还当自家要做甚么人?是要做圣贤?是只要苟简做个人?(《朱子语类·卷121》)

(27) 问:"上蔡谓'礼乐之道,异用而同体'。还是同出于情性之正?还是同出于敬?"(《朱子语类·卷22》)

在我们所考察的《朱子语类》中"是"和"还是"共出现31次,其中它们用于选择疑问句21次,在这21例中"是……还是……"构式占12例,"还是……还是……"构式占8例,"是……是……"构式占1例。可见这一时期"是……还是……"开始蓬勃发展。这一时期是"是……还是……"构式发展的关键时期,既有对先前句式的继承,又有新的创新,起到了过渡的作用,并且"是……还是……"构式在使用频率上有增长的势头,只是这一时期判断动词"是"还没有虚化为连词。

明清时期"是……还是……"句式使用频率大大提升,"是……还是……"构式表示的选择义逐渐凸显出来,表现出突出的优势,而且在语义方面也开始呈现出多样化的趋势。《儿女英雄传》中,"还是"作选择连词共42例,是《儿女英雄传》中此类连词中用例最多的。"还是"可与"是"、"还是"搭配使用，构成"是……还是……"（12 例）、"还是……还是……"（11 例）结构。

（28）这个地方儿要让安公子积伶了。他听了这话，想了一想，道："姑娘，你这称呼，是九十的'十'字，还是金石的'石'字？"（《儿女英雄传·8 回》）

（29）张姑娘道："你叫的是何姑娘，叫的还是'我那有情有义的十三妹姐姐'呢！"（《儿女英雄传·23 回》）

（30）这是这屋里上上下下三四十人亲眼见的，难道是我张金凤无中生有的造谣言哪？是独姐姐你没看见呢，还是你也看见了不信呢？（《儿女英雄传·26 回》）

（31）你在这院上当巡捕也不是一年咧，大凡到工的官儿们送礼，谁不是绎绣、呢羽、绸缎、皮张，还有玉玩、金器、朝珠、洋表的，怎么这位爷送起这个来了？他还是河员送礼，还是"看坟的打抽丰"来了？这不是搅吗！（《儿女英雄传·2 回》）

（32）我安骥此刻还是活着呢，还是死了？（《儿女英雄传·6 回》）

除了继承先前时期的表示选择意义的用法，还派生出了表示延续、依旧和递进、进一步说明的用法，如：

（33）那家子听言，都说是神仙。八戒道："我们虽不是神仙，——神仙还是我们的晚辈哩！"（《西游记·58 回》）

（34）行者道："他如今是个病君，死了是个病鬼，再转世也还是个病人……"（《西游记·68 回》）

上述第一例子中，八戒虽说他们不是神仙，但是用"还是"进一步说明神仙是他们的晚辈；第二例中，"是……还是……"则说明"他"如今、死后、转世的状态的延续。

明清时期，"是……还是……"出现多种变体，"……还是……"、"还是"、"还……还是……"、"还是……还是……"等，例如：

（35）怎么，头一年就和我打起擂台来了？还是我这话嘱咐多余了？还是你是我的嬷嬷爹，众人只管交齐了，你交的齐不齐就下的去呢？你把这个道理讲给我听听！（《儿女英雄传·36 回》）

（36）要讲玉郎的八字儿，就让公婆立刻请媒人送到姐姐跟前，请问交给谁？还是姐姐自己会算命啊，会合婚呢？（《儿女英雄传·26 回》）

(37) 华忠见老爷这光景，像是要去拜客，便请示："老爷到那里去？还是车去、马去？派谁跟了去？"（《儿女英雄传·39回》）

综上，我们认为明清时期的选择疑问句的标记词基本固定为"是……还是……"、"还是……还是……"以及"……还是……"，而且这一时期并没有使用疑问语气词，这可以推断出"是……还是……"的构式的选择义已经比较明显，疑问语气词来辅助表示疑问选择的意思已经不那么重要了。

3.2.1.2 限选句式①中选择标记来源

3.2.1.2.1 源于"否定＋肯定"结构式

上古时期"非……则……"在假设语境演变为选择连词是这一类型连词的根本缘起。后起的"不是……就是/便是……"形式则是随着系词"是"的发展，"不是"和"是"对举逐步取代"非"和"则"对举的结果，是一种词汇替代现象。

席嘉（2006）探讨了"非……则/即……"的语法化，认为假设语境，使嵌入"非……则即……"中的前后成分语义对立、结构相应，是这一结构式标记化的必要条件。

(1) 然且语而不舍，非愚则诬也！（《庄子·秋水》）
(2) 且先王之所以使其臣民者，非爵禄则刑罚也。（韩非子《外储说右上》）
(3) 民死亡者，非其父兄，即其子弟，夫人愁痛，不知所庇。（《左传·襄公八年》）

随着"是"与"不是"在口语中的广泛使用，唐宋时期这两个词的对举开始逐步取代"非"和"则即"的对举。"不是……便是……"稍后也开始出现。

(4) 不是尘埃便风雨，若非疾病即悲忧。（白居易《勉闲游》）
(5) 相逢若要如胶漆，不是红妆即拨灰。（姚嵘《题大梁临汴驿》）
(6) 若非叶下滴秋露，则是井底圆春冰。（《天竺国胡僧水晶念珠》）
(7) 风拂拂地，不是南风，便是西北风，直须便怎么会始得。（《碧岩录》）

---

① 前后分句表示"非此即彼"的意思，限在两项中选择一项，排除第三种可能性，语气强硬。常用的关联词语是"不是……就是、要么……要么、或者……或者"等。详参李子云（1991）、王维贤（1994）等。

(8) 头一句，那杀人贼若不是姓炎名装，便是姓装名炎。（关汉卿《绯衣梦》）

元明开始，"就是"又逐步取代"便是"，形成"不是……就是……"形式。

(9) 不是磕碎脑袋，就是抢了鼻凹。（《元刊杂剧三十种·薛仁贵衣锦还乡》）

完成对"非……则……"的词汇替代后，随着这种结构式连词化程度的加深，明清时期"不是……就是/便是……"在嵌入成分结构不对应的情形下也可以传达选择意义，成为可以自给自足的完全意义上的选择连词。

(10) 见了星与月亮，不是长吁短叹，就是咕咕哝哝的。（《红楼梦·35回》）

(11) 你们竟成了例，不是这个，就是那个，我那里有这些赔的。（《红楼梦·61回》）

(12) 无事闷坐，不是愁眉，便是长叹，且好端端的不知为了什么，常常的便自泪道不干的。（《红楼梦·27回》）

(13) 有时宝玉睡去，必从梦中惊醒，不是哭了说黛玉已去，便是说有人来接。（《红楼梦·57回》）

3.2.1.2.2 源于否定结构式

这种类型的选择关系标记主要指形成于明清时期的"要不"、"不然"、"再不"。这三个选择关系标记只是语源成分上略有不同，语法化的动因和过程基本相同。我们以"要不"为例说明它们的连词化过程。

"要"和"不"在古代汉语中使用，二者最早紧邻出现的用例是在先秦《论语·宪问》中。

(1) 今之成人者何必然？见利思义，见危授命，久要不忘平生之言，亦可以为成人矣。（《论语·宪问》）

此句中的"要"，在《论语译注》作"约束、约定"讲，"久要"即为"长期地约束自我"，《论语注疏》中说："久要，旧约也。"这里的"要"为通假字，同"约"，用作动词。"不"用作否定副词，"要"表示意愿或假设，"不"表示否定，它们不处于同一个层次上，不构成直接成分。

根据马贝加（2002）关于"要"语法化过程的研究，可发现"要"经历了从独立使用的动词逐渐发展演变为能愿动词、转折连词、假设连词的过程。在汉代的文献中，可发现"要"用作能愿动词，表示"需要、必须"的用例，此时

"要"后面的"不"依然用作否定副词,且它还没有发展出假设义,与"不"还是存在于两个界限分明的语法层次中。如:

(2) 致重慎所言,以善为谈首。书意有信相与,要不负有心善进之人言也。(《太平经·卷114》)

汉代过后,六朝时期"要"开始出现假设意味。在六朝及其后的文献中出现了句式"欲要/待要+不"。其中,"欲"和"待"等词分别表示"意图"和"等待"等意义,且"要"与前面的"欲"和"待"联系较为紧密,"欲要"和"待要"表示对未发生事物的期望和意图,因此,整个句式带有了假设意味。句中成分多为意义较为具体的实词,而缺乏表示假设义的词,且"要"作为能愿动词具有"需要、想要"的意义,这就使得整个句式的假设义向"要"转移,"要"由此而带上假设的意味。随后历经隋唐五代,"要"在句子中临时表示假设意义的用例依然存在。如:

(3) 欲要昂以为己用,然心未甚信。超妻杨闻异节行,请与宴终日。(《三国志·裴松之注》)

上例句式"欲要+然"中"欲"表示"意图","要"本意是"想要、需要","欲要"的具体内容是"想要赵昂为己所用",体现了将来时,该句子可译为"想要赵昂为己所用,却又不是十分信赖他"。通过这句话可以看出,说话者是在对实际未发生的事情作设想,然后对设想进行思考判断,这其中就包含了假设意味,而该句中又无直接表假设义的词,因此能愿动词"要"就临时增加了假设义。此时,"要"与"不"在表意结构上产生了一定的联系,但是,此时期"要"带有的假设义是句义临时赋予的,没有固定下来,且该意义不够明显、用法也不够典型。可见此时的"要"和"不"依然分属不同语法层面,没有明显的结合倾向。

唐宋以后,到宋元时代,"欲要/待要+不"句式进一步发展,增加了"若要+不"的用例,例如:

(4) 若要不涉言句,须明玄中玄。(《禅林僧宝传》)

(5) 若要不管,须是如杨氏为我方得,某却不曾去学得这般学。(《朱子语类》)

(6) 欲要不行,可怜淑兰自幼便失父母,孤苦到今。(贾仲明《萧淑兰情寄菩萨蛮》)

以上例句都包含了"若要/欲要/待要+不"结构,句中"要不"的句法结构应划分为"要+不V",在语境中都可以作"如果不V"讲。其中"不"用作否定副词,对后面V表示的动作行为进行否定,虽然在意义层面上与"要"有了一定的联系，但二者在句法结构上依然相互独立。此时期"要"可以更明显地用于表达假设或意愿。

明清时期，"要不"的句式进一步发展，后面的动词"V"可以省略，假设分句"要不"中的"V"为避免重复而承前省略，整个结构减省为"要不"，例如：

(7) 嫂子，你别怪我说，你作的业忒大，你该知感俺娘打你几下子给你消灾，要不，天雷必定要劈。(《醒世姻缘传·60回》)

(8) 你别要合员外强了，近里艾回子捎了字与员外，说他的皮袄被他眼不见就偷了来，叫员外快快的追了还他，要不，连员外都要告着哩。员外不信，只说是为咱没请他，他才骂你哩。谁知他说的是实。(《醒世姻缘传·67回》)

上述例句中"要"和"不"没有直接组合关系，"要"为能愿动词，"不"是否定分句"不"的省略形式。"要不"在上下文的作用下完全能够表达"要不"的语义，而且更符合口语习惯，随着使用频率的增加，"要不"由原来暂时的省略形式演变为例程，从而逐渐结构化，具有固定性和不可拆分性。同时，"要不"作为语义上和句法位置上都有承前启后作用的中间分句，本身就具有关联前后分句的作用，这也是这类结构之所以能够向主要承担连接功能的连词一类虚词转化的重要基础。

(9) 童奶奶道："狄爷，你自己照管着更好；要不，配给个家人，当家人娘子支使也好。……"(《醒世姻缘传·55回》)

(10) 这娘就没看真。那婆娘有二十二三罢了，那汉子浑身也有二十七八，要不就是后娘。(《醒世姻缘传·41回》)

(11) 安太太道："你无论他们谁家，有剩汤剩水的拣点儿就吃了；要不，我给你留俩饽饽。"(《儿女英雄传·29回》)

(12) 华嬷嬷过来说道："不早了，交了二更这半天了。南屋里亲家太太早睡下了。舅太太才打发人来问着，要不爷、奶奶也早些歇着罢。"(《儿女英雄传·31回》)

以上例句中，结构式"要不"假设意义下的承续作用淡化，线性序列上连接的前后成分之间形成平行并列的关系，"要不"嵌在中间，表达的语义是"并列项，不则并列项"，语义实质也是"否定肯定"，与"不是……就是……"结构异曲同工。不同的只是后一分句"并列项"里没有明确的肯定性形式标记参与到选择连词的语法化中。"要不"在假设语境里，在语义上关联平行并列的前后成分的结构中，由结构式进一步词化，从而演变为限选式选择连词。

"要不（然）"的形成是多种因素相互作用的结果，其中"不"后面成分的代词化或省略是词汇化的直接诱因。当"不"后面的成分在上文已经出现时，这个旧信息可以用指示代词"然"来代替，"不然"、"若不然"的用法很早就出现了，例如：

(13) 若仆者降等，则受，不然则否。（《礼记·曲礼上》）

(14) 不然，则强者能守之，智者能牧之，贱所贵而贵所贱。不然，鳏寡独老不与得焉，均之始也。（《管子·侈靡》）

(15) 君若能以玉帛绥晋，不然则武震以摄威之，孤之愿也。（《左传·襄公十一年》）

(16) 故桓公巡民而管仲省腐财怨女。不然，则在延陵乘马不得进，造父过之而为之泣也。（《韩非子·外储说右下第三十五》）

(17) 叔父其懋昭明德，物将自至，余何敢以私劳变前之大章，以忝天下，其若先王与百姓何？何政令之为也？若不然，叔父有地而隧焉，余安能知之？（《国语·周语》）

(18) 愿王释齐而先越；若不然，后将悔之无及。（《史记·伍子胥列传》）

"不然"由词组凝固为一个词，其中的"然"也由指示代词虚化为词缀，"不"后面的成分是已知信息时，也可以省略。例如：

(19) 屈完曰："君以道则可；若不，则楚方城以为城，江、汉以为沟，君安能进乎？"（《史记·齐太公世家》）

"不"后成分的省略使得"不"与前面的"若"构成一个双音节的音步，为"要不"的词汇化提供了条件。双音化是汉语词汇化的一个根本的动力，受双音化的影响，两个经常邻近出现的单音节成分就容易融合为一个复合词性质的东西，这是最常见的重新分析，也是韵律制约词法的一个具体表现。

3.2.2 已定选择标记来源

已定性选择连词的语境预设是说话人所面对的将要出现或已出现的几种情况皆是非理想的，在这种条件下必须进行选择的话，或者选择前者而不选择后者，或者选择后者而不选择前者，可以说是一种不得已为之的勉强选择。无论是先取后舍还是先舍后取，已定选择表达的都是主观层面的选择，因此这类选择连词从根本上都是源于主观态度的某一表达方式。

3.2.2.1 源于能愿动词的虚化

"宁"为"寍"的简化字，《说文解字》释为："愿词也。"即"宁"最初为能愿动词，在先秦文献中用例较多，例如：

（1）故君子与其使食浮于人也，宁使人浮于食。（《礼记·坊记》）
（2）子妇有勤劳之事，虽甚爱之，姑纵之，而宁数休之。（《礼记·内则》）
（3）"此龟者，宁其死为留骨而贵乎？宁其生而曳尾于涂中乎？"二大夫曰："宁生而曳尾涂中。"庄子曰："往矣！"（《庄子·秋水》）

由于"宁"是表心理活动的能愿动词，带有强烈的主观意愿，经常被用来表示说话人对客观事实或意愿的看法，从而产生了对心理意愿的选择问题，因此常用于表选择意向，表达说话人心里对两件事情的选择，愿意干什么，不愿意干什么。这种选择句主要有两种形式，一是"宁，不/无"，二是"……，宁"。首先来看第一种类型：

（4）人曰：何不试之以足？曰：宁信度，无自信也。（《韩非子·外储说左上第三十二》）
（5）宁溘死而流亡兮，不忍为此之常愁。（《楚辞·九章·悲回风》）

"宁，不无"是上古时期最常用的类型，使用频率远比"……，宁"高，之所以出现这种情况，这与人们表达意愿的认知顺序相关，人们表达自己的喜好或选择时，习惯于先说出选择项，然后否定非选择项，特别是这种主观意愿特别强烈时，一般遵循先主后次这一顺序。当然，有时候人们为了突出选择项，也可以先说出非选择项，再说出选择项，以形成对比强调选择项的效果，于是形成了第二种类型"……，宁"，例如：

（6）与其无义而有名兮，宁处穷而守高。（《楚辞·九辩》）
（7）王孙贾问曰："与其媚于奥，宁媚于灶，何谓也？"（《论语·八佾》）
（8）与其杀不辜，宁失不经。（《尚书·大禹谟》）
（9）礼，与其奢也，宁俭；丧，与其易也，宁戚。（《论语·八佾》）
（10）民死，寡人谁为君乎？宁独死耳。（《淮南子·道应训》）

所以，"宁"的演化路径为：宁（能愿动词）→宁（选择连词）。

3.2.2.2 源于比较义短语

比较范畴本就与选择范畴有着密切关联，选择都是比较后的择取。因此，比较意义的词组往往在特定语义结构中、合宜的句法位置上虚化为选择连词。由比较范畴虚化而来的一类是已定选择中的先舍后取式。

3.2.2.2.1 源于比较义动词短语

"不如"在先秦是一个"副词+动词"的偏正词组，词组的意义是两个单音词词义的简单相加。"如"最初的意义为"随顺、依照"，由"随顺、依照"之义引申为"像、如同"。相应地，"不如"也有两个意义"不按照、不依照"和"不像、不符"。如：

(1) 王太子又长矣，执政未改，予为先君来，死而去之，其谁曰不如先君？（《国语·鲁语下》）

(2) 君子未有不如此，而蚤有誉于天下者也。（《礼记·中庸》）

(3) 简子曰："与吾得革车千乘也，不如闻行人烛过之一言。"（《吕氏春秋·贵直》）

(4) 城非不高也，池非不深也，兵革非不坚利也，米粟非不多也，委而去之，是地利不如人和也。（《孟子·公孙丑下》）

"不如"当"不像"讲，表达"（A）不像B"，A为比较前项，B为比较后项，形成比较的语境，比较的结果常常为前项比不上后项，所以"不如"引申出"不及、比不上"的意义，比较的两项可以是事物，也可以是行为动作。比较对象为事物或人，例如：

(5) 不乱民功，不逆天时，五谷稑孰，民乃蕃滋，君臣上下，交得其志，蠢不如种也。（《国语·越语下》）

(6) 天下之王，尚犹尊之，是天下之王不如郑贾之智也，眩于名，不知其实也。（《战国策·秦策三》）

(7) 俱据万乘之国，交有称王之名，睹其一战而胜，欲从而帝之，是使三晋之大臣不如邹、鲁之仆妾也。（《战国策·赵策三》）

(8) 三里之城，七里之郭，环而攻之而不胜。夫环而攻之，必有得天时者矣；然而不胜者，是天时不如地利也。（《孟子·公孙丑下》）

比较行为动作时，行为常常具有说话人不可控的属性，例如：

(9) 天下莫强于秦、楚，今闻大王欲伐楚，此犹两虎相斗而驽犬受其弊，不如善楚。（《战国策·秦策四》）

(10) 弃之不如用之之易也，死之不如弃之之易也。（《战国策·魏策四》）

(11) 身劳而心安，为之；利少而义多，为之；事乱君而通，不如事穷君而顺焉。(《荀子·修身篇》)

以上两例"不如"实意较强，表达"前项比不上后项"，仍是动词。"两虎相斗而驽犬受其弊"、"善楚"、"死之"、"弃之"、"事乱君而通"、"事穷君而顺"都还是比较的对象，比较的为非自主的行为事件，不是行为人可自主选择实施的。

(12) 不爱而用之，不如爱而后用之之功也。利而后利之，不如利而不利者之利也。爱而后用之，不如爱而不用者之功也。(《荀子·富国篇》)

(13) 因众以宁所闻，不如众技众矣。而欲为人之国者，此揽乎三王之利而不见其患者也。(《庄子·在宥》)

上述例子中，"不爱而用之"和"爱而后用之"，"因众以宁所闻"和"众技众"，"不爱而用之"和"因众以宁所闻"是否可以自主实施我们暂且不讨论，但"爱而后用之"都是行为人可以自主决定是否实施的行为。当这种性质的行为动作出现在"不如"比较句后一项时，不仅仅表达说话人在主观上比较"不爱而用之"和"爱而后用之"、"因众以宁所闻"和"众技众"，前者比不上后者好，更是表达说话人愿意"爱"，不愿意"不爱"。

当比较的对象由简单成分扩展到分句或句子，"不如"的谓语中心地位动摇，并更多地处于后一分句句首。退出句法结构核心地位，句法位置合宜再加上语义上的契合，"不如"虚化为表取舍的选择连词。当"不如"对事物进行比较的作用大大弱化，常常表示叙述者的主观意愿时，发展成为叙述者的主观选择顺理成章。"不如"与"与其"的搭配使用最早见于先秦，如：

(14) 夫是，故民皆勉为善。与其为善于乡也，不如为善于里；与其为善于里也，不如为善于家。(《国语·齐语》)

不过这时的"与其"和"不如"还不是关联词语。此时的"与"和"其"还是两个词，"与"是一个表假设关系的连词，"其"具有第三人称代词的作用。

到了汉代，"与其……不如"或"与其……不若"的搭配开始固定下来。"与"不再有假设义，"其"也失去称代作用，"与其"字面义已经偏移，成了羡余，句式义开始起作用。正如Sapir在《语言论》中论述的"形式比它的概念内容活得更长久"，"与其"完全失去了意义，用于选择关系复句的前一分句，表示舍弃的一面，帮助"不如"表示选择关系。

(15) 与其以秦醳卫，不如以魏醳卫，卫之德魏必终无穷。(《史记·魏世家》)

(16) 与其以死痤市，不如以生痤市。（《史记·魏世家》）

(17) 与其生而无义，固不如烹！（《史记·田单列传》）

句法结构上比较项为行为动作，并且后一行为是行为者可控的未发生行为，是这一句式语义发生变化的句法环境。在这种句法环境中，后一行为动作是可以主动选择实施的未发生行为，因此行为动作的指称性弱化，陈述性强化，这样就使得"不如"的动词功能减弱，表"比较"的意义弱化，转而修饰后一行为动作，表达选择后者的意愿，具有修饰功能。同时，虽然两行为动作具有一定的陈述性，但这种陈述性并不完整，还需要"不如"连接，共同完成表述，因此"不如"还有关联前后两项的作用。可以说在这种句法环境下，"不如"的修饰功能和关联功能兼备，既有比较又有选取的意义，是"不如"进一步发展为语气副词的过渡，"一个词从 A 义转变为 B 义，一般总是可以找出一个中间阶段既有 A 义又有 B 义"（沈家煊，1994）。我们将这类凸显关联功能的副词"不如"看作关联副词，一种关联标记。

"A 不如 B"的比较格式表达出 A 比不上 B 这一主观认识，当 B 成为行为人可以自主选择实施的行为动作时，整个句式就不只是认识上比较优劣，而是表达主观建议性，表达说话人行为上的取舍，认为应该舍弃一项，选取一项。正如吕叔湘所说："比较两件事情的利害得失，不仅是认识的问题，实与行动有关。"比较是手段，行为是目的，可以说此时的"不如"比较义弱化，选取义增强。"A 不如 B"由比较句式发展为通过比较方式表达的取舍句式"A，不如 B"。

3.2.2.2.2　比较义介词①虚化而成

"与其"由比较介词"与"加代词"其"跨层粘合而成，这类选择连词只是用在复句前一分句引出比较对象，比较的结果要在后一分句明示，因此不能单独承担选择意义的表达，只能与"宁"、"不如"等搭配使用。元明时期语料中还有与"与其"功能相类的"比时/比似"。

"与其"作为选择连词来源于并列连词"与"。"与"作为并列连词先秦常见，如：

(1) 子亢曰："以殉葬，非礼也；虽然，则彼疾当养者，孰若妻与宰？"（《礼记·檀弓下》）

(2) 冬与夏不能两刑，草与稼不能两成，新谷熟而陈谷亏，凡有角者无上齿，果实繁者木必庳，用智褊者无遂功，天之数也。（《吕氏春秋·博志》）

---

① 这里指那些可以用来比较的介词。

(3) 晋、郑兄弟也，吾先君武公与晋文侯戮力一心，股肱周室，夹辅平王，平王劳而德之，而赐之盟质，曰：'世相起也。'（《国语·晋语》）

(4) 此可谓知义与不义之辩乎？是以知天下之君子也，辩义与不义之乱也。（《墨子·非攻上》）

在一定的上下文中，"与"所联系的并列项之间可以出现对比、比较的关系，例如：

(5) 舅犯走，且对曰："若无所济，余未知死所，谁能与豺狼争食？"（《国语·晋语四》）

(6) 任人有问屋庐子曰："礼与食孰重？"曰："礼重。""色与礼孰重？"曰："礼重。"（《孟子·告子下》）

(7) 令尹子木与之语，问晋故焉，且曰："晋大夫与楚孰贤？"（《左传·襄公二十六年》）

(8) 金重于羽者，岂谓一钩金与一舆羽之谓哉？取食之重者与礼之轻者而比之，奚翅食重？取色之重者与礼之轻者而比之，奚翅色重？往应之曰："紾兄之臂而夺之食，则得食，不紾，则不得食，则将紾之乎？"（《孟子·告子下》）

上述诸例中，"与"连接比较的对象，连接的并列成分之间也存在着比较关系，都是表示比较结果的不同。

"与"由表比较演化为表选择的重要标志是与联系并列项的用法分离。导致新功能产生的应该是会话语境，演化机制是语用推理。[1] 听话者希望说话者说得详细些，而说话者实际上又有所保留，说话者和听话者之间存在着一种紧张而又不对称的关系，听话者只能依靠语境推导出说话者未说出但又是实际要表达的"隐含义"。"如果一种话语形式经常传递某种隐含义，这种隐含义就逐渐'固化'，最后成为那种形式固有的意义，这种后起的意义甚至可能取代原有的意义。"[2] 有些句子的共同特点，就是使用"与"连接并列的比较项，然后再用"孰……"来提问，而在会话的过程中，提问者是希望听话者做一个选择性的回答。因而可以说，"与"表示的比较在会话中已经具有了表示选择的隐含义。这种隐含义又逐渐变为显性意义，如：

(9) 职曰："与刖其父而弗能病者何如？"（《左传·文公十八年》）

---

[1] 席嘉：《近代汉语连词》，中国社会科学出版社，2010年，95页。
[2] 沈家煊：《实词虚化的机制——〈演化而来的语法〉评介》，当代语言学，1998年第3期。

(10) 人谓叔向曰："子离于罪，其为不知乎？"叔向曰："与其死亡若何？"（《左传·襄公二十一年》）

上面两句中的"与"还是表示比较关系，但已有了很大的变化，且表示比较的两项已经不是紧密相连，而是已经分开，逐渐由原来连接并列项向选择项过渡，而且，在句子中也出现了"与其"连用的情况，有可能是为了与表示并列关系的"与"区别开而增加的新的形式标记，并由此演化为一个专门的选择连词，如：

(11) 与其用一人，不如用一国，故智力敌而群物胜。（《韩非子·八经第四十八》）

(12) 身故不肖，力不足以适二主，其势不俱适，与其死夫人所者，不若赐死君前。（《韩非子·奸劫弑臣第十四》）

(13) 曰："滔滔者天下皆是也，而谁以易之？且而与其从辟人之士，岂若从辟世之士哉？"（《论语·微子》）

(14) 管仲曰："不可，百姓病，公先与百姓，而藏其兵，与其厚于兵，不如厚于人，齐国之社稷未定，公未始于人，而始于兵，外不亲于诸侯，内不亲于民。"（《管子·大匡》）

(15) 丧礼，与其哀不足而礼有余也，不若礼不足而哀有余也。（《礼记·檀弓上》）

由此得出结论，"与其"表示选择的演化过程大致为："与"联系并列成分→"与"联系比较对象→"与"表示比较（选择）结果，在是此非彼选择句中联系否定项，并与"其"组合产生新的语法标志"与其"[①]。

3.3 明清汉语选择标记的使用情况

3.3.1 "或……或……"类

3.3.1.1 "或……或……"

"或"单用的例子：

(1) 刘备借得军，或借不得军，必然亲至。（《三国演义·11回》）

[①] 席嘉：《近代汉语连词》，中国社会科学出版社，2010年，97页。

(2) 又操军吏士，其可战者，皆出自幽冀，或故营部曲，咸怨旷思归，流涕北顾。(《三国演义·22回》)

(3) 潘金莲不住在席上只呷冰水，或吃生果子。(《金瓶梅词话·27回》)

(4) 自此这小伙儿和这妇人日近日亲，或吃茶吃饭，穿房入屋，打牙犯嘴，挨肩擦背，通不忌惮。(《金瓶梅词话·18回》)

(5) 行者道："师父，你怎么信这呆子乱谈！人若死了，或三七五七，尽七七日，受满了阳间罪过，就转生去了，如今已死三年，如何救得！"(《西游记·38回》)

(6) 若用无根水，将一个碗盏，到井边，或河下，舀了水急转步，更不落地，亦不回头，到家与病人吃药便是。(《西游记·69回》)

(7) 话表孙大圣同近侍宦官，到于皇宫内院，直至寝宫门外立定，将三条金线与宦官拿入里面，吩咐："教内宫妃后，或近侍太监，先系在圣躬左手腕下，按寸关尺三部上，却将线头从窗棂儿穿出与我。"(《西游记·69回》)

两个"或"搭配使用，例如：

(8) 祝拜已毕，那和尚住了鼓，行者还只管撞钟不歇，或紧或慢，撞了许久。(《西游记·16回》)

(9) 马军则一冲一突，步卒是或后或前。(《水浒传·76回》)

(10) 转灯儿一来一往，吊灯儿或仰或垂。(《金瓶梅词话·15回》)

(11) 原来泊子里好汉，但闲便下山，或带人马，或只是数个头领各自取路去。(《水浒传·71回》)

(12) 但遇着人，或坐或立，口若悬河，滔滔不绝。(《金瓶梅词话·33回》)

(13) 有那等痴心的，爱上我，我就迷他到洞里，尽意随心，或蒸或煮受用。(《西游记·27回》)

(14) 树林里，有或出或入的飞禽作队。(《西游记·28回》)

(15) 一点灵光彻太虚，那条拄杖亦如之：或长或短随人用，横竖横排任卷舒。(《西游记·7回》)

(16) 大王若去那里，或买或造些兵器，教演我等，守护山场，诚所谓保泰长久之机也。(《西游记·3回》)

(17) 宋江众将在阵前，望见对阵右军七门或开或闭。(《水浒传·88回》)

(18) 从你去后,我只怕你有些失支脱节,或早或晚回来。因此上分付这几个男女,但凡拿得行货,只要活的。(《水浒传·30回》)

(19) 如逢魏兵,或战、或不战,以惊其心。(《三国演义·95回》)

(20) 譬如西门庆在那房里宿歇,或吃酒吃饭,造甚汤水,俱经雪娥手中整理。那房里丫头,自往厨下拿去。(《金瓶梅词话·11回》)

(21) 就算另替那奴才娶一个着,你要了他这老婆,往后倘忽你两个坐在一答里,那奴才或走来跟前回话做甚么,见了有个不气的?(《金瓶梅词话·26回》)

三个"或"搭配使用,例如:

(22) 请大舅上席,还行个令儿——或掷骰,或猜枚,或看牌,不拘诗词歌赋、顶真续麻、急口令,说不过来吃酒。(《金瓶梅词话·60回》)

(23) 或打,或杀,或卖,我一概不管。(《红楼梦·74回》)

(24) 妇人或有房中换衣者,或有月下整妆者,或有灯前戴花者。(《金瓶梅词话·24回》)

(25) 这妇人每日在那边,或替他造汤饭,或替他做针指鞋脚,或跟着李瓶儿下棋,常贼乖趋附金莲。(《金瓶梅词话·22回》)

(26) 但有患者,或用药,或用针,或用灸,随手而愈。(《三国演义·78回》)

(27) 便道上天深怒愚人:或不守分安常;或生禄未终,自行夭折;或嗜淫欲,尚气逞凶,无故自殒者。(《红楼梦·98回》)

四个"或"搭配使用,例如:

(28) 或煮或蒸,或煎或炒,慢慢的自在受用不迟。(《西游记·20回》)

(29) 卓即命于座前,或断其手足,或凿其眼睛,或割其舌,或以大锅煮之。(《三国演义·8回》)

(30) 师父,你那里认得!老孙在水帘洞里做妖魔时,若想人肉吃,便是这等:或变金银,或变庄台,或变醉人,或变女色。(《西游记·27回》)

(31) 如是月余,被张管营或五棒,或十棒,或二十,或三十,前前后后,总计打了三百余棒,将两腿都打烂了。(《水浒传·103回》)

(32) 均曰:"或驾小舟游于江湖之中,或访僧道于山岭之上,或寻朋友于村落之间,或乐琴棋于洞府之内:往来莫测,不知去所。"(《三国演义·37回》)

(33) 或笔舌，或刀枪，或奔驰，或偷骗，各有偏长，真是随才器使。(《水浒传·71回》)

五个及五个以上"或"搭配使用，举例如下：

(34) 于是一路行来，或清堂茅舍，或堆石为垣，或编花为牖，或山下得幽尼佛寺，或林中藏女道丹房，或长廊曲洞，或方厦圆亭，贾政皆不及进去。(《红楼梦·17回》)

(35) 只见许多异草：或有牵藤的，或有引蔓的，或垂山巅，或穿石隙，甚至垂檐绕柱，萦砌盘阶，或如翠带飘摇，或如金绳盘屈，或实若丹砂，或花如金桂，味芬气馥，非花香之可比。(《红楼梦·17回》)

(36) 原来四面皆是雕空玲珑木板，或"流云百蝠"，或"岁寒三友"，或山水人物，或翎毛花卉，或集锦，或博古，或万福万寿，各种花样，皆是名手雕镂，五彩销金嵌宝的。(《红楼梦·17回》)

(37) 一槅一槅，或有贮书处，或有设鼎处，或安置笔砚处，或供花设瓶、安放盆景处。其槅各式各样，或天圆地方，或葵花蕉叶，或连环半壁。(《红楼梦·17回》)

(38) 廊檐内外及两边游廊罩棚，将各色羊角、玻璃、戳纱、料丝，或绣、或画、或堆、或抠、或绢、或纸诸灯挂满。(《红楼梦·53回》)

(39) 贾母也曾差人去请众族中男女，奈他们或有年迈懒于热闹的；或有家内无人，不便来的；或有疾病淹缠，欲来竟不能来的；或有一等妒富愧贫不来的；甚至于有一等憎畏凤姐之为人而赌气不来的；或有羞口羞脚，不惯见人，不敢来的……(《红楼梦·53回》)

(40) 虽贾政当日起身时选了百十篇命他读的，不过偶因见其中或一二股内，或承起之中，有作的或精致、或流荡、或游戏、或悲感，稍能动性者，偶一读之，不过供一时之兴趣，究竟何曾成篇潜心玩索。(《红楼梦·73回》)

明清时期，《红楼梦》中"或"作选择连词使用率很高，共出现232次，用法也很灵活，可以多个"或"配合使用。"或"单独使用时，出现"或AB"、"或ABC"和"或ABCD"结构，在所连接的两项或三项前面，例如：

(41) 当下贾家众人齐来吊问，荣国府贾赦赠银二十两，贾政亦是二十两，宁国府贾珍亦有二十两，别者族中贫富不等，或三两五两，不可胜数。(《红楼梦·1回》)

(42)贾珍之志不在此,再过一二日便渐次以歇臂养力为由,晚间或抹抹骨牌,赌个酒东而已,至后渐次至钱。(《红楼梦·75回》)

(43)如今且按其景致,或两字、三字、四字,虚合其意,拟了出来,暂且做灯匾联悬了。(《红楼梦·18回》)

(44)酒面要唱一个新鲜时样曲子;酒底要席上生风一样东西,或古诗、旧对、《四书》《五经》成语。(《红楼梦·28回》)

(45)近来渐次放诞,竟开了赌局,甚至有头家局主,或三十吊五十吊三百吊的大输赢。(《红楼梦·73回》)

(46)每一枝花侧皆用古人题此花之旧句,或诗词歌赋不一,皆用黑绒绣出草字来,且字迹勾踢、转折、轻重、连断皆与笔草无异,亦不比市绣字迹板强可恨。(《红楼梦·53回》)

《儿女英雄传》中"或"作选择连词共出现了12次,多是两个"或"配合使用,以"或A或B"结构出现,以连接谓词性成分为主,只有1例连接体词性成分。也有多个"或"配合使用的情况。例如:

(47)(何玉凤)便向安老爷、安太太道:"……只是伯父母办得未免过费,如今断不可过于耽延,或三日或五日,便求伯父想着我青云山庄的,那三句话。将我父母早些入土,我也得早一日丢了我的事,免得伯父伯母再为我劳神费力。"(《儿女英雄传·23回》)

(48)就拿姑娘上头讲,便不是照国初旧风,或编辫子,或扎丫髻;也不是照前朝古制,用那凤冠霞帔。(《儿女英雄传·27回》)

(49)可见人生有子无子,作官或达或穷,这是造化积有余补不足的一点微权,不在本人的身心性命上说话。(《儿女英雄传·32回》)

(50)原来汉礼到了人家里,无论亲友长幼,或从近处来,或从远方来,或是久违,或是常见,以至无论庆贺吊慰,在院子见了主人,从不开口说话,慢讲请安拉手儿了。(《儿女英雄传·37回》)

3.3.1.2 "或是……(或是)……"

"或是……或……",例如:

(1)黄文炳答道:"或是六六之年,或是六六之数。"(《水浒传·38回》)

(2)或是拘刷原用官船民船,或备官价收买木料,打造战船。(《水浒传·78回》)

"……或是……",例如:

(3) 据你之言，似有护他之意，必定与他有亲，或是紧邻契友。（《西游记·74回》）

(4) 纵有被掳之人，陷于缧绁，或是中伤回来，且都无事。（《水浒传·70回》）

(5) 行者道："你是不知，他会变苍蝇、蚊子、虼蚤，或是蜜蜂、蝴蝶并蟭蟟虫等项，又会变我模样，你却那里认得？"（《西游记·42回》）

(6) 水底之精，若不是蛟精，必是龙精鱼精，或是龟鳖鼋鼍之精，等老孙也下去看看。（《西游记·60回》）

(7) 我等大家都去，哥哥变作甚么模样，或是我驮着你，分开水道，寻着妖圣的巢穴，你先进去打听打听。（《西游记·49回》）

(8) 笑你这些和尚全不长俊！父母生下你来，皆因命犯华盖，妨爷克娘，或是不招姊妹，才把你舍断了出家。（《西游记·44回》）

(9) 若有两家告状的，他便卖串儿；或是官吏打点，他便两下里打背。（《金瓶梅词话·9回》）

(10) 快回去！快回去！但把那皇帝的衣服冠带，整顿干净，或是今晚明早，送进城来，我讨些封赠赏赐谢你。（《西游记·39回》）

"或是……或是……"，例如：

(11) 只有那潘金莲，打扮的如花似玉，娇模乔样，在丫鬟伙里，或是猜枚，或是抹牌，说也有，笑也有，狂的通没些成色。（《金瓶梅词话·55回》）

(12) 或是马上，或是步行，都有法则。（《水浒传·55回》）

(13) 八戒道："这河若是老猪过去不难，或是驾了云头，或是下河负水，不消顿饭时，我就过去了。"（《西游记·43回》）

"或是……或是……或是"，例如：

(14) 每日有那一般打散，或是戏舞，或是吹弹，或是歌唱，赚得那人山人海价看。（《水浒传·50回》）

清代，"或是……或是"搭配使用的例子有所增加，"或是"作为选择连词在《儿女英雄传》中共有7个用例，其中仅有1例是单独使用的。"或是"在《红楼梦》中共出现38次，作选择连词。其中，"或是"单独使用的有24例，两个"或是"配合使用的有14例。

"或者"单独使用，例如：

(15) 就用这二两银子，另叫别人的奶妈子的或是弟兄哥哥的儿子买了来才使得。（《红楼梦·56回》）

(16) 我不过告诉了他，回来打发个小丫头子或是老婆子，带进他来就完了。(《红楼梦·26回》)

(17) 你还拿了去，明儿出门逛去的时候，或是好字画，好轻巧顽意儿，替我带些来。(《红楼梦·27回》)

(18) 原来外间穷山僻壤，有等惯劫客商的客店和不守清规的庙宇，多有在那卧床后边，供桌底下设着地窖子，或是安着地道。(《儿女英雄传·7回》)

"或是……或是……"搭配使用，例如：

(19) 昨日叫我拿出两套儿送你带去，或是送人，或是自己家里穿罢，别见笑。(《红楼梦·42回》)

(20) 若有造化，我死在老太太之先；若没造化，该讨吃的命，服侍老太太归西，我也不跟着我老子娘哥哥去，我或是寻死，或是剪了头发当尼姑去！(《红楼梦·46回》)

(21) 如今我竟去问张华个主意，或是他定要人，或是他愿意了事得钱再娶。(《红楼梦·68回》)

(22) 凤姐道："既这么着，记上两个人的名字，等过了这几日，捆了送到那府里凭大嫂子开发，或是打几下子，或是他开恩饶了他们，随他去就是了，什么大事。"(《红楼梦·71回》)

"或……或……或是……或是"，例如：

(23) 原来汉礼到了人家里，无论亲友长幼，或从近处来，或从远方来，或是久违，或是常见，以至无论庆贺吊慰，在院子见了主人，从不开口说话，慢讲请安拉手儿了。(《儿女英雄传·37回》)

3.3.1.3 "或者……（或者）……"

"或者"单用，例如：

(1) 或者以善迷他，却到得手。(《西游记·40回》)

(2) 就是下海行江，我须要捻着避水诀，或者变化甚么鱼蟹之形才去得。(《西游记·49回》)

(3) 行者道："老孙这去，不消启奏玉帝，只到南天门里，上彤华宫，请荧惑火德星君来此放火，烧那怪物一场，或者连那圈子烧做灰烬，捉住妖魔。"(《西游记·51回》)

(4) 行者道："人情大似圣旨，你去说我老孙的名字，他必然做个人情，或者连井都送我也。"(《西游记·53回》)

(5) 三藏道:"实不瞒陛下说,我那顽徒俱是山野庸才,只会挑包背马,转涧寻波,带领贫僧登山跻岭,或者到峻险之处,可以伏魔擒怪、捉虎降龙而已,更无一个能知药性者。"(《西游记·68回》)

(6) 想是跟你师父游方,到处儿学些法术,或者会驱缚魍魉,与人家镇宅降邪,你不曾撞见十分狠怪哩!(《西游记·74回》)

两个"或者"搭配使用,例如:

(7) 恁日头半天里就拿马来,端的谁使你来?或者是你家中那娘使了你来?或者是里边十八子那里?(《金瓶梅词话·16回》)

(8) 假若不是这怪弄法,或者淬杀师父,或者被妖吃了,我等不须苦求,早早的别寻道路何如?(《西游记·49回》)

清代,《红楼梦》"或者"单用7例,两个"或者"搭配使用4例,"或者……或"搭配使用2例。《儿女英雄传》"或者"单用24例,"或者……或者"搭配使用2例,"或者"与"倒不如"搭配使用1例。

"或者"单用,例如:

(9) 这驴儿日行五百里,但遇着歹人,或者异怪物事,他便咆哮不止,真真是个神物。(《儿女英雄传·8回》)

(10) 万一可行,或者他们说的有甚么不是的地方,老爷再给他们驳正驳正,我觉着那倒是个正经主意。(《儿女英雄传·33回》)

(11) 公子何不作一番我看,或者我见猎心喜,竟领会得一两件,也不见得。(《儿女英雄传·18回》)

(12) 你但凡立的起来,到你大房里,就是他们爷儿们见不着,便下个气,和他们的管家或者管事的人们嬉和嬉和,也弄个事儿管管。(《红楼梦·24回》)

(13) 茗烟道:"二爷又不知看了什么书,或者听了谁的混话,信真了,把这件没头脑的事派我去碰头,怎么说我没用呢?"(《红楼梦·39回》)

(14) 所有贺节来的亲友一概不会,只和薛姨妈李婶二人说话取便,或者同宝玉、宝琴、钗、玉等姊妹赶围棋抹牌作戏。(《红楼梦·53回》)

"或者……或者……"两个搭配使用,例如:

(15) 其实,安公子不是不会说官话的人,或者说相貌也还端正,或者说举止也还大方,都没甚么使不得。(《儿女英雄传·12回》)

(16) 所以小的今日特来回爷，或者爷内库里暂且发给，或者挪借何项，吩咐了小的好办。（《红楼梦·64回》）

(17) 这两包每包里头五十两，共是一百两，是太太给的，叫你拿去或者作个小本买卖，或者置几亩地，以后再别求亲靠友的。（《红楼梦·42回》）

"或"类选择连词从古至今一直是汉语选择连词系统的重要成员，可单用亦可合用，可以连接词语，也可以连接分句或句子。由语义虚化后演变为词内附加成分的"是"与连词"或"组合而成的"或是"在明清时期发展成熟，语法功能和用法与"或"没有区别，使用时可以和"或"前后搭配，也可以自身单用或连用。"或者"明清时期始有选择用法，但用例为数不多，副词用法仍是它的主要功能。发展到现代汉语"或者"以用作选择连词为常，代词用法和副词用法都逐渐衰萎。

3.3.2　"是……是……"类

3.3.2.1　"是……是……（是）"

"是……是……（是）"结构的用例，例如：

(1) 伯爵问："是李锦送来，是黄宁儿？"（《金瓶梅词话·52回》）

(2) 只不知屋里这位小爷吓得是死是活？（《儿女英雄传·6回》）

(3) 只见那十三妹指着他向张老夫妻并张金凤道："你们三位可别打量这位安公子合我是亲是故，我合他也是水米无交，今日才见。"（《儿女英雄传·8回》）

(4) 他两个既不曾到褚家去，褚家这话从何而来？可不是他赚你上黑风岗去是那里去？（《儿女英雄传·8回》）

(5) 把个十三妹急得拉着他问道："你是不是吓着了？"（《儿女英雄传·9回》）

(6) 单把个"不"字儿抹去了，这的是"愿意"、"愿意"，是不是？（《儿女英雄传·9回》）

(7) 要问问你这事倒底是可哟，是不可？（《儿女英雄传·9回》）

(8) 安太太回过头来便向张太太道："老姐姐，你想我这话是不是？"（《儿女英雄传·12回》）

(9) 再说，他也歇马两三年了，这一向总没见他捎个书子来，这人还不知是有哇是没了呢！（《儿女英雄传·17回》）

(10) 我家媳妇现虽身怀六甲，未卜是女是男。（《儿女英雄传·19回》）

(11) 把个舅太太乐得，倒把脸一整，说："姑娘，你这话是真话，是顽儿话？"（《儿女英雄传·22回》）

3.3.2.2 "……还是……"

"……还是……"结构的用例，如：

(1) 可曾杀伤人口？还是初犯，却是二犯，三犯？（《西游记·97回》）

(2) 其间有两个胆量大的和尚道："老爷，你们在禅堂里已烧死了，如今又来讨袈裟，端的还是人，是鬼？"（《西游记·16回》）

(3) 如来不敢违悖，即合掌谢道："老僧承大天尊宣命来此，有何法力？还是天尊与众神洪福，敢劳致谢？"（《西游记·7回》）

(4) 便问道："那蒋门神还是几颗头，几条臂膊？"（《水浒传·28回》）

(5) 酒保上楼来问道："官人还是要待客，只是自消遣？"（《水浒传·38回》）

"……还是……"句式在表义方面的使用数量上相对较少，稍偏重于表选择的用法；但是"还是……还是……"格式（见后文）则在表示选择的用法占有压倒性的优势，且表义方面比较单一；而"还是"在明代单用时则只表示选择意思。

通过以上分析，可以看出明代时期的选择疑问句的标记词基本固定为"……还是……"、"还是……还是……"，而且这一时期并没有使用疑问语气词，这可以推断出"……还是……"的构式的选择义已经比较明显，用疑问语气词来辅助表示疑问选择的意思已经基本不那么重要了。

清代时期继续沿用前一时期的用法，只是这一时期各句式的使用频率上发生了很大的变化，"……还是……"构式表示的选择义逐渐凸显出来，表现出突出的优势，"还是……还是……"句式的用法受到了大大的限制。

清代，《红楼梦》中，"还是"作选择连词共27例，既可以在复句中连接分句（24例），又可以在句群中连接句子（2例），还可以连接词与词（1例），以连接分句为主要用法。

《儿女英雄传》中，"还是"作选择连词共42例，是《儿女英雄传》中此类连词中用例最多的。"还是"可与"是"、"还是"搭配使用，构成"是……还是……"（12例）、"还是……还是……"（11例）结构。

在复句中连接分句的用例如：

(6) 又问："妹妹住在这里，还是天天来呢？"(《红楼梦·13 回》)

(7) 凤姐道："在这边外头吃的，还是那边吃的？"(《红楼梦·14 回》)

(8) 替他细想去，他是沽名，还是图利？(《儿女英雄传·8 回》)

(9) 你老人家弄妥当了，还是我跑罢。(《儿女英雄传·3 回》)

在句群中连接句子的用例如：

(10) 你的媳妇也在这里，你们两个也商量商量。是要宝玉好呢？还是随他去呢？(《红楼梦·96 回》)

(11) 况且你就都拿出来，做这个东道也是不够。难道为这个家去要不成？还是往这里要呢？(《红楼梦·37 回》)

(12) 鸳鸯再不这样，他娘儿两个，里头外头，大的小的，那里不忽略一件半件，我如今反倒自己操心去不成？还是天天盘算和你们要东西去？(《红楼梦·47 回》)

位于主语前的用例如下：

(13) 两个人一左一右，相离不远，贾芸悄悄的道："回来我出来还是你送出我来，我告诉你还有笑话儿呢。"(《红楼梦·88 回》)

(14) 所以我问姐姐，如今还是老太太摆着呢，还是交到谁手里去了呢？(《红楼梦·72 回》)

3.3.2.3 "是……还是……"

"是……还是……"如：

(1) 便问道："你是向来在甄家的，还是住过几年的？"(《红楼梦·93 回》)

(2) 他听了这话，想了一想道："姑娘，你这称呼，是九十的'十'字，还是金石的'石'字？"(《儿女英雄传·8 回》)

(3) 何小姐看了一遍，粗枝大叶也还讲得明白，却不知这是那书上的格言，还是公公的庭训，只觉句句说得有理。(《儿女英雄传·29 回》)

(4) 因又望俩媳妇说道："他这股子横劲，也不知是他自己憋出来哟，还是你们俩逼得懒驴子上了磨的呢？"(《儿女英雄传·33 回》)

(5) 是算叫他合赵色空凑对儿去，还是合陈妙常比个上下高低呢？(《儿女英雄传·23 回》)

"是……还是……"构式一般都是两个选择项,但有时会出现两个或两个以上的选择项,这时候的可供选择就比较多,每一项的选择概率就会降低,选择的主观性就没有那么强烈。

3.3.2.4 "是……是……还是"

"是……是……还是"结构用例,如:

(1) 姐姐如今只剩了孤鬼儿似的一个人儿,连个"彼此"都讲不到,是算有"靠"啊?是不算"末路穷途"啊?还是姐姐当日给我两个作合是"一片好心、一团热念",我公婆今日给你两个作合是"一片歹心、一团冷念"呢?(《儿女英雄传·26回》)

(2) 这是这屋里上上下下三四十人,亲眼见的,难道是我张金凤无中生有的造谣言哪?是独姐姐你没看见呢?还是你也看见了不信呢?(《儿女英雄传·26回》)

(3) 是独你管的这项地里有低洼地哟,是别人管的地里没种棉花的哟,还是今年的雨水大,单在你管的那几块地里了呢?(《儿女英雄传·36回》)

3.3.2.5 "还是……还是……"

"还是……还是……"结构用例,例如:

(1) 他还是射鹄子呢,还是射帽子呢?(《儿女英雄传·11回》)

(2) 且住!姑娘这半日这等乱糟糟的还是冒失无知呢?还是遇事轻喜?(《儿女英雄传·27回》)

(3) 临上轿,贾珍因问:"银子还是我到部兑,还是一并送入老内相府中?"(《红楼梦·13回》)

(4) 又问刘姥姥:"今日还是路过,还是特来的?"(《红楼梦·6回》)

(5) 黛玉只就宝玉手中看了一看,便问道:"还是单送我一人的,还是别的姑娘们都有呢?"(《红楼梦·7回》)

(6) 贾母因问:"今儿还是住着,还是家去呢?"(《红楼梦·31回》)

(7) 黛玉忙拉他笑道:"我且问你,还是单画这园子呢,还是连我们众人都画在上头呢?"(《红楼梦·42回》)

(8) 袭人见他娘来了，不免生气，便说道："三日两头儿打了干的打亲的，还是卖弄你女儿多，还是认真不知王法？"（《红楼梦·59回》）

(9) 却说平儿送出袭人，进来回道："旺儿才来了，因袭人在这里我叫他先到外头等等儿，这会子还是立刻叫他呢，还是等着？"（《红楼梦·67回》）

(10) 所以我问姐姐，如今还是老太太摆着呢，还是交到谁手里去了呢？（《红楼梦·72回》）

(11) 还是修桥补路，建寺礼塔，还是造佛印经？（《西游记·72回》）

(12) 我舍侄还是自在为王好，还是与人为奴好？（《西游记·53回》）

(13) 行者看道："妙啊！妙啊！还是妖精菩萨，还是菩萨妖精？"（《西游记·17回》）

(14) 你这小师父，还是自幼出家的？还是中年出家的？（《西游记·8回》）

(15) 酒保前来问道："客官，还是请人，还是独自酌杯？"（《水浒传·61回》）

明清这一阶段的"是……还是……"构式开始呈现出迅速发展的态势，使用数量上持续上升，在表义多样化的同时，与"还是……还是……"形式相比，其用法更加明确地偏向选择义。明清时期的"是""还是"发展基本接近于现代汉语中的用法，进入现当代时期"是"进一步语法化，朝着焦点标记的方向演变，正如石毓智打的比方一样，在一个舞台上，"是"是聚焦灯，聚焦的是"是"后的成分，而且这一成分必须能构成一个更强大的语法单位。"还是"的语法化路径为由副词"还"产生而后与判断词"是"结合，因为高频率地出现，"还是"粘合为一个词语，产生了副词和连词的用法。

3.3.2.3 "可是"

例句如下：

(1) 你不曾生得眼睛，须是生着耳朵，也要打听打听你姑娘可是怕你来探的，可是你说得动的？（《儿女英雄传·17回》）

(2) 那先生道："你且莫问我怎么晓得他是你的仇家，你先说他到底可是你的仇家不是你的仇家？"（《儿女英雄传·18回》）

(3) 若与宝玉比起来，可是宝玉比你更亲些。(《红楼梦·98回》)

(4) 大家吃着酒，贾母便问道："可是才姨太太提香菱……"(《红楼梦·84回》)

3.3.3 "非……则……"类

3.3.3.1 "非……则/亦……"

"非……则/亦……"为产生于古汉语中的文言选择关系标记，明清时期已很少见，例如：

(1) 许田射鹿之事，谁不见之？但满朝之中，非操宗族，则其门下。(《三国演义·20回》)

(2) 盖曰："非公能辩，则盖徒受苦矣。"(《三国演义·47回》)

(3) 飞顾谓孙乾曰："非公则失一大贤也。"(《三国演义·57回》)

(4) 操谢曰："若非公之良谋，则吾被贼所擒矣。"(《三国演义·58回》)

(5) 吾得他为外援，又何虑曹操、张鲁耶？非张松则失之矣。(《三国演义·60回》)

(6) 马遵大悟曰："非伯约之言，则误中奸计矣！"(《三国演义·92回》)

(7) 朕昔年幼，非子龙则死于乱军之中矣！(《三国演义·97回》)

(8) 官人贵造，依贫道所讲，元命贵旺，八字清奇，非贵则荣之造。(《金瓶梅词话·29回》)

(9) 一面看视了半日，说道："老夫人此病，休怪我说据看其面色，又诊其脉息，非伤寒则为杂症，不是产后，定然胎前。"(《金瓶梅词话·61回》)

3.3.3.2 "不是……则是/就是/便是……"

"不是……就是……"表示二者必居其一，这种选择句结构由来已久。在古汉语里，通常用"非……即……"的格式来表达。随着系词"是"的普遍使用，唐宋时期出现了"不是……既是……"的句式。稍后，副词"便"在相同用法上替代了副词"即"，于是出现了"不是……便是……"的句式。"不是……便是……"这种选择句式使用了很长一段时间，直到明清时期，"就"在副词用法上替代了"便"后，才出现了"不是……就是……"的格式。

学者太田辰夫（1987）在讨论"不是 A，就是 B"的来源时认为："在古代汉语中用'非'、'不'代替'不是'，用'即'、'则'代替'就是'。"席嘉（2006）也认为"不是 A，就是 B"的"选择"义来源于"非 A 则/即/必 B"。"不是……就是……"用例如下：

（1）行者道："不是夸口说，那怕他三股的麻绳喷上了水，——就是碗粗的棕缆，也只好当秋风！"（《西游记·25 回》）

（2）有几个大胆的武将，领着将军、校尉一拥上前，使各项兵器乱砍。这一番，不是唐僧该有命不死，就是二十个僧人，也打为肉酱。（《西游记·30 回》）

（3）行者道："不是相请，就是说亲。"（《西游记·54 回》）

（4）行者道："呆子！越发不长进了！不是老孙海口，只这条棒子搭在手里，就是塌下天来，也撑得住！"（《西游记·67 回》）

《红楼梦》中，"不是"作选择连词共 42 例，与其搭配使用的连接词很多，可组成"不是……就是……"（14 例）、"不是……却是……"（11 例）、"不是……竟是……"（5 例）、"不是……正是……"（3 例）、"不是……便是……"（2 例）、"不是……是……"（2 例）、"不是……倒是……"（1 例）、"不是……乃是……"（1 例）、"不是……只是……"（1 例）、"不是……却……"（1 例）、"不是……就……"（1 例）。

"不是……就是……"结构的用例如：

（5）我只恨我天天圈在家里，一点儿做不得主，行动就有人知道，不是这个拦就是那个劝的，能说不能行。（《红楼梦·47 回》）

（6）昨儿那么大雪，人人都是有的，不是猩猩毡，就是羽缎羽纱的，十来件大红衣裳映着大雪，好不齐整。（《红楼梦·51 回》）

（7）这又到了年下了，不是想我的东西，就是想我的戏酒了。（《红楼梦·53 回》）

（8）开口都是书香门第，父亲不是尚书就是宰相，生一个小姐必是爱如珍宝。（《红楼梦·54 回》）

（9）贾母笑道："不是油腻腻的就是甜的。"（《红楼梦·54 回》）

（10）甚么叫钱谷、刑名，一概委之幕友、官亲、家丁、书吏，不去过问，且图一个旗锣扇伞的豪华，酒肉牌摊的乐事。就使有等稍知自爱的，又苦于众人皆醉，不容一人独醒，得了百姓的心，又不能合上司的式，动辄不是给他加上个"难餍民社"，就是给他加上个"不甚相宜"，轻轻的就端掉了，依然有始无终，求荣反辱。（《儿女英雄传·1 回》）

(11) 要讲我家，还算有碗粥喝，只因我们河南一连三年旱涝不收，慌乱的了不得，这些乡亲不是这家借一斗高粱，就是那家要几升豆子，我那里供给得起？（《儿女英雄传·7回》）

(12) 沿路上并不是不曾遇见歹人，不是他二人匀一个远远的先去看风，就是见了面说两句市语，彼此一笑过去，果然不见个风吹草动。（《儿女英雄传·11回》）

(13) 此时正用着你方才的话，道我也不是甚么'尹七明''尹八明'，只我就是你在能仁古刹救的那一对小夫妻，安骥的父亲，张金凤的公公，南河被参知安学海的便是。（《儿女英雄传·19回》）

(14) 媳妇们两个才说相准了的这个人，不是别人，就是伺候婆婆的长姐儿姑娘。（《儿女英雄传·40回》）

"不是……却是……"结构的用例如：

(15) 林黛玉倒唬了一跳，回头看时，不是别人，却是香菱。（《红楼梦·24回》）

(16) 宝玉从梦中惊醒，睁眼一看，不是别人，却是林黛玉。（《红楼梦·34回》）

"不是……竟是……"结构的用例如：

(17) 再老了，更变的不是珠子，竟是鱼眼睛了。（《红楼梦·59回》）

"不是……正是……"结构的用例如：

(18) 红玉听了忙走出来看，不是别人，正是贾芸。（《红楼梦·24回》）

"不是……是……"结构的用例如：

(19) 不是我是谁！（《红楼梦·11回》）

(20) 袭人可不是宝贝是什么！（《红楼梦·28回》）

"不是……倒是……"结构的用例如下：

(21) 不是接他老人家，倒是打听打听奶奶姑娘们赏脸不赏脸？（《红楼梦·45回》）

"不是……乃是……"结构的用例如下：

(22) 却说雨村忙回头看时，不是别人，乃是当日同僚一案参革的号张如圭者。（《红楼梦·3回》）

"不是……只是……"结构的用例如下：

(23) 我那两日不是觉着发懒，浑身发热，只是要歪着，也因为时气不好，怕病，因此寻些事情自己混着。(《红楼梦·67回》)

"不是……却……"结构的用例如下：

(24) 叫你来，不是为便宜却为什么。(《红楼梦·61回》)

"不是……就……"结构的用例如下：

(25) 每日不是打架，就拌嘴，连赌博偷盗的事情，都闹出来了两三件了。(《红楼梦·64回》)

《儿女英雄传》中，"不是"作选择连词共18例。其中，"不是……便是……"格式共13例，"不是……就是……"3例，"不是……定是……""不是……准是……"各1例，如：

(26) 那老头子天天从山里回来，不是垂涕抹泪，便是短叹长吁，一应人来客往他都不见，并且吩咐他家等闲的人不许让进门来。(《儿女英雄传·14回》)

(27) 纪府又本是个巨族，只那些家人孩子就有一二十个，他便把这般孩子都聚在一处，不是练着挥拳弄棒，便是学着打仗冲锋，大家顽耍。(《儿女英雄传·18回》)

(28) 但有走错了的，他不是用棍打，便是用刀背钉，因此那班孩子怕的神出鬼没，没一个不听他的指使。(《儿女英雄传·18回》)

(29) 一连拉了许多名马来看，那马不是见了他先蹉躞咆哮的闪躲，便是吓得周身乱颤，甚至吓得撒出溺来。(《儿女英雄传·18回》)

(30) 从这日起，不是安太太过来同姑娘闲话，便是张姑娘过来同他作耍，安老爷也每日过来望望。(《儿女英雄传·22回》)

(31) 就自己眼底下见过的这班时派人里头，不是纨绔子弟，便是轻薄少年。更加姑娘那等天生的一冲性儿，万一到个不知根底的人家，不是公婆不容，便是夫妻不睦，谁又能照我老夫妻这等体谅他？(《儿女英雄传·23回》)

(32) 那时手里正给他作着认干女儿的那双鞋，便叫他跟在一旁，不是给烧烧烙铁，便是替刮刮浆子，混着他都算一桩事。(《儿女英雄传·24回》)

(33) 我猜不是那'女何郎'给他敷的粉，定是那'雌张敞'给他画了眉！(《儿女英雄传·28回》)

(34) 要不亏我躲的溜扫，一把抓住你，不是叫他敲我一乘乘，准是我自己闹个嘴吃屎！你还说呢！(《儿女英雄传·38回》)

"不是……则是/就是/便是……"是在对文言连词"非……则……"的词汇替代中趋于稳固逐渐定型的选择连词。受"非……则……"格式的影响,宋元时期"不是……则是/就是/便是……"对前后嵌入成分也有结构上齐整对应的要求,明清时期这种依靠结构形式辅助表达选择意义的必要性逐渐降低,这类形式最终完成语法化过程,成为可以独立传达选择意义的连词。明清以后,"就是"进一步取代其他形式,"不是……就是……"成为这类选择连词最有代表性的典型格式,并一直沿用到现代汉语。

3.3.4 "要不"、"不然"、"再不"

3.3.4.1 "要不"

史金生(2005)对"要不"的成词过程以及"要不"表否则义、选择义、推理义和建议义四个义项的用法和演变过程作了详细分析,在此我们不再累述。我们在前人研究的基础上,主要描写分析明清时期,"要不"作为选择关系标记的使用情况。从表义特征上看,"要不"后面的话语带有很强的主观性,表示一种委婉的祈使义,"要不"后话语表达的事件是非现实的具有未然性,"要不"在表示对后面 Y 段事件建议的同时蕴含了否定其前面 X 段话语的状况或做法。"建议义"传递的是一种委婉祈使义,受话人对这一建议具有选择实施或者不实施的权利,所以"要不"后面的话语具有选择性特征。

"要不"直到清代才出现选择连词用法,例如:

(1) 要不亏我躲的溜扫,一把抓住你,不是叫他敬我一乖乖,准是我自己闹个嘴吃屎!(《儿女英雄传·38回》)

(2) 那张太太是提着精神招护了一道儿女儿、女婿,到了这里,放了乏了,晚饭又多饮了一杯,更加村里的人儿不会熬夜,才点灯,就有些上眼皮儿找下眼皮儿,打了两个哈欠,说道:"要不咱睡罢?"(《儿女英雄传·12回》)

(3) 宝玉笑着挨近袭人坐下,瞧他打结子,问道:"这么长天,你也该歇息歇息,或和他们顽笑,要不,瞧瞧林妹妹去也好。"(《红楼梦·64回》)

(4) 太太听这话有些意思了,又接着说道:"俩媳妇儿不放心的也是这个,见我不准他买人,就请示我说:'要不就在家里的女孩子们里头挑一个服侍他罢。'"(《儿女英雄传·40回》)

(5) 安太太道:"你无论他们谁家,有剩汤剩水的,拣点儿就吃了;要不,我给你留俩饽饽。"(《儿女英雄传·29回》)

(6) 舅太太才打发人，来问着，要不，爷奶奶也早些歇着罢。（《儿女英雄传·31回》）

(7) 华忠有些急了，晚间趁空儿回老爷说："回老爷，这走长道儿可得趁天气呀，要不，请示老爷，明日赶一个整站罢。"（《儿女英雄传·38回》）

从清代的部分用例看来，"要不"在语义层面衍生出表示选择的意义，如例（3）中"要不"表示提供新的选择，即在"歇息歇息，或和他们顽笑"之外，还可"瞧瞧林妹妹去"，且"要不"也具备了连词的性质，独自充当句法成分并连接前后两个小句。因此，到清代，"要不"已经完全语法化、词汇化为一个连词，可用作表选择。

表建议义的"要不"的句法位置比较灵活，如果在跨话轮中它常常位于句首，在同一话轮中可以用于句首（例（4））、句中（例（3）、例（6）、例（7））无论在跨话轮还是同一个话轮中，"要不"都起到人际互动和语篇衔接的功能。

综上所述，直到清代，"要不"凝固成为一个内部结构紧密、可独立使用的词，可以直接表示假设否定意义"如果不"，并通过假设提供一种选择，使其出现新的、表选择的意义，在意义和语法功能层面与现代汉语连词"要不"十分接近，"要不"用作连词的功能初见雏形。直至清代，"要不"已经完全语法化、词汇化为一个独立使用的词。

"要不"的语篇衔接功能主要体现在它在语篇的连贯性上所发挥的作用，它从程序上制约话语的生成和理解，使发话人的话语更加连贯，使受话人能够以较少的心力获得较多的信息，减少受话人对话语理解时的推理过程。

3.3.4.2 "不然"

"不然"是连词，这似乎已经是语法界的共识。我们想说的是，"不然"即便作为连词也和其他的连词有很大的不同，是一种特殊意义上的连词。下面我们讨论一下"不然"的语法性质。我们知道，连词一般来说仅仅是个功能词，作用就是连接，表现某种关系。而"不然"不是个典型的功能词，虽说它可以连接前后语句，但被它连接的两项并没有直接的语义关系（如前所述）。另外，"不然"的连接作用是通过它自身承担的否定意义完成的，这种"实义的否定"不是一般连词所具有的特征。

单纯的连词因为没有"实义"，所以有时可以省略，省略后前后语句的关系还在，但"不然"却决不能省略掉。比如"如果你不来，我就不去"可替换为："你不来，我就不去。"但"不然"的替换和其他的连词不同，它可以替换为一种非连词的结构成分，如：你来吧，不然我不去。替换以后，原来的连接关系还在，但替换的就不再是连词。

《现代汉语八百词》（以下简称《八百词》）认为"不然"在现代汉语中有两个词性：一个是形容词，意思是"不是这样"；另一个是连词。显然，这两种用法有联系，后者可以视为前者的虚化。《八百词》将"不然"作为连词时的使用情况分为下面两种：

第一，如果不这样，否则。引进表示结果或结论的小句。例示如下：

（1）该写信了，不然家里会不放心的。

第二，引进与上文交替的情况。例子是：

（2）可以打电话去找他，不然你就自己跑一趟。

（3）他不在办公室就在车间，再不然就到工地去了。

从整体上看，"不然"格式表达了前提和结论的关系意义，但这个前提必须包含由"不然"表达的那个否定的前提在内，并不仅仅是"不然"前面的语句。在"不然"的语言表达式中，结论是通过"不然"否定前面的语句所表达的命题得到，这种否定很重要，没有这种否定就没有结论的出现。唯此，"不然"格式才具有了"如果不 A，就 B"的意义。

"如果不 A，就 B"着眼于逻辑层面的前提和结论之间的关系，这种关系是"不然"格式的意义基础。在此基础上，形成了"不然"格式的两种主要意义：一是表达某种主张或建议的必然性、合理性；二是指出几种可能的选择。

表达某种主张或建议的必要性、合理性。用"不然"格式表达某种主张或建议时，"不然"前面的语句提出某种主张或建议，"不然"后面的语句说明不采纳提出的主张或建议会导致的不愿意看到的结果，从而表现了主张或建议的必要性、合理性。如在例（1）中，"该写信了"是一种建议，"家里会不放心"是不采纳这个建议导致的一个不愿意看到的结果，由此就表现了建议的必要性、合理性。

指出几种可能。用"不然"格式指出几种可能时，"不然"前后的语句表明几种可能性，通过"不然"表达了几种可能的选择。如例（2）中，"可以打电话去找他"和"你就自己跑一趟"是提出的两种可能，"不然"表明它们之间的选择。

应该注意的是，用"不然"格式指出几种可能的选择，也具有提出建议的含义，只是这种建议不是唯一的，是可以选择的，虽然表达者可能倾向于"不然"前面提出的建议。语言表达中，用"不然"格式表达建议，一种是提出一个唯一的建议，并指出这个建议的合理性；另一种是提出几种可能的建议，同时指出其可选择性。

明代,"不然"已经在线性序列中使用,但明代"不然"并未完全发展成为一个关系标记,例如:

(4) 操曰:"吾为夫人故,特纳张绣之降;不然灭族矣。"(《三国演义·16回》)

(5) 回见管辂,教再休泄漏天机;不然,必致天谴。(《三国演义·69回》)

(6) 管亥出马曰:"吾知北海粮广,可借一万石,即便退兵;不然,打破城池,老幼不留!"(《三国演义·11回》)

(7) 我把两个甲马拴在你腿上,作起法来,也和我一般走得快,要行便行,要住便住。不然,你如何赶得我走!(《水浒传·43回》)

(8) 李逵道:"啊也!我这鸟脚不由我半分,只管自家在下边奔了去!不要讨我性发,把大斧砍了下来!"戴宗道:"只除是恁的般方好,不然,直走到明年正月初一日,也不能住。"李逵道:"好哥哥!休使道儿耍我!砍了腿下来,把甚么走回去?"(《水浒传·52回》)

(9) 六姐,也亏你这个嘴头子,不然,嘴钝些儿也成不的。(《金瓶梅词话·43回》)

"不然"的连词用法应该是从谓词的用法虚化来的,但虚化并没有到达某种抽象程度,仍然保留着谓词的意义。上述诸例中,"不然"虽然有连接作用,但和一般的关系标记差别很大。因此,可以将"不然"看作一种有实义的连词,或者看成是有连接作用的谓词。现代汉语中像"不然"这样的词还有"要不"、"否则"、"再不"等。这些词和"不然"一样,通过否定前面的成分连接它前后的语句。

明清时期,随着高频使用,"不然"的词义进一步凝固融合,发展成为选择关系标记。

"不然"用于复句之间,例如:

(10) 大爷,你可千千万万见了这二个人的面再商量走的话!不然,就在那店里耽搁一半天倒使得。(《儿女英雄传·3回》)

(11) 你们既可以就近照应,便是将来的子孙,有命作官固好;不然,守着这点地方,也还可以耕种读书,不至冻饿。(《儿女英雄传·1回》)

(12) 褚大娘子道:"倒莫忙,他这肚子委屈也得叫他痛痛的哭一场,不然憋出个甚病儿痛儿的来,倒不好。"(《儿女英雄传·20回》)

(13) 先得让我抽个头儿,咱们一声儿不言语,不然大家就奋起来。(《红楼梦·9回》)

(14) 晴雯道:"若不然,或是送件东西,或是取件东西,不然我

去了怎么搭讪呢?"(《红楼梦·34回》)

(15) 又命李纨:"你也坐下,就如同我没来的一样才好,不然我就去了。"(《红楼梦·50回》)

(16) 华歆奏曰:"须是陛下御驾亲征,大会诸侯,人皆用命,方可退也。不然,长安有失,关中危矣!"(《三国演义·94回》)

(17) 湘云笑道:"大家细想就有了,不然就放着明日再联也可。"(《红楼梦·76回》)

(18) 行者上前奏道:"望天主好生惩治,不然,又别生事端。"(《西游记·83回》)

(19) 你兄弟们打上他门,嚷着要我,想是拿他来搪塞;不然啊,就杀了我也。(《西游记·86回》)

(20) 因身边无物,遂把我吊在这里,只等你来计较计较。不然,把这匹马送与他罢。(《西游记·56回》)

(21) 这里行者与沙僧跳出城头,厉声骂道:"贼泼怪!快将我师弟八戒送还我,饶你性命!不然,都教你粉骨碎尸!"(《西游记·90回》)

(22) 万望父王将他发放出城方好,不然惊伤弱体,反为祸害也。(《西游记·94回》)

(23) 谢希大道:"本等卤打的停当,我只是刚才吃了饭了,不然我还禁一碗。"(《金瓶梅词话·52回》)

"不然"用于句群之间,例如:

(24) 平安把王六儿那边使了王经来请爹,寻他说话一节,对玳安儿说了一遍,道:"不想大娘看见,早是我在旁边替他摭拾过了。不然就要露出马脚来了。"(《金瓶梅词话·49回》)

(25) 趁早举出来,我也一下不打他。不然,我打听出来,每人三十板,即与我离门离户。(《金瓶梅词话·26回》)

(26) 慈笑曰:"益州刘玄德乃帝室之胄,何不让此位与之?不然,贫道当飞剑取汝之头也。"(《三国演义·68回》)

(27) 阎王转差鬼使押解我来家,教你们趁早解放他去;不然,教我在家搅闹一月,将合门老幼并鸡狗之类,一个也不存留!(《西游记·97回》)

3.3.4.3 "再不"

"再不"用作选择关系标记,出现于明清时期,例如:

(1) 李瓶儿道："再不的，我烧了灵，先搬在五娘那边住两日。"（《金瓶梅词话·16回》）

(2) 金莲道："都不去罢，只咱和李大姐三个去罢。等他爹来家，随他骂去。再不，把春梅小肉儿和上房里玉箫，你房里兰香、李大姐房里迎春，都带了去。"（《金瓶梅词话·24回》）

(3) 随你教他做买卖，不教他做买卖也罢。这一出来，我教他把酒断了，随你去近到远，使他往哪去，他敢不去？再不你若嫌不自便，替他寻上个老婆，他也罢了。（《金瓶梅词话·26回》）

(4) 叫了媒人，你分咐他，好歹上紧替他寻着，不拘大小人家，只要好女儿，或十五六、十七八的也罢，该多少财礼，我这里与他。再不，把李大姐房里绣春，倒好模样儿，与他去罢。（《金瓶梅词话·36回》）

(5) 老婆道："达达，你好生擤打着淫妇，休要住了。再不，你自家拿过灯来照着顽耍。"（《金瓶梅词话·50回》）

(6) 我如今拉个鸡儿央及你央及儿，再不你交丫头掇些水来洗洗，和我睡睡也罢。（《金瓶梅词话·50回》）

(7) 如今调署了老爷，这是上头看承得老爷重，再不然，就是老爷京里的有甚么硬人情儿到了。（《儿女英雄传·2回》）

(8) 上面靠边却有个凿通了的关眼儿，想是为拴拴牲口，再不，插根杆儿，晾晾衣裳用的。（《儿女英雄传·4回》）

(9) 那老两口儿听了，连连的作揖下拜，说道："果然如此，我们来生来世就变个驴变个马报姑娘的好处！再不我们就给你吃一辈子的长斋都使得。"（《儿女英雄传·7回》）

"要不"、"不然"、"再不"一类选择关系标记形成于明清时期，是省略式或指代性小句因语义虚化、句法位置合宜而结构化并进一步词汇化、语法化的结果。在限选式基础上二者又发展出已定选择的用法。已定选择中"要不"、"不然"、"再不"语义上和句法位置上都区别于它们的语源用法，因此用于已定选择是这类词语法化程度进一步深入的表现。除语源和语法化过程的特殊性外，这类关系标记还明显带有比较浓重的口语化色彩。

3.3.5 "宁"类

3.3.5.1 "宁"

"宁"是先秦产生的选择连词，使用频率不高，在中古早期的文献中用例极少，西晋以后开始有一些用例，中古后期使用频率较中期略高一些，但也远不如"或"类连词。

明代，"宁"一般出现于连接前项，句法位置主要位于主语后面、谓语前面，有时也出现于主语前面。例如：

(1) 玄德曰："吾宁死，不忍作负义之事。"(《三国演义·40回》)

(2) 公曰："吾宁死，岂肯久留于此！"震曰："公速作回书，免致刘使君悬望。"(《三国演义·26回》)

(3) 夏侯渊听了，心中气忿，厉声曰："吾宁死于此地，誓灭马贼！"(《三国演义·59回》)

(4) 吾宁死于刀下，岂降汝耶！(《三国演义·74回》)

(5) 飞曰："他人岂知昔日之盟？若陛下不去，臣舍此躯与二兄报仇！若不能报时，臣宁死不见陛下也！"(《三国演义·81回》)

"宁"只连接只此非彼的双项选择，一般不会出现多项选择，上例皆是如此。

"宁"为先取后舍的已定选择，即说话者选择其中一种选项，舍弃另外一种选项。形式上表现为连接前项为肯定结构，连接后项一般为否定结构，形成"宁……不……"结构，例如：

(6) 操曰："宁教我负天下人，休教天下人负我。"(《三国演义·4回》)

(7) 嫂嫂休要被他瞒过了！忠臣宁死而不辱。(《三国演义·28回》)

(8) 宁输一子，不失一先。(《西游记·10回》)

(9) 太宗道："日久年深，山遥路远，御弟可进此酒：宁恋本乡一捻土，莫爱他乡万两金。"(《西游记·12回》)

(10) 自蒙师父收了我，又承教诲；跟着师父还不上两月，更不曾进得半分功果，怎敢图此富贵！宁死也要往西天去，决不干此欺心之事。(《西游记·23回》)

(11) 女怪道："御弟，你记得'宁教花下死，做鬼也风流'？"(《西游记·55回》)

(12) 常言道：'宁少路边钱，莫少路边拳。'(《西游记·72回》)

"宁"只连接谓词性成分，一般以连接句子为主，有时候也连接单音节词形成紧缩句，例如：

(13) 三藏道："我这出家人，宁死决不敢行凶。"(《西游记·14回》)

(14) 嫂嫂休要被他瞒过了！忠臣宁死而不辱。(《三国演义·28回》)

(15) 若丞相能从，我即当卸甲；如其不允，吾宁受三罪而死。（《三国演义·25回》）

(16) 今主公听谋士之言，欲降曹操，此真可耻可惜之事！吾等宁死不辱。（《三国演义·44回》）

选择连词"宁"带有强烈的主观情感，说话者用它表达只此非彼的选择，这种情感常表现在连接项之间意义的对比上，例如：

(17) 我这出家人，宁死决不敢行凶。（《西游记·14回》）

(18) 嫂嫂休要被他瞒过了！忠臣宁死而不辱。（《三国演义·28回》）

清代，"宁"用作关系标记的用例减少，《红楼梦》2例，《儿女英雄传》3例。《红楼梦》中"宁"与"不"搭配使用。例如：

(19) 试想林黛玉的花颜月貌，将来亦到无可寻觅之时，宁不心碎肠断！（《红楼梦·28回》）

(20) 贾琏笑道："……我若和他们一说，反吓住了他们。所以我'宁撞金钟一下，不打破鼓三千'。"（《红楼梦·72回》）

《儿女英雄传》中"宁"作连词共3例。例如：

(21) 只因他一生不得意，逼成一个激切行径，所以宁饮盗泉之水，不受嗟来之食。（《儿女英雄传·27回》）

(22) 只他这个中军，从纪大将军那等轰轰烈烈的时候，早看出纪家不是个善终之局，这人不是个载福之器，宁甘一败涂地，不肯辱没了自己门第，耽误了儿女终身，也就算得个人杰了！（《儿女英雄传·18回》）

(23) 请问他那等一个宁刻勿宽的人，阅起文来，岂有不宁遗勿滥的理？（《儿女英雄传·35回》）

3.3.5.2 "宁可"

"宁可"见于中古时期，这时"宁可"还不是连词。后来助动词"可"逐渐虚化，到唐五代转变成一个构词成分，与"宁"粘合成连词。

明代，"宁可"用作选择关系标记的用例，如：

(1) 朱武道："休得连累了英雄，不当稳便，宁可把我们解官请赏。"（《水浒传·1回》）

(2) 我和你两个明日早起些，只拣小路里过去，宁可多走几里不妨。（《水浒传·35回》）

(3) 宁可我死，不可害他。(《水浒传·35回》)

(4) 戴宗便道："宁可斩了兄弟，不可绝了贤路。"(《水浒传·46回》)

(5) 今日朝廷赐死无辜，宁可朝廷负我，我忠心不负朝廷。(《水浒传·120回》)

(6) 八戒闻此言，捶胸爆跳道："不好！不好！师父要打我几下，宁可忍疼，背着他决不得干净：师兄一生会赃埋人。"(《西游记·80回》)

(7) 宁可断头死，安能屈膝降？巴州年老将，天下更无双。(《三国演义·63回》)

(8) 慌的敬济说道："五娘赐我，宁可吃两小钟儿罢。"(《金瓶梅词话·33回》)

清代，《红楼梦》中"宁可"作连词共16例，其中位于前一分句的9例，例如：

(9) 宁可多些好，别少了，叫那穷小子笑话，不说咱们不识戥子，倒说咱们有心小器似的。(《红楼梦·51回》)

(10) 所以他们也只得如此，宁可得罪了里头，不肯得罪了外头办事的人。(《红楼梦·56回》)

(11) 我宁可自己落不是，岂敢带累你呢。(《红楼梦·45回》)

(12) 况且素日你又待他甚厚，故今宁可弃此一篇大文，万不可弃此"茜纱"新句。(《红楼梦·79回》)

(13) 宁可咱们家出一位佛爷，倒是老爷太太的积德，所以才投到咱们家来。(《红楼梦·120回》)

(14) 每日大家早来晚散，宁可辛苦这一个月，过后再歇着，不要把老脸丢了。(《红楼梦·14回》)

位于后一分句的6例，相当于前面省略了"与其这样"，例如：

(15) 将来有事，只怕未必不连累咱们，宁可疏远着他好。(《红楼梦·72回》)

(16) 说不得我自己吃些亏，把众人打扮体统了，宁可我得个好名也罢了。(《红楼梦·51回》)

(17) 一宿无话，至次日一早，便有贾母王夫人打发了人来看宝玉，又命多穿两件衣服，无事宁可回去。(《红楼梦·15回》)

(18) 你回老太太说：既不叫亲友们知道，诸事宁可简便些。(《红楼梦·97回》)

(19) 若从上房后角门过去,又恐遇见别事缠绕,再或可巧遇见他父亲,更为不妥,宁可绕远路罢了。(《红楼梦·8回》)

"宁可"既可以位于主语之前,又可以位于主语之后,如例(16)和例(11)、例(18)。

《儿女英雄传》中,"宁可"所在的句式比《红楼梦》时期规整很多。"宁可"作选择连词在《儿女英雄传》中共出现8例,都与"不"配合使用。《儿女英雄传》中的"宁可"多位于前一分句,且出现主语时,全部位于主语后,例如:

(20) 明白可明白了,我宁可输了都使得,实在不能跟着你"二鞑子吃螺蛳——绕这么大弯儿!"(《儿女英雄传·33回》)

(21) 我安骥宁可负了姑娘作个无义人,绝不敢背了父母作个不孝子!(《儿女英雄传·9回》)

(22) 再偶然一个擒不着,他便高飘远举,宁可老死空山,再不飞回来重受那鹰师的喂养。(《儿女英雄传·16回》)

(23) 所以这些人宁可考到老,不得这个"中"字,此心不死。(《儿女英雄传·1回》)

(24) 这事宁可信其有,不可信其无,天亮咱们且别开船,到船头看看,到底有人来没人来。(《儿女英雄传·20回》)

3.3.6 "不如"类

3.3.6.1 "不如"

明代,《金瓶梅词话》中"不如"作选择标记共47例,例如:

(1) 比时搭月台,不如买些砖瓦来,盖上两间厦子却不好?(《金瓶梅词话·48回》)

(2) 幸喜次早刘洪忽有紧急公事远出。小姐暗思:"此子若待贼人回来,性命休矣!不如及早抛弃江中,听其生死。"(《西游记·8回》)

(3) 你若要他这奴才老婆,不如先把奴才打发他离门离户。(《金瓶梅词话·25回》)

(4) 一时拿住,怎生是好?不如早回府中睡去也。(《西游记·5回》)

(5) 行者笑道:"我若再游过三海,不如上界去求玉帝旨意了。"(《西游记·41回》)

(6) 就是散了,也不肯借扇与我。不如偷了他的金睛兽,变做牛

魔王，去哄那罗刹女，骗他扇子，送我师父过山为妙。(《西游记·60回》)

(7) 三藏道："我们扰他半月，感激厚恩，无以为报，不如将此财物护送他家，却不是一件好事？"(《西游记·97回》)

(8) 况且奴家这边没人，不好了一场，险不丧了性命。为今之计，不如把这位先生招他进来，过其日月，有何不可。(《金瓶梅词话·17回》)

(9) 妇人道："贼混沌不晓事的，你赁人家房住，浅房浅屋，可知有小人啰唣。不如凑几两银子，看相应的典上他两间住，却也气概些，免受人欺负。"(《金瓶梅词话·1回》)

"不如"出现在复句中，位于主语之后，例如：

(10) 籍曰："若如此，使君不如以吊丧为名，前赴襄阳，诱刘琮出迎，就便擒下，诛其党类，则荆州属使君矣。"(《三国演义·40回》)

(11) 二人仰天长叹曰："诞将亡矣！我等不如早降，免至一死！"(《三国演义·112回》)

(12) 只叵耐雷横那厮，平白地要陷我做贼，把我吊这一夜。想那厮去未远，我不如拿了条棒赶上去，齐打翻了那厮们，却夺回那银子，送还晁盖，也出一口恶气。(《水浒传·13回》)

(13) 若是如此来挟我只是逼宋江性命，我自不如死了！(《水浒传·35回》)

(14) 他家后边院子与咱家只隔着一层壁儿，与我甚说得来，咱不如叫小邀他邀去。(《金瓶梅词话·1回》)

出现在复句中，"不如"位于主语之前，例如：

(15) 祝实念道："比时明日与哥庆喜，不如咱如今替哥把一杯儿酒，先庆了喜罢。"(《金瓶梅词话·16回》)

(16) 这苗青深恨家主，日前被责之仇一向要报无由，口中不言，心内暗道："不如我如此这般，与两个艄子做一路，将家主害了性命，推在水内，尽分其财物。"(《金瓶梅词话·47回》)

"不如"可连接同一句群中的句子，位于后一句子之首，例如：

(17) 行者又道："列位，那唐僧的肉也不多几斤，也分不到我处，我们替他顶这个缸怎的！不如我们各自散一散罢。"(《西游记·74回》)

(18) 毛太公、毛仲义自回庄上商议道："这两个男女放他不得！不如一发结了他，免致后患。"(《水浒传·48回》)

(19) 汤隆听了,再拜道:"多闻哥哥威名,谁想今日偶然得遇。"李逵道:"你在这几时得发迹!不如跟我上梁山泊入伙,教你也做个头领。"(《水浒传·53回》)

(20) 西门庆道:"如今就门外去也晚了。不如老先生把手下从者止留一二人答应,其余都分咐回去,明日来接,庶可两尽其情。"(《金瓶梅词话·36回》)

(21) 他虽故不言语,各人心上不安。不如那咱哥做会首时,还有个张主。(《金瓶梅词话·35回》)

(22) 行者又道:"列位,那唐僧的肉也不多几斤,也分不到我处,我们替他顶这个缸怎的!不如我们各自散一散罢。"(《西游记·74回》)

"不如"连接同一句群中的句子,位于后一分句主语之后,例如:

(23) 咱如今是这等计较罢,只管悠会来会去,终不着个切实。咱不如到了会期,都结拜了兄弟罢,明日也有个靠傍些。(《金瓶梅词话·1回》)

(24) 我闻得人说,东街上住的开绸绢铺应大哥兄弟应二,和他契厚。咱不如凑了几十两银子,封与应二,教他替咱们说说,管情极好。(《金瓶梅词话·34回》)

(25) 蕙莲摇头说道:"后边惜薪司挡路儿——柴众。咱不如还在五娘那里,色丝子女。"(《金瓶梅词话·23回》)

(26) 伯爵道:"哥,不吃罢,怕误过了。咱们倒不如大街上酒楼上去坐罢。"(《金瓶梅词话·1回》)

《红楼梦》中,"不如"作选择连词共105例。"不如"在复句中连接分句,用在后一分句之首,共73例,例如:

(27) 这如今宝二爷也成了家了,还怕什么呢,不如我就叫他进来。(《红楼梦·101回》)

(28) 一面又安慰宝玉道:"你立意要撵他也好,我们也都愿意出去,不如趁势连我们一齐撵了,我们也好,你也不愁再有好的来伏侍你。"(《红楼梦·8回》)

(29) 口里说着,瞅他不防,便抢了过来,笑道:"你拿着终是祸患,不如我烧了他完事了。"(《红楼梦·21回》)

(30) 依我的主意,不如将他们竟送到咱们家庙里铁槛寺去,月间不过派一个人拿几两银子去买柴米就完了。(《红楼梦·23回》)

"不如"可连接同一句群中的句子，位于后一句子之首，共32例，例如：

(31) 戴权道："若到部里，你又吃亏了。不如平准一千二百银子送到我家就完了。"(《红楼梦·13回》)

(32) 金桂因一夜不曾睡，也想不出个法子来，只得回想道："若作此事，别人可瞒，宝蟾如何能瞒？不如分惠于他，他自然没的说了。"(《红楼梦·91回》)

(33) 若是天天来，越发辛苦了。不如我这里赶着收拾出一个院落来，妹妹住过这几日倒安稳。(《红楼梦·13回》)

(34) 若今日不领他这情，怕他臊了，倒恐生事。不如借了他的，改日加倍还他也倒罢了。(《红楼梦·24回》)

(35) 袭人见他两个哭，由不得守着宝玉也心酸起来，又摸着宝玉的手冰凉，待要劝宝玉不哭罢，一则又恐宝玉有什么委曲闷在心里，二则又恐薄了林黛玉。不如大家一哭，就丢开手了，因此也流下泪来。(《红楼梦·29回》)

(36) 宝玉道："我何曾经过这个吵闹？一定是你要出去了。不如回太太，打发你去罢！"(《红楼梦·31回》)

(37) 宝玉轻轻的告诉贾母道："话是没有什么说的，再说就说到不好的上头来了。不如老太太出个主意，叫他们行个令儿罢。"(《红楼梦·108回》)

出现分句或句子主语时，"不如"既可以位于主语前，又可以位于主语后。主语前的用例，如：

(38) 只怕年深日久，字迹模糊，反有舛错，不如我再抄录一番，寻个世上清闲无事的人，托他传遍，知道奇而不奇，俗而不俗，真而不真，假而不假。(《红楼梦·120回》)

(39) 若到了手，你我在这里也无益，不如大家下海去受用不好么？(《红楼梦·111回》)

(40) 你的意思我却知道，守着舅舅姨爹住着，未免拘紧了你，不如你各自住着，好任意施为。(《红楼梦·4回》)

(41) 这么说，不如我们散了，单让他在这屋里呢。(《红楼梦·24回》)

(42) 将来宝玉活一日，我担一日的口舌，不如大家死了清净。(《红楼梦·34回》)

主语后的用例如下：

(43) 老太太不如挪进暖阁里地炕上倒也罢了。这二位亲戚也不是外人，我们陪着就是了。(《红楼梦·54回》)

(44) 为个外头来的撵他，连老子都没了。你要撵他，你不如还你父亲去倒好。(《红楼梦·69回》)

发展至《儿女英雄传》中，"不如"作选择连词共7例。"不如"可以连接同一复句中的分句，位于后一分句之首（5例），例如：

(45) 及至弄不清楚，依然是由着庄头怎么说怎么好，不如不查了。(《儿女英雄传·33回》)

(46) 他女儿见父亲真急了，说道："你老人家先莫焦躁，不如明日请上二叔帮着再拦他一拦去罢。"(《儿女英雄传·16回》)

(47) 有这样的，不如照旧由着庄头鬼混去，老爷、太太又派管租子的家人作甚么？(《儿女英雄传·36回》)

"不如"连接同一句群的句子的用例如下（2例）：

(48) 父亲看了先要不喜，不可徒乱人意。不如把他丢开，另作才是。(《儿女英雄传·34回》)

(49) 你们想：老爷这番光景，太太不知急的怎么个样儿；再加上惦记着我，二位老人家心里更不知怎么难过，不如我去见见，倒得放心。(《儿女英雄传·3回》)

3.3.6.2 "不若"

"不若"在复句中连接分句，用在后一分句之首，例如：

(1) 太子道："今已天晚，不若安眠一宿，明早去罢。"(《西游记·52回》)

(2) 行者笑道："筑还费力，不若寻些柴来，与他个断根罢。"(《西游记·72回》)

(3) 恐后闲中生事，不若与他一件事管，庶免别生事端。(《西游记·5回》)

(4) 武松自肚里寻思道："却撞在横死神手里，死得没了分晓！早知如此时，不若去孟州府里首告了，便吃一刀一剐，却也留得一个清名于世！"(《水浒传·30回》)

(5) 宋江再与吴用商议道："我等无计破他阵势，不若取将小将军来，就这里解和这阵，两边各自罢战。"(《水浒传·88回》)

(6) 秦玉兰答道："你素有忠孝之心，归降之意，更兼原是宋朝旧

官,朝廷不曾有甚负汝,不若去邪归正,擒捉吕师囊,献与宋先锋,便是进身之计。"(《水浒传·112回》)

"不若"用于句群之间,例如:

(7) 你家武大郎知,须连累我。不若我先去,对武大说去。(《金瓶梅词话·4回》)

(8) 只好声东击西,那厮们乱撺,便好下手。不若我和雷都头分做两路:我与你分一半人,都是步行去,先望他后门埋伏了。(《水浒传·17回》)

(9) 那婆子便道:"好呀!好呀!我请你来做衣裳,不曾叫你来偷汉子!武大得知,须连累我;不若我先去出首!"(《水浒传·23回》)

(10) 魏主曹丕听知,大怒曰:"吴、蜀连和,必有图中原之意也。不若朕先伐之。"(《三国演义·86回》)

(11) 贾诩曰:"目今人心未宁,频动干戈,深为不便;不若设一宴,请张济、樊稠庆功,就席间擒稠斩之,毫不费力。"(《三国演义·10回》)

(12) 玄德曰:"我三人义同生死,岂可相离?不若都投别处去便了。"(《三国演义·2回》)

(13) 董承曰:"城郭不坚,兵甲不多,战如不胜,当复如何?不若且奉驾往山东避之。"(《三国演义·14回》)

(14) 行者暗喜道:"这泼怪倒也架得住老孙的铁棒!我已得了他三件宝贝,却这般苦苦的与他厮杀,可不误了我的工夫?不若拿葫芦或净瓶装他去,多少是好。"(《西游记·34回》)

(15) 璋曰:"吾之不明,悔之何及!不若开门投降,以救满城百姓。"(《三国演义·65回》)

(16) 温侯新败,兵无战心。不若引兵回洛阳,迁帝于长安,以应童谣。(《三国演义·6回》)

(17) 且恐机谋一泄,反为他人所算。不若乘此天与人归之时,出其不意,早立基业,实为上策。(《三国演义·60回》)

(18) 我等诸将,闲居在此,甚是不宜。不若奏闻天子,我等情愿起兵前去征进。(《水浒传·91回》)

(19) 若纵之使归袁绍,是与虎添翼也。不若追而杀之,以绝后患。(《三国演义·27回》)

对比"不如"、"不若"的用例,我们发现"不如"更多用于复句当中(见上文),"不若"更多用于句际之间。

据此我们推测,"不若"形成连词应该是受"不如"的影响。连词用法也是由比况义发展而来的。学者周守晋认为,"如"、"若"同源,"如"的虚化早于"若",正是"如"的虚化促使"若"的演化。我们同意周守晋的看法,由于"如"字虚化较早,比况义更多借助"若"来表达,从而使其也走上了虚化为连词的道路。

3.3.6.3 "莫如"

"莫如"作选择连词,《红楼梦》中仅见 1 例,《儿女英雄传》中的用例增多,共 17 例,是《儿女英雄传》中已定选择连词中用例最多的。既可以连接分句(9 例),又可以连接句子(8 例),且位于后一分句和句子之首;可以位于主语后。

连接分句的用例如:

(1)如今既不曾伤人,又不曾失落东西,莫如竟把他们放了,叫他去改过自新,也就完了桩事了。(《儿女英雄传·31 回》)

(2)如今难得老弟你来了,你也是个闲身子,莫如多住些日子,等我消停两天,咱们就带上那个老遄先生,逛了泰山、东海,回来再到孔陵、圣庙去瞧瞧,就拜那个衍圣公,你合他讲说讲说。(《儿女英雄传·40 回》)

(3)如今不幸老母已故,想了想,一个女孩儿家,独处空山,断非久计,莫如早去报了这段冤仇,也算了了今生大事。(《儿女英雄传·18 回》)

(4)咱们这可没事了,太阳爷也待好压山儿了,二妹子合大奶奶这里也住不下,莫如趁早回庄儿上去罢,明日再来。(《儿女英雄传·20 回》)

连接句子的用例如:

(5)这样罢,既是先生这等多礼,倒不可不让进上房来。莫如太太也见见他,我夫妻就当面叫玉格在上屋给他行个礼,倒显得是一番亲近恭敬之意。(《儿女英雄传·37 回》)

(6)公子此时饭也顾不得吃了,回道:"方才舅母送了些吃的出来,吃多了,可以不吃饭了。莫如早些誊出来,省得父亲合师傅等着。"(《儿女英雄传·34 回》)

(7)依我说,这个杯的名儿还不大好,"玛瑙""玛瑙"的,怎么怪得把我们这个没笼头的野马给惹恼了呢!莫如给他起个名儿,叫他"合欢杯"。(《儿女英雄传·37 回》)

(8) 但这姑娘可不是一句话了事的人，此刻要一语道破，必弄到满盘皆空。莫如且顺着他的性儿，无论他怎样用心，只合他装糊涂，却慢慢的再看机会，眼下止莫惹他说出话来。(《儿女英雄传·22回》)

(9) 待要隐忍下去，只答应着，天长日久，这等几间小屋子，弄一对大猱头狮子不时的对吼起来，更不成事。莫如给他个不说长短，不辩是非，从今日起，且干他，不理他，他两个自然该有些着慌。(《儿女英雄传·30回》)

(10) 况此处并非主山正景，原无可题之处，不过是探景一进步耳。莫如真书"曲径通幽处"这旧句旧诗在上，倒还大方气派。(《红楼梦·17回》)

位于主语后的用例如：

(11) 恰好何小姐完了事，将进西间门，看见，笑道："贼都捆上了，你这时候拿着这把剑，刘金定不像刘金定，穆桂英不像穆桂英的，要作甚么呀？这样冷天，依我说，你莫如搁下这把剑，倒带上条领子儿，也省得风吹了脖颈儿！"(《儿女英雄传·31回》)

3.3.6.4 "莫若"

《红楼梦》中，"莫若"作选择连词共6例，可以连接分句或句子，且全部位于后一分句或句子之首，例如：

(1) 两件皆足致疾。莫若先到凤姐姐处一看，在彼稍坐即回。(《红楼梦·64回》)

(2) 依我想来，如今盛时固不缺祭祀供给，但将来败落之时，此二项有何出处？莫若依我定见，趁今日富贵，将祖茔附近多置田庄房舍地亩，以备祭祀供给之费皆出自此处，将家塾亦设于此。(《红楼梦·13回》)

(3) 昨日我方得了一项银子还没有使呢，莫若给他添上，岂不省事。(《红楼梦·64回》)

(4) 众人道："方才世兄有云，'编新不如述旧'，此处古人已道尽矣，莫若直书'杏花村'妙极。"(《红楼梦·17回》)

(5) 凤姐儿筹算得园中姊妹多，情性不一，且又不便另设一处，莫若送到迎春一处去，倘日后邢岫烟有些不遂意的事，纵然邢夫人知道了，与自己无干。(《红楼梦·49回》)

《儿女英雄传》中"莫若"作选择连词共 8 例，可以连接分句（4 例）或句子（4 例），位于后一分句或句子之首，例如：

(6) 绳杠既弄妥当了，莫若趁今日咱们把他作好了，也省得临时现忙。（《儿女英雄传·17 回》）

(7) 如今我倒有个主意，莫若就把方才你说的名花美人旨酒作个令牌子，想个方儿行起来，岂不风雅些呢？（《儿女英雄传·30 回》）

(8) 老爷说到这里，掩住口，走到邓九公跟前，附耳低声说道："九兄，莫若如此如此，岂不大妙？"（《儿女英雄传·20 回》）

"莫若"用于句群之间，例如：

(9) 倘然他始终不应这句话，这十三妹雷厉风行一般的性子，果然闹出一个"大未完"来，不但想不出自己这条身子何以自处，请问这是一桩甚么事？成一回甚么书？莫若此时趁事在成败未定之天，自己先留个地步。（《儿女英雄传·10 回》）

(10) 再讲这个地方儿，内里就是我们娘儿们上下几个人，外头就止张亲家老合看坟的，又合庙里差甚么呢？莫若我们只管在这里住着，姑老爷一面在外头上紧的给我们找庙。一天找不着，我们在这里住一天；一年找不着，我们在这里住一年。要赶到人家满了孝，姑老爷这庙还找不出来，那个就对不起人家孩子了！（《儿女英雄传·23 回》）

(11) 张金凤姑娘便一只胳膊斜靠着桌儿，脸近了灯前，笑道："你果然爱他，我却也爱他。况且这句话我也说过，莫若真个把他娶过来罢。你说好不好？"（《儿女英雄传·23 回》）

3.3.6.5 "倒不如"

明代，"倒不如"用例如下：

(1) 他能知过去未来，他能腾云驾雾，宣他也进来，不宣他也进来，倒不如宣他进来，还省些口面。（《西游记·30 回》）

(2) 这厮莫说他是妖怪，就是好人，他没了父母，不知将他驮与何人，倒不如掼杀他罢。（《西游记·40 回》）

(3) 正是，我刚才正对房下说来，咱兄弟们似这等会来会去，无过只是吃酒顽耍，不着一个切实，倒不如寻一个寺院里，写上一个疏头，结拜做了兄弟，到后日彼此扶持，有个傍靠。（《金瓶梅词话·1 回》）

(4) 西门庆道："这结拜的事，不是僧家管的，那寺里和尚，我又

不熟，倒不如玉皇庙吴道官与我相熟，他那里又宽展又幽静。"(《金瓶梅词话·1回》)

(5) 咱们倒不如大街上酒楼上去坐罢。(《金瓶梅词话·1回》)

清代，《红楼梦》中用例较多，"倒不如"作选择连词共6例，连接分句或句子，可位于主语前或主语后，都位于后一分句。例如：

(6) 鸳鸯想了想道："如今姨太太有了年纪，不肯费心，倒不如拿出令盆骰子来，大家掷个曲牌名儿赌输赢酒罢。"(《红楼梦·108回》)

(7) 有这样白操心，倒不如静静儿的念念书，把这些个没要紧的事摆开了也好。(《红楼梦·86回》)

(8) 你比他大多了，又是叔叔，倘或赶不上他，又叫老太太生气，倒不如明儿早起去罢。(《红楼梦·92回》)

(9) 宝钗笑道："这有什么趣儿，倒不如打个络子把玉络上呢。"(《红楼梦·35回》)

(10) 宝玉道："什么好的？你倒不如把前儿送来的那种绛纹石的戒指儿带两个给他。"(《红楼梦·31回》)

连接句子的用例，如：

(11) 宝玉笑道："要象只管这样闹，我还怕死呢？倒不如死了干净！"(《红楼梦·20回》)

(12) 将来咱们的事多着呢。倒不如趁着老爷上班儿，和赖大商量着。(《红楼梦·93回》)

(13) 如今到老了，见你们倘或受罪，叫我心里过得去么！倒不如合上眼，随你们去罢了！(《红楼梦·106回》)

(14) 况你我如今有了玉格这个孩子，看去还可以望他成人，倒不如留我这点精神心血，用在他身上，把他成就起来，倒是正理。(《儿女英雄传·1回》)

(15) 依我说，你倒不如一心伺候大爷去，到了淮安，不愁老爷、太太不施恩。(《儿女英雄传·3回》)

(16) 自己一想，可见宦海无定，食路有方，天命早已安排在那里了，倒不如听命由天的闯着作去，或者就这条路上立起一番事业，上不负国恩，下不负所学，也不见得。(《儿女英雄传·1回》)

3.3.6.6 "倒莫如"

"倒莫如"作选择关系标记的用例，例如：

（1）"依我说，倒莫如……"老爷说到这里，掩住口，走到邓九公跟前，附耳低声说道："九兄，莫若如此如此，岂不大妙？"（《儿女英雄传·20回》）

（2）左思右想，倒莫如依了褚大娘子的主意，竟照着何玉凤给张金凤牵丝的那幅"人间没两"的新奇画本，就借张金凤给何玉凤作稿子，合成一段"鼎足而三"的美满姻缘，叫他姐妹二人学个娥皇、女英的故事，倒也于事两全，于理无碍，于情亦合。（《儿女英雄传·23回》）

（3）便是有那福命，计算起来，也吾生有限，浩劫无涯，倒莫如随遇而安，不贪利，不图名，不为非，不作孽，不失自来的性情，领些现在的机缘，倒也是个神仙境界。（《儿女英雄传·24回》）

（4）他听了这句，心里先有些说不出口的不愿意，转念一想："倘然果的没信了，今日这一天的闷葫芦可叫人怎么打呀！倒莫如遵着太太的话，睡他一天，倒也是个老正经。"（《儿女英雄传·35回》）

3.3.7 "与其"类句式

《八百词》认为，"与其"表示在比较之后不选择某事而选择另一事。《现代汉语词典》，比较两件事而决定取舍的时候，"与其"用在放弃的一项，后面常用"毋宁、不如"等呼应。

《现代汉语虚词例释》认为，"与其"表示在衡量得失的两项事物中加以选择，或者是说话人认为某种做法、判断不妥，而提出另一种。"与其"在前，它带起的一项是说话人认为应该舍弃的，对比之下说话人认为后一项是应该选择的。固定格式"与其说……不如说……"等，表示对情况的判断并进行选择。在说话人看来，后一种比较好。

学者侯学超（2004）认为，"与其"表示在比较两者的利害得失之后舍弃的一项。

邢福义（2001）、高顺全（2005）、周有斌（2004）王小彬（2005）都对"与其"从不同角度进行了研究。

3.3.7.1 "与其"

周刚（2002）指出，表示取舍关系的连词"与"，见于先秦，表示取舍关系的连词的"与其"是由"与"附加后缀"其"而成，也见于先秦。王天佑（2011）对"与其"的词汇化的过程和动因进行了论述，资不赘述。除了"与其……不如……"和"与其……宁……"的格式，还先后出现了"与其……不若……"、"与其……何不……"、"与其……莫若……"、"与其……何如……"、"与其……倘或……"等格式，历代一直沿用。

(1) 与其恋子以求生，不若弃之而取胜。(《西游记·10回》)
(2) 与其无事而独行，不若固之而自补。(《西游记·10回》)
(3) 与其等他搬运，我何不搬运来用用？(《儿女英雄传·8回》)
(4) 转念一想，既要成全他到底，与其聘到别家，万一弄得有始无终，莫如娶到我家转觉可期一劳永逸。(《儿女英雄传·25回》)
(5) 与其等到几年儿之后，零星添补完了，另作打算，何如此时就这项上定个望长久远的主意，免得日后打算？(《儿女英雄传·33回》)
(6) 与其作了官，倘或命运不好，犯了事坏家败产，那时倒不好了。(《红楼梦·120回》)

3.3.7.2 "比是"

"比是"表选择关系标记用例，例如：

(1) 比是你怎怕他，就不消剪他的来了。(《金瓶梅词话·12回》)
(2) 祝实念道："比是哥请俺每到酒楼上，何不往里边望望李桂姐去？"(《金瓶梅词话·15回》)

3.4 明清汉语选择标记小结

明清汉语时期是选择标记发展的重要阶段，直接继承于前代的选择标记不多，新生一批重要选择连词，具体语源和形成方式也各有特点，奠定了现代汉语选择连词的基本框架。

就来源而言，作为"析取式并列"中的选择连词，选择关系标记都是在形式齐整的并列结构中生成，构式的语法化是其形成的重要方式。综合而言，选择关系标记可以分为未定而任选、未定而限选和已定而先取、已定而后取四种主要类型。每一类在具体来源又各有不同。未定选择中的任选式源于肯定性代词结构"或……或……"和系词结构"为……为……"、"是……是……"。未定选择中的限选式源于否定性结构式"非……则……"和"要不"、"不然"、"再不"。已定选择则源于能愿动词"宁"等和比较义短语"不如"及"与其"等。

就系统调整与发展而言，明清汉语时期沿用前代的选择关系标记只有"或……或……"、"宁"、"非……则……"和"与其"句式，并且除"或……

或……"外，其他几个都是用量渐少。新生选择标记构成这一时期选择连词系统的主体，并积淀为现代汉语时期主要选择连词。"或是……或是……"形成于晚唐五代。"或者……或者……"始见于元代，明清时期才有一定量的用例，"或者"的演变规律是由副词性结构凝固为副词，后来又有了副词和代词并用的用法，代词在历时的发展中语法化为选择关系标记，在现代汉语中保留了连词和副词的用法。本书通过探究得出这一构式的语法化的动因与句法位置变动、双音化趋势、语义环境变化以及使用频率增加有着密切的关联。

"是……是……"、"……还是……"的选择用法最早见于晚唐《祖堂集》。"是……还是……"构式的演变是从先秦两汉时期开始的，经过魏晋南北朝时期、唐宋时期、元明清时期，到现当代时期。从历时演变的角度对其源头进行探索，发现"是……还是……"构式的演变涉及词语替代的现象，主要表现在关联标记上，先秦两汉时期的主要标记词为"宁"、"将"、"其"、"抑"等单音节词语，魏晋南北朝时期"为"以及与"为"相关的"为是"、"为复"、"为当"等成为主要的标记词，唐宋时期是"是"、"还是"与"为"字类标记词交接的关键时期，元明清以后"是"、"还是"凝固为"是……还是……"构式的标记词。本书进一步发现"是……还是……"构式与词语的兴替、句法位置演变、双音化趋势、使用频率增加等因素有着密切的关联。

关于"不是……就是……"类标记的产生，席嘉（2006）认为在元明时期完成对文言连词"非……则……"的词汇替代，我们则认为是"非A则B"由于"非A"、"则B"对举，形成对举空间，从而在语言流中营造了一个"微环境"，在此"微环境"中，互文机制发生作用，A、B信息互换，形成格式"非B则A"，此格式再和原来的格式"非A则B"共同作用，促使人们将"非A则B"格式理解成"非A则B，或者非B则A"，选择义也由此产生。后来随着词汇兴替，"非"被"不是"取代，"则"被"就是"取代，"不是A，就是B"同样发生互文，格式也同样具有"选择义"。又由于"不是"、"就是"在明末清初大量使用，而使用频率的提高就意味着一定的共识出现，容易产生"已经约定俗成"的心理感觉，于是选择义逐渐固定到"不是A，就是B"中，此时即使A、B结构不对称，"不是A，就是B"也可以表达选择义。

明清时期发展为完全意义上的选择连词"要不"、"不然"、"再不"在清代由小句形式经结构化最终词化为选择关系标记，话语标记"要不"的形成经历了一个语用推理过程，这一形成过程属于"语用法的语法化"，最初"要不"从否则义演化出选择义后，选择义逐渐成为其固化义，但"要不"表达的选择义都是发话人的主观意愿或判断，具有很强的主观性，这为选择义演化出建议义提供了条件，在发话人对受话人提出某种建议时在交互主观性和礼貌原则的作用下，为了避免强加于人或命令语气，常常采取提供选择让对方自己决定的形式。

第 4 章
明清汉语承接标记研究

4.1 明清汉语承接标记概貌

承接标记是连接各级语言单位，表达前后成分在时间、空间或逻辑事理上的顺序的连接标记。承接标记的特点是其连接项的语义具有顺序性和平等性，这一特性使其可以区别于其它连词。首先，承接标记的顺序性可以把它和其它联合关系连词区分开来，因为其它三类并列关系标记语义各有侧重，并列标记侧重于语义上的平等性，选择标记侧重于选项的选择性，递进标记侧重于事理关系上的层进性。其次，承接标记语义上的平等性使其可以区别于偏正关系标记，承接标记连接项在语义等级上是平等的，而偏正关系连接标记的连接项具有偏正之分，正句是句子的正意所在，偏句从属于正句。其中承接标记和因果关系标记容易混淆，因果关系标记强调事理上原因和结果的必然联系，即结果的产生是由于原因的存在，或原因必然导致相应的结果；而承接标记只是强调事理上的发展、顺序关系，前后项之间没有必然的因果关系。

承接连词包括顺承和转承标记，顺承连词是连接具有时间、空间或逻辑事理上的顺序选项的连接标记，这种顺序与一般认知心理顺序具有一致性；转承连词是承前另外提出一个话题，将说话话题转移到别处的连接标记。转承同样具有事理上的顺序性，它主要表现在说话者对话题的选择上，说话者是依据自己的认知推理、兴趣或者关注点等进行话题转移的，所以也是有顺序的，而非杂乱无序地转移。

明清时期承接标记具有如下特点：第一，单语素一类基本沿袭古代汉语，用量萎缩，用法上主要集中于句内双音节一类，包括复合式、附加式和粘合式三个次类，汉语双音化趋势影响下，双音形式成为承接连词系统中的主体，逐渐取代相应、相关的单语素形式。第二，顺承连接标记较多。承接标记多侧重于事理相承关系，侧重于时间先后关系的只有"而后"一个，这种情况符合人类认知发展规律，即人们对事物的认识往往是从具体的空间和时间出发，然后发展出对复杂的性质和关系的认识。第三，承接标记多为定位标记。由于顺承连词多为句间连接标记，大多数连词多位于句首或主语后位置，有少数连词位于主语前位置。第四，多为句间连接标记。顺承关系多联系具有顺序性的动作或事件，连接项多为谓词，而谓词成句的可能性比较大，所以顺承连接标记多为句间连接标记。

认知和语言符号的时序性特点，从根本上决定了以语言符号为工具呈现认知结果的言语表达中，体现时间先后的承接关系是无标记状态下最易顺畅表达的关系类型。这种无标记形式的有效表达也就相应抑制了作为承接关系形式标记的承接连词的使用和发展，所以汉语承接连词自古及今一直数量有限、变化不大，是连词系统中较为稳定的一类。明清时期，承接关系标记"这么着/说""那么着/说""此外""接着"固化为承接关系标记，是这一时期的一个新的特点。

4.2 明清汉语承接标记的来源

语言习得方面的研究表明，幼儿语言发展为成人语言后，并列和承接的使用频率出现逆转，承接关系取代并列关系成为古汉语表达中最为常用的无标记关系类型。由此说明，当人类对时间顺序的认知发展到一定程度后，在外在物质世界和人类概念世界里，两个相互关联的事件之间第一性的关系就是在发生的时间或被感知的时间上的前后接续的关系。同时，人类的有声语言也只能在时间这根轴上单向度地展开，语言工具本身也具有先天的时序性。这样，语言符号的顺序安排也就"顺其自然"地对应于它所表达的概念之间的先后次序。Himan把语言里的这一机制称作"时间象似性"，Givon将它称为"线性次序原则"，戴浩一提出汉语的"时间顺序原则"，表述为"两个句法单位的相对次序决定于它们所表示的概念领域里的状态的时间顺序"。人类认知中最重要、最根本的时间概念与语言符号的线性表现形式两相契合，使得体现时间先后的承接关系成为熟练的语言使用者言语表达中最易直接呈现的关系类型。

"时间顺序原则"一方面客观上直接促成了并列关系形式标记的产生，另一方面在此基础上也为承接连词的产生创造了基本语言环境，因为承接连词的缘起之一就是并列连词在句意影响下的转类。语言结构类型中的并列和承接分别体现着人类认知中最重要、最根本的两种概念——空间概念和时间概念。"主要表现为空间上的并存"的并列结构出现更早,后起的承接结构则与并列结构有着密切的衍推关系。承接关系的实质可以理解为"历时性并列",也就在并列关系内部因为时间因素的影响越来越明显,经重新分析而滋生出的一类新的关系类型,是并列结构在时间因素制约下的衍生类别。"承接可以理解为并列关系的特殊化。……当并列的两个动作或事件存在先后有序的时间关系时,原先的并列关系便自然蒙上承接意味。"① 承接关系这种并列结构内时间因素催生的实质,也就决定了体现这种关系类型的形式标记——承接连词要有两种语源:一是某些单语素并列连词;二是一些时间概念的表现方式,如时间词、时间介词、指称时间性成分的代词、以本身隐含的时间性表时间概念的动词,以及以它们为中心构成的一些粘合形式或者逐渐因语境沾染而具有时间表述功能的相关成分等。总体上也可以理解为源于连词领域内和连词领域外两大类型。

4.2.1 源于连词

源于连词内的承接标记主要指某些单语素并列连词在结构中时间因素影响越来越明显的情况下,经重新分析而演变为承接关系标记。时间性是动词最重要的本质特性之一,动词性成分连用时往往自然隐含时序意味。因此以连接动词性成分为常的并列关系标记最容易向承接关系转变。"而"是这一来源承接关系标记的典型代表。

(1) 其从者肃而宽,忠而能力。(《左传·僖公二十三年》)

(2) 公子鲍美而艳,襄夫人欲通之,而不可,乃助之施。(《左传·文公十六年》)

(3) 敬嬴辟而私事襄仲。(《左传·文公十八年》)

(4) 秦王怀贪鄙之心,行自奋之智,不信功臣,不亲士民,废王道,立私权,禁文书而酷刑法,先诈力而后仁义,以暴虐为天下始。(《史记·秦始皇本纪》)

(5) 天下之游士冯轼结靷东入齐者,无不欲强齐而弱秦者;冯轼结靷西入秦者,无不欲强秦而弱齐者。(《史记·孟尝君列传》)

(6) 若此二士者,非不能成小廉而行小节也,以为杀身亡躯,绝世灭后,功名不立,非智也。(《史记·鲁仲连邹阳列传》)

"而"用作承接标记,例如:

(7) 籍曰:"彼可取而代也。"(《史记·项羽本纪》)

---

① 马清华,《并列连词的语法化轨迹及其普遍性》,《民族语文》,2003 年第 1 期。

(8) 樊哙覆其盾于地，加彘肩上，拔剑切而啖之。(《史记·项羽本纪》)

(9) 后有君子，欲推而列之，得以览焉。(《史记·高祖功臣侯者年表》)

(10) 姜原出野，见巨人迹，心忻然说，欲践之，践之而身动如孕者。(《史记·周本纪》)

(11) 纥与颜氏女野合而生孔子，祷于尼丘得孔子。(《史记·孔子世家》)

(12) 帝喾崩，而挚代立。帝挚立，不善，而弟放勋立，是为帝尧。(《史记·五帝本纪》)

(13) 讙兜进言共工，尧曰不可，而试之工师，共工果淫辟。(《史记·五帝本纪》)

(14) 地气上隮，天气下降，阴阳相摩，天地相荡，鼓之以雷霆，奋之以风雨，动之以四时，暖之以日月，而百化兴焉，如此则乐者天地之和也。(《史记·乐书》)

明清时期，发展到明清汉语，"而"的并列连词用法已经相对弱势，以用作承接连词更为常见，例如：

(15) 次日，于桃园中，备下乌牛白马祭礼等项，三人焚香再拜而说誓曰："念刘备、关羽、张飞，虽然异姓，既结为兄弟，则同心协力，救困扶危；上报国家，下安黎庶。"(《三国演义·1回》)

(16) 众视之，乃司徒陈耽，径入宫中来谏帝曰："刘谏议得何罪而受诛？"(《三国演义·2回》)

(17) 绍惊得魂飞天外，手中宝刀坠于马下，忙拨马而逃，众人死救过桥。(《三国演义·7回》)

(18) 那日已是迎娶吉期，袭人本不是那一种泼辣人，委委屈屈的上轿而去，心里另想到那里再作打算。(《红楼梦·120回》)

(19) 那包勇正在酒后胡思乱想，忽听那边喝道而来。(《红楼梦·107回》)

(20) 渐渐传到宝玉耳边，说妙玉被贼劫去，又有的说妙玉凡心动了跟人而走。(《红楼梦·113回》)

(21) 图书出而变化不穷，神圣作而诚求必应。(《红楼梦·102回》)

蓝鹰(1990)认为"而"作承接连词是由作指示代词发展而来的，并认为"而"虚化为连词的基本作用是承接，随上下句文意的不同而有了不同用法。蓝文所举"而"作指示代词并可能演化的例子仅两条：

(22) 人之有能有为，使羞其行，而邦其昌。（《尚书·周书·洪范》）

(23) 九月甲申，公孙敖卒于齐。奔大夫不言卒，而言卒，何也？（《谷梁传·文公十四年》）

蓝鹰认为这两条材料中的"而"都是在句中作主语，复指前面分句的内容，并说："出现在句首的指代词……如果没有实在的指代意味，它就起着连接作用。"[1]

席嘉[2]认为："蓝鹰对连词'而'来源于指示代词的看法是一种合理的推测"，"'而'作连词的各种语法功能上古时期基本都已出现，以承接为基本用法，演化出其它功能，是一种比较合理的途径；而承接在'而'的各种关联功能中又是最有可能由指示代词演化而来的，但'而'作指示代词的使用率不仅与'高频使用'这一产生语法化的条件不合，与先秦'而'作连词大量使用的情况似乎也不够协调。因此连词'而'来源于指示代词说尽管从理论上说是合理的，也还有进一步探讨的余地"。[3]

与"而"相同，"以"也是在连接对象语义关系的作用下由并列用法演变为承接关系标记。"以"早就有并列连词的用法，例如：

(24) 是故治世之音安以乐，其正和；乱世之音怨以怒，其正乖；亡国之音哀以思，其民困。（《史记·乐书》）

(25) 夫敬以和，何事不行？（《史记·乐书》）

(26) 然吾语汝：恭以敬，可以执勇；宽以正，可以比众；恭正以静，可以报上。（《史记·仲尼弟子列传》）

(27) 夫吴，城高以厚，地广以深，甲坚以新，士选以饱，重器精兵尽在其中，又使明大夫守之，此易伐也。（《史记·仲尼弟子列传》）

"以"作为承接标记，连接动词性成分的例子较少，例如：

(28) 杨熊走之荥阳，二世使使者斩以徇。（《史记·高祖本纪》）

(29) 子我夕，田逆杀人，逢之，遂捕以入。（《史记·齐太公世家》）

(30) 秦割齐以啖晋、楚，晋、楚案之以兵，秦反受敌。（《史记·穰侯列传》）

(31) 于是魏人范雎自谓张禄先生，讥穰侯之伐齐，乃越三晋以攻齐也，以此时奸说秦昭王。（《史记·穰侯列传》）

---

[1] 蓝鹰：《上古单音连词考原——从逻辑义类角度的考察》，人大复印资料，1990 (7)。
[2] 席嘉：《近代汉语连词》，中国社会科学出版社，2010年。
[3] 席嘉：《近代汉语连词》，中国社会科学出版社，2010年，62—63页。

(32) 自屈原沉汨罗后百有余年，汉有贾生，为长沙王太傅，过湘水，投书以吊屈原。(《史记·屈原贾生列传》)

(33) 至于尧，尧未能举。舜举八恺，使主后土，以揆百事，莫不时序。(《史记·五帝本纪》)

(34) 乃夜为狗，以入秦宫臧中，取所献狐白裘至，以献秦王幸姬。(《史记·孟尝君列传》)

明清汉语时期，"以"更多地用如承接连词，而并列用法已不见用，例如：

(35) 昔秦项之际，天下大乱，民无定主，故招降赏附，以劝来耳。(《三国演义·2回》)

(36) 钧大惊，随入朝见帝曰："昔黄巾造反，其原皆由十常侍卖官鬻爵，非亲不用，非仇不诛，以致天下大乱。"(《三国演义·2回》)

(37) 此位娘子，发浓鬓重，光斜视以多淫；脸媚眉弯，身不摇而自颤。(《金瓶梅词话·29回》)

4.2.2　源于非连词

源于连词领域外的几类承接关系标记都是非连词成分逐步承接连词化，并进一步虚化为承接关系标记的结果。这几种类型无一例外都与汉语中时间概念的表达方式有着密切的关系。

4.2.2.1　语境沾染而表时间概念的单语素承接标记

这一来源的承接连词主要包括由提顿词演变而来的"则"，以及由回指代词演变而来的"然"。

4.2.2.1.1　"则"

学者们对"则"所属何种词类并没有一致的明确的说法。元代学者卢以纬认为："则，此是因有上意发下语"。清袁仁林在《虚字说》中认为："则""乃直承顺接之辞"。刘淇《助字辨略》认为："则"为"语辞也"、"乃也"、"辞之缓者"、"犹即也"、"语之急"、"语助，犹云'之'也"、"假设之辞，犹云若也"、"或辞"。马若瑟根据西方语法体系的词类观，没有被《虚字说》和《助字辨略》从字义角度分析不同语法作用的做法所迷惑，而是从语法观念出发，明确指出虚词"则"为连词，而不属其他词类。后人也大多这样认为，可见马若瑟词类划分的准确性。从这个角度来说，根据目前可见的资料，第一个将文言虚词"则"归入连词的人是马若瑟。

后来的《马氏文通》对"则"的词类划分也非常明确,将"则"归入"连字"中的"承接连字"。

"则"用作承接关系标记,早已经出现,例如:

(1) 阻法度之威,以责督于下,下罢极则以仁义怨望于上,上下交争怨而相篡弑,至于灭宗,皆以此类也。(《史记·秦本纪》)

(2) 是以物盛则衰,时极而转,一质一文,终始之变也。(《史记·平准书》)

(3) 秦甲渡河逾漳,据番吾,则兵必战于邯郸之下矣。(《史记·苏秦列传》)

(4) 臣请言其说:臣闻物至则反,冬夏是也;致至则危,累棋是也。(《史记·春申君列传》)

到了明清时期,"则"用作承接关系标记,仍有不少用例,例如:

(5) 所以下文便说:"虽有恶人,斋戒沐浴,则可以祀上帝。"(《儿女英雄传·37回》)

(6) 诤而不听,合则留,不合则去,此吾夫子所以"接淅而行",不"脱冕而行"也。(《儿女英雄传·37回》)

(7) 性诚笃而毅,间以侠气出,恒为里闬排难解纷,抑强扶弱,有不顺者则奋老拳捶楚之,人恒乐得其一言以为曲直。(《儿女英雄传·39回》)

(8) 翁身中周尺九尺,广颡丰下,目光炯炯射人,颔下须如银,长可过脐,卧则理而束之,尝谓:"不惜日掷千金,此须不得损吾毫末也。"(《儿女英雄传·39回》)

(9) 晚无他嗜好,惟纵酒自适,酣则击刺跳踯以为乐。(《儿女英雄传·39回》)

"则"的连词用法是从哪里来的?对这个问题主要有两种说法:一是认为源自动词。李杰群(2001)持此看法。他认为"则"的本义是"划分",词性是动词。划分肉食、划分土地都有等级,按等级划分是一种法则,于是引申成法则、效法。连词"则"就是由动词义"效法"再虚化而成的。一事在前,一事在后,中间用"则"来连接,表示顺承关系,有前者必有后者。再进一步虚化为表示抽象的事理上的承接。二是认为源自代词。蓝鹰、洪波(2001:220-222)认为"则"本是一个指代词,一般是在句首做主语、复指前一分句的,如"楚失华夏,则析公之为也"(《左传·襄公二十六年》)。也可以用在主谓之间,如"大寇则至,使之持危城,则必畔"(《荀子·议兵》)。"则"在句首复指前一分句的情况,有承上启下的作用,逐渐虚化为承接连词,可译为"那么"、"这样"、

"于是"，例如"躬身君子，则吾未之有得"（《论语·述而》）。"则"的其他连词用法（如表假设、表转折）是在承接的基础上由上下文意造成的。

4.2.2.1.2 "然""然则"

"然"本是一个谓词性的近指代词，一般作谓语或谓语的一部分，可译为"如此""这样"。例如，"何必高宗，古之人皆然"（《论语·宪问》）。"木直中绳，𫐓以为轮，其曲中规。虽有槁暴，不复挺者，𫐓使之然也"（《荀子·劝学》）。由这种代词"然"虚化为连词"然"。依据蓝鹰、洪波（2001）的研究，"然"虚化为连词后通常有两种用法，一是表承接，二是表转折。表承接的"然"可以译为"这样""于是"。如"人人皆以我为越逾好士，然故士至"（《荀子·尧问》）。代词"然"原本复指上文，它最初应该是单独成句的，意为在这样的情况下，进行某种行为或出现某种情况。虚化为连词后，有时还能感觉到指代的意味。表示转折是连词"然"的主要用法，可译为"但是"、"不过"、"然而"等。如"夫子则勇矣，然我往，必不敢启门"（《左传·定公十年》）。对于转折连词的来源，吕叔湘（1982）曾提出过两种看法：" '然'字的开始盛行在'然而'之后，我们可以说它是'然而'之省，以'然'摄'而'，我们也可以说是'虽然'之省，那就本来不一定要随从'而'字。"但蓝鹰、洪波认为，从指代词虚化为连词的一般规律看，其基本用法是承接，而后受语境影响而有其他用法，"然"也应该如此。所以"然"不必组成"然而"后才获得转折意，也不必是"虽然"之省。

我们认为，连词"然"确实由代词"然"虚化而来的。代词"然"可用于上下两个分句之间，复指上一个分句。如果上下两个分句之间的关系是"顺"的，那么其间的"然"即虚化为表承接的连词，这种连词"然"还可以翻译为"这样"，能证明这一点。如果上下两个分句之间的关系是"逆"的，那么其间的"然"就虚化为表示转折的连词"然"。

到了明清时期，"然"作为承接关系标记的用例非常少，在双音化的趋势下，"然"和"则"连用构成的"然则"具有承接功能，例如：

（1）此外合孔夫子同时的，虽尊如鲁哀公，他祭孔夫子的诔文中也还称作"尼父"。然则这号竟不是不问张王李赵长幼亲疏混叫得的。（《儿女英雄传·29回》）

（2）列公，你只看那猴儿，无论行住坐卧，他总把个脑袋扎在胸坎子上，倒把脖儿扛起来。然则这又与师老爷的烟袋锅儿何干？（《儿女英雄传·37回》）

（3）你如今话不曾说，先说请出孔圣人来也不中用，然则还商出些甚么量来？（《儿女英雄传·36回》）

(4) 这句话只看"孟武伯问子路仁乎"那章书，便是夫子给他三个出的切实考语。然则此时夫子又何以明知故问呢？（《儿女英雄传·39回》）

4.2.2.2 时间词参与构成的双音节承接标记

这一类型包括由时间词"后"参与构成的承接连词"而后"、"然后"。"后"原初是表空间方位的处所词，在隐喻机制的作用下由空间域投射到时间域，以空间概念的前后来形象化地表示时间概念的先后，进而进入汉语时间词系统。

时间词"后"参与构成的承接连词，都是以"后"为语义中心，经与某些具有连接功能的成分粘合而形成。"后"与这些连接成分原本不在一个句法层面，没有直接组合关系，仅在语言表层的线性序列上前后相邻。在高频使用、双音化趋势等因素的综合作用下，"后"和连接成分渐趋粘合并综合两个构成成分的语法功能，经重新分析整合为一个表示时间先后的连接成分——承接连词。

4.2.2.2.1 源于"连词＋后"的"而后"

"而后"的形成经历了一个跨层凝固的过程。

(1) 事君，敬其事而后其食。（《论语·卫灵公》）
(2) 先行其言而后从之。（《论语·为政》）
(3) 季文子三思而后行。（《论语·公冶长》）

例（1）"而"连接的两个谓语成分是动宾结构"敬其事"和"后其食"，后一个谓语成分的宾语"后"是不及物动词用作使动词，"后其食"意思为"使其食落后"，前后两个谓语成分是承接语义关系。

例（2）"而"连接的两个谓语成分是状中结构，表示时间的名词"先"与"后"作两个动宾结构的"行其言"的状语，对两个中心语所表示的动作行为及其所涉及的对象进行时间先后的限制，构成先后承接的语义关系。

例（3）"而"前后连接的两个同样是具有承接语义关系的语言成分，跟上例不同的是，"而"连接的前个谓语成分在显性的语法关系中没有状语"先"，而隐性的语法关系中却隐含了"时间在前"的语义。

(4) 亡国，至亡而后知亡。（《荀子·强国》）
(5) 顺者错之，不顺者而后诛之。（《荀子·强国》）

"而后"所连接的前一个语言单位一般都是主谓结构或者是省略了主语的谓

语及名词性谓语，后一个语言单位一般都是动宾结构或谓词充当的谓语。"而后"已经凝固成词，"后"不再充当后一个语言单位的状语，前一个语言单位也未隐含"先"的时间概念。

"而后"到了近代汉语中已经完全演变为承接关系标记，但中古和近代汉语中，"而后"表承接关系的用例并不多见，例如：

(6) 干闻用武则先威，用文则先德；威德相济，而后王业成。(《三国演义·66回》)

(7) 究之令闻未集，内视已惭，而后叹《孝经》一书所包者为约而广也。(《儿女英雄传·34回》)

(8) 众将皆问曰："初贼据潼关，渭北道缺，丞相不从河东击冯翊，而反守潼关，迁延日久，而后北渡，立营固守，何也？"(《三国演义·59回》)

4.2.2.2.2 源于"代词＋后"的"然后"

"然后"最早见于先秦时期的《周易》。在先秦，"然后"可以表示时间先后关系，但更强调无甲事则无乙事，这就是吕叔湘先生说的"有待而然"。此时表达重点在于连接结构的条件关系，这是由于其中的"然"的指示性还很强，是作为一个独立的词而与"后"组合，"然后"还没有凝结为一个双音词。例如：

(1) 有天地，然后有万物；有万物，然后有男女；有男女，然后有夫妇；有夫妇，然后有父子；有父子，然后有君臣；有君臣，然后有上下；有上下，然后礼义有所错。(《周易·序卦》)

(2) 物畜然后有礼，故受之以履。履而泰然后安，故受之以泰，泰者通也。(《周易·序卦》)

(3) 夷维子谓邹之孤曰："天子吊，主人必将倍殡柩，设北面于南方，然后天子南面吊也。"(《战国策·赵策三》)

(4) 我无安心，心之中又有心。意以先言，意然后形，形然后思，思然后知，凡心之形，过知失生。(《管子·心术下》)

(5) 公明贾对曰："以告者过也。夫子时然后言，人不厌其言；乐然后笑，人不厌其笑；义然后取，人不厌其取。"(《论语·宪问》)

到了春秋战国时期，"然后"、"先"与之照应的句式逐渐增多，形成"先……，然后……"格式，这时"然后"表示事理顺序关系。"必先……，然后……"多表示规律性的事件，而不是实际在当前发生的。同时，也表示先事是后事的一个必要条件。例如：

(6) 故明君者，必将先治其国，然后百乐得其中。（《荀子·王霸篇》）

(7) 其为法也，且欲以与万乘致功，必先践之妻妾，然后行之，子母几索入矣。（《韩非子·外储说右上》）

到了两汉时期，"然后"的使用范围进一步扩大，"先……，然后……"、"然后……"句式不仅表示规律性的事件，还可以用来表示当前发生的事情，进一步来讲，"然后"由议论性用语逐步向叙述性用语过渡，表示当前真实发生事件的具体时间关系。例如：

(8) 陵死后，苍为丞相，洗沐，常先朝陵夫人上食，然后敢归家。（《史记·张丞相列传》）

(9) 故不若与先定割地，然后杀痤。（《史记·魏世家》）

(10) 诸侯归之，然后禹践天子位。（《史记·五帝本纪》）

(11) 或曰，伊尹处士，汤使人聘迎之，五反然后肯往从汤，言素王及九主之事。（《史记·殷本纪》）

(12) 乃遂涉河南，治亳，行汤之政，然后百姓由宁，殷道复兴。（《史记·殷本纪》）

"然后"用法的演变不是替代关系，而是在原来的基础上增加了新的意义，这一方面是由于"然后"使用频率的提高，另一方面也是由于"然后"逐渐词化的结果，与最初的"然"义＋"后"义而形成的短语义不同，使用更加灵活。例如：

(13) 子孙有过失，不谯让，为便坐，对案不食。然后诸子相责，因长老肉袒固谢罪，改之，乃许。（《史记·万石张叔列传》）

(14) 尧将逊位，让于虞舜，舜禹之间，岳牧咸荐，乃试之于位，典职数十年，功用既兴，然后授政。（《史记·伯夷列传》）

(15) 乃与子西、子綦谋，伏师闭涂，迎越女之子章立之，是为惠王。然后罢兵归，葬昭王。（《史记·楚世家》）

(16) 计北军不过十日，尚足坚守。然后表里俱发，破贼必矣。（《三国志·魏书二十三·赵俨传》）

(17) 夫权宜之制，苟利社稷，专之可也。然后功成事立，臣等退伏矫罪，虽死无恨。（《三国志·蜀书二·刘备传》）

(18) 古之足民，仰足以养父母，俯足以畜妻子。然后敦五教，宣三德，则休嘉之化可致也。（《后汉纪·卷十八》）

上述诸例中，"然后"不再是"然＋后"的简单的语义相加，从语义上看,也不再是谓语动作时间,而表示事理上的顺序,进一步虚化。从句法位置来看,还可以用在句群之中,其句法位置更加灵活,其表示承接的功能进一步凸显。

明清时期,"然后"依然是高频使用的承接关系标记,"然后"的用法已经和现代的很相近了,"然后"与"后来"、"之后"等词的使用频率相当。如,《儿女英雄传》中有"然后"21处,"后来"18处,"之后"11处。例如:

(19)这公子一直等一行车辆人马都已走了,又让那些送行的亲友先行,然后才带华忠并一应家人回到庄园。(《儿女英雄传·2回》)

(20)只因里面地方过窄,要等安太太先见过了,然后大家才好进来,趁这个空儿,便在前厅换了衣裳。(《儿女英雄传·20回》)

(21)自己又哭了一回,听见外头人客散去,恐有人进来,急忙关上屋门,然后端了一个脚凳自己站上,把汗巾拴上扣儿套在咽喉,便把脚凳蹬开。(《红楼梦·111回》)

(22)贾政见贾赦贾珍已都回家,弟兄叔侄相见,大家历叙别来的景况。然后内眷们见了,不免想起宝玉来,又大家伤了一会子心。(《红楼梦·120回》)

(23)薛姨妈恐不中用,求凤姐与贾琏说了,花上几千银子,才把知县买通,薛蟠那里也便弄通了。然后知县挂牌坐堂,传齐了一干邻保、证见、尸亲人等,监里提出薛蟠,刑房书吏俱一一点名。(《红楼梦·86回》)

"然后"在古代的书面语中使用范围逐渐扩大,使用频率的提高,也加快了其短语词化的步伐。"然后"可以表达多种语义关系,也都源于"然后"表示事理顺序关系和时间先后关系这一基础。从语义上说,"然后"最初是由"这样"、"以后"这个短语义逐渐演化而来的,后来"然"的指示性减弱,使得"然后"逐渐融合为一个词,这是语义虚化的结果。从句法上说,最初"然后"用于两个动词之间,后来慢慢可以用于小句之间,起连接作用,此时,"然后"不仅可以后接动词,还可以后接带有自己主语的小句,后接介词短语,与"又、再、才、还"等共现。之后,"然后"的使用范围进一步扩大,并可以用作连词而用于句子之间,即用于语段。这种用法在先秦时期已经出现了,特别是在叙事型散文中用得比较多,而在议理型散文中是比较少见的。以上是"然后"句法的泛化的具体表现。

"然后"词汇化程度较高。结构含有"如是,后"即"条件,承接"语义。这一语义关系的识解如果侧重于"然",则表示条件义凸显;如果侧重于"后",则表示顺承义凸显。"然"字义虚化,"后"字凸显,表顺承成为"然后"的基本语法功能。顺承义主要连接时空域中的事件顺序，并发展出连接事理顺序用法；至近代，不少表时序义副词与"然后"配套使用，其顺承连接功能更加强化。再进一步，顺承功能发展出表无时序义关联的功能。至此，"然后"语法化为一个典型的承接关系标记。

4.2.2.3　动词凸显时间概念虚化而成的双音节承接标记

这一来源的承接连词主要包括"至于"、"至如"、"若乃"、"若夫"等。

时间性是动词最重要的本质属性之一，对单个动词而言，时间性是内在隐含意义。动词"至"、"于"、"若"等本意表两个地点之间的依次转换，一定语境中在隐喻机制的作用下其自身隐含的时间概念由潜在背景信息变成被凸显的意义部分，"至"、"于"连用中粘合并进一步发生虚化，主要用于表达时间概念的先后转换，表示所连不同话题之间的先后承递，重新分析为承接连词。

承接标记"至于"是由动词"至"和介词"于"凝固而成，"至"《说文解字》释为"鸟飞从高下至地也"，后引申出"来到"义。早在西周时期"至于"就已经连用，《尚书·多士》："自成汤至于帝乙，罔不明德恤祀；亦惟天丕建，保乂有殷；殷王亦罔敢失帝，罔不配天其泽。"《礼记·檀弓下》："至于今，既毕献，斯扬觯，谓之'杜举'。"《礼记·月令》："命宰历卿大夫至于庶民土田之数，而赋牺牲，以共山林名川之祀。"

"至于"的连词化经历了如下几个阶段：

1. "至（动词）＋于（介词）"连接对象的泛化

"至于"所带宾语经历了由处所泛化为对象、事物或事件的演化过程。由于"来到"义经常要后接方所，上古时期处所多由"于"介引，故"至"和"于"常联合使用，表"来到某处"之义。例如：

（1）车驱而驺，至于大门，君抚仆之手而顾，命车右就车；门间、沟渠，必步。（《礼记·曲礼上》）

（2）岁二月，东巡狩，至于岱宗，柴；望秩于山川，肆觐东后。（《尚书·舜典》）

（3）桓公使高子将南阳之甲，立僖公而城鲁，或曰自鹿门至于争门者是也，或曰自争门至于吏门者是也。（《公羊传·闵公二年》）

"至于"最初用于连接处所，慢慢其连接对象虚化并泛化为其它事理关系的事物或事件，这一过程早在上古时期就已完成，例如：

（4）至于众宾，遂及兄弟亦如之，皆饮于上。（《仪礼·有司》）

（5）所存于己者未定，何暇至于暴人之所行？（《庄子·人间世》）

(6) 善守者，敌不知其所攻。微乎微乎！至于无形；神乎神乎！至于无声，故能为敌之司命。(《孙子·虚实篇》)

(7) 郊牛日展觓角而知伤，展道尽矣！郊自正月至于三月，郊之时也。(《谷梁传·哀公元年》)

(8) 若以邪临民，陷而不振，用善不肯专，则不能使，至于殄灭而莫之恤也，将安用之？(《国语·鲁语上》)

上例"至于"的连接对象皆为对象、事物或事件，例"至于众宾"为人物对象，"至于暴人之所行"为人物对象的某种行为，也可以理解为时间距离，如"郊自正月至于三月"，也可以是"无形"、"无声"、"殄灭"等具有事理关系的动作或状态，表示前一动作或状态之后达到的另一动作或状态，这里前后句具有事理上的位移或结果关系。

"至（动词）于（介词）"由事理位移发展为提起后一事件。由处所位移泛化为事理位移之后，会导致两个变化：一方面"至于"由连接处所向连接动作和事件发展；另一方面"至于"对于前后句的顺序关系要求不再那么严格，使得"至于"向话题转承功能进一步发展。例如：

(9) 王子朝使告于诸侯曰："昔武王克殷，成王靖四方，康王息民，并建母弟，以蕃屏周，亦曰：'吾无专享文、武之功，且为后人之迷败倾覆而溺入于难，则振救之。'至于夷王，王愆于厥身，诸侯莫不并走其望，以祈王身。至于厉王，王心戾虐，万民弗忍，居王于彘。(《左传·昭公二十六年》)

(10) 其贵国之宾至，则以班加一等，益虔。至于王吏，则皆官正莅事，上卿监之。(《国语·周语中》)

(11) 子胥沉江，比干剖心。此二子者，世谓忠臣也，然卒为天下笑。自上观之，至于子胥、比干，皆不足贵也。(《庄子·盗跖》)

(12) 孔穿、公孙龙相与论于平原君所，深而辩，至于藏三耳（又作"三牙"），公孙龙言藏之三耳甚辩，孔穿不应，少选，辞而出。(《吕氏春秋·淫辞》)

(13) 如使口之于味也，其性与人殊，若犬马之与我不同类也，则天下何耆皆从易牙之于味也？至于味，天下期于易牙，是天下之口相似也。惟耳亦然，至于声，天下期于师旷，是天下之耳相似也。惟目亦然，至于子都，天下莫不知其姣也；不知子都之姣者，无目者也。故曰：口之于味也，有同耆焉；耳之于声也，有同听焉；目之于色也，有同美焉。至于心，独无所同然乎？(《孟子·告子上》)

上例"至于"前后项表述的事件之间的事理关系顺序已经比较松散了,如"至于夷王"和"至于厉王"仍然能看到时间发展关系,但还存在事理上的联系;虽然"孔穿、公孙龙相与论于平原君所,深而辩"和"公孙龙言藏之三耳甚辩,孔穿不应,少选,辞而出"之间也存在事理关系,但"至于"更像是提起新话题,而非说明前后事件的发展关系;同样"至于味"、"至于声"、"至于心"之间虽然同样存在事理联系,但连接后项话题转换意图更加明显。

2. "至于"承接关系的确立

春秋战国时期属于"至于"兼表事理发展和提起话题时期,战国晚期以后完全表转承关系的连词"至于"开始出现,例如:

(14) 夫众人畜我者,我亦众人事之。至于智氏则不然,出则乘我以车,入则足我以养,众人广朝,而必加礼于吾所,是国士畜我也。(《吕氏春秋·不侵》)

(15) 丞相奏事毕,因言曰:"陛下爱幸臣,则富贵之;至于朝廷之礼,不可以不肃!"(《史记·张丞相列传》)

(16) 孔子在位听讼,文辞有可与人共者,弗独有也。至于为《春秋》,笔则笔,削则削,子夏之徒不能赞一辞。(《史记·孔子世家》)

上例"至于"连接的前后两项转承关系十分明显,如"智氏则不然"明显是强调后一话题,与前项话题形成对比;"至于朝廷之礼"同样是凸显强调后一话题,与前"陛下爱幸臣,则富贵之"进行对比;"至于为《春秋》"与前项之间的事理发展关系并不明显,而是着重于转承孔子"为《春秋》"之事。虽然先秦出现完全表转承关系的连词,但数量并不多,转承关系连词大量出现还是在中古时期。

明清时期,"至于"的用法进一步丰富,可参见后文"至于"的使用情况。

至此我们将"至于"连词化的演化过程归纳如下:"至于"是由动词"至"和介词"于"跨层组合而成,西周时期"至于"已经连用,主要表处所或时间由此及彼的发展;春秋时期,"至于"由到达处所泛化为到达对象、事物或事件;春秋战国时期由事理位移发展为提起后一事件;到战国晚期表纯粹转承关系的连词功能开始出现,中古时期转承连词"至于"使用频率逐渐增大。

语源上讲,"若乃"也是两个同义动词的复合,而"若夫"则是动词与语助成分的粘合。"若乃"、"若夫"用作承接连词在上古时期也已出现,例如:

(17) 其容貌颜色,固已过绝人矣。若乃其眉目准颊权衡,犀角偃月,彼乃帝王之后,非诸侯之姬也。(《战国策·中山策》)

(18) 晏子对曰:"婴闻之,与君言异。若乃心之有四支,而心得佚焉,可;得令四支无心,十有八日;不亦久乎!"(《晏子春秋·内篇谏上》)

(19) 公子鱄辞曰："夫负羁絷，执铁锁，从君东西南北，则是臣仆庶孽之事也。若夫约言为信，则非臣仆庶孽之所敢与也。"(《公羊传·襄公二十七年》)

(20) 大者宗庙灭覆，小者身以孤危。此臣之所恐耳！若夫穷辱之事，死亡之患，臣弗敢畏也。(《战国策·秦策三》)

"若乃"和"若夫"是文言色彩较为浓重的承接连词，近代汉语时期用例不多，从我们检索的语料，仅有2例，如：

(21) 若夫小人之儒，惟务雕虫，专工翰墨，青春作赋，皓首穷经；笔下虽有千言，胸中实无一策。(《三国演义·43回》)

(22) 三界空而百端治，六根净而千种穷。若乃坚诚知觉，须当识心；心净则孤明独照，心存则万境皆清。(《西游记·78回》)

4.2.2.4　时间介词[①]省略机制下形成的单语素承接标记

"因"《说文解字》释为："就也，从口、大。"段玉裁注为："就也。就下曰。就高也。为高必因丘陵，为大必就基址。"《说文解字》和段玉裁注均认为其本义为动词"趋近"、"相就"、"依靠"之意。但也有不同意见者，如朱骏声《说文通训定声》则认为："口大俱非义，江氏永曰：'象茵褥之形，中象缝线文理。'按即茵之古文。江说是也。"王力(2003)也同意江氏的看法，认为"因"是"茵"的本字，"因"原是名词，引申为因依、因就，再变为动词。刘详友(2007)认为甲骨文中已经出现了"因"的名词用法。对于上述两种看法，我们倾向于"因"为"茵"的本字之说。关于顺承连词"因"的来源，王力(2003：155)认为其演化过程为：名词→动词→副词→介词→连词。刘详友提出的演化过程为：名词→动词→副词→顺承连词，顺承连词由副词"因袭"义发展而来，而因果连词"因"的演化路径为：名词→动词→介词→因果连词。也就是说，王力和刘详友的意见有不同之处，前者认为"因"的所有连词用法皆由其副词义发展而来，而后者认为只有顺承连词由副词发展而来。下面我们分析"因"是由其介词还是副词演化而来。

[①] 这里的时间介词，具体指介引时间名词的词，整个介词结构是表示时间的，如"于"、"由"、"在"、"当"、"及"等。时间又可细分为时段和时点。时段表示时间的长短，是句子中动作行为变化所用的时间，或者指在某个时段内发生了某种动作行为变化，或者是动作行为状态持续的时间长短。而时点表示动作行为或状态发生、进行、结束的时间。时点相当于时间运动过程中的各个点，可以再分为所在时间、起点时间、终点时间、方向时间等。详参吴金花(2006)、何洪峰(2012)、张玉金(2017)、吴波(2002)。

(1) 故古之所谓明君者，非一君也，其设赏有薄有厚，其立禁有轻有重，迹行不必同，非故相反也，皆随时而变，因俗而动。（《管子·正世》）

(2) 贱人以服约卑敬悲色告愬其主，主因离法而听之。（《管子·任法》）

(3) 于是管仲睹桓公不可穷以辞，因设之以事曰：古之封禅，鄗上之黍，北里之禾，所以为盛，江淮之间，一茅三脊，所以为藉也。（《管子·封禅》）

(4) 自若以处，以度天下，待其来者而正之，因时之所宜而定之。（《国语·越语下》）

(5) 夷伯，鲁大夫也。因此以见天子至于士，皆有庙。（《谷梁传·僖公十五年》）

(6) 夫非主令，而行有功利，因赏之，是教妄举也。（《管子·任法》）

(7) 襄公曰："先君薨，尸在堂，见秦师利而因击之，无乃非为人子之道欤？"（《吕氏春秋·悔过》）

(8) 九日，叶公入，乃发太府之货予众，出高库之兵以赋民，因攻之。（《吕氏春秋·分职》）

(9) 范增起，出召项庄，谓曰："君王为人不忍，若入前为寿，寿毕，请以剑舞，因击沛公于坐，杀之。不者，若属皆且为所虏。"（《史记·项羽本纪》）

(10) 对曰："王卑词重币以事之；不可，则割地而赂之；不可，因举兵而伐之。"（《史记·范雎蔡泽列传》）

(11) 心独悔，业已拜，因拊其背，告曰："汉后五十年东南有乱者，岂若邪？然天下同姓为一家也，慎无反！"（《史记·吴王濞列传》）

(12) 欲归报，会秦击夺楚巴、黔中郡，道塞不通，因还，以其众王滇，变服，从其俗，以长之。（《史记·西南夷列传》）

前两例是介词用法，"因"引出原因和凭借对象，后面有谓语动词，且有"而"隔开，"因俗而动""因离法而听之"中的"因"是介词，介引出动作根据的对象，随着使用频率的增加，"因"的宾语进一步虚化，可以是表示时间或事件的名词，如"因时之所宜而定之"。

当"因"介引的成分已在上文先行出现，为使结构层次分明简练，或者直接承前省略，或者在"因"后跟代词"此"等回指前面作介词宾语的部分，如"因赏之"，"赏"前面承前省略了"功利"，"因此以见天子至于士"中的"此"代指前文中的鲁大夫。如此一来，"因"就在语言线性序列上紧跟后一分句，久而久之在这种结构中,随着语义弱化程度的加深虚化为启后的连词成分。当"因"后面省略的宾语为前文中提到的具体时间时,那么"因"就有了表示时间先后的功能,如"因赏之""因击沛公于坐""因举兵而伐之"等,"因"后面承前省略了介词宾语,这个宾语可以理解为表示时间先后的名词,这时"因"处于"VP"之前。当"因+VP"之前有语音停顿,而前一分句和后一分句有顺承关系时,承接连词"因"就产生了。连词"因"的产生和连词"以"的产生有类似之处,介词"以"后宾语省略,是连词"以"产生的途径之一。此外,根据马贝加在《近代汉语介词》中对"因"介词用法的细致分析,我们也可以推断,省略宾语的"因"就在其时间介词的语源意义影响下转化为表示时间先后的承接连词。

4.2.2.5 指代时间成分的代词参与构成的双音节承接标记

4.2.2.5.1 "于是"

郭锡良(1998),认为"于"最初是动词,表示到某处去,虚化之后变为表示处所的介词,再不断泛化发展出表示时间、对象等的用法。在先秦时期,"于"已经发展出表处所、时间、对象、事件的用法。

先秦时期,"于+是"可以表示多重意义,限于时间和精力,我们只对《左传》中的"于是"进行了分析。

"于+是"表示时间,共78例,例如:

(1) 宋襄公即位,以公子目夷为仁,使为左师以听政,于是宋治。(《左传·僖公九年》)

(2) 国人逆丧者皆髽,鲁于是乎始髽。(《左传·襄公四年》)

(3) 且告之曰:"孤虽归,辱社稷矣,其卜贰圉也。"众皆哭,晋于是乎作爰田。(《左传·僖公十五年》)

(4) 既而用晋师,楚于是乎有蜀之役。(《左传·宣公十八年》)

(5) 皇父之二子死焉,宋公于是以门赏耏班,使食其征,谓之耏门。(《左传·文公十一年》)

"于+是"表示处所,共19例,例如:

(6) 怒之,使下,指木曰:"尸女于是。"(《左传·宣公十二年》)

(7) 君以军行,祓社衅鼓,祝奉以从,于是乎出竟。(《左传·定公四年》)

(8) 天以七纪,戊子逢公以登,星斯于是乎出,吾是以讥之。(《左传·昭公十年》)

(9) 阜曰:"数月于外,一旦于是,庸何伤?"(《左传·昭公元年年》)

"于是"表示动作行为涉及的对象,共27例,例如:

(10) 王使巡师曰:"吾先君文王克息,获三矢焉,伯棼窃其二,尽于是矣。"(《左传·宣公四年》)

(11) 子貉早死无后,而天钟美于是,将必以是大有败也。(《左传·昭公二十八年》)

"于是"表示动作行为涉及的事件,共34例,例如:

(12) 宣伯使告郤犫曰:"鲁之有季、孟,犹晋之有栾、范也,政令于是乎成。"(《左传·成公十六年》)

(13) 罕、驷自后随而从之,彼见吾貌,必有惧心,于是乎会之,必大败之。(《左传·哀公二年》)

(14) 周儋翩率王子朝之徒因郑人将以作乱于周,郑于是乎伐冯、滑、胥靡、负黍、狐人、阙外。(《左传·定公六年》)

(15) 夫民生厚而用利,于是乎正德以幅之,使无黜嫚,谓之幅利。(《左传·襄公二十八年》)

中古时期,介词的数量大幅度增加,引介时间、对象、处所的介词成批出现,如"自"、"在"、"从"等,它们在功能上与"于"重叠,这就违背了语言的经济性原则,因而语言自身的调节功能就促使语言系统中同功能的介词展开竞争。其中,表意明确且功能比较单一的介词成为胜者,得以保留,失败的一方随着使用频率逐渐降低被淘汰。在这种竞争下,"于"的语义功能不断分化,引介处所的"于"被"在、从"替代,引介对象的"于"被"向、给"替代,"于"引介时间的功能也被"在、当、自、从"等词分化,引介时间的功能弱化。

我们对《史记》中"于+是"的情况进行了统计分析(见表4-1),其中表示"在/从+时间",共358例;表"因为/由于+事件",共281例;表"时间+原因",共40例;表"在+对象/事件/对象",共6例;表"在/从+处所",共5例。魏晋时期的《世说新语》中表示"在/从+时间",共19例;表"因为/由于+事件",共18例;表"时间+原因",共17例;表"在+对象/事件/对象",共1例;表"在/从+处所",共2例,见表4-1。

表4-1 "于+是"在《史记》和《世说新语》中的使用情况

于+是	在《史记》中的使用情况(例)	在《世说新语》中的使用情况(例)
在/从+时间	358	19

续表

于+是	在《史记》中的使用情况（例）	在《世说新语》中的使用情况（例）
因为/由于+事件	281	18
时间+原因	40	17
在+对象/事件/对象	6	1
在/从+处所	5	2

从表 4-1 可以发现，汉代时，"于"引介的对象包括：时间、处所、事件、对象。但魏晋南北朝开始，"于"引介的对象明显减少，"是"的指代功能减弱，"于是"的义项也随之减少，并逐渐融合。魏晋以后，"于"的引介功能以及"是"的指代功能进一步弱化。"于是"表示时间的用法仍然存在，一般与"当时"等表示时间的格式搭配，较容易识别。而表示"原因"的"于是"既没有明显的原因标记与之对照使用，也很难在语义上与表示"兼有时间先后与事理发展"的意义相区别，"于是"的义项基本融合为"在这种情况下或是由于前面提到的原因，然后接下来发生某事"，即前后两件事在时间上的先后，在事理上的延续，也就表现为连贯与因果的兼类。

高频使用是语法化的必备条件之一，指代处所义的"于是"不具备虚化的可能性。在指代时间参照点的常用语境中，随着"是"指代意义的弱化，"于是"内部趋于粘合，两词之间的界限逐渐模糊。虚化过程中，作为介宾结构时强化时间性从而贯通前后句子的作用逐渐积淀下来，再加上处于句首的合宜句法位置，"于是"最终由凝固结构转化为复音连词。可以说，其中的代词成分指代时间因素为"于是"的虚化确定了方向，是其可以向表时间先后关系的承接连词转化的决定性因素。在表示时间先后承接的基础上，"于是"又逐渐抽象出表示事理承接，乃至因果关系的用法，可以理解为"在这种情况下"、"由于这个原因"，"于是"的词义进一步抽象化，"是"的指代对象消失，例如：

"于"的引介功能消失，"于是"融合为一个词，词义凝固。例如：

（16）操大喜；于是先发矫诏，驰报各道，然后招集义兵，竖起招兵白旗一面，上书"忠义"二字。（《三国演义·5 回》）

（17）玄德欲弃了古城去守汝南，恰好刘辟、龚都差人来请。于是遂起军往汝南驻扎，招军买马，徐图征进，不在话下。（《三国演义·28 回》）

（18）谁知薛蟠又送了巾扇香帛四色寿礼与宝玉，宝玉于是过去陪他吃面。（《红楼梦·62 回》）

(19) 黛玉便令将架摘下来，另挂在月洞窗外的钩上，于是进了屋子，在月洞窗内坐了。(《红楼梦·35回》)

(20) 刘姥姥此时惟点头咂嘴念佛而已。于是来至东边这间屋内，乃是贾琏的女儿大姐儿睡觉之所。(《红楼梦·6回》)

4.2.2.5.2 "那么着/说"、"这么着/说"

用于指称样态或情状的"那么"大约始见于元代，在元明时期文献中又通常写作"那们"，冯春田（2000：106）认为这里的"们"应该是指示代词"那么"的"么"的早期形式，由于音变的缘故才写成了"们"或"每"，"这到现代汉语里则统一为"么"，并且成为纯粹的词尾。

指代词"那么"的早期形式"那们"在明代《老乞大》和《朴通事》存在用例，无一例外地组成"那们时"的形式。

(1) 那们时，你两个先去，我两个后头慢慢的赶将头口去。(《老乞大》)

(2) 将指头那疮口上，着唾沫白日黑夜不住的搭，那们时便消了。(《朴通事》)

(3) 车辆都有么？都有了。那们时，如今少甚么。(《朴通事》)

上述例子中的，"那们"指代前面分句或句子所叙述的情态，作定语修饰限制中心语时间名词"时"，"那们时"作句首时间状语，意为"那样的时候"。在时态分别为"已然未然"的前后分句间，以"……时"表示句间的先后关系是必要的，如前两例。但"已然未然"的前后分句间，时间序列性非常明显，"……时"出现的必要性也就降低，在这种语境中，"……时"的时间意义逐渐弱化。由于紧跟在指代对象之后，特殊的语法位置使"那们"指代作用可有可无，再加上"时"语义的弱化，"那们时"定中结构逐渐趋于瓦解开始虚化。"那们时"就在语法化过程中综合了两个组成部分的语法功能，具有了"那们"原本作为指代词的连接功能，以及"时"表达时间次序的作用，转化为以时间的连贯性表示连接的承接连词。

一般来说，词语的虚化与其使用频率有关，但使用频率高的不一定都发生虚化，明清时期指示代词"这么"、"那么"的发展就证明了这一点。除高频率的使用可能促使词语虚化外，词语的虚化与词语本身的含义有很大关系。"这么"的语义比较具体，可感知性较强，它也就不容易虚化；"那"、"那么"则相反。而且"那"、"那么"作为指示代词，多是回指性的，即其所指内容在上文或语境里已经存在。

《红楼梦》中称代用法的"这么"有4例,指示用法的"这么"有349例。可见,指示是这一时期"这么"的优势用法。《红楼梦》中已有相当于"这么一P,(就)Q"的复句格式,如:

(4) 这么一找,少不得就找出来了。(《红楼梦·95回》)

(5) 太太们这么一说,这就叫"心到神知"了。(《红楼梦·11回》)

《红楼梦》中称代用法的"这么着"有69例。从称代的内容看,多为回指和预指。

1. 回指

"这么着"称代前文的内容,如:

(6) 大了道:"我们的签最是灵的,明儿奶奶去求一签就知道了。"贾母道:"既这么着,索性等到后日初一你再去求。"(《红楼梦·101回》)

(7) 平儿走到李纨耳边说了几句,李纨点点头儿道:"既是这么着,就叫雪雁过去也是一样的。"(《红楼梦·97回》)

2. 预指

"这么着"称代下文的内容,如:

(8) 刘姥姥顺口答应,便说:"这么着,我看天气尚早,还赶得出城去,我就去了。"(《红楼梦·113回》)

(9) 平儿低了一回头,说:"这么着罢,就叫雪姑娘去罢。"(《红楼梦·97回》)

(10) 凤姐笑着又说了几句。贾母笑道:"这么着也好,可就只忒苦了宝丫头了。"(《红楼梦·96回》)

我们再看《儿女英雄传》中"这么着"的用例,如:

(11) 这一哭,可把舅太太哭急了,说:"姑太太,你们娘儿三个这哭的可实在揉人的肠子!这么着,我合姑太太倒个过儿:姑太太在家里招呼媳妇,我跟了外甥去,这放心不放心呢?"(《儿女英雄传·40回》)

(12) 姑娘听了,说道:"我的少爷,你可酸死我了!这么着,我给你出个主意。"(《儿女英雄传·8回》)

(13) 那跑堂儿的听见钱了,提着壶站住,说道:"倒不在钱不钱的,你老瞧,那家伙真有三百斤开外,怕未必弄得行啊!这么着啵,你老破多少钱啵?"(《儿女英雄传·4回》)

"既这么着"作为复句的一个分句,起连接作用的是连词"既","那么着"是一指示代词。省去了连词"既","这么着"作为一个独立分句,就兼有连接的作用。实际上,句中"这么着"的语义已经比较虚化,所指内容已经比较模糊,可以说它已经由指代功能转变为话语连接功能,即由一个指示代词发展成为一个连词。

《红楼梦》中表称代用法的"那么"有2例,均充当句子成分,如:

(14)薛姨妈又说了两句闲话儿,便道:"老太太歇着罢,我也要到家里去看看,只剩下宝丫头和香菱了。打那么同着姨太太看看巧姐儿。"(《红楼梦·84回》)

《红楼梦》中表指示用法的"那么"有32例,可见,指示是这一时期"那么"的优势用法,如:

(15)贾母笑道:"凤丫头病到这地位,这张嘴还是那么尖巧。"(《红楼梦·104回》)

(16)袭人道:"罢呀,这倒是什么道理呢。我不信睡得那么安稳!"(《红楼梦·109回》)

(17)紫鹃在旁,看见这般光景,却想不出原故来:"方才宝玉在这里,那么高兴;如今好好的看花,怎么又伤起心来?"(《红楼梦·86回》)

其中有1例是"那么一V"形式,如:

(18)只要环老三在大太太跟前那么一说,我找邢大舅再一说,太太们问起来你们齐打伙说好就是了。(《红楼梦·118回》)

指示代词"那么"用来复指前文。一个意义本来就不太具体的词,在使用中就容易泛化、抽象化。由于语义的不断虚化,其指示功能也逐渐弱化、消失,"那么"由指示功能转变为话语连接功能,引进表结果和判断的句子,从而由指示代词最终发展为连词。也就是说,连词"那"、"那么"正是依托于指示代词"那"、"那么"语义的虚化、指示功能的弱化演化而来的。

(19)褚大娘子笑道:"嗳哟!姑太太,不是我哟!我没那么大造化哟!"姑娘睁着眼问道:"那么那一个是谁?"(《儿女英雄传·27回》)

(20)张太太道:"今儿个可不兴吃饭哪!"姑娘道:"怎么索兴连饭也不叫吃了呢?那么还吃饽饽。"(《儿女英雄传·27回》)

(21)张姑娘听了,便问:"妈,你老人家既没吃饭,此刻为甚么不吃呢?不是身上不大舒服阿?"他又皱着眉连连摇头说:"没有价,没有价。"褚大娘子笑道:"那么这是为甚么呢?"(《儿女英雄传·21回》)

与其他来源于指代成分的承接连词相比,"这么""那么"一类的典型特点在于,向连词转化的演变中经历了个由时间性定中结构中的修饰性成分逐步摆脱中心语的限制并逐渐沾染上时间意义的过程。"那么"最初出现的"那们时"结构决定了它虚化后的演进方向。另外,上述例子中,"那么"都出现于对话语境,这与"那么着"虚化的句法环境正相一致。这说明《儿女英雄传》中"那么"从指示代词语法化为连词,与分句"那么着"的虚化、连词化不无关系。

需要特别指出的是,代表明清山东方言的中指示词"这么"、"那么"的连词化过程与同期北京话中指示词"这么"、"那么"的连词化过程相比更体现语言发展的共性与区域差异性。比较而言,连词"那么"在同一时期(清代)不同的方言区域其形成过程是不一样的:反映北京话的《儿女英雄传》中"那么"的连词化发生在对话语境和非对话语境中,具有渐变性;而山东方言"那么"的连词化则只出现在对话语境中,而且其过程缺少中间环节,具有突变性特点。

限于篇幅,我们不再一一描述"那么着"、"那么说"的具体语法化过程,简单举例如下,

首先,来看"那么着",例如:

(22)那妇人听了,这才裂着那大薄片子嘴笑道:"你瞧,'大水冲了龙王庙——一家人不认得一家人'咧!那么着,请屋里坐。"(《儿女英雄传·7回》)

(23)你那踱拉踱拉的,踱拉到啥时候才到喂!那么着,我可就说:不,你就给我找个二把手的小单拱儿来罢。(《儿女英雄传·21回》)

(24)邓九公听了,哈哈大笑,说:"那么着,咱们说开了。"(《儿女英雄传·29回》)

(25)众人只得说道:"在庙里搜一搜就知道了。"县官说:"那么着,咱们就搜哇!"(《儿女英雄传·11回》)

再来看"那么说",例如:

(26)老爷听了,才说了句"是呀",张姑娘那里就说:"那么说,还得换上长飘带手巾呢。"(《儿女英雄传·40回》)

(27)珍姑娘接着就说:"那么说,还得叫他们把数珠儿袱子带上呢。"(《儿女英雄传·40回》)

(28)奴才说句不当家的话,照老爷这么存心,怎么怪得养儿养女望上长,奴才大爷有这段造化呢!那么说,这俩钱儿敢则花的不冤,到底是奴才糊涂。(《儿女英雄传·39回》)

(29) 张太太进门就找姑娘的行李，张姑娘道："妈合姐姐都在那船上住，行李都在那边呢。"张太太道："我俩不在这儿睡呀。那么说，我家走罢，看行李去。"（《儿女英雄传·22回》）

时间副词在表达方式上可以依据时间支点的隐现分为绝对定位和相对定位两种。绝对定位时，时间副词的时间支点出现在语言链条之外，副词修饰限定的部分在时间定位上不用依赖于句中其它成分，具有一定的独立性，如副词"终于"、"曾经"等，这种副词不会和连词发生纠葛。相对定位时，时间副词的功能就是以前部分的时点为时间参照，进而为后部分在时间链条上定位，如副词"就"、"便"等。其实质也就是以时间因素贯通前后两部分，这种时间副词的功能就和承接连词的语法功能非常相似。另外，在语义指向上，时间副词都是后指词，而且都只能指向其后的整个被饰成分，当辖域扩展到分句或句子时，通常位于后一分句句首的时间副词所在句法位置也与承接连词一样。因此，在功能上和句法位置上，使用相对定位的时间副词与承接连词是基本相同的。

但是，我们把这种相同处理为功能叠合，而不倾向于处理为时间副词向承接连词的转化。原因主要是考虑到副词辖域的特点。在辖域上副词与介词等其他词类不同，介词介引的部分一般以体词性成分为常，当辖域扩展到分句或句子时，会因为前后部分之间独立性和平衡性的增强而促使介词向连词转化。但对副词而言，辖域扩大到分句或句子是不同类别的副词都普遍具有的用法，频率副词、情状方式副词、否定副词、语气副词等语义上都可以指向其后的整个分句或句子。因此，依据辖域扩大就认定时间副词向承接连词转类，还不具有足够的说服性。

综上所述，可以理解为"历时性并列"的承接关系，是并列关系在时间因素影响下的衍生类别。承接关系的形式标记——承接连词，无论是源于连词领域内，还是源于连词领域外，都与时间因素的表达有着密切的联系。

4.3 明清汉语承接标记的使用和发展

4.3.1 "而"、"以"

4.3.1.1 "而"

"而"在古代汉语中是超高频词，在十三经中的出现频率排名第9位（海柳文，2011）。

马建忠（1898）早就指出："凡上下截一意相因，则以'而'字直承，若有'因'字'则'字之意，此则'而'字之本意也。"（《马氏文通》：491）

吕叔湘在《文言虚字》中对"而"进行了详尽的分析。吕先生认为："'而'的用法大别为二：顺接和转接，前者在白话里通常无须用之连词，后者与白话里'可是'、'但是'相当"。（吕叔湘，1959：56-63）

关于"而"的作用，王力有着不同的看法，他认为转折作用不是"而"决定的，"而"的职能只是连接："由于'而'字所联结的两种行为或两种性质之间有着种种不同的关系，所以似乎显得'而'字有各种不同的作用，时而是正接（美而艳），时而是反接（温而厉），时而是先后关系（烹而食之），时而是因果关系（玉在山而草木润，渊生珠而崖不枯）等等。但是这些不同的关系都是上下文所决定的，不是'而'字所决定的。'而'字只有一种基本职能，就是把两种行为或性质联结起来。"（王力，1980）

"而"是在并列用法基础上，在连接对象之间时间关系明显的语境中逐渐发生转类而具有承接功能的。"而"是从上古汉语时期沿用下来的连词，主要表示事理上的相承。明清时期，"而"是常见的句内承接连词，基本没有句际用例。在表示时间先后的基础上，"而"还发展出表抽象逻辑先后次序的用法。并且，随着逻辑关系内部的愈见细化，"而"的用法也更加丰富，可以连接方式/情状与动作，地点与动作，原因与结果等多种关系类型。

明代，"而"作承接关系标记的用例，如：

（1）玄德挥军追赶，投降者不计其数，大胜而回。（《三国演义·1回》）

（2）众视之，乃司徒陈耽，径入宫中来谏帝曰："刘谏议得何罪而受诛？"（《三国演义·2回》）

（3）西门庆恭身进了大门，翟管家接着，只见中门关着不开，官员都打从角门而入。（《金瓶梅词话·55回》）

（4）那公人真个跟定旋风而来，七八将近新河口而止，走来回覆了狄公话。（《金瓶梅词话·48回》）

清代，《红楼梦》"而"作承接关系标记，共166例，《儿女英雄传》，共309例，例如：

（5）此外有等贪官污吏，不顾官声，不惜民命，腰缠一满，十万八万的饱载而归。（《儿女英雄传·8回》）

（6）张姑娘听了，感极而泣，不觉掉下泪来。（《儿女英雄传·10回》）

(7) 老头儿在席上看着安老夫妻的这个佳儿、这双佳妇，鼎足而三，未免因美生感，因感而叹，便在座上擎着杯酒，望着安老爷说道："老弟呀！"（《儿女英雄传·32回》）

(8) 褚大娘子恐怕他父亲明日起不来，误了上路的吉时，好劝歹劝的拦了两遍，他还吃了个封顶大杯，才尽欢而散。（《儿女英雄传·32回》）

(9) 我这肚子闷气，正因听戏而起。（《儿女英雄传·32回》）

(10) 那日已是迎娶吉期，袭人本不是那一种泼辣人，委委屈屈的上轿而去，心里另想到那里再作打算。（《红楼梦·120回》）

(11) 因这几间就在此山怀抱之中，乃凸碧山庄之退居，因洼而近水，故颜其额曰"凹晶溪馆"。（《红楼梦·76回》）

(12) 好容易熬了一天，这会子瞧见你们，竟如死而复生的一样，真真古人说，"一日三秋"，这话再不错的。（《红楼梦·82回》）

(13) 大家举酒送行，一班子弟及晚辈亲友直送至十里长亭而别。（《红楼梦·97回》）

(14) 忽听环佩叮当，尤三姐从外而入，一手捧着鸳鸯剑，一手捧着一卷册子。（《红楼梦·66回》）

"而"可以用在数词之间，表示从一种状态过渡到另一种状态，共见6例，例如：

(15) 由是一而二，二而三，追思起来，想到《庄子》上的话，虚无缥缈，人生在世，难免风流云散，不禁的大哭起来。（《红楼梦·113回》）

(16) 以寓钱喻制钱，一而二、二而一者也。（《儿女英雄传·4回》）

(17) 人为万物之灵，人与物，一而二、二而一者也，有甚么分别？（《儿女英雄传·18回》）

4.3.1.2 "以"

顺承连词"以"应源自结果连词"以"，而结果连词"以"源自原因介词"以"；修饰连词"以"源自方式状态连词"以"，方式状态连词"以"源自方式介词"以"；目的连词、结果连词、顺承连词、方式状态连词、修饰连词"以"泛化为并列连词、转折连词"以"。

(1) 神仙抬头观看这个妇人，沉吟半日，方才说道："此位娘子，发浓鬓重，光斜视以多淫；脸媚眉弯，身不摇而自颤。（《金瓶梅词话·29回》）

(2) 原来吴月娘自从西门庆与他反目以来，每月吃斋三次，逢七拜斗焚香，保佑夫主早早回心，西门庆还不知。（《金瓶梅词话·21回》）

(3) 安乐与共，颠沛相扶，思缔结以常新。（《金瓶梅词话·1回》）

(4) 黄道天开，祥启九天之阊阖，迓金舆翠盖以延恩。（《金瓶梅词话·39回》）

(5) 日近清光，出入金门而有喜时加美秩，褒封紫诰以增荣。（《金瓶梅词话·39回》）

(6) 学生敢不具酌，只备一饭在此，以犒从者。（《金瓶梅词话·51回》）

(7) 窃惟我国初寇乱未定，悉令天下军徭丁壮集于京师，以供运馈，以壮国势。（《金瓶梅词话·48回》）

(8) 西门庆道："今日有两个戏子在此伺候，以供宴赏。"（《金瓶梅词话·36回》）

"而"、"以"都是在连接两个并列的谓词性成分的用法中逐渐向承接连词转化的。这两个单语素连词的承接用法，基本是用于句内，连接原因与结果、方式/情状与动作、地点与动作等成分。连接原因与结果、方式情状与动作、地点与动作，同样是承接连词体现时间先后顺序的本质作用的表现。高增霞在《现代汉语连动式的语法化视角》一书中将时序原则分为客观、逻辑、认知三个层面，客观层面指实际时间先后顺序，逻辑、认知层面的时序则是客观层面时间先后顺序的一种隐喻。原因与结果、方式/情状与动作、地点与动作之间的关系同样是有先后序次的，是时序原则进一步抽象化和逻辑化的结果。"原因与结果"是逻辑先有原因后有结果的先后顺序在语言链条上的体现，"方式/情状与动作"、"地点与动作"则是汉语由背景及目标，参照物先于目的物的认知先后顺序在语言链条的体现。因此可以说，明清汉语时期单语素的承接连词"而"和"以"多用于连接在逻辑和认知层面上有先后顺序的两个对象，要用于体现句内抽象承接关系。

"而"在明清时期一直保持比较高的使用频率，沿用到现代汉语"以"的承接用法则一直相对较少，并且整体而言呈现渐趋减少的趋势，清代语料中用例已经不多。我们认为，介词功能发达，以及用在句际的"以"逐渐倾向于单独或者参与构成专职目的的连词，是承接用法的"以"在与功能相类的"而"竞争中处于劣势，并逐渐退出这一领域的主要原因。

4.3.2 "则"、"乃"

4.3.2.1 "则"

1. "则"属于后置非定位连词①

"则"主要起句间连接作用,一般位于后句主谓之间或主语前,若句子没有主语则位于句首,例如:

(1) 金曰:"魏屯粮草,皆在长城;今可径取骆谷,度沈岭,直到长城,先烧粮草,然后直取秦川,则中原指日可得矣。"(《三国演义·112回》)

(2) 念刘备、关羽、张飞,虽然异姓,既结为兄弟,则同心协力,救困扶危;上报国家,下安黎庶。(《三国演义·1回》)

(3) 今宜斩十常侍,悬首南郊,遣使者布告天下,有功者重加赏赐,则四海自清平也。(《三国演义·2回》)

(4) 骑都尉杨奉谏曰:今郭汜未除,而杀天使,则汜兴兵有名,诸侯皆助之矣。(《三国演义·13回》)

(5) 原来两个蝴蝶到没曾捉得住,到订了燕约莺期,则做了蜂须花嘴。(《金瓶梅词话·19回》)

(6) 说着,又转了两层纱厨锦隔,果得一门出去,院中满架蔷薇馥郁。转过花障,则见清溪前阻。(《红楼梦·17回》)

(7) 行不多远,则见崇阁巍峨,层楼高起,面面琳宫合抱,迢迢复道萦纡,青松拂檐,玉兰绕砌,金辉兽面,彩焕螭头。(《红楼梦·17回》)

(8) 还得明白这句书的下文是:"钻穴隙相窥,逾墙相从,则父母国人皆贱之。"(《儿女英雄传·26回》)

(9) 遇着旗人,则称他上一个字,也有称姓氏的,如"章佳相国"、"富察中丞"之类。(《儿女英雄传·29回》)

---

① 本书的定位或非定位连词指连词附着于句法成分的位置是否固定。分为句内连词和句间连词两种情况:句内连词主要看连词所带连接项充当的句法成分位置是否固定,连词所带连接项只出现在某一句法位置的为定位连词,可以出现在多个句法位置的为非定位连词。句间连词主要根据连词在所附着的分句中的句法位置是否固定,只出现在某一句法位置的为定位连词,可以出现在多个句法位置的为非定位连词。

(10) 晚无他嗜好，惟纵酒自适，酣则击刺跳踯以为乐。(《儿女英雄传·39回》)

(11) 更可骇者，早有一位女子在内，其鲜艳妩媚，有似乎宝钗，风流袅娜，则又如黛玉。(《红楼梦·5回》)

(12) 如今乘着死神死煞及时令囚死，则为饿虎，定是伤人。(《红楼梦·102回》)

2. 属于句间连词

"则"主要连接单句或复句，如果连接前项较长，那么"则"在句首位置前置，如果连接前项短，则可以紧缩为一句，例如：

(13) 果是有个全真，父王与他拜为兄弟，食则同食，寝则同寝。(《西游记·37回》)

(14) 我老孙，颇有降龙伏虎的手段，翻江搅海的神通；见貌辨色，聆音察理。大之则量于宇宙，小之则摄于毫毛！变化无端，隐显莫测。(《西游记·14回》)

(15) 何期汝等偶失兵机，缘落奸计：或为流矢所中，魂掩泉台；或为刀剑所伤，魄归长夜：生则有勇，死则成名，今凯歌欲还，献俘将及。(《三国演义·91回》)

(16) 此阵如长山之蛇，击首则尾应，击尾则首应，击中则首尾皆应，都要连络不断，决此一阵，必见大功。(《水浒传·77回》)

(17) 水军沿江而下，进则易，退则难。(《三国演义·84回》)

(18) 行者道："呆子，勿得胡谈，任师父尊意，可行则行，可止则止，莫要担阁了媒妁的工夫。"(《西游记·54回》)

(19) 世乱则萎，世治则荣，几千百年了，枯而复生者几次。(《红楼梦·77回》)

(20) 竟不请医调治，轻则到园化纸许愿，重则详星拜斗。(《红楼梦·102回》)

(21) 糊涂东西，妖怪原是聚则成形、散则成气，如今多少神将在这里，还敢现形吗！(《红楼梦·102回》)

(22) 只见他靠了桌儿坐下，一只手按了那把倭刀，言无数句，话不一夕，才待开口还未开口，侧耳一听，只听得一片哭声，哭道是："皇天菩萨，救命呀！"(《儿女英雄传·6回》)

"既……则"用例，如：

(23) 既清冷则生伤感，所以不如倒是不聚的好。(《红楼梦·31回》)

(24) 既熟惯，则更觉亲密，既亲密，则不免一时有求全之毁，不虞之隙。(《红楼梦·5回》)

句际连词，但是用例很少，举例如下：

(25) 副将宁随曰："魏兵虽断阴平桥头，雍州必然兵少，将军若从孔函谷，径取雍州，诸葛绪必撤阴平之兵救雍州，将军却引兵奔剑阁守之，则汉中可复矣。"(《三国演义·116回》)

(26) 主公可备进献之物，松亲往许都，说曹操兴兵取汉中，以图张鲁。则鲁拒敌不暇，何敢复窥蜀中耶？(《三国演义·60回》)

(27) 说什么，天上夭桃盛，云中杏蕊多。到头来，谁把秋捱过？则看那，白杨村里人呜咽，青枫林下鬼吟哦。更兼着，连天衰草遮坟墓。(《红楼梦·5回》)

3. 主要连接谓词性成分

"则"连接的主要是谓词性成分，连接前项为名词的数量极少，即使连接项出现名词性成分其意义也表述的是状态或动作义，如：

(28) 却说晋都督杜预，兵出江陵，令牙将周旨：引水手八百人，乘小舟暗渡长江，夜袭乐乡，多立旌旗于山林之处，日则放炮擂鼓，夜则各处举火。(《三国演义·120回》)

(29) 至晚饭后，宝玉因吃了两杯酒，眼饧耳热之际，若往日则有袭人等大家喜笑有兴，今日却冷清清的一人对灯，好没兴趣。(《红楼梦·21回》)

(30) 此时才不过午错时分，我早则三更、迟则五更必到，倘然不到，便等到明日也不为迟，你须要步步留神。(《儿女英雄传·5回》)

4. 表事理相承关系

"则"是典型的事理相承关系连词，除了主要表承接关系外，连接的前后项之间往往还具有条件、假设、因果等关系，例如：

(31) 此处若悬匾待题，则田舍家风一洗尽矣。(《红楼梦·17回》)

(32) 至晚饭后，宝玉因吃了两杯酒，眼饧耳热之际，若往日则有袭人等大家喜笑有兴，今日却冷清清的一人对灯，好没兴趣。(《红楼梦·21回》)

(33) 愿陛下省百役，罢苛扰，简出宫女，清选百官，则天悦民附而国安矣。(《三国演义·120回》)

(34) 魏必裂土以封陛下，则上能自守宗庙，下可以保安黎民。(《三国演义·118回》)

(35) 或以这个脉为喜脉，则小弟不敢从其教也。(《红楼梦·10回》)

(36) 宝玉道："如此说，匾上则莫若'蘅芷清芬'四字。"(《红楼梦·17回》)

(37) 诩曰："兵不厌诈，可伪许之；然后用反间计，令韩、马相疑，则一鼓可破也。"(《三国演义·59回》)

"……则……则"成对使用，例如：

(38) 为人一生耿直，干事无二，喜则和气春风，怒则迅雷烈火。(《金瓶梅词话·29回》)

(39) 非莲性自洁而桂质本贞，良由所附者高，则微物不能累；所凭者净，则浊类不能沾。(《西游记·100回》)

(40) 今听臣言，则西蜀有泰山之安；不听臣言，则主公有累卵之危矣。(《三国演义·60回》)

(41) 公乃外郡刺史，素未参与国政，又无伊、霍之大才，何可强主废立之事？圣人云：有伊尹之志则可，无伊尹之志则篡也。(《三国演义·3回》)

(42) 他见在帐下听使唤，大请大受，怎敢恶了太尉，轻则便刺配了他，重则害了他性命。(《水浒传·6回》)

(43) 若生于公侯富贵之家，则为情痴情种，若生于诗书清贫之族，则为逸士高人。(《红楼梦·2回》)

(44) 一路行则分辙，住则异室，也没甚么不方便的去处。(《儿女英雄传·10回》)

(45) 据我看这脉息：大奶奶是个心性高强聪明不过的人；聪明忒过，则不如意事常有；不如意事常有，则思虑太过。(《红楼梦·10回》)

"若……则……""如有……则……""如果……则……"，例如：

(46) 若一旦皓死，更立贤主，则强敌也；臣造船七年，日有朽败；臣年七十，死亡无日：三者一乖，则难图矣。(《三国演义·120回》)

(47) 自秋以来，讨贼之形颇露；今若中止，孙皓恐怖，徙都武昌，完修江南诸城，迁其居民，城不可攻，野无所掠，则明年之计亦无及矣。(《三国演义·120回》)

(48) "若魏主以礼待之，则举城而降，未为晚也；万一危辱吾主，则主辱臣死，何可降乎？"(《三国演义·119回》)

(49) 如有厄阻淹滞不行者，则小民何以变通，而国课何以仰赖矣？（《金瓶梅词话·48回》）

(50) 如果臣言不谬，将延龄等亟赐罢斥，则官常有赖而俾圣德永光矣。（《金瓶梅词话·48回》）

"则"还经常用于多个事理相承关系的列举中，例如：

(51) 乍掩、乍隔则初食，半掩、半隔则食既，全掩、全隔则食甚。（《儿女英雄传·34回》）

(52) 也不当家花花的，要舍，大则七斤，小则五斤，也就是了。（《红楼梦·25回》）

(53) 冯紫英道："多则十日，少则八天。"（《红楼梦·26回》）

(54) 龙能大能小，能升能隐；大则兴云吐雾，小则隐介藏形；升则飞腾于宇宙之间，隐则潜伏于波涛之内。（《三国演义·21回》）

(55) 接物则奴颜婢膝，时人有丫头之称；问事则依违两可，群下有木偶之诮。（《金瓶梅词话·48回》）

4.3.2.2 "乃"

"乃"在复句中连接分句，例如：

(1) 却说吴主孙休，闻司马炎已篡魏，知其必将伐吴，忧虑成疾，卧床不起，乃召丞相濮阳兴入宫中，令太子孙䨟出拜。（《三国演义·120回》）

(2) 维虽然胜了邓艾，却折了许多粮车，又毁了栈道，乃引兵还汉中。（《三国演义·114回》）

(3) 时右将军阎宇，身无寸功，只因阿附黄皓，遂得重爵；闻姜维统兵在祁山，乃说皓奏后主曰："姜维屡战无功，可命阎宇代之。"（《三国演义·115回》）

(4) 昭入内，见髦已死，乃佯作大惊之状，以头撞辇而哭，令人报知各大臣。（《三国演义·114回》）

(5) 清长老唤集两班许多职事僧人，尽到方丈，乃言："汝等众僧在此，你看我师兄智真禅师好没分晓！这个来的僧人原来是经略府军官，为因打死了人，落发为僧，二次在彼闹了僧堂，因此难着他。"（《水浒传·5回》）

(6) 众鬼听说，只得将秦魂放回，哼了一声，微开双目，见宝玉在侧，乃勉强叹道："怎么不肯早来？"（《红楼梦·16回》）

（7）外面尤氏等听得十分真切，乃悄向银蝶笑道："你听见了？"（《红楼梦·75回》）

（8）王住儿家的听见迎春如此拒绝他，绣桔的话又锋利无可回答，一时脸上过不去，也明欺迎春素日好性儿，乃向绣桔发话道："姑娘，你别太仗势了。"（《红楼梦·73回》）

（9）当下迎春只和宝钗阅《感应篇》故事，究竟连探春之语亦不曾闻得，忽见平儿如此说，乃笑道："问我，我也没什么法子。"（《红楼梦·73回》）

（10）那一年腊月初七日，老耗子升座议事，因说："明日是腊八，世上人都熬腊八粥。如今我们洞中果品短少，须得趁此打劫些来方妙。"乃拔令箭一枝，遣一能干的小耗前去打听。一时小耗回报："各处察访打听已毕，惟有山下庙里果米最多。"（《红楼梦·19回》）

（11）那宝玉自见了秦钟的人品出众，心中似有所失，痴了半日，自己心中又起了呆意，乃自思道："天下竟有这等人物！"（《红楼梦·7回》）

明清两个不同阶段，"乃"的虚化程度不同，可以看出其变化，明代，"乃"连接前后分句，主要强调动作行为的先后，突出事情的先后性和连贯性。

"乃"在句群中连接句子，例如：

（12）玄德谓关、张曰："贼众我寡；必出奇兵，方可取胜。"乃分关公引一千军伏山左，张飞引一千军伏山右，鸣金为号，齐出接应。（《三国演义·1回》）

（13）儒叱曰："汝何人，可代王死？"乃举酒与何太后曰："汝可先饮？"（《三国演义·4回》）

（14）昭大喜曰："此言正合吾意。"乃召钟会入而问曰："吾欲令汝为大将，去伐东吴，可乎？"（《三国演义·115回》）

（15）该署员到任，正应先事预防，设法保护。乃偶遇水势稍长，即至漫决冲刷，实属办理不善。（《儿女英雄传·2回》）

（16）众人都道："铺叙得委婉。"贾政道："太多了，底下只怕累赘呢。"宝玉乃又念道……（《红楼梦·78回》）

（17）宝玉听了，自思道："谁知这样一个人，这样薄情无义。"乃叹道："早知道都是要去的，我就不该弄了来，临了剩我一个孤鬼儿。"（《红楼梦·19回》）

（18）不安，花偏又在他手内，因想："说笑话倘或不发笑，又说没口才，连一笑话不能说，何况别的，这有不是。若说好了，又说正

经的不会，只惯油嘴贫舌，更有不是。不如不说的好。"乃起身辞道："我不能说笑话，求再限别的罢了。"（《红楼梦·75回》）

(19) 意欲到芳官四儿处去，无奈天黑，出来了半日，恐里面人找他不见，又恐生事，遂且进园来了，明日再作计较。因乃至后角门，小厮正抱铺盖，里边嬷嬷们正查人，若再迟一步也就关了。（《红楼梦·77回》）

"乃"出现于主语之后，绝少出现于主语之前，举例如下：

(20) 文武皆奏曰："蜀主既失国纪，幸早归降，宜赦之。"昭乃封禅为安乐公，赐住宅，月给用度，赐绢万匹，僮婢百人。（《三国演义·119回》）

(21) 操退曰："乱天下者，必进也。"进乃暗差使命，赍密诏星夜往各镇去。（《三国演义·3回》）

(22) 让曰："若到相府，骨肉齑粉矣。望娘娘宣大将军入宫谕止之。如其不从，臣等只就娘娘前请死。"太后乃降诏宣进。（《三国演义·3回》）

(23) 儒曰："此丁原义儿：姓吕，名布，字奉先者也。主公且须避之。"卓乃入园潜避。（《三国演义·3回》）

(24) 众诸侯亦陆续皆至，各自安营下寨，连接二百余里。操乃宰牛杀马，大会诸侯，商议进兵之策。（《三国演义·5回》）

(25) 操曰："董卓屯兵虎牢，截俺诸侯中路，今可勒兵一半迎敌。"绍乃分王匡、乔瑁、鲍信、袁遗、孔融、张杨、陶谦、公孙瓒八路诸侯，往虎牢关迎敌。（《三国演义·5回》）

(26) 李瓶儿呼唤丫鬟，都睡熟了不答，乃自下床来，倒鞔弓鞋，翻披绣袄，开了房门。（《金瓶梅词话·60回》）

(27) 这石凡心已炽，那里听得进这话去，乃复苦求再四。（《红楼梦·1回》）

(28) 二仙知不可强制，乃叹道："此亦静极思动，无中生有之数也。"（《红楼梦·1回》）

(29) 雨村吟罢，因又思及平生抱负，苦未逢时，乃又搔首对天长叹，复高吟一联曰：玉在椟中求善价，钗于奁内待时飞。（《红楼梦·1回》）

清代《红楼梦》"乃"作承接关系标记，共75例，连接分句66例，连接句子共9例。《儿女英雄传》中"乃"作承接关系标记的用例大大减少，只有4例。

"遂乃"，用例如：

(30) 又听的报有水军战船，在于城下，遂乃引众番将，上城观

看。(《水浒传·83回》)

(31) 醉后狂言,临刑弃市,众力救之,无处逃避,遂乃潜身水泊,苟延微命。(《水浒传·83回》)

(32) 以臣愚意,此等山间亡命之徒,皆犯官刑,无路可避,遂乃啸聚山林,恣为不道。(《水浒传·74回》)

(33) 杨秋曰:"某愿往。"遂乃写密书,遣杨秋径来操寨,说投降之事。(《三国演义·59回》)

(34) 卢先锋道:"军师所言,正合吾意。"遂乃催兵前进。(《水浒传·84回》)

"遂乃"相当于"于是",属于典型的后置连词,位于后分句句首,表示后分句是前分句直接或间接导致的结果。

《三国演义》"乃"用作承接连词的用例较多,《水浒传》、《金瓶梅词话》"乃"用例则大大减少。到了清代,《红楼梦》中"乃"用作承接连词共75例,稍晚的《儿女英雄传》中,"乃"用作承接连词,共4例,明显减少。

4.3.3 "因"、"于是"

4.3.3.1 "因"

"因"主要表因果关系,也可表顺承关系,前者用例略多于后者,表顺承关系时使用频率不高。之所以认为"因"是承接连词,是因为它可以表达事理相承关系和时间先后关系,具有典型的承接功能,虽然多数情况下这种承接功能具有因果关系,但它主要表达的还是事理上的相承关系,有时纯粹表时间先后关系,所以可以将其定性为顺承连词。

1. 基本属于后置定位连词

承接连词"因"一般连接句子或复句,出现在连接后项,属于后置连词;一般情况下"因"位于句首位置,有少量例句位于主谓之间。例如:

(1) 当时病笃,中常侍蹇硕奏曰:"若欲立协,必先诛何进,以绝后患。"帝然其说,因宣进入宫。(《三国演义·2回》)

(2) 帝下诏问群臣以灾异之由,议郎蔡邕上疏,以为蜺堕鸡化,乃妇寺干政之所致,言颇切直。帝览奏叹息,因起更衣。(《三国演义·1回》)

(3) 李儒劝卓擢用名流,以收人望,因荐蔡邕之才。(《三国演义·4回》)

(4) 张温结连袁术，欲图害我，因使人寄书来，错下在吾儿奉先处。(《三国演义·8回》)

(5) 儒曰："儒适至府门，知太师怒入后园，寻问吕布。因急走来，正遇吕布奔走，云：'太师杀我！'儒慌赶入园中劝解，不意误撞恩相。死罪！死罪！"(《三国演义·9回》)

(6) 正说笑间，只见玳安儿转来了，因对西门庆说道："他二爹不在家，俺对他二娘说来。"(《金瓶梅词话·1回》)

(7) 西门庆道："多分有些不起解，不知怎的好。"因问："你们前日多咱时分才散？"伯爵道："承吴道官再三苦留，散时也有二更多天气。咱醉的要不的，倒是哥早早来家的便益些。"西门庆因问道："你吃了饭不曾？"伯爵不好说不曾吃，因说道："哥，你试猜。"(《金瓶梅词话·1回》)

(8) 婆子道："老身那边无人。"因向妇人使手势，妇人就知西门庆来了。(《金瓶梅词话·4回》)

(9) 薛嫂一面叫妇人拜谢了。因问官人行礼日期："奴这里好做预备。"(《金瓶梅词话·7回》)

(10) 话说西门庆与潘金莲烧了武大灵……到次日，又安排一席酒，请王婆作辞，就把迎儿交付与王婆看养。因商量道："武二回来，却怎生不与他知道六姐是我娶了才好？"(《金瓶梅词话·9回》)

(11) 月娘与了那小丫头一方汗巾儿，与了小厮一百文钱，说道："多上覆你娘，多谢了。"因问小丫头儿："你叫什么名字？"他回言道："我叫绣春。"(《金瓶梅词话·10回》)

(12) 西门庆呼玳安书袋内取两封赏赐，每人二钱，拜谢了下去。因问东家花子虚道："这位姐儿上姓？"(《金瓶梅词话·11回》)

(13) 我疑惑咱家并无此人，说话时因问姨妈，谁知就是上京来买的那小丫头，名唤香菱的，竟与薛大傻子作了房里人，开了脸，越发出挑的标致了。(《红楼梦·16回》)

(14) 到晚间，众人都在贾母前，定昏之余，大家娘儿姊妹等说笑时，贾母因问宝钗爱听何戏、爱吃何物等语。(《红楼梦·22回》)

2. 表因果顺承关系

"因"主要表事理相承或时间先后关系，其连接项之间往往附带有一定的因果关系，例如：

(15) 吴月娘见西门庆留恋烟花，因使玳安拿马去接。(《金瓶梅词话·12回》)

(16) 旧跟张邈，与帐下人不和，手杀数十人，逃窜山中。惇出射猎，见韦逐虎过涧，因收于军中。今特荐之于公。(《三国演义·10回》)

(17) 操暗想曰："今东都大荒，官僚军民皆有饥色，此人何得独肥？"因问之曰："公尊颜充腴，以何调理而至此？"(《三国演义·14回》)

(18) 明公可奏请诏命实授备为徐州牧，因密与一书，教杀吕布。(《三国演义·14回》)

(19) 原来孙坚讨董卓之时，移家舒城，瑜与孙策同年，交情甚密，因结为昆仲。(《三国演义·15回》)

(20) 操乃使夏侯惇领兵守住官渡隘口，自己班师回许都，大宴众官，贺云长之功。因谓吕虔曰："昔日吾以粮草在前者，乃饵敌之计也。惟荀公达知吾心耳。"(《三国演义·26回》)

(21) 操曰："吾昔已许之，岂可失信！彼各为其主，勿追也。"因谓张辽曰："云长封金挂印，财贿不以动其心，爵禄不以移其志，此等人吾深敬之。"(《三国演义·27回》)

(22) 操大喜，使人星夜前去取徐庶母。不一日取至，操厚待之。因谓之曰："闻令嗣徐元直，乃天下奇才也。"(《三国演义·36回》)

《红楼梦》中"因"作承接连词共382例。《儿女英雄传》中"因"作承接连词共143例，"因"用于句群之间的例子增加，虚化程度进一步加强，举例如下：

(23) 禁不住解下汗巾看，由臀至胫，或青或紫，或整或破，竟无一点好处，不觉失声大哭起来，"苦命的儿吓！"因哭出"苦命儿"来，忽又想起贾珠来，便叫着贾珠哭道："若有你活着，便死一百个我也不管了。"(《红楼梦·33回》)

(24) "他既连这样机密事都知道了，大约别的瞒他不过，不如打发他去了，免的再说出别的事来。"因说道："大人既知他的底细，如何连他置买房舍这样大事倒不晓得了？"(《红楼梦·33回》)

(25) 宝玉原来还不知道贾环的话，见袭人说出方才知道。因又拉上薛蟠，惟恐宝钗沉心，忙又止住袭人道："薛大哥哥从来不这样的，你们不可混猜度。"(《红楼梦·34回》)

(26) 凤姐儿笑道："老祖宗别急，等我想一想这模子谁收着呢。"因回头吩咐个婆子去问管厨房的要去。(《红楼梦·35回》)

(27) 张姑娘将说到这里，安太太说："亏是有个对证在跟前儿，不然叫你这一瓣文儿，倒像我这里照着说评书也似的，现抓了这么句话造谣言呢。"因接着张姑娘方才的话说道："我还记得他妈说，那个

小子是给那一个盐政钞官坐京的一个家人——叫作甚么东西——的个儿子,家里很过得。"(《儿女英雄传·40回》)

(28) 却说那褚一官取了纸笔墨砚来,安老爷便研得墨浓,蘸得笔饱,手下一面写,口里一面说道:"九兄,你大家要知那十三妹的根底,须先知那十三妹的名姓。"因写了一行给大家看,道:"那姑娘并不叫作十三妹,他的姓是这个字,他的名是这两个字,他这'十三妹'三字,就从他名字上这字来的。"(《儿女英雄传·16回》)

(29) 安老爷道:"你大家有所不知。"因又写了几句给大家看,道:"是这样一个原故,就如我家,这个样子也尽有。"(《儿女英雄传·16回》)

(30) 褚大娘子道:"我却有个见识在此。"因望着他父亲合安老爷悄悄儿的道:"我想莫如把他如此这般的一办,岂不更完成一段美事?"(《儿女英雄传·16回》)

(31) 又见褚大娘子赶着华忠一口一个"大哥",姑娘因问道:"你那里又跑出这么个大哥来了?"(《儿女英雄传·21回》)

清代,"因此"的用例开始出现,如:

(32) 因贾蔷又管理着文官等十二个女戏并行头等事,不大得便,因此贾珍又将贾菖、贾菱唤来监工。(《红楼梦·23回》)

(33) 老太太因怕孙男弟女多,这个也借,那个也要,到跟前撒个娇儿,和谁要去,因此只装不知道。(《红楼梦·74回》)

(34) 这张琴不是短,因我小时学抚的时候,别的琴都够不着,因此特地做起来的。(《红楼梦·89回》)

4.3.3.2 "于是"

"于是"表示连贯关系,后一行为是前一行为引起的(吕叔湘1980,张斌2001,邵敬敏2000)。也有人明确提出"于是"有时既表示连贯关系,又表示因果关系(房玉清1994)。从我们检索的文献来看,邢福义(2001)对"于是"复句的研究最为详尽,他认为"于是"句可表示因果关系和连贯两种,其表义跨"因果"和"并列"两个类别;有时前一分句使用"因为"、"既然",构成"因为……于是……"或"既然……于是……"句,既具有述说或推论因果的作用,又具有较强的连贯性;表示单纯连贯关系的"于是"也较着重说明后一件事是前一件事的结果。

赵新(2003)、郭继懋(2006)、杨彬(2012)、刘渝西(2014)、李萌和马贝加(2017)等则从词汇化、语法化、篇章功能等不同角度对"于是"进行了研究,本书在前贤的基础,对明清时期"于是"进行了详尽的描写和分析,希望能有新的发现。

"于是"的篇章分布非常广泛,既可以在复句、句群中发挥联缀功能,还可以在篇章的段落之间起衔接作用;既可以单用,也可以连用。既可以处在主语之前,也可以处在主语之后。既可用逗号隔开,也可以不隔开。形式多样,用法灵活。

一、"于是"的句法位置

1. "于是"用在复句中

(1) 单表潘金莲自从李瓶儿生了孩子,见西门庆常在他房里宿歇,于是常怀嫉妒之心,每蓄不平之意。(《金瓶梅词话·32回》)

(2) 取来取去,不想这小郎本是门子出身,生的伶俐清俊,与各房丫头打牙犯嘴惯熟,于是暗和上房里玉箫两个嘲戏上了。(《金瓶梅词话·31回》)

(3) 遂令两三个嬷嬷用方才的车好生送了姑娘过去,于是黛玉告辞。(《红楼梦·3回》)

(4) 刘姥姥会意,于是带了板儿下炕,至堂屋中,周瑞家的又和他唧咕了一会,方过这边屋里来。(《红楼梦·6回》)

"于是"只出现于连接后项,所以属于后置连词。它最常见的句法位置是附着于后一分句句首。

2. "于是"用于句群之中

(5) "比时搭月台,不如买些砖瓦来,盖上两间厦子却不好?"韩道国道:"盖两间厦子,不如盖一层两间小房罢。"于是使了三十两银子,又盖两间平房起来。(《金瓶梅词话·48回》)

(6) 贾蓉也是个聪明人,也不往下细问了。于是贾蓉送了先生去了,方将这药方子并脉案都给贾珍看了,说的话也都回了贾珍并尤氏了。(《红楼梦·10回》)

(7) 麝月道:"他们都睡了不成?咱们悄悄的进去唬他们一跳。"于是大家蹑足潜踪的进了镜壁去一看,只见袭人和一人二人对面都歪在地炕上,那一头有两三个老嬷嬷打盹。(《红楼梦·54回》)

(8) 贾琏自是喜出望外,感谢贾珍贾蓉父子不尽。于是二人商量着,使人看房子打首饰,给二姐置买妆奁及新房中应用床帐等物。(《红楼梦·64回》)

3. 多用于对话语境

"于是"经常出现在与对话相关的语境中,一般有两种情况:一是用来连接话语与后续动作行为;二是连接动作行为与后续话语。例如:

(9)"如今关出这批银子,一分也不敢动,就都送了来。"于是兑收明,千恩万谢去了。(《金瓶梅词话·55回》)

(10)伯爵道:"怪小淫妇儿,你过来,我还和你说话。"桂姐道:"我走走就来。"于是也往李瓶儿这边来了。(《金瓶梅词话·52回》)

(11)饮毕,蔡御史道:"四泉,夜深了,不胜酒力。"于是走出外边来,站立在花下。(《金瓶梅词话·49回》)

(12)众神将都说道:"好,又不花钱,又便当结实。"于是龟将军便当这个差使,竟安静了。(《红楼梦·117回》)

(13)那平安一面叫住磨镜老儿,放下担儿,金莲便问玉楼道:"你要磨,都教小厮带出来,一答儿里磨了罢。"于是使来安儿:"你去我屋里,问你春梅姐讨我的照脸大镜子、两面小镜子儿,就把那大四方穿衣镜也带出来,教他好生磨磨。"(《金瓶梅词话·58回》)

(14)伯爵道:"真个?怪道前日上纸送殡都有他。"于是归到酒席上,向西门庆道:"哥,你又恭喜,又抬了小舅子了。"(《金瓶梅词话·60回》)

(15)"可怜凤丫头闹了几年,不想在老太太的事上,只怕保不住脸了。"于是抽空儿叫了他的人来吩咐道:"你们别看着人家的样儿,也糟蹋起琏二奶奶来。"(《红楼梦·110回》)

(16)薛姨妈看那人不尴尬,于是略坐坐儿,便起身道:"舅爷坐着罢。"(《红楼梦·91回》)

(17)那平安儿在门首拿眼儿睃着他。书童于是如此这般:"昨日我替爹说了,今日往衙门里发落去了。"(《金瓶梅词话·35回》)

(18)苗员外自想道:"君子一言,快马一鞭。我既许了他,怎么失信!"于是叫过两个歌童吩咐道:"我前日请山东西门大官人,曾把你两个许下他。"(《金瓶梅词话·55回》)

(19)李瓶儿道:"你拿了去,除找与他,别的你收着,换下些钱,到十五日庙上舍经,与你们做盘缠就是了,省的又来问我要。"贲四于是拿了香球出来,李瓶儿道:"四哥,多累你。"(《金瓶梅词话·58回》)

二、"于是"与主语的位置

"于是"用于引导后一语法单位,它在整个结构中可能出现在以下五个位置:

其一,连接的两个语法单位之间,与后续成分用","隔开。例如:

(20)贾珍道:"先生何必过谦。就请先生进去看看儿妇,仰仗高明,以释下怀。"于是,贾蓉同了进去。(《红楼梦·10回》)

(21)"若是去了,实不是我的心愿",便哭得咽哽难鸣,又被薛姨妈宝钗等苦劝,回过念头想道:"我若是死在这里,倒把太太的好心弄坏了。我该死在家里才是。"于是,袭人含悲叩辞了众人,那姊妹分手时自然更有一番不忍说。(《红楼梦·120回》)

(22)雨村向窗外看道:"天也晚了,仔细关了城。我们慢慢的进城再谈,未为不可。"于是,二人起身,算还酒帐。(《红楼梦·2回》)

(23)王夫人遂携黛玉穿过一个东西穿堂,便是贾母的后院了。于是,进入后房门,已有多人在此伺候,见王夫人来了,方安设桌椅。(《红楼梦·3回》)

其二,用在两个语法单位之间的"于是"由于句法位置与后续成分的全句状语的位置重合,因而常常连用。例如:

(24)话说贾蓉见家中诸事已妥,连忙赶至寺中,回明贾珍。于是连夜分派各项执事人役,并预备一切应用幡杠等物。(《红楼梦·64回》)

(25)贾政听了,更批胡说。于是要进港洞时,又想起有船无船。(《红楼梦·17回》)

(26)于是日夜并工,造龙舟十只,长二十余丈,可容二千余人,收拾战船三千余只。(《三国演义·86回》)

(27)且说妇人在房中,香熏鸳被,款剔银灯,睡不着,短叹长吁。正是:得多少琵琶夜久殷勤弄,寂寞空房不忍弹。于是独自弹着琵琶,唱一个《绵搭絮》。(《金瓶梅词话·8回》)

其三,"于是"在后续成分主语的后面,例如:

(28)这苗青于是与两个艄子密密商量,说道:"我家主皮箱中还有一千两金银,二千两缎匹,衣服之类极广。"(《金瓶梅词话·47回》)

(29)"好好教我打三十马鞭子便罢,但扭一扭儿,我乱打了不算。"春梅于是扯了他衣裳,妇人教春梅把他手扯住,雨点般鞭子打下来,打的这丫头杀猪也似叫。(《金瓶梅词话·58回》)

（30）李瓶儿道："你拿了去，除找与他，别的你收着，换下些钱，到十五日庙上舍经，与你们做盘缠就是了，省的又来问我要。"贲四于是拿了香球出来，李瓶儿道："四哥，多累你。"（《金瓶梅词话·58回》）

（31）春梅道："大姑娘有一件罢了，我却没有，他也说不的。"西门庆于是拿钥匙开楼门，拣了五套缎子衣服、两套遍地锦比甲儿，一匹白绫，裁了两件白绫对衿袄儿。（《金瓶梅词话·41回》）

（32）宝钗听了，也自己纳闷，想不出凤姐是为什么有气，便道："各人家有各人的事，咱们那里管得。你去倒茶去罢。"莺儿于是出来，自去倒茶不提。（《红楼梦·67回》）

（33）袭人在旁，也看着未必是那一块，只是盼得的心盛，也不敢说出不像来。凤姐于是从贾母手中接过来，同着袭人，拿来给宝玉瞧。（《红楼梦·95回》）

（34）彩屏听见恐担不是，只得叫婆子出去，叫人关了腰门。惜春于是更加苦楚，无奈彩屏等再三以礼相劝，仍旧将一半青丝笼起。（《红楼梦·112回》）

（35）谁知薛蝌又送了巾扇香帛四色寿礼与宝玉，宝玉于是过去陪他吃面。（《红楼梦·62回》）

（36）袭人便道："露却是给芳官，芳官转给何人我却不知。"袭人于是又问芳官，芳官听了，唬天跳地，忙应是自己送他的。（《红楼梦·61回》）

其四，后续成分的主语省略，"于是"用在动词或副词前。例如：

（37）宝玉放了心，于是将所应读之书，又温理过几遍。（《红楼梦·70回》）

（38）雨村听了，心下方信了昨日子兴之言，于是又谢了林如海。（《红楼梦·3回》）

（39）老嬷嬷听了，于是又引黛玉出来，到了东廊三间小正房内。（《红楼梦·3回》）

（40）刘姥姥会意，于是带了板儿下炕，至堂屋中，周瑞家的又和他唧咕了一会，方过这边屋来。（《红楼梦·6回》）

（41）宝钗见此光景，察言观色，早知觉了八分，于是将衣服交割明白。（《红楼梦·32回》）

（42）黛玉便令将架摘下来，另挂在月洞窗外的钩上，于是进了屋子，在月洞窗内坐了。（《红楼梦·35回》）

(43) 薛蟠再来找宝蟾,已无踪迹了,于是恨的只骂香菱。(《红楼梦·80回》)

(44) 邢王二夫人等本知他曾办过秦氏的事,必是妥当,于是仍叫凤姐总理里头的事。(《红楼梦·110回》)

其五,"于是"位于后续成分中,在主语之前,例如:

(45) 昭常曰:"天下者,乃吾兄之天下也。"于是司马昭受封晋王,欲立攸为世子。(《三国演义·119回》)

(46) 维笑曰:"量此孺子,何足道哉!"于是姜维引夏侯霸至成都,入见后主。(《三国演义·107回》)

(47) 宝钗看来不妨大事,于是自己心也安了,只在贾母王夫人等前尽行过家庭之礼后,便设法以释宝玉之忧。(《红楼梦·98回》)

(48) 二人你言我语,十来句后,越觉亲密起来。一时摆上茶果,宝玉便说:"我们两个又不吃酒,把果子摆在里间小炕上,我们那里坐去,省得闹你们。"于是二人进里间来吃茶。(《红楼梦·7回》)

三、"于是"的时间表达

"于是"表示时间上的先后,事理上的相承。"于是"连接的先行成分和后续成分是沿着时间先后的顺序展开的。在表意上"于是"能够突出整个句子的时间特征。

(49) 巧姐满怀的不舒服,心想:"我父亲并不是没情,我妈妈在时舅舅不知拿了多少东西去,如今说得这样干净。"于是便不大瞧得起他舅舅了。(《红楼梦·114回》)

(50) 亏得宝钗有把持的,听得丫头们混说,便唬吓着要打,所以那些谣言略好些。无奈各房的人都是疑人疑鬼的不安静,也添了人坐更,于是更加了好些食用。(《红楼梦·102回》)

四、"于是"与副词的搭配考察

"就"、"便"、"遂"、"顿"作为副词,能够表示的语义很丰富,在与"于是"搭配时,一般用在"于是"引导的分句中表示关联和时间。例如:

(51) 融曰:"吾友祢衡,字正平,其才十倍于我。此人宜在帝左右,不但可备行人而已。我当荐之天子。"于是遂上表奏帝。(《三国演义·23回》)

(52) 玄德欲弃了古城去守汝南,恰好刘辟、龚都差人来请。于是遂起军往汝南驻扎,招军买马,徐图征进,不在话下。(《三国演义·28回》)

（53）巧姐满怀的不舒服，心想："我父亲并不是没情，我妈妈在时舅舅不知拿了多少东西去，如今说得这样干净。"于是便不大瞧得起他舅舅了。(《红楼梦·114回》)

（54）你道夫子又伤着何来？彼时夫子一片怜才救世之心，正望着诸弟子各行其志，不没斯文。忽然听得这番话，觉道如曾皙者也作此想，岂不正是我平日浮海居夷那番感慨！其为时衰运替可知，然则吾道终穷矣。于是乎就喟叹曰："吾与点也！"(《儿女英雄传·39回》)

句中前后两种动作行为在短时间内先后发生，在逻辑上后者是前者在条件、假设等前提下自然发生的行为。例如：

（55）敬济道："我还有一个儿看家的，是银名《山坡羊》，亦发孝顺你老人家罢。"于是顿开喉音唱道……(《金瓶梅词话·33回》)

与表后时的短时副词的搭配，例如：

（56）玄德曰："若不断桥，彼恐有埋伏，不敢进兵，今拆断了桥，彼料我无军而怯，必来追赶。彼有百万之众，虽涉江汉，可填而过，岂惧一桥之断耶？"于是即刻起身，从小路斜投汉津，望沔阳路而走。(《三国演义·42回》)

（57）修曰："门内添活字，乃阔字也。丞相嫌园门阔耳。"于是再筑墙围，改造停当，又请操观之。(《三国演义·72回》)

（58）"今吾军失利之后，都督曾往哨探蜀兵消息否？"真曰："未也。"于是即令人往探之，果是虚营，只插着数十面旌旗，兵已去了二日也。(《三国演义·98回》)

（59）西门庆道："既如此，你快拿个灯笼接去罢。"平安儿于是径拿了灯笼来迎接潘金莲。(《金瓶梅词话·34回》)

（60）想毕，扎挣起来，打开箱子，便找出一块生金，也不知多重，恨命含泪便吞入口中，几次狠命直脖，方咽了下去。于是赶忙将衣服首饰穿戴齐整，上炕躺下了。(《红楼梦·69回》)

（61）王善保家的道："这也是脏，不许动的，等明儿回过太太再动。"于是先就到怡红院中，喝命关门。(《红楼梦·74回》)

（62）尤二姐虽也一惊，但已来了，只得以礼相见，于是忙整衣裳迎了出来。(《红楼梦·68回》)

上述例子中，能与"于是"搭配的时间副词包括"即刻、再、即、径、赶忙、先就、忙"等表示后时的短时副词，它们表示事件发生在参照点时间之后，且两个动作行为之间间隔的时间短，在时间上承接上文。

4.3.4 "至于"、"至如"、"若乃"、"若夫"

4.3.4.1 "至于"

明代,"至于"用作承接关系标记的例子并不多见,举例如下:

(1) 陈老笑道:"此间虽是僻地,但只风俗人物与上国不同,至于诸凡谷苗牲畜,都是同天共日,岂有不分四时之理?"(《西游记·48回》)

(2) 朕才愧圭璋,言惭金石。至于内典,尤所未闻。(《西游记·100回》)

(3) 操曰:"吾于皇叔俸内,更加倍与之。至于严禁内外,乃是家法,又何疑焉!"(《三国演义·25回》)

清代,"至于"作承接关系标记的用例大大增加,《红楼梦》6例,《儿女英雄传》中77例,用例较多。

"至于"位于分句之首,可以连接分句,也可以连接名词性成分。"至于"连接分句,出现分句主语时,"至于"在主语前,例如:

(4) 至于他父女两个心疼那姑娘,舍不得那姑娘,却是一条肠子。(《儿女英雄传·21回》)

(5) 至于作书的为了一个张亲家老太太吃白斋,就费了这几百句话,他想来未必肯这等无端枉费笔墨。(《儿女英雄传·21回》)

(6) 至于姐姐在这里住着,也是替我们分心招护姑娘,些须小费何须挂齿!(《儿女英雄传·23回》)

(7) "讲到家庭,自然以玉凤媳妇为长;讲到封赠,自然以金凤媳妇为先。至于他房帏以内,在他夫妻娣妹三个,'神而明之,存乎其人',我两个老人家可以不复过问矣。"这位老先生真酸了个有样儿!(《儿女英雄传·28回》)

(8) 兄弟谊在交勉,本于同气,所以说'其兄关弓而射之,则己垂涕泣而道之'。朋友道在责善,可以择交,所以说'朋友数,斯疏矣'。至于夫妻之间,以情合,不以义合;系人道,不系天亲。(《儿女英雄传·37回》)

(9) 至于姑娘当日在青云山庄因他父亲为他的姻事含冤负屈,焚香告天,臂上点了"守宫砂",对天设誓永不适人的这个隐情,便是佟舅太太合他同床睡了将及一年,他的乳母丫鬟贴身服侍他更衣洗浴,尚且不知,这安老夫妻、邓家父女四位怎的晓得?(《儿女英雄传·25回》)

连接名词性成分，例如：

（10）至于关聘，竟不消拘这形迹，便是此后的十胙两餐，也任尊便。（《儿女英雄传·18回》）

（11）至于方才那番话，也必是从你嘴里说出来，才话里引的出话来；要是从旁人嘴里说出来，管保你又是把那小眼皮儿一搭拉，小腮帮子儿一鼓，再别想你言语了，人家还说甚么？（《儿女英雄传·19回》）

（12）凤姐把岫烟内外一瞧，看见虽有些皮棉衣裳，已是半新不旧的，未必能暖和，他的被窝多半是薄的。至于房中桌上摆设的东西，就是老太太拿来的，却一些不动，收拾的干干净净。（《红楼梦·90回》）

（13）若是别的我却可以作主。至于衙门里的事，上头呢，都是堂官司员定的，底下呢，都是那些书办衙役们办的。（《红楼梦·88回》）

（14）他自己想到不违性情上头，就未免觉得儿女伤心，英雄短气；至于那途路风霜之苦，骨肉离别之难，还是他心里第二、第三件事。（《儿女英雄传·40回》）

"至于"转换前的话题的形式表现与"至于"引导的话题存在语义联系的成分，可以是前文中与之紧邻的话题。例如：

（15）第二回借弓，在他以为是已竟转赠邓九公的东西了，至于褚大娘子又把那砚台随手放在他衣箱里，也只道是匆忙之际，情理之常，不足为怪。（《儿女英雄传·26回》）

（16）安老爷合邓九公心里惦着有事，也不得照昨日那等畅饮，然虽如此，却也瓶罄杯空，不曾少喝了酒。至于那些吃食，不必细述，也没那鼓儿词上的"山中走兽云中雁，陆地飞禽海底鱼"，不过是酒肉饭菜，吃得醉饱香甜而已。（《儿女英雄传·20回》）

（17）此外，老爷想，咱们家除了过日子之外，还有甚么烦费的地方儿吗？就勉勉强强的抠搜些出来，这个局面可就不像样儿了！至于大家的穿的戴的东西，都是现成儿的，并不是眼下得用钱现置，难道此时倒弃了这个，另去置絮袄布衣不成？（《儿女英雄传·33回》）

（18）这野史稗官虽不可与正史同日而语，其中伏应虚实的结构也不可少。不然都照宋子京修史一般，大书一句了事，虽正史也成了笑柄了。至于听书的又那能逐位都从开宗明义听起？（《儿女英雄传·12回》）

（19）要讲应酬世务，料理当家，我自然不中用。但我向来的胆儿小，不出头，受父母的教导不敢胡行乱走的，这层还可以自信。至于外边的事，现在已经安顿妥当了。（《儿女英雄传·2回》）

与"至于"引导的话题存在语义联系的成分也可能在句中不充当话题,而处于宾语、定语、介词宾语或者兼语的位置上。例如:

(20)这下剩的按着房屋分开,某人守某处,某处所有桌椅古董起,至于痰盒掸帚,一草一苗,或丢或坏,就和守这处的人算账描赔。(《红楼梦·14回》)

(21)事情到了这个分儿,不得不说了。姑娘的心事,我们也都知道。至于意外之事,是再没有的。(《红楼梦·97回》)

(22)算起五经来,因近来作诗,常把《诗经》读些,虽不甚精阐,还可塞责。别的虽不记得,素日贾政也幸未吩咐过读的,纵不知,也还不妨。至于古文,这是那几年所读过的几篇,连《左传》、《国策》、《公羊》、《穀梁》、汉唐等文,不过几十篇,这几年竟未曾温得半篇片语,虽闲时也曾遍阅,不过一时之兴,随看随忘,未下苦工夫,如何记得。(《红楼梦·73回》)

许余龙(2005)认为,如果听话人在处理完小句中的某个实体 E 后,还期待说话人在下一个小句 S 中继续提供有关 E 的信息时,那么 E 即为 S 的期待主题或期待副主题。按照这种认识,与"至于"引导的话题存在语义联系的成分不管处于什么样的句法位置,都可以看成由说话人引入语篇的实体,即都能处理为期待主题或者期待副主题。从这个意义上说,"至于"的功能仍可概括为转换话题。

从形式上看,"至于"所引导的话题既可以表现为体词性成分,也可以表现为谓词性成分。体词性的成分包括专有名词、定中结构、代词、"指量名"、体词性复指词组等。例如:

(23)便是张老夫妻那逢山朝顶、见庙磕头,合一年三百六十日的白斋,那天才是个了愿?至于安公子,空吧嗒了几个月的嘴,今日之下,把只煮熟的鸭子飞了,又叫张金凤怎的对他的玉郎?(《儿女英雄传·25回》)

(24)王夫人听了,便呆了一呆,只得答应道:"林姑娘是个有心计儿的。至于宝玉,呆头呆脑,不避嫌疑是有的。"(《红楼梦·90回》)

(25)便是张老夫妻,初意也不过指望带女儿投奔一个小本经纪的亲眷,不想无意中得这等一门亲家、一个快婿,连自己的下半世的安饱都不必愁了。至于何玉凤姑娘,一个世家千金小姐,弄得一身伶仃孤苦,有如断梗飘蓬,生死存亡,竟难预定,忽然的大事已了,一息尚存,且得重返故乡。(《儿女英雄传·22回》)

(26)故此临行谆谆的嘱咐公子,无论骡夫怎样个说法,务必等他

回来，见面再行。至于那老店主的一番好意，可巧成就了骡夫的一番阴谋，那女子如何算计得到？（《儿女英雄传·5回》）

（27）他们的不是，自作自受，我也不能讨情，我也不去苛责就是了。至于私自拿去的东西，送来我收下，不送来我也不要了。（《红楼梦·73回》）

（28）若听那个女孩儿的那番仗义，这个女孩儿的这番识体，都叫人可感可疼。至于亲家的怯不怯，合那贫富高低，倒不关紧要。（《儿女英雄传·12回》）

（29）不过十天半个月之内，宝玉闷了大家顽一会子就散了。至于宝玉饮食起坐，上一层有老奶奶老妈妈们，下一层又有袭人、麝月、秋纹几个人。（《红楼梦·74回》）

（30）然而天佑善人，其后必有昌者。至于你，虽然作了武官，断非封侯骨相。（《儿女英雄传·19回》）

（31）要说妹妹你一定叫我把我的终身大事去在人跟前去报恩，这可断断不能从命。至于你我：我虽说是施恩不望报，你也切莫受恩便忘报。（《儿女英雄传·26回》）

谓词性成分，例如：

（32）这日安太太吩咐他给岳父母顺斋，原不过说了句"好好儿的弄点儿吃的"，他就这等山珍海味的小题大作起来，还可以说"画龙点睛"；至于又无端的弄桌果酒，便觉"画蛇添足"，可以不必了。（《儿女英雄传·30回》）

（33）'外除'者，明乎其终身未尝'内除'也，这是桩终身无穷无尽有工夫作的事。至于为亲报仇，所谓'父仇不共戴天'，岂容片刻隐忍？（《儿女英雄传·17回》）

（34）作了个地不求人，那个给他刊奠山川？岂不成了个洪荒世界？至于施不望报，原是盛德，但也只好自己存个不望报的念头，不得禁住天下受恩人不来报恩。（《儿女英雄传·19回》）

（35）今日是个好日子，你就先认了婆婆，咱们娘儿们好天天儿一处过日子。不然，你可叫我甚么呢！至于你们磕双头成大礼，那可得等你公公出来，择吉再办。（《儿女英雄传·12回》）

（36）只知这事是断使不得，得遵着公公的话定了。至于妹子又晓得些甚么，说起来可不能像公公讲的那样圆和宛转，这里头万一有一半句不知深浅的话，还得求姐姐原谅妹子个糊涂，耽待妹子个小。（《儿女英雄传·26回》）

代词和"指量名"结构都必然具有回指功能，即意味着前文有所指相同的成分。因此，如果"至于"引导的话题表现为这两类成分时，它一定是被重新引入的话题。重新引入又分为两种：一种是紧邻式的重新引入，一种是中断后的重新引入。

（37）列公请想，这桩"套头裹脑"的事，这段"含着骨头露着肉"的话，这番扯着耳朵腮颊动的节目，大约除了安老爷合燕北闲人两个心里明镜儿似的，此外就得让说书的还知道个影子了。至于列公，听这部书，也不过逢场作戏，看这部书，也不过走马观花。（《儿女英雄传·23回》）

（38）不知'情'之一字，喜怒哀乐未发之时便是个性，喜怒哀乐已发便是情了。至于你我这个情，正是未发之情，就如那花的含苞一样，欲待发泄出来，这情就不为真情了。（《红楼梦·111回》）

（39）宝玉不得已，讲道："是圣人看见人不肯好德，见了色，便好的了不得，殊不想德是性中本有的东西，人偏都不肯好他。至于那个色呢，虽也是从先天中带来，无人不好的，但是德乃天理，色是人欲，人那里肯把天理好的像人欲似的？"（《红楼梦·82回》）

从语义上看，重新引入的转换通常是说话人首先给定的一个包含"至于"话题在内的言谈范围，当"至于"话题之前的语篇中已经论及该范围内其他所有方面，需要再谈论该剩余项时，往往需要使用"至于"来完成转换。从认知上看，范围内的所有成员应当同属一个认知域或者两个密切相关的认知域。所谓"认知域"，是指描写语义时所涉及的概念领域或者复杂的知识系统，常见的基本认知域有空间域、时间域、颜色域，等等。

（40）鼻之于嗅也，除了吃一口腥鱼汤，他叫作透鲜，其余香臭膻臊，皆所未经的活泼之地。口之于味也，除了包一团酸馅子，他自鸣得意，其余甜咸苦辣，皆未所凿的混沌之天。至于心，却是动辄守着至诚，须臾不离圣道。（《儿女英雄传·37回》）

（41）况且你我如浮萍暂聚，少一时'伯劳东去雁西飞'，我这残名贱姓，竟不消提起。至于我的家乡，离此甚远，即便说出个地名儿来，你们也不知道方向儿，也不必讲到。（《儿女英雄传·8回》）

（42）舅太太合珍姑娘这一走，安太太合金、玉姊妹自然也有一番托付交代，不待烦言。至于这班人走后，安老夫妻在家自有金、玉姊妹妇代子职侍奉，家事自然依旧还是他两个掌管，这些事也不消烦琐了。（《儿女英雄传·40回》）

根据事件框架，如果在行文中出现了表示行为事件的词语或句子，那么当表示事件发生地点、工具或者结果的词语出现时，该成分就是可以识别的。同样，当一个事件由一系列的具体行为活动组成时，表示其中某一行为词语的出现也会激活其他事件序列。例如：

（43）你要问你的庚帖，只问我老夫妻。你要问你的红定，却只问你的父母。至于赔送，姑娘，你有的不多，却也不到得并无寸丝片纸，待我来说与你听。（《儿女英雄传·25回》）

（44）你们果真照我这话办出个眉目来，现在的地是清了底了，出去的地就是落了实了，两下里一挤，那失迷的也失迷不了了，隐瞒的也隐瞒不住了，这件事可就算大功告成了。此后再要查出个遗漏，可就是你们几个人的事了。此时你们且把地去。至于将来怎的个拨地，怎的个分段，怎的个招佃，怎的个议租，此时定法不是法，你们再听老爷、太太的吩咐。（《儿女英雄传·33回》）

任何事件的出现都不是偶然的，总有导致事件发生的原因存在，而且事件发生的时间、地点、方式等也是必不可缺的因素。因此，事件本身及其诸要素之间也都同处于一个认知框架内。例如：

（45）何如他家这等妇子家人联为一体，岂不得些天伦乐趣？至于那燕北闲人著这段书，大约醉翁之意未必在酒。（《儿女英雄传·33回》）

（46）那燕北闲人早轻轻儿的把位舅太太放在中间，这文章尽够着了，不必是这等呆写。至于这回书的文章，没一个字没气力，也没一处不是安龙媒的正传，听到下回，才知这话不谬。（《儿女英雄传·29回》）

（47）我到此不久，就到邳州高堰署了两回事，河台的行止，我都不得深知。至于我之被参，事属因公，此中毫无屈抑。（《儿女英雄传·13回》）

4.3.4.2 "至如"

"至如"与"至于"用法相似，在近代汉语尤其宋元时期有一定的用量，明清时期已不多见。例如：

（1）请看如今世界，你说那坐怀不乱的柳下惠，闭门不纳的鲁男子，与那秉烛达旦的关云长，古今能有几人？至如三妻四妾，买笑追欢的，又当别论。（《金瓶梅词话·1回》）

（2）僧门中职事人员，各有头项。且如小僧做个知客，只理会管待往来客官僧众。至如维那、侍者、书记、首座，这都是清职，不容易得做。（《水浒传·5回》）

（3）起初时，只封袭三世，因当今隆恩盛德，远迈前代，额外加恩，至如海之父，又袭了一代；至如海，便从科第出身。（《红楼梦·2回》）

4.3.4.3 "若乃"、"若夫"

作为文言性承接连词，"若乃"、"若夫"在明清时期用例很少。例如：

（1）故士矜才则德薄，女衒色则情放。若乃持盈慎满，则为端士淑女，岂有杀身之祸？（《金瓶梅词话·72回》）

（2）三界空而百端治，六根净而千种穷。若乃坚诚知觉，须当识心；心净则孤明独照，心存则万境皆清。（《西游记·78回》）

（3）看官听说，大抵妾妇之道，蛊惑其夫，无所不至，虽屈身忍辱，殆不为耻。若夫正室之妻，光明正大，岂肯为此。（《金瓶梅词话·72回》）

在汉语承接连词系统中，"至于"一类相对特殊，主要位于句首连接两个独立的句子，表示两个不同话题之间的转承。构成成分相似，意义和用法也相同的"至于"和"至如"之间，"至如"在用量上一直处于劣势，明清时期它的承接用法几乎不见。"至如"承接用例的减少，一方面与"至于"的排挤有关，另一方面也与其构成成分"如"实词用法活跃有相当的关系，是内外因素综合作用的结果。明清，"至于"基本取代"至如"，并一直沿用到现代汉语，在连接不同话题的这类承接连词中逐渐"一枝独秀"。"若乃"、"若夫"上古汉语就有承接连词的用例，近代汉语时期由于文言色彩相对较浓，与这时期汉语发展总体趋势相悖，再加上受构成语素影响大多隐含假设意义，这两个承接连词逐渐被用法相类的"至于"取代，明清时期更是只在同期语料中文言色彩较浓的《金瓶梅词话》中偶现。

4.3.5 "然后"、"而后"

4.3.5.1 "然后"

"然后"属于后置连词，它只附着于连接后项前面；它也是不定位连词，可以出现在连接后项的句首和句中，其中以位于句首为常，起连接句子的作用，例如：

（1）上任回来，先拜本府县帅府都监，并清河左右卫同僚官，然后新朋邻舍，何等荣耀施为！（《金瓶梅词话·31回》）

(2) 北静王说:"请!"自己却先进去,然后贾赦等都躬着身跟进去。(《红楼梦·85回》)

(3) 然后知县挂牌坐堂,传齐了一干邻保、证见、尸亲人等,监里提出薛蟠,刑房书吏俱一一点名。(《红楼梦·86回》)

(4) 说着,二人又嘲谑了一回,然后金桂陪夏三吃了晚饭,又告诉他买的东西,又嘱咐一回,夏三自去。(《红楼梦·91回》)

(5) 你们众人,若嫌拘束,但有异心,先当斩我首级,然后你们自去行事。(《水浒传·110回》)

(6) 贾母歪在榻上,只命人说"免了罢",早已都行完了。然后赖大等带领众人,从仪门直跪至大厅上,磕头礼毕,又是众家下媳妇,然后各房的丫鬟,足闹了两三顿饭时。然后又抬了许多雀笼来,在当院中放了生。(《红楼梦·71回》)

(7) 众贼不防,也被斩戮了几员首贼。然后大家见是不过几个女人,料不能济事,遂回戈倒兵,奋力一阵,把林四娘等一个不曾留下,倒作成了这林四娘的一片忠义之志。(《红楼梦·78回》)

(8) 老太太也回过气来,哭得气短神昏,躺在炕上。李纨再三宽慰。然后贾琏定神将两王恩典说明,惟恐贾母邢夫人知道贾赦被拿,又要唬死,暂且不敢明说,只得出来照料自己屋内。(《红楼梦·104回》)

(9) 薛姨妈恐不中用,求凤姐与贾琏说了,花上几千银子,才把知县买通,薛蝌那里也便弄通了。然后知县挂牌坐堂,传齐了一干邻保、证见、尸亲人等,监里提出薛蟠,刑房书吏俱一一点名。(《红楼梦·86回》)

明清汉语的"然后"可以出现在主语后,该用法在现代汉语中已经消失,现代汉语中"然后"必须位于主语前(邢福义,1985:85)。明清汉语主语后的"然后"有两种类型,一种是与前一分句构成承接关系,例如:

(10) 今曹仁令曹洪据守彝陵,为掎角之势;某愿以精兵三千,径取彝陵,都督然后可取南郡。(《三国演义·51回》)

(11) 吾故盛兵皆聚于潼关前,使贼尽南守,而河西不准备,故徐晃、朱灵得渡也。吾然后引兵北渡,连车树栅为甬道,筑冰城,欲贼知吾弱,以骄其心,使不准备。(《三国演义·59回》)

(12) 不如修书二封:一封与刘璋,言刘备结连东吴,共取西川,使刘璋心疑而攻刘备;一封与张鲁,教进兵向荆州来。着刘备首尾不能救应。我然后起兵取之,事可谐矣。(《三国演义·62回》)

(13) 旗牌遵令,各下地方,鸣金大吹,各归行伍,听令起行。宋江然后传令,遣调水陆诸将毕。(《水浒传·109回》)

(14) 贾政道:"你骂他也无益了。"贾琏然后跪下说:"这便怎么样?"(《红楼梦·112回》)

(15) 小丫头告诉老婆子们,老婆子才告诉贾珍。贾珍然后退出。(《红楼梦·88回》)

(16) 说了这话,他然后才回头对那班盗伙道:"我本待一刀了却这厮性命,既是你众人代他苦苦哀求,杀人不过头点地,如今权且寄下他这颗驴头!"(《儿女英雄传·16回》)

主语后的"然后"还有一种类型是作为连动结构的连接标记,连接两个有时间先后关系的动作,单独成句或作谓语,这种用法在现代汉语中依然存在,例如:

(17) 谨陈其事如左:高帝明并日月,谋臣渊深,然涉险被创,危然后安;今陛下未及高帝,谋臣不如良、平,而欲以长策取胜,坐定天下,此臣之未解一也。(《三国演义·97回》)

(18) 至于玉格方才说因两个媳妇说了那句'美人可得作夫人'的令,便一定要等他作成个夫人然后再开这杯酒,那便叫作意气用事,不是性情相关,其中便有些嫌隙了。(《儿女英雄传·37回》)

更多时候"然后"前的主语承前省略或隐含其中,例如:

(19) 飞曰:"吾庄后有一桃园,花开正盛;明日当于园中祭告天地,我三人结为兄弟,协力同心,然后可图大事。"(《三国演义·1回》)

(20) 怒轰轰的走进房去,把外面大衣甩了,又拿了一根大绳出来,往公子的胸前一搭,向后抄手绕了三四道,打了一个死扣儿,然后拧成双股,往腿下一道道的盘起来,系紧了绳头。(《儿女英雄传·5回》)

"然后"作为连词最基本的句法功能是连接有时间先后关系的句子,这种时间先后关系在句中有两种标记:一是"然后"前句有"先"、"今"等时间词与"然后"关联,形成"今……然后"、"先……然后"格式;二是"然后"后有"方"、"才"、"再"等连接副词表达前后句的时间关系。首先来看连接前项与"然后"关联的例子:

(21) 操曰:"方今粮草不接,搬运劳苦,我济河,遏淇水入白沟,以通粮道,然后进兵。"(《三国演义·32回》)

(22) 今日若便杀之，恐众人不服，不如仍旧奉之为主，赚诸侯入关，先去其羽翼，然后杀之，天下可图也。(《三国演义·10回》)

(23) 陶谦先打发陈元龙往青州去讫，然后命糜竺赍书赴北海，自己率众守城，以备攻击。(《三国演义·11回》)

(24) 彪奏曰："臣有一计：先令二贼自相残害，然后诏曹操引兵杀之，扫清贼党，以安朝廷。"(《三国演义·13回》)

(25) 自此大权皆归于曹操：朝廷大务，先禀曹操，然后方奏天子。(《三国演义·14回》)

(26) 爽每日与何晏等饮酒作乐：凡用衣服器皿，与朝廷无异；各处进贡玩好珍奇之物，先取上等者入己，然后进宫，佳人美女，充满府院。(《三国演义·106回》)

(27) 说着，自己梳洗已毕，忙穿好了衣服，先设了香案，在天地前上香磕头，又到佛堂、祠堂行过了礼，然后内外家人都来叩喜。(《儿女英雄传·1回》)

再看连接后项与"然后"关联的例子：

(28) 坠儿先进去回明了，然后方领贾芸进去。(《红楼梦·26回》)

(29) 凤姐儿安下这个心，所以自管迁延着，等那些人把东西送足了，然后乘空方回王夫人。(《红楼梦·36回》)

(30) 麝月听说，回手便把宝玉披着起夜的一件貂颏满襟暖袄披上，下去向盆内洗手，先倒了一钟温水，拿了大漱盂，宝玉漱了一口；然后才向茶桶上取了茶碗，先用温水涮了一涮，向暖壶中倒了半碗茶，递与宝玉吃了；自己也漱了一漱，吃了半碗。(《红楼梦·51回》)

(31) 只见他用钩子先把那横闩搭住，又把绳子的那头儿拴在窗楹儿上，然后才用手从那铁环子里褪那横闩，褪了半日，竟被他把那头儿从环子里褪出来，那闩只在那绳子的钩儿上钩着。(《儿女英雄传·31回》)

(32) 姑娘好性儿，你们就该打出去，然后再回太太去才是。(《红楼梦·73回》)

(33) 还是谁主使他如此，先把二姐姐制伏，然后就要治我和四姑娘了？(《红楼梦·73回》)

(34) 尤氏托着走至上席，南安太妃谦让了一回，点了一出吉庆戏文，然后又谦让了一回，北静王妃也点了一出。(《红楼梦·71回》)

(35) 一概亲友不请，也不排筵席；待宝玉好了，过了功服，然后再摆席请人。(《红楼梦·96回》)

连接具有时间先后关系的动作或事件是"然后"的基本语法功能,但"然后"连接的前后项之间有时候不只具有时间先后关系,往往还有条件、结果等附加事理关系,例如:

(36) 是以有非常之人,然后有非常之事;有非常之事,然后立非常之功。(《三国演义·22回》)

(37) 为今之计,须求高明远见之人为辅,然后江东可定也。(《三国演义·29回》)

(38) 今乘北方多务,剿除黄祖,进伐刘表,竟长江所极而据守之;然后建号帝王,以图天下;此高祖之业也。(《三国演义·29回》)

(39) 先取荆州为家,后即取西川建基业,以成鼎足之势,然后可图中原也。(《三国演义·38回》)

(40) 必先分出个正传、附传,主位、宾位,伏笔、应笔,虚写、实写,然后才得有个间架结构。(《儿女英雄传·16回》)

(41) 今若以华堂大厦,子女金帛,令彼享用,自然疏远孔明、关、张等,使彼各生怨望,然后荆州可图也。(《三国演义·55回》)

当然,"然后"的基本功能是连接有时间先后关系的句子,连接条件或结果关系的句子是基本功能基础之上的一种附加功能,因为它连接的条件或结果关系是建立在时间先后关系基础之上的。

(42) 位峻者颠,可不惧乎?愿君侯裒多益寡,非礼勿履;然后三公可至,青蝇可驱也。(《三国演义·106回》)

4.3.5.2 "而后"

属于后置非定位连词,"而后"表时间先后关系,属于后置连词,常附着于后续动作或事件之前,表达动作或事件前后相继;"而后"也属于非定位连词,它既可以位于主语前,也可以位于主语后,以主语后为常。例如:

(1) 时可而后动,数合而后举,故汤、武之师,不再战而克,诚重民劳而度时审也。(《三国演义·112回》)

(2) 干闻用武则先威,用文则先德;威德相济,而后王业成。(《三国演义·66回》)

(3) 究之令闻未集,内视已惭,而后叹《孝经》一书所包者为约而广也。(《儿女英雄传·34回》)

(4) 列公,待浮海而后知水,非善观水者也;待登山而后见云,非善观云者也。(《儿女英雄传·29回》)

(5) '人有不为也而后可以有为'，便是大圣人也道得个'吾不如老农'、'吾不如老圃'。(《儿女英雄传·33回》)

兼具句内连接和句间连接功能，"而后"可以连接词或短语作句内成分，例如：

(6) 愿明公先朝廷之急，而后私仇；撤徐州之兵，以救国难：则徐州幸甚，天下幸甚！(《三国演义·11回》)

(7) 资奏曰："昔太祖武皇帝收张鲁时，危而后济；常对群臣曰：南郑之地，真为天狱。"(《三国演义·96回》)

(8) 古人云，不教而善，非圣而何！教而后善，非贤而何！教亦不善，非愚而何！(《西游记·47回》)

(9) 待其来攻而后击之，皆落泗水矣。(《三国演义·19回》)

(10) 孔明曰："天道变易不常，岂可拘执？吾今且驻军马于汉中，观其动静而后行。"(《三国演义·91回》)

(11) 女大须嫁，男大须婚，男女别而后夫义妇顺。(《儿女英雄传·25回》)

侧重表时间先后关系，"而后"的连接功能比较单一，只连接具有时间先后关系的动作或事件，这种时间先后相继出现，在它前面经常出现副词"先"与之关联，形成"先……而后"格式，例如：

(12) 汝为我心腹之人，何不先尝而后进？(《三国演义·23回》)

(13) 辂谓子春曰："辂年少，胆气未坚，先请美酒三升，饮而后言。"(《三国演义·69回》)

(14) 使者曰："多有劝先灭魏而后伐吴者。"(《三国演义·81回》)

(15) 臣艾切谓兵有先声而后实者，今因平蜀之势以乘吴，此席卷之时也。(《三国演义·118回》)

(16) 典试者将先有所要求而后斡旋之，且许以冠军。(《儿女英雄传·39回》)

除"先"外，有时候连接前句有其它表示先后关系的标记词语，有时候"而后"出现在连接前句为否定句，连接后句为肯定句的复句中，表示事件由否定到肯定的发展关系，例如：

(17) 众将皆问曰："初贼据潼关，渭北道缺，丞相不从河东击冯翊，而反守潼关，迁延日久，而后北渡，立营固守，何也？"(《三国演义·59回》)

4.3.6 "然则"、"那么(着/说)"、"这么(着/说)"

张玉金(2014)指出"然则"只表示顺接,可用于复句之中,也可用于句群里。"然后"只表示顺承关系,可用于复句、紧缩句里,也可用于句群中,也都出现在楚简里。

4.3.6.1 "然则"

"然则"属于后置定位连词,是句间连词,主要连接句子或复句。它只出现在句首位置,属于定位连词;而且只出现在连接后项,属于后置连词,例如:

(1) 这番譬喻虽谑近于虐,却非深知此中甘苦者道不出来。然则此刻的安公子已就是作了个半产婴儿了!(《儿女英雄传·35回》)

(2) 降而中古,风雅不过谢灵运,勋业不过郭子仪,也都不听得他有个别号。然则称人不称号,也还有得可称。(《儿女英雄传·29回》)

(3) 我依他两个的话,才用了几日的功,他两个果然就这等欢天喜地起来。然则他两个那天讲的,只要我一意读书,无论怎样都是甘心情愿的,这句话真真是出于肺腑了。(《儿女英雄传·32回》)

侧重事理承接关系,"然则"主要连接事理承接关系,很少侧重于表时间承接关系。例如:

(4) 但这十三妹的正传都在后文,此时若纵笔大书,就占了后文地步,到了正传写来,便没些气势,味同嚼蜡,若竟不先伏一笔,直待后文无端的写来,这又叫作"没来由",又叫作"无端半空伸一脚",为文章家最忌。然则此地断不能不虚写一番,虚写一番,又断非照那稗官家的"附耳过来,如此如此"八个大字的故套可以了事,所以才把这文章的筋脉放在后面去,魂魄提向前头来。(《儿女英雄传·16回》)

(5) 翁亦人杰也哉!然则翁之享期颐,宜孙子,余庆方长,此后之可传者正未有艾。(《儿女英雄传·39回》)

(6) 岂有夫子既然问话之后,有意置之不答转去取瑟而歌之理?然则其为那时节他便在那里鼓瑟可知。(《儿女英雄传·39回》)

(7) 因说道:"从来说'圣心即天心',然则前人那'诵《诗》闻国政,讲《易》见天心'的两句诗,真是从经义里味出来的名言。"(《儿女英雄传·36回》)

(8) 凡事固是天公的游戏弄人,也未必不是自己的暗中自误!然

则只吾夫子这薄薄儿的两本《论语》中,"为山九仞"一章,便有无限的救世婆心,教人苦口。(《儿女英雄传·35回》)

表示较强烈的顺承语气,"然则"主要表事理顺承关系,这种事理顺承关系往往包含说话人的推理过程,说话人推理时会伴随一种高程度的推理语气,在句中往往带上强烈的陈述、感叹和反问语气,这种顺承语气表现在如下两方面。

首先,如果"然则"连接陈述句,那么所连接的后项句子或复句句尾多半都有表陈述的语气词"也"或"矣"来加强陈述语气,例如:

(9) 忽然听得这番话,觉道如曾皙者也作此想,岂不正是我平日浮海居夷那番感慨!其为时衰运替可知,然则吾道终穷矣。(《儿女英雄传·39回》)

其次,根据我们搜集的语料来看,"然则"连接的后项句子或复句句尾经常为疑问或反问句,句尾有疑问语气词"呢"、"来"、"不成"帮助表示疑问语气,例如:

(10) 殊不知人生在世,万事都许你想个法儿寻些便宜,独到了这"才名"两个字,天公可大大的有些斟酌,所以叫作"造物忌才",又道是"惟名与器不可以假人"。然则天心岂不薄于实而转厚于虚,不仁于人而转人于物呢?(《儿女英雄传·32回》)

(11) 又问他道:"叶二爷,我倒请教,然则'与之粟九百',怎的又不打八折呢?"(《儿女英雄传·39回》)

(12) 这句话只看'孟武伯问子路仁乎'那章书,便是夫子给他三个出的切实考语。然则此时夫子又何以明知故问呢?(《儿女英雄传·39回》)

(13) 你们三位可别打量这位安公子合我是亲是故,我合他也是水米无交,今日才见。然则一个萍水相逢的人,我因何替他出这样的死力呢?(《儿女英雄传·8回》)

(14) 你如今话不曾说,先说请出孔圣人来也不中用,然则还商出些甚么量来?(《儿女英雄传·36回》)

(15) 足下涉猎一过,又安得有如许的聪明?然则这两件东西在案上放了这半日,他也不曾开口问问,打开瞧瞧不成?(《儿女英雄传·26回》)

(16) 男家止剩了安太太一位,怎么算怎么两下里都是单儿。然则安老爷这样一个旧家,还请不出十位八位新亲不成?(《儿女英雄传·28回》)

(17) 何以方才还不肯喝那盅酒?然则你这盅酒直要戒到几时才开?(《儿女英雄传·37回》)

(18) 宜其室家便是安家这个长姐儿比起贾府上那个花袭人来，也一样的从幼服侍公子，一样的比公子大得两岁，却不曾听得他照那袭而取之的花袭人一般，同安龙媒初试过甚么云雨情；然则他见安公子往外一走，偶然学那双文长亭哭宴的"减了玉肌，松了金钏"，虽说不免一时好乐，有些不得其正，也还算"发乎情，止乎礼"，怎的算不得个天理人情？（《儿女英雄传·34回》）

(19) 列公，你只看那猴儿，无论行住坐卧，他总把个脑袋扎在胸坎子上，倒把脖儿拱起来。然则这又与师老爷的烟袋锅儿何干？（《儿女英雄传·37回》）

(20) 皆非天理人情也。然则除了"一宿无话"这四个字之外，还叫那燕北闲人替他怎的个斡旋？（《儿女英雄传·37回》）

(21) 所以才大家意见相同，计议停当，只在今日须是如此如此。然则他四位之中，如安老爷的学问见识，安太太的精明操持，邓九公的阅历，褚大娘子的积伶，岂不深知姑娘的性儿？（《儿女英雄传·25回》）

(22) 便是叔父、婶娘现在，今日之下，我公婆上门求这门亲，他二位老人家想起你祖太爷的话来，只怕还没个不欢天喜地的应许的。然则方才那些显应怎见得不是他二位神灵有知，来完成这桩好事？（《儿女英雄传·26回》）

4.3.6.2 "那么（着/说）"

"那么（着/说）"用作承接关系标记到清代才出现。"那么"用作承接关系标记，如：

(1) 及至说出口来，敢则自己这句更不搁当儿，一时后悔不来。便听安太太说道："那么咱们娘儿们可更亲香了。"（《儿女英雄传·22回》）

(2) 他听了，便说道："哦，老爷哪！那么请安。"说着，扎煞着两只胳膊，直挺挺的就请了一个单腿儿安。（《儿女英雄传·15回》）

(3) 姑娘道："怎么索兴连饭也不叫吃了呢？那么还吃饽饽。"说着，又吃了一个馒头，两块栗粉糕，找补了两半碗枣儿粥，连前带后，算吃了个成对成双，四平八稳。（《儿女英雄传·27回》）

"那么说"用作承接关系标记，如：

(4) 张太太道："我俩不在这儿睡呀？那么说我家走罢，看行李去。"说着，望卧舱里就走。（《儿女英雄传·22回》）

(5) 奴才说句不当家的话，照老家这么存心，怎么怪得养儿养女望上长，奴才大爷有这段造化呢！那么说，这俩钱儿敢则花的不冤，到底是奴才糊涂。(《儿女英雄传·39回》)

(6) 老爷听了，才说了句"是呀"，张姑娘那里就说："那么说，还得换上长飘带手巾呢。"珍姑娘接着就说："那么说，还得叫他们把数珠儿袄子带上呢。"说着，他便过东院去打点这些东西。(《儿女英雄传·40回》)

(7) 麝月道："你混说起来了。知道他帖儿上写的是什么混账话？你混往人身上扯。要那么说，他帖儿上只怕倒与你相干呢！"(《红楼梦·85回》)

"那么着"用作承接关系标记，如：

(8) 跑堂儿的道："我猜的不是？那么着，你老说啵。"(《儿女英雄传·4回》)

(9) 那妇人听了，这才裂着那大薄片子嘴笑道："你瞧，'大水冲了龙王庙——一家人不认得一家人'咧！那么着，请屋里坐。"(《儿女英雄传·7回》)

(10) 你那踱拉踱拉的，踱拉到啥时候才到喂！'那么着，我可就说：'不，你就给我找个二把手的小单拱儿来罢。'(《儿女英雄传·21回》)

(11) 宝玉听了这话，正碰在他心坎儿上，叹了一口气道："那么着，你就收起来给我包好了。我也总不穿他了！"说着，站起来脱下。(《红楼梦·89回》)

(12) 袭人道："为什么不愿意，早就要弄了来的，只是因为太太的话说的结实罢了。"凤姐道："那么着明儿我就叫他进来。"(《红楼梦·101回》)

(13) 宝玉道："我不吃了，心里不舒服。你们吃去罢。"袭人道："那么着，你也该把这件衣裳换下来了。"(《红楼梦·89回》)

(14) 林之孝家的因问平儿道："雪姑娘使得吗？"平儿道："使得，都是一样。"林家的道："那么着，姑娘就快叫雪姑娘跟了我去。我先回了老太太和二奶奶。——这可是大奶奶和姑娘的主意，回来姑娘再各自回二奶奶去。"(《红楼梦·97回》)

(15) 便道："老哥哥，来不来由你，放不放可就得由我了。"邓九公听了，哈哈大笑，说："那么着，咱们说开了。"(《儿女英雄传·29回》)

(16) 一时听了舅太太这话，那何小姐性急口快，便道："娘这话也说的是。那么着，我就在家里服侍婆婆，叫我妹妹跟了他去。"(《儿女英雄传·40回》)

(17) 宝玉摇手道："都不是，都不是！"黛玉道："那么着，为什么这么伤心起来？"(《红楼梦·81回》)

(18) 贾母便问："你们又咕咕唧唧的说什么？"鸳鸯笑着回明了。贾母道："那么着，你们也都吃饭去罢，单留凤姐儿和珍哥媳妇跟着我吃罢。"(《红楼梦·84回》)

从上述例子中，我们可以看出连词"那么"在同一时期（清代）不同的方言区域其形成过程是不一样的：反映北京话的《儿女英雄传》中"那么"的连词化发生在对话语境和非对话语境中，具有渐变性；而山东方言"那么"的连词化则只出现在对话语境中，而且其过程缺少中间环节。

称代用法的"那么"数量很少，而且从句法功能看，这种"那么"均充当句子成分，甚至在表义上并不是回指前文，而称代用法的"那么着"数量相对较多，其优势组配是"那么着＋分句"，这种组配通常表示在前文某个事件的基础上引发另一将要发生的事件。综合数量、形式与意义，可以断言，以称代为优势用法的"那么着"才是现代汉语推断关系词语"那么"的源头。

4.3.6.3 "这么（着/说）"

"这么着"用作承接关系标记，例如：

(1) 那跑堂儿的听见钱了，提着壶站住，说道："倒不在钱不钱的，你老瞧，那家伙真有三百斤开外，怕未必弄得行啊！这么着啵，你老破多少钱啵？"(《儿女英雄传·4回》)

(2) 我的少爷，你可酸死我了！这么着，我给你出个主意。(《儿女英雄传·8回》)

(3) 露着你们先亲后不改，欺负我老迈无能？这么着，不信咱们爷儿们较量较量。(《儿女英雄传·15回》)

(4) 是说这报仇的话我不知底，没提明白；敢则人家全比咱们知底。他说这话必得告诉你。这么着，我们就认了义弟兄。(《儿女英雄传·19回》)

(5) 这一哭，可把舅太太哭急了，说："姑太太，你们娘儿三个这哭的可实在揉人的肠子！这么着，我合姑太太倒个过儿：姑太太在家里招呼媳妇，我跟了外甥去，这放心不放心呢？"(《儿女英雄传·40回》)

(6) 姑娘还未及开言，张太太的话也来了，说："这么着好哇！可

是我们亲家太太说的一个甚么'一秤不抵一秤'的。"(《儿女英雄传·23回》)

(7) 还是你干女儿说:'别是胎气罢?'这么着,他就给他找了个姥姥来,瞧了瞧,说是喜。(《儿女英雄传·39回》)

(8) 贾母便问:"巧姐儿到底怎么样?"凤姐儿道:"只怕是搐风的来头。"贾母道:"这么着还不请人赶着瞧!"(《红楼梦·84回》)

(9) 甄夫人笑着道:"但愿依着太太的话更好。这么着就求太太作个保山。"(《红楼梦·115回》)

(10) 凤姐明知刘姥姥一片好心,不好勉强,只得留下,说:"姥姥,我的命交给你了。我的巧姐儿也是千灾百病的,也交给你了。"刘姥姥顺口答应,便说:"这么着,我看天气尚早,还赶得出城去,我就去了。"(《红楼梦·113回》)

(11) 凤姐道:"这倒是你们两个可怜他些。这么着,我还得那边去招呼那个冤家呢。"(《红楼梦·98回》)

(12) 一概亲友不请,也不排筵席;待宝玉好了,过了功服,然后再摆席请人。这么着,都赶的上。你也看见了他们小两口儿的事,也好放心着去。(《红楼梦·96回》)

(13) 大家说道:"这话也说的有理:现在人多手乱,鱼龙混杂,倒是这么着,他们也洗洗清。"(《红楼梦·94回》)

"这么着"的变体形式,例如:

(14) 我出去,我们就逛。是这么着,我就住些日子,不我可就不敢从命了。(《儿女英雄传·29回》)

(15) 接到手里,篇儿也没翻,仍旧递给安老爷,说道:"亲家,我不用瞧,我们俩姑奶奶合我讲究了这么好几天咧。这么着好啊,早就该打这主意。"(《儿女英雄传·33回》)

(16) 自从我到了你家里,这么看着,甚么都讲拿钱买去,世街上可那的这些钱呢?(《儿女英雄传·33回》)

(17) 何小姐插嘴道:"听着像是放了山东学台了。"安太太道:"这么着罢,老爷剪直的拿白话说说是怎么件事罢。"(《儿女英雄传·40回》)

"既(是)这么着"、"饶这么着"、"既这么样"、"要是这么着"、"这么着罢"用作承接关系标记,例如:

(18) 贾母道:"原来这样,我说那孩子倒不像那狐媚魇道的。既这么着，可怜见的，白受他们的气。"因叫琥珀来："你出去告诉平儿，就说我的话：我知道他受了委曲，明儿我叫凤姐儿替他赔不是。"(《红楼梦·44回》)

（19）史湘云道："越发奇了。林姑娘他也犯不上生气，他既会剪，就叫他做。"袭人道："他可不作呢。饶这么着，老太太还怕他劳碌着了。"(《红楼梦·32回》)

（20）"才刚鸳鸯送了好些果子来，都洑在那水晶缸里呢，叫他们打发你吃。"宝玉笑道："既这么着，你也不许洗去，只洗洗手来拿果子来吃罢。"(《红楼梦·31回》)

（21）二奶奶若是略差一点儿的，早被你们这些奶奶治倒了。饶这么着，得一点空儿，还要难他一难，好几次没落了你们的口声。(《红楼梦·55回》)

（22）宝玉果然是有造化的，能够得他长长远远的伏侍他一辈子，也就罢了。凤姐道："既这么样，就开了脸，明放他在屋里岂不好？"(《红楼梦·36回》)

（23）贾琏忙进去，陪笑道："打听老太太十四可出门？好预备轿子。"贾母道："既这么样，怎么不进来？又做鬼做神的。"(《红楼梦·47回》)

（24）宝钗道："使不得，妈妈别叫他去。他去了，岂能劝他？那更是火上浇了油了。"薛姨妈道："既这么样，我自己过去。"(《红楼梦·83回》)

（25）"一面便吩咐好生小心跟着他，别委曲着他，倒比不得跟了老太太过来就罢了。"凤姐说道："既这么着，何不请这秦小爷来，我也瞧一瞧。"(《红楼梦·7回》)

（26）未初刻用过晚膳，未正二刻还到宝灵宫拜佛，酉初刻进大明宫领宴看灯方请旨，只怕戌初才起身呢。凤姐听了道："既这么着，老太太、太太且请回房，等是时候再来也不迟。"(《红楼梦·18回》)

（27）宝玉道："我屋里的人也多的很，姐姐喜欢谁，只管叫了来，何必问我。"凤姐笑道："既这么着，我就叫人带他去了。"(《红楼梦·28回》)

（28）你何苦来替他招骂名儿。饶这么着，还有人说闲话，还搁的住你来说他。(《红楼梦·31回》)

（29）前两天还听见一个荒信，说是南边的公分当铺也因为折了本儿收了。要是这么着，你娘的命可就活不成了！(《红楼梦·100回》)

(30) 林之孝家的将方才的话说了一遍。平儿低了一回头，说："这么着罢，就叫雪姑娘去罢。"(《红楼梦·97回》)

"这么说"用作承接关系标记。例如：

(31) 到了考的这天，我开得十六力的硬弓；那三百六十斤的头号石头，平端起来，在场上要走三个来回；大刀单撒手舞三个面花，三个背花，还带开四门；马步剪全中。这么说罢，老弟，算概了场了。(《儿女英雄传·15回》)

(32) 碧痕道："明儿我说给他们，凡要茶要水送东送西的事，咱们都别动，只叫他去便是了。"秋纹道："这么说，不如我们散了，单让他在这屋里呢。"(《红楼梦·24回》)

(33) 宝玉笑道："你也是好心，但是你不能享这个清福的。"袭人哭道："这么说，我是要死的了！"(《红楼梦·118回》)

(34) 金桂的母亲着了急道："这宝蟾必是撞见鬼了，混说起来，我们姑娘何尝买过砒霜。若这么说，必是宝蟾药死了的。"(《红楼梦·103回》)

(35) "又要雨水这日的雨水十二钱，……"周瑞家的忙道："嗳哟！这么说来，这就得三年的工夫。"(《红楼梦·7回》)

"既这么说"用作承接关系标记，例如：

(36) 凤姐不敢就接牌，只看着王夫人。王夫人道："你哥哥既这么说，你就照看照看罢了。"(《红楼梦·13回》)

(37) 黛玉听了这个话，不觉将昨晚的事都忘在九霄云外了，便说道："你既这么说，昨儿为什么我去了，你不叫丫头开门？"(《红楼梦·28回》)

(38) 宝玉笑道："打开扇子匣子你拣了去，什么好东西！"麝月道："既这么说，就把匣子搬了出来，让他尽力撕，岂不好？"(《红楼梦·31回》)

(39) 史湘云听了，便知是宝玉的鞋了，因笑道："既这么说，我就替你做了罢。"(《红楼梦·32回》)

(40) 我怕你们高兴，我走了又怕扫了你们的兴。既这么说，咱们就都去罢。(《红楼梦·38回》)

(41) 我倒素习按理尊敬，越发敬出这些亲戚来了。既这么说，环儿出去为么赵国基又站起来，又跟他上学？(《红楼梦·55回》)

4.3.7 "此外"、"接着"、"紧接着"

4.3.7.1 "此外"

一、"此外"的句法位置

篇章连接成分在篇章中实现其衔接功能时,其位置是受到限制的。"从位置上来说,篇章中绝大多数连接成分位于句首,在主语之前,只有少数位于句中,在谓语之前。"(廖秋忠,1986)考察语料,我们发现"此外"在篇章中的位置主要位于后项语言单位的最前面,起衔接作用。根据"此外"所连接语言单位的不同,具体表现为以下几种:

1. 在复句中位于后项分句的句首

（1）要知人生在世,世界之大,除了这寸许的心地是块平稳路,此外也没有一步平稳的,只有认定了这条路走。（《儿女英雄传·14回》）

（2）又得安太太婆媳时常过来闲谈,此外除了张老在外照料门户,只有安老爷偶然过来应酬一番,等闲也没个外人到此。（《儿女英雄传·24回》）

（3）只可笑我张金凤定亲的时候,我两个都是两个肩膀扛张嘴,此外我有的就是我家拉车的那头黄牛,他有的就是他那没主儿的几个驮骡。（《儿女英雄传·26回》）

（4）在上屋伺候的都是一班仆妇丫鬟,此外只有茶房儿老尤的那个九岁的孩子麻花儿,在上屋里听叫儿。（《儿女英雄传·37回》）

（5）平日都是太太亲自经理,到了太太十分分不开身,只那个长姐儿偶然还许伺候戴一次帽子,此外那班小丫头子道他脏手净手,等闲不准上手,其余的仆妇更不消讲了。（《儿女英雄传·35回》）

（6）当下只收了他一匹驴儿,此外不曾受他一丝一粒,只叫他在这上不在天下不着地的地方,给我结了几间茅屋,我同老母居住。（《儿女英雄传·8回》）

（7）更兼那时庙里闹了那等一个大案,也虑到那砚台落在他人手里,上面款识分明,倘然追究起来,不免倒叫安家受累,此外并无一毫私意。（《儿女英雄传·26回》）

2. 在句群中位于句子的句首

（8）乌大爷因是奉旨到通州一带查南粮去了,不得来,打发他兄弟托明阿托二爷来；此外便是莫友士先生的少君，吴侍郎的令侄；还有安公子两三个同案秀才，连老少二位程师爷、张乐世、褚一官。（《儿女英雄传·28回》）

（9）其中只有被原壤那傲慢不恭的老头子气不过，在他踝子骨上打过一杖，还究竟要算个朋友责善的道理。此外如遇着楚狂接舆、长沮、桀溺那班人，受了他许多奚落，依然还是好言相向；便是阳货、王孙贾、陈司败那等无礼，也只就他口中的话说说儿也就罢了。（《儿女英雄传·39回》）

（10）接着便是造办处请看交办的活计样子，翰林院来请阅撰文；还有某老师交题的手卷，某同年求写的对联；此外并说有三五起门生故旧从清早就来了，却在外书房等着求见。（《儿女英雄传·40回》）

（11）底下放着的便是饭碗、茶盅，又是一分匙箸筒儿，合铜锅、铫子、蜡签儿、蜡剪儿、风炉儿、板凳儿、钉子锤子之类。——都经太太预先打点了个妥当。因向公子说道："此外还有你自己使的纸笔墨砚，以至擦脸漱口的这分东西，我都告诉俩媳妇了。带的饽饽菜，你舅母合你丈母娘给你张罗呢。"（《儿女英雄传·34回》）

（12）《论语》一见，是子贡见叔孙武叔呼着圣号谤毁圣人，因申明圣号说："这两个字啊，如同日月一般，谤毁不得的。"此外却不曾见子思称过"仲尼家祖"，也不闻子贡提过"我们仲尼老师"。至于孟子那时既无三科以前认前辈的通例可遵，以后贤称先圣自然合称圣号。此外合孔夫子同时的，虽尊如鲁哀公，他祭孔夫子的诔文中也还称作"尼父"。然则这号竟不是不问张王李赵长幼亲疏混叫得的。（《儿女英雄传·29回》）

（13）雪白的一个脸皮儿，只是胖些，那脸蛋子一走一哆嗦，活脱儿一块凉粉儿；眉眼不露轻狂，只是眉毛眼睫毛重些；鼻子嘴儿倒也端正，只是鼻梁儿塌些，嘴唇儿厚些；此外略无褒贬；更加脂香粉腻，刷的一口的白牙。（《儿女英雄传·15回》）

（14）那一盘儿里是一双大红缎子掐金拉双线锁子如意锦地加"四季长春"过桥高底儿的汉装小鞋儿，合一副月白缎子镶沿裤腿儿，并一个绛色满填带子"夔龙献寿"花样天盖地起墙儿的槟榔盒儿，只这件活计，大约是他特为东屋里大奶奶不会吃烟想空了心才憋出来的个西洋法子！此外还有一对挑胡椒眼儿上加喜相逢的扣花儿鸡心荷包，却是一对儿，分在两盘儿摆着。（《儿女英雄传·40回》）

（15）褚大娘子虽是善谈，看了看今日这局面，姑娘这来头，不是连顽带笑便过得去的，只说了句："妹妹，先不要着急，听我父亲慢慢

的讲。"此外就是张老合褚一官，两个人早到厢房合公子攀谈去了。（《儿女英雄传·25回》）

（16）姐姐要讲不肯用舅母的，那是姐姐自己认的干娘；姐姐要讲不肯用公婆的，公婆用的还是姐姐帮的银子。此外只怕还有个人儿帮箱，是谁帮箱，帮的是甚么？（《儿女英雄传·26回》）

"此外"在篇章中的位置基本稳定，位于句首且只能用于后项语言单位的开头，不用于前项语言单位的开头，不能处于一个篇章最开始的位置，必须有先行句或其他先行语言单位。这个位置不仅能使信息接收者更快速地获取并加工得出下文新信息与上文旧信息之间的加合等关系，也有助于体现"此外"在篇章中连贯上下文的衔接功能。

其次，不论"此外"在小句句首、复句句首，均处在两个语言单位之间，恰好标志了句与句、段与段之间的关系，这样的"此外"稳定的篇章位置，为其逐步演变成话语标记提供了可能性。

另外，我们发现固定位于句首或段首的"此外"后常有逗号将之与其后内容相隔开，在语音上稍作停顿。这与"此外"强大的连接功能是分不开的。由于其辖域范围已经超越了句子层面，所以在韵律上是可以独立的，允许其后出现停顿；若不能独立，只能附着在句首，就会让人误解为其辖域仅限于一个句子。同时，逗号也提醒信息接收者下文内容是对上文内容范围之外的增加和补充。因此，我们可将"此外"视为表"除外—增补"的话语标记，例如：

（17）那庄农人家，耕种刨锄，剩些衣食。也叫作'有主儿的钱'。此外，有等贪官污吏，不顾官声，不惜民命，腰缠一满，十万八万的饱载而归；又有等劣幕豪奴，主人赚朝廷的，他便赚主人的，及至主人一败，他就远走高飞，卷囊而去。（《儿女英雄传·8回》）

（18）讲到烦费，第一，老爷是不枉花钱的；就是玉格这么大了，连出去逛个庙听个戏都不会。此外，老爷想，咱们家除了过日子之外，还有甚么烦费的地方儿吗？（《儿女英雄传·33回》）

（19）假如把好地都尽庄头佃户占了，是坏地都算了主人家的额租，这却使不得。一总查明白了，听上头分派。此外，查到盗典出去的地，庄头佃户既不属我家管，可得防他个不服。（《儿女英雄传·33回》）

二、"此外"连接功能的实现方式

黄国文（1988）指出："主位往往是句子的第一个成分，说明谈话的主题……是叙述的出发点、对象或基础；述位则是对主位的叙述、描写和说明，它是叙述的核心内容。"此外"前后项可以通过主位或述位部分的相同与否，实现"此外"篇章的衔接，传递出不同语境下"此外"篇章具体的意义。从我们检索的语料来看，我们发现明清时期"此外"篇章衔接的实现方式为，前后项主位相同或部分相同、述位不同，"此外"衔接的前后项"主同述不同"时，"此外"突出的是对述位信息范围的增补。例如：

(20) 当下只收了他一匹驴儿，此外不曾受他一丝一粒，只叫他在这上不在天下不着地的地方，给我结了几间茅屋，我同老母居住。(《儿女英雄传·8回》)

三、"此外"的语用功能

凸显（或突出）是强调的一种形式，是对某些特定含义、内容等的着重表达。"此外"在不同的语境中的凸显功能也不尽相同，主要以下几种：

1. "此外"在包含除外语境中，作为篇章连接成分连接前后两个或两个以上的事件

"此外"后项事件是前项事件范围之外的情况，是对前项除外判断进行的拓宽，前后项事件是从不同角度对篇章所论述主题进行的伸延，在地位和重要性上没有轻重差别，作为陈述说明同一大主题的组成部分构成"此外"篇章。此时，"此外"的语用功能是凸显其后项篇章内容的并列性。例如：

(21) 乌大爷因是奉旨到通州一带查南粮去了，不得来，打发他兄弟托明阿托二爷来；此外便是莫友士先生的少君，吴侍郎的令侄；还有安公子两三个同案秀才，连老少二位程师爷、张乐世、褚一官。(《儿女英雄传·28回》)

(22) 家人们只带了梁材、叶通、华忠、刘住儿、小小子麻花儿几个人，并两个打杂儿的厨子、剃头的去；又吩咐带上那个乌云盖雪的驴儿作了代步。此外应用的车辆牲口自有公子带同家人们分拨，老爷一盖没管。(《儿女英雄传·38回》)

2. 凸显后项的附加性

同样在包含除外语境下，"此外"充当附加连接成分连接若干事件，其后项事件内容相对于前项居于次要地位，后项事件附加在前项事件上，对主题进行补充说明，使篇章内容更加完整全面。此时，"此外"具有凸显其后项语言单位附加性的语用功能。例如：

(23) 列公请想，这桩套头裹脑的事，这段含着骨头露着肉的话，这番扯着耳朵腮颊动的节目，大约除了安老爷合燕北闲人两个心里明

镜儿似的，此外就得让说书的还知道个影子了。（《儿女英雄传·23回》）

3. 凸显后项的重要性

包含除外语境下，当"此外"前后项之间是递进关系时，后项内容是对前项的进一步推进，重要性比前项更强，是表达的重点。用"此外"引起读者注意，除了前项内容，还有更为重要的后项内容。例如：

（24）平日都是太太亲自经理，到了太太十分分不开身，只那个长姐儿偶然还许伺候戴一次帽子，此外那班小丫头子道他脏手净手，等闲不准上手，其余的仆妇更不消讲了。（《儿女英雄传·35回》）

4. 凸显前项的完全性

排他除外语境中，"此外"后项在语义上是一个否定表达，在形式上往往有否定标记"没（有）"、"无"、"不"等出现或通过反问句式表示否定意义。此时，前项内容已经包含了篇章所论述主题的所有内容，"此外"后面的内容是可以省略的，但"此外"后项的否定表达从反面强调了前项内容的完全性。例如：

（25）长姐儿见大爷出来，连忙站起来，把烟袋顺在身旁，只规规矩矩的说了句："爷起来了。"此外再没别的散碎话，还带管低着双眼皮儿，把个脸儿绷得连些裂纹儿也没有。（《儿女英雄传·38回》）

（26）讲到烦费，第一，老爷是不枉花钱的；就是玉格这么大了，连出去逛个庙听个戏都不会。此外，老爷想，咱们家除了过日子之外，还有甚么烦费的地方儿吗？（《儿女英雄传·33回》）

4.3.7.2 "接着"

黎锦熙、刘世儒（1962）在论述承接复句的顺承式时就指出，"接着"作为下句的连词，大都是表"急迅"的时间副词。在句首用"连词"的情况中，以"接着"为首的都是"承接"段。也就是说，"接着"连接的不仅仅是句子，更有段落与篇章。

一、"接着"的句法位置

在复句中连接分句，例如：

（1）转过南门，撞见朱仝，接着又杀一阵。（《水浒传·86回》）

(2) 正说着，只见赖大家的来了，接着周瑞家的张材家的都进来回事情。(《红楼梦·45回》)

(3) 西门庆进门，接着，见他酒带半酣，连忙替他脱衣裳。(《金瓶梅词话·52回》)

(4) 说着，那声音便到了跟前，接着听得扯的那关门的锁链子响，又一阵铃声，那扇背板便从里边吱喽开了。(《儿女英雄传·7回》)

(5) 那姑娘也不合他分辩，接着又向张金凤道："妹子，你想我在五十里地的那边，你在五十里地的这边，我就不知道这府、这县、这山、这庙有你这等一个人，怎的知道今年、今月、今日、今时有你遭难的这桩事，会前来搭救呢?"(《儿女英雄传·8回》)

(6) 便听得邓九公在那里催着那些庄客长工们起来打水熬粥、放牛羊、喂牲口、打扫庄院，接着就听得扫叶声、叱犊声、桔槔声，此唱彼和，大有那古桃源的风景。(《儿女英雄传·17回》)

(7) 安老夫妻连日在家便把邓九公帮的那分盛奁归着起来，接着就找补开箱，清结帐目，收拾家伙，打扫屋子。(《儿女英雄传·29回》)

(8) 又是位老师，不好不见，接着就是三四起人来，安公子一一送走了，才回到自己房里换了换衣裳，一切没得闲谈。(《儿女英雄传·40回》)

在句群中连接句子，例如：

(9) 说着，便起身走了。接着宝钗的饭至，平儿忙进来伏侍。(《红楼梦·55回》)

(10) 我将说得声'招家伙'，他早把身子一闪，那镖早打了空；接着又是第二枝打来，他不闪了，只把身子一蹲，伸手向上一绰，早把那枝镖绰在手里；说时迟，紧跟着就是第三枝打来，那时快，他把手里这枝镖发出去，打个正着，只见噌的一声，冒出一股火星子，当啷啷，两枝镖双双落地！(《儿女英雄传·15回》)

(11) 宝玉便在镫上站起来，笑携他的手，说了几句话。接着又见一个小厮带着二三十个拿扫帚簸箕的人进来，见了宝玉，都顺墙垂手立住，独那为首的小厮打千儿，请了一个安。(《红楼梦·52回》)

(12) 这日，里边正是舅太太给外外接场，他阖家就借此补庆中秋。接着连日人来人往，安公子也出去拜了两天客。(《儿女英雄传·35回》)

(13) 贾母等听说，也不便强留，大家又让了一回，送至园门，坐轿而去。接着北静王妃略坐一坐也就告辞了。余者也有终席的，也有不终席的。(《红楼梦·71回》)

出现主语时，"接着"既可以出现于主语之前，也可以出现于主语之后。"接着"位于主语之前的，例如：

(14) 那天正是八月初旬天气，一轮皓月渐渐东升，照得院子里如同白昼。接着那两个和尚把行李等件送了进来，堆在西间炕上。(《儿女英雄传·5回》)

(15) 后来李奶奶来了看见，说："宝玉未必吃了，拿来给我孙子吃去罢。"他就叫人拿了家去了。接着茜雪捧上茶来。(《红楼梦·8回》)

(16) 冯家两个未去，接着赵侍郎也有礼来了。(《红楼梦·29回》)

(17) 然后自己留了家中所用的，余者派出等例来，一分一分的堆在月台下，命人将族中的子侄唤来与他们。接着荣国府也送了许多供祖之物及与贾珍之物。(《红楼梦·53回》)

(18) 他一到京，接着舅太爷的首尾就开了一个吊，他怕咱们知道拦他，所以没告诉咱们，弄了好几千银子。(《红楼梦·101回》)

(19) 晴雯过去拉了他，替他洗净了发，用手巾拧干，松松的挽了一个慵妆髻，命他穿了衣服过这边来了。接着司内厨的婆子来问："晚饭有了，可送不送？"(《红楼梦·58回》)

(20) 过后他没悄悄的告诉咱们说："姐姐不知道，我并不是没眼色。想和尚们脏，恐怕气味熏了姐姐们。"接着他吃茶，姐姐又要茶，那个老婆子就拿了他的碗倒。(《红楼梦·66回》)

"接着"位于主语之后的，例如：

(21) 安太太听了，只唬得扔下牌，"啊"了一声。舅太太接着也道："嗳哟，这是怎么说！"(《儿女英雄传·40回》)

(22) 鸳鸯过来说道："请示老太太，晚饭伺候下了。"贾母道："请你姨太太去罢。"琥珀接着便叫人去王夫人那边请薛姨妈。(《红楼梦·88回》)

(23) 贾琏道："他还有两件：一件是围屏，一件是乐钟。共总要卖二万银子呢。"凤姐儿接着道："东西自然是好的，但是那里有这些闲钱？"(《红楼梦·92回》)

(24) 邢夫人道："可不是么？"贾母接着，因把刚才的话，告诉凤姐。(《红楼梦·84回》)

(25) 老爷听了，才说了句"是呀"，张姑娘那里就说："那么说，还得换上长飘带手巾呢。"珍姑娘接着就说："那么说，还得叫他们把数珠儿袱子带上呢。"说着，他便过东院去打点这些东西。(《儿女英雄传·40回》)

二、"接着"的句法功能

"接着"的使用很大程度起到了衔接作用，更倾向于连接类中的时间型，更多是给时间关系贴上标签，使两个行为发生或事件发生的时间关系显现化同时也表示增补关系。具体表现在"接着"的话语标记化，主要用于提示新信息。

学界目前对"接着"作为承接标记研究得不多，但就"接着"的句法功能而言，更多倾向于表达说话人态度或说话步骤意义的语言成分。"接着"在句中语义弱化，根据其虚化程度，我们只能说"接着"有话语标记化的倾向，例如：

(26) 凤姐从前头已进来了，问宝玉："可好些了？想什么吃，叫人往我那里取去。"接着，薛姨妈又来了。(《红楼梦·34回》)

(27) 过后他没悄悄的告诉咱们说："姐姐不知道，我并不是没眼色。想和尚们脏，恐怕气味熏了姐姐们。"接着他吃茶，姐姐又要茶，那个老婆子就拿了他的碗倒。(《红楼梦·66回》)

(28) 至掌灯时分，宝玉只喝了两口汤，便昏昏沉沉的睡去。接着，周瑞媳妇、吴新登媳妇、郑好时媳妇这几个有年纪常往来的，听见宝玉捱了打，也都进来。(《红楼梦·34回》)

"接着"在这里提示了时间先后的关系，但在这里更重要的作用在于引出未知信息，为人们理解后面的话语提供信息标记，从而对话语理解起引导作用。

信息通常分为两大类，即已知信息或旧信息和新信息。一般而言，已知信息是定指的或预设的信息，即发话人认为受话人已经知道的信息或者是因为在语境中实际存在，或者已经在篇章中提及。新信息是发话人认为受话人不知道的信息。正如前面的例子所显示，"接着"引出未知信息，提示新信息，从而对人们理解话语起到引导作用。例如：

(29) 一面拉着手先道了公子前番得中并连次高升的喜，接着问了这个又问那个。(《儿女英雄传·39回》)

"接着"后面一般提示新的动作和事件。以上例句中的"接着"如省去，句子也合乎语法，不影响成句，但语用上却有微妙的区别，"接着"更凸显新信息。

4.3.7.3 "紧接着"

"紧接着"表达事件在时间先后上往往十分紧凑,这里不一定是客观时间上的长短,而是主观上强调。如果不十分强调动作或事件之间这种紧凑、短促的意思,"紧接着"的句法位置和句法功能同"接着"基本相同。

"紧接着"用在复句中连接分句,例如:

(1) 转眼覆试朝考已过,紧接着殿试。(《儿女英雄传·1回》)

(2) 一时茶罢,紧接着端上菜来,四碟两碗,无非豆腐面筋青菜之流。(《儿女英雄传·5回》)

(3) 因说道:"那日正在性命呼吸之间,忽然凭空里拍拍的两个弹子,把面前的两个和尚打倒,紧接着就从半空飞下一个人来,松了绑绳,救了孩儿的性命。"(《儿女英雄传·12回》)

(4) 无如明日便是传胪大典,紧接着还有归大班引见、赴宴谢恩、登瀛释褐许多事,授了职,便要进那座翰林院到任。(《儿女英雄传·36回》)

(5) 到了会试中后,紧接着便是朝考,朝考不取,殿试再写作差些,便拿不稳点那个翰林。(《儿女英雄传·36回》)

(6) 才看了一行,只听得身背后猛可里嗡的一声,只觉一个人往脊梁上一扑,紧接着就双手搂住脖子,叫了声:"嗳哟,我的乖哟!"(《儿女英雄传·38回》)

(7) 只这一句,他也不及问究竟是上那儿去,立刻就唬了一身冷汗,紧接着肚子拧着一阵疼。(《儿女英雄传·40回》)

"紧接着"在句群中连接句子,例如:

(8) 家人们在外边开发喜钱。紧接着就有内城各家亲友看了榜先遣人来道喜,把位安太太忙得头脸也不曾好生梳洗得。(《儿女英雄传·1回》)

(9) 说了这句,自己可不会问人家的姓。紧接着就把那家住北京改了个方向儿,前往南河掉了个过儿,说:"我是保定府人。"(《儿女英雄传·5回》)

(10) 只听他道:"有理,有理!"紧接着就像是在那里整理衣裳带子。(《儿女英雄传·8回》)

(11) 正盼望间,但见外面家人从二门旁边跑进来,回了一声说:"师老爷进来了。"紧接着吱喽喽屏门大开,就请进那位师老爷来。(《儿女英雄传·37回》)

(12) 那张、褚两个引着喜娘儿便扶定新人上了三层台阶儿，过了一道门槛儿，走了几步，又听旁边仍照前一样的赞唱两跪六叩起来。又听得赞道："请翁姑上堂，高升上坐，儿媳拜见。"紧接着又赞了一句道："揭去红巾。"便听安太太那里嘱咐公子道："阿哥，你可慢慢儿的。"（《儿女英雄传·28回》）

(13) 便因此动了我夫子一片挽回世道的深心，所以倒问他'何以报德'？紧接着便告诉他'以直报怨，以德报德'。（《儿女英雄传·39回》）

(14) 及至见太太一哭，他只道果然是太太舍不得放他，觉得这事还不大把稳，又急得哭起来。紧接着听太太后来这两句话，他才知敢是太太也有这番恩典。（《儿女英雄传·40回》）

出现主语时，"紧接着"既可以位于主语之前，也可以位于主语之后。"紧接着"位于主语之后的用例较少，例如：

(15) 这个当儿，再也拦不回他去不算外，他紧接着也照褚大娘子那么这个好那个好，把安老爷家的人问了个到。（《儿女英雄传·39回》）

"紧接着"在句群中，位于下一句子之首，例如：

(16) 何小姐听婆婆如此说，将要说话，又望着张姑娘向外间努了个嘴儿，那光景像是叫他瞧瞧外间儿有人没人；紧接着张姑娘走到屋门旁边儿，探着身子望外瞧了瞧，回头只笑合何小姐摆手儿，那神情像是告诉他外间儿没人。（《儿女英雄传·40回》）

(17) 安老爷这里便合大家说了说路上的光景，讲了讲邓九公那里的情由。紧接着行李车也到了，众小厮忙着往里交东西，有的点交带去的衣箱的，有的点交路上的用帐的，都在那里等着见长姐儿姑娘。（《儿女英雄传·40回》）

(18) 那时又正遇乌克斋放了掌院，有心答报师门，提拔门生，便派了他个撰文的差使，因此公子又加了些公忙。紧接着又有了大考的旨意。（《儿女英雄传·38回》）

(19) 他姐妹两个就连忙把话掩住不提。紧接着张老夫妻把煮的肘子、肥鸡、连饭锅、小菜、酱油、蒜片、饭碗、匙箸，分作两三趟都搬运了来，分作两桌。（《儿女英雄传·9回》）

4.4　明清汉语承接标记小结

　　承接关系标记是汉语关系标记系统中相对稳定的类，相对而言数量不多、变化不大，明清汉语承接标记沿袭前期承接标记，同时在双音节和语化趋势下相对稳定而又不断发展。

　　就来源而言，承接结构"历时性并列"的实质也就决定了承接结构的形式标记——承接标记，主要有两种来源：一是源于某些单语素并列标记"而"、"以"；二是源于汉语中表现时间概念的一些方式，如时间词"而后"、"然后"、时间介词"因"、指称时间性成分的代词"于是"、"那么"、以本身隐含的时间性表时间概念的动词"至于"、"接着"、"紧接着"等，以及以它们为中心构成的一些粘合形式或者逐渐因语境沾染而具有时间表述功能的相关成分"然"、"则"等。值得注意的是，明清时期出现了新的承接关系标记"这么"、"那么"、"此外"等，这些承接关系标记一直沿用至今。"这么着"和"那么着"在明清当时的方言中表现出不同的演变特点，"那么"在同一时期（清代）不同的方言区域其形成过程是不一样的：反映北京话的《儿女英雄传》中"那么"的连词化发生在对话语境和非对话语境中，具有渐变性；而山东方言"那么"的连词化则只出现在对话语境中，而且其过程缺少中间环节。"这"系代词与"那"系代词的语用差异对代词在篇章衔接中所表示的逻辑关系也有一定的影响。"这么着"和"那么着"、"虽然"都可以回指前文事件，有时"分句"是由前文事件引发的另一事件，二者都可以表示连贯关系，"这么着"更具有"现实性"特征，而"那么着"则更具有"非现实性"特征，主观性更强，因此，具有"指示"、"近指"功能的"这么"倾向于演变为连贯关系词语，具有"称代"、"远指"功能的"那么"倾向于演变为推断关系词语。

　　就系统调整与发展而言，明清汉语时期单语素承接连词衰萎，双音承接连词占主导，并且单语素与双音节两类连词语法功能上的分工更加明显。"然"单独作承接连词的用法只在晚唐语料中有少量用例，之后更倾向于与其后成分粘合成双音承接连词"然后"、"然则"等。"因"逐渐让位于功能相仿的双音连词"于是"。"则"与后起的承接连词相比文言色彩较浓，因而在明清汉语的用例已经不多。而仍保持一定生命力的单语素连词"而"和"以"，与双音承接连词分工明确，形成互补格局，"而"和"以"主要用在句内，连接原因与结果、方式/情状与动作、地点与动作等成分。而双音承接连词则一般用在句际体现客观时序，基本没有句内用法。

另外，在书面语逐渐摆脱文言色彩，与口语趋合的整体走向下，白话色彩较浓的承接连词在择一竞争中具有明显优势。上古时期就有承接用例的"若乃"、"若夫"，近代汉语被用法相类的"至于"取代，口语色彩上不及"那么"。"然则"在相类连词的择一性竞争中没有优势，这一承接用法逐渐消失，只在清代《儿女英雄传》中有比较集中的用例，"那么"则成为这一类型承接连词的主要代表，一直沿用到现代汉语而不衰。

第 5 章
结语

明清汉语是汉语发展史上连接古代汉语和现代汉语的重要中间阶段,并列关系标记是汉语连词系统中最基本、最重要的类型。本书以明清汉语并列关系标记这一特定时段特定类型为研究对象,在运用标记理论细致分析和依托几种主要语料系统描写的基础上,着重从历时性角度对并列、承接、递进、选择四类表"并列聚合"的关系标记在语源及形成、发展及演变方面的特点和规律进行了探讨,同时在并列关系标记研究方法和整个关系标记系统的演进特点上也得到一些启示。

5.1 从并列关系标记研究看关系标记的探源方法

作为语法化程度更为深入的一类关系标记,关系标记在"渊源"方法上有着一定的独特性。关系标记可以看作是它所联系的前后部分之间关系类型的形式标记,关系标记系统的不断发展是汉语表达从意合的无标形式走向有标形式的表现之一。形式标记的作用是对无标状态下意欲传达的信息的显示和强化,因此可以说对没有关系标记的无标结构本质的分析也就是对关系标记形式根本作用的把握。通过对无标结构的细致分析形成对某类关系标记根本作用的准确认识,然后以此为切入点一以贯之,可以对此类关系标记的各种语源形成更加准确、更加系统性的认识。因为各种具体来源的连词都是以实现此类连词的根本作用为指向而经语法化过程聚合在一起的。

在这种方法的指导下,"并列聚合"下的并列、承接、递进、选择四类关系"溯源"都可以形成具有统一指向的演化系统。并列结构体现出的两个以上的连接对象之间对称性和一体性的本质属性决定了它的形式标记，要由语义、功能上或形式上更宜满足"减弱时间顺序的干扰"和"体现对称性和一体性关系"两个条件的非连词性成分经过语法化过程形成。承接关系是并列结构内时间因素催生的"历时性并列"，这种本质从根本上决定了它有标格式中的形式标记——承接标记，主要有两种语源，要么源于某些单语素并列连词的转类，要么源于语言中表现时间概念的一些方式。递进结构是并列关系在量范畴意义上进一步有序化形成的"纵向并列"，标示和凸显前后部分之间这种变化趋势的形式标记，是建立在语境赋予或语义引申基础的实词虚化，是否定词和相关成分粘合成的欲扬先抑式的预递性铺垫。选择则是一种特殊的并列关系，是可能情境中不具有共存性的"析取式并列"，并列结构中前后对应的构式在句意影响上的语法化是选择关系标记的主要来源。从对以上并列关系标记的分析可见，从无标结构的本质分析着手，在把握关系标记所要承担的根本作用的基础上再探求各个关系标记的具体语源，可以很大程度上溯本清源，形成更加科学和系统的认识。

5.2 从并列关系标记研究看关系标记的语法化特点

并列关系标记是汉语关系标记系统中最根本、最重一要的类，无论语源上还是具体产生方式上都可以很大程度上折射出整个关系标记系统的基本规律。

5.2.1 语源多元化

从并列关系标记的研究可以看出，连词语源多元化，实词、虚词、短语、结构甚至小句都可以语法化为关系标记。

名词的连词化。如并列连词"一面……一面……"源于方位名词。在渐进的语法化过程中，原为小句主语的方位词"一面"意义泛化，与全句主语的关系逐渐疏离，后面所接谓语的动词性也逐渐增强。"一面……一面……"失去表具体空间的词汇意义而仅依附于它后面的动词存在。方位义弱化的同时，方位名词连用格式隐含的"相对且并存"的衍生义被保存并强化，"一面……一面……"转而表达连用形式所关联的两个不同状态或动作之间相对而又并存的关系，虚化为并列连词。

动词的连词化。承接连词"至于"，递进连词"以至"、"甚至"都是动词"至"连词化的相关结果。"至"本为表运动变化、地点转换的动词，在词义引申和泛化的基础上不断虚化，与相邻其他成分粘合转而表时间的前后承转而成承接连词，转而表范围、程度上的抽象变化而成递进连词。选择连词"宁"则是能愿动词的连词化，作为古汉语中常用能愿动词，"宁"原本就是主观意愿的表达方式之一，高频使用和位置合宜的条件下重新分析为表主观性已定选择的选择连词。

指代词的连词化。如承接连词"那么"、选择连词"或……或……"等都有指代成分参与构成。指代对象的语源意义直接影响指代成分虚化后的演进方向。"那么"在常作时间状语的定中结构"那么时"中虚化而成，语法化过程中综合了两个组成部分的语法功能，具有了"那么"原本作为指代词的连接功能，以及"时"表达时间次序的作用，转化为以时间的连贯性而表连接的承接连词。上古汉语中"或"为肯定性无定代词，随着语义虚化和语用视角的转换，连用形式"或……或……"演变为表任选的未定选择连词。

数词的连词化。框架式并列连词"第一……第二……第三……"及其相关形式都是由数词结构虚化而来。这种格式中数词形式原本实际是省略式的数名结构作主语。虽然序数词本身都有着严格的先后顺序，具体语境中如果其后所列成分之间在语义上没有明显的孰前孰后的限制，再加数词后面的部分在语法结构上往往比较对称和齐整，这种数词结构严整的顺序意味就逐渐被淡化甚至消失。作为主语的名词往往承前省略或者不言而喻，数词的排序意义也就不存在了，数名结构在意义链存在的必要性越来越小，在后面所跟部分不分先后、语义平行的影响下，通过重新分析就可以理解为，通过数词复现形式体现它们关联的小句之间平行并列关系的形式标记。

介词的连词化。并列连词"与"、"及"、"和"，承接连词"因"都是源于介词在语境中的虚化。"与"、"及"、"和"同样经历了"伴随动词→伴随介词→并列连词"的虚化过程，而"因"的语法化过程可以解析为：名词"因"→动词"因"→介词"因"＋宾语→介词"因"（＋宾语）→连词"因"。

副词的连词化。并列连词"又……又……"、"比……且……"、"也……也……"是副词"又"、"且"和"也"在连用格式中的连词化。有连用格式，语义上为并存列举或者同时进行关系，是认定这类并列连词的几个必要条件。

短语的连词化。承接连词"于是"多在句首作时间状语，语义相当"在这时候"的"于＋是"粘合后语法化为承接连词。状中短语"不说"则在句法位置合宜，以及言说动词"说"不断虚化的条件下语法化为递进连词。

结构式的连词化。选择连词"为……为……"、"是……是……"、"不是……就是……"都是系词结构连词化的结果。"为"、"是"作为判断词时的肯定意义使得它们所在的结构转化为表任选的未定选择连词，而"不是……就是……"中前项的否定意义则使它所在的结构转化为表限选的未定选择连词。

小句①的连词化。选择连词"要不"、"不然"、"再不"都是由语义上、语法位置上串联前后分句的省略性或指代性小句在双音趋势下逐步连词化的结果。小句词汇化是实词和其他虚词发展中没有的现象。

连词自身的转类。体现不同关系类型的连词之间的转化并不是无序可循,而是有一定方向性的。一般而言,基础结构中的连词可以向衍生结构中的连词转化,而衍生结构中的连词不可以反向发展。比如并列连词"而"、"以"转化为承接连词,并列连词"而"、"且"、"并"、"兼"转化为递进连词,但承接、递进向并列关系转化的演变是不存在的。

5.2.2　形成方式多样化

较之其他词类,连词语法化的方式更为多样,通过实词虚化、虚词转化、同义复合、词汇粘合、词组凝固以及附加后缀都可以形成连词。

实词虚化,语言中意义实在的词词义虚化而仅表示语法意义。源于动词的"至于"、源于名词的"一边……一边……"、源于指代词的"然"等都是实词虚化的。

虚词转化,某一虚词在演变过程中语法功能发生变化,由一种虚词转变为另种虚词。伴随介词虚化而来的并列连词"与"、"及"、"和",累加副词虚化而来的"也……也……"、"又……又……",助词结构虚化来的"……也罢……也罢"都是通过这种方式生成的。

同义复合是指由两个同义连词复合成新的、用法与单个构词成分相同的双音连词。同义复合式的产生是汉语双音趋势对连词系统影响的结果,如并列连词"以及"、递进连词"况且"的形成。

词汇粘合句中没有直接组合关系仅是位置相邻的两个词虚化并粘合成一个连词。并列连词"及其"、承接连词"然后"、递进连词"何况"等都是粘合式并列关系连词。

词组凝固类似于词组的结构成分虚化而凝固成双音连词,如承接连词"于是"、递进连词"甚至"。

附加后缀单个连词再加后缀构成新生连词。如"说"和"是"都由动词虚化为词内附加成分,承接连词"那么"附加"说"构成新生连词"那么说"。由选择连词"或"附加后缀"是"构成新生连词"或是"。

---

① 如一些并列关系小句根据常识和不过量准则往往可以推导出不对称关系的含义,如"实验失败了,他没有灰心"可以推导出"实验失败没有使他灰心"的使成意思来,还可以进一步推导出"虽然实验失败,但是他没有灰心"的转折意思来,这是通常所说的"不对称并列关系"推导。跨语言的证据表明,"并列连词＞转折连词"、"并列连词＞承接连词"、"承接连词＞因果连词"都是常见的语法化序列。

概念叠加和构式整合构成新并列关系标记。递进连接词"何况"和"岂况"无法用这两种方式来说明。这两个词始见于西汉，考察表明，在古汉语中"何"与"况"、"岂"与"况"既不可能发生句法关系，也不可能发生词法关系，只有用概念叠加和构式整合来解释这两个连接词的成词方式。

比较以上七种，实词虚化和虚词转化是更为基础的连词语法化方式，早期连词的生成大多如此。明清汉语时期，后几种则是更为常见、更为重要的连词形成方式。

5.3　从并列关系标记研究看明清并列关系标记系统特点

一、累积性和渐变性

明清汉语并列标记系统兼具有累积性和渐变性，相对稳定而又不断发展。

稳定性方面，明清汉语并列标记不少是从上古、中古汉语继承而来，如并列连词"与"、"及"、"而"，承接连词"且"、"至于"，递进连词"况"、"非唯"，选择连词"或"、"为"。同时，即使就新生连词来说，其中也往往有旧有连词作为语素成分参与构成，如并列连词"以及"、承接连词"然则"、递进连词"而且"等。或者是以词汇代替方式对旧有形式的继承，如选择连词"不是……就是"。

渐变性方面，并列、承接、递进和选择，每一次类在明清时期都有新词产生，都有新旧连词之间的更新和兴替，如并列连词中近代汉语产生，明清时期发展成熟的"和"逐渐取代古代汉语中的"与"和"及"，成为最高频使用的词间并列连词，递进连词中"不但"逐渐取代"非唯"等，成为递进连词的典型代表，并一直沿用到现代汉语。另外，无论旧有还是新生连词，明清汉语时期功能和用法大多又得到进一步的发展。如并列连词"一面……一面……"在表示事件并存的基础上，又发展出表动作行为同时进行的用法，选择连词"还是"、"要不"等在用于限选式未定选择的基础上，又发展出表先舍后取式已定选择的用法。

二、聚合性和择一性

明清时期新生大量连词。类推机制下或者产生方式多次复制或者构成成分同义替换，从而产生语源和用法上都相似的多个连词，形成词类聚合。另外，功能和用法相同相似的单语素和双音节形式的并存也是连词聚合的原因之一。但是，语言系统严密性和经济性的要求决定了连词聚合只能是"合久必分"。

在形成聚合的一类连词中，能够适应汉语整体发展趋势、比较有生命力的几个成为典型代表得到更大的发展，其他成员则在系统调整中要么主要语法功能发生变化，要么逐渐被排挤出汉语连词系统，成为某一历史时期特有的语言现象。

如并列连词中源于复现空间成分的"一面……一面……"类，明清汉语时期在形成方式的类推下形成"一面……一面……"、"一边……一边……"、"一壁（厢）……一壁（厢）……"、"一头……一头……"、"一行……一行……"等多个相似连词，而发展到明清时期直至现代汉语，"一面……一面……"、"一边……一边……"成为句际常用的框架式并列连词，方言色彩浓重的"一壁（厢）……一壁（厢）……"、"一行……一行……"已经不见用例，"一头……一头……"则更多地用于口语。再如递进连词中的"不但"类和"不说"类，一定时期通过对词内两个构成语素的同义并换形成较大的同义聚合群，但也仅有较为典型的"不以"、"不仅"、"不说"等一直沿用到现代汉语，"不论"则语法功能发生转变，成为现代汉语一个重要的条件连词。

由此可见，聚合和择一两种作用力两相配合，一方面可以更好地保持连词系统旺盛的生命力，另一方面也可以更有效地发挥此类虚词的语法功能。

三、双音化和口语化

双音化和口语化是明清汉语连词发展的鲜明特点，是汉语双音节和文言合一两个整体发展趋势在这一时期连词系统中的体现。"并列聚合"下的四类连词发展中都具有明显的双音和口语化倾向，尤其是承接连词类在此期的整合与分工突出地体现了这两个发展方向。这一时期承接连词中，单语素形式衰萎，双音形式占据导，单音节"然"作承接连词的用法只在晚唐语料中有少量用例，明清之后更倾向于与其后成分粘合成双音承接连词"然后"、"然则"等，"因"逐渐让位于功能相仿的双音连词"于是"。仍保持一定生命力的单语素"而"和"以"，与双音承接连词分工明确，形成互补格局。另外，白话色彩较浓的形式在相同连词的择一竞争中具有明显优势，"若乃"、"若夫"上古时期就有承接用法，明清时期由于自身文言色彩相对较浓逐渐被用法相类的"至于"取代。"然则"和"那么"都有代词成分参与构成，具有承生上启下的功能，口语色彩不及"那么"的"然则"承接用法逐渐消失，明清时期只在《儿女英雄传》中有比较集中的用例。

5.4 从并列关系标记研究看其下属子系统近代汉语时期特点

明清时期，并列关系标记类下属并列、承接、递进和选择四个子系统还分别表现出各自不同的具体发展趋势。

就并列连词而言，明清时期单语素并列连词仍占重要地位，主要承担句内连接。框架式并列连词集中出现并臻于成熟，填补了汉语句际并列连词的缺失。在单语素和框架式的夹缝中，双音节并列连词发展的必要性和可能性始终不高，与其他连词系统相比，双音节化在并列连词系统中的影响较弱。

就承接连词而言，明清时期单语素承接连词衰萎，双音承接连词占主导，并且单语素、双音节两类连词语法功能上的分工更加明显，单语素承接连词主要用于句内连接，没有句际分句或句子之间用法，双音承接连词则一般用在句际分句，基本没有句内用法。

就递进连词而言，明清时期双音趋势影响深刻，聚合性和择一性表现明显。通过同义复合、词组凝定、词汇粘合等方式新生一批双音连词，单音节已经不再是这时期汉语递进连词系统的主体。粘合式成为这一时期递进连词中数量最多、用法最齐备的成员，否定词和限止副词跨层粘合而成的"不但"类，与否定词和言说动词粘合而成的"不说"类，在这一时期表现出强大的能产性和类推性，通过对两个构成语素的同类替代形成了较大的同义聚合群。

就选择连词而言，明清时期沿用前代的选择连词很少，新生连词构成这一时期选择连词系统的主体，并积淀为现代汉语时期主要的选择连词，结构式的连词化是选择连词生成的重要方式。

参考文献

[1] 毕永峨. "也"在三个话语平面上的体现：多义性或抽象性[C]. //戴浩一，薛凤生. 功能主义与汉语语法. 北京：北京语言学院出版社，1994.

[2] 陈宝勤. 试论"而后""而已""而况""而且""既而""俄而""然而"[J]. 古汉语研究，1994（3）.

[3] 储泽祥，谢晓明，唐爱华，等. 汉语联合短语研究[M]. 长沙：湖南大学出版社，2002.

[4] 储泽祥，谢晓明. 异类词联合短语研究[J]. 中国语文，2003（3）.

[5] 戴浩一，黄河.1988 时间顺序和汉语的语序[J]. 国外语言学，1988（1）.

[6] 邓云华. 英汉联合短语的对比研究[M]. 长沙：湖南人民出版社，2005.

[7] 邓云华，储泽祥. 英汉联合短语的共性研究[J]. 外语与外语教学，2005（2）.

[8] 邓云华. 英汉异类联合短语的对比研究[J]. 外语与外语教学，2006（8）.

[9] 邓云华. 并列短语典型性的认知研究[J]. 外语与外语教学，2007（5）.

[10] 邓云华. 汉语并列短语标记隐现的认知研究[J]. 湖南科技学院学报，2008（9）.

[11] 董秀芳. 词汇化与话语标记的形成[J]. 世界汉语教学，2007（1）.

[12] 董秀芳. 词汇化汉语双音词的衍生和发展[M]. 北京：商务印书馆，2011.

[13] 范开泰. 关联词语[M]. 上海：上海教育出版社，1981.

[14] 方梅. 词汇化与话语标记的形成 [J]. 世界汉语教学, 2000 (1).

[15] 方梅. 自然口语中弱化连词的话语标记功能 [J]. 中国语文, 2008 (5).

[16] 方有国. 古汉语主谓间"而"字研究 [J]. 西南大学学报, 2002 (4).

[17] 傅玉. 现代汉语中存在动词空缺句吗 [J]. 外国语, 2012 (5).

[18] 袭千炎.《儿女英雄传》是《红楼梦》通向现代北京话的中途站 [J]. 语文研究, 1994 (1).

[19] 高育花. 近代汉语"和"类虚词研究述评 [J]. 古汉语研究, 1998 (3).

[20] 郭凤岚. "又 A 又 B" 格式的认知模式 [J]. 世界汉语教学, 2000 (3).

[21] 江蓝生. 句法结构隐含义的显现与句法创新 [J]. 语言科学, 2013 (3).

[22] 江蓝生. 连-介词表处所功能的来源及其非同质性 [J]. 中国语文, 2014 (6).

[23] 江蓝生. 超常组合与语义羡余——汉语语法化诱因新探 [J]. 中国语文, 2016 (5).

[24] 蒋绍愚. 近代汉语研究概况 [M]. 北京: 北京大学出版社, 1994.

[25] 蓝鹰, 洪波. 上古汉语虚词研究 [M]. 成都: 四川人民出版社, 2001.

[26] 雷冬平, 胡丽珍. 语气助词"也罢"的功能及语法化过程 [J]. 北方论丛, 2008 (4).

[27] 李丹弟. 汉语并列连接词在分句中的位置 [J]. 汉语学习, 2010 (4).

[28] 李丹弟. 汉语有标并列词语考察——对汉语"意合"特征的重新审视 [J]. 外语教学, 2012 (6).

[29] 李丹弟. 语序类型中的并列连词参项 [J]. 语言研究, 2016 (1).

[30] 黎锦熙, 刘世儒. 联合词组和联合复句 [M]. 上海: 上海教育出版社, 1985.

[31] 李杰群. 连词"则"的起源和发展 [J]. 中国语文, 2001 (6).

[32] 李玉萍. 标记理论及其在外语教学中的应用 [J]. 解放军外国语学院学报, 2004 (4).

[33] 李裕德. 现代汉语词语搭配 [M]. 北京: 商务印书馆国际有限公司, 1998.

[34] 李晓琪. 现代汉语复句中关联词的位置 [J]. 语言教学与研究, 1991 (2).

［35］李育林，邓云华．并列短语标记性的认知研究［J］．外语与外语教学，2009（4）．

［36］李亚非．从并列结构的句法条件看边缘语料的理论意义［J］．当代语言学，2009（4）．

［37］李占炳．并列结构的类型学研究［M］．北京：商务印书馆，2019．

［38］廖秋忠．现代汉语并列名词性成分的顺序［J］．中国语文，1992（3）．

［39］铃木庆夏．"爸爸妈妈"等无标记并列结构的语法地位［J］．语言科学，2008（2）．

［40］刘坚．试论"和"字的发展——附论"共"字和"连"字［J］．中国语文，1989（6）．

［41］刘丹青．语序类型学与介词理论［M］．北京：商务印书馆，2003．

［42］刘丹青．语法调查研究手册［M］上海：上海教育出版社，2008．

［43］刘丹青．并列结构的句法限制及其初步解释［C］．//中国语文杂志社．语法研究和探索（第十四辑），2008．

［44］刘丹青．汉语是一种动词型语言——试说动词型语言和名词型语言的类型差异［J］．世界汉语教学，2010（1）．

［45］刘爱菊．汉语并列连词与伴随介词共时纠葛的历时分化——以并列连词"及"的历时语法化来源为例［J］．南开语言学刊，2006（1）．

［46］卢烈红．配对型"也好"源流考［J］．中国语文，2012（1）．

［47］卢烈红．"也罢"源流考［J］．苏州大学学报，2013（3）．

［48］陆丙甫．人脑短时记忆机制和人类语言结构的关系［J］．世界科学，1983（9）．

［49］陆丙甫．语句理解的同步组块过程及其数量描述［J］．中国语文，1986（2）．

［50］陆丙甫．核心推导语法［M］．上海：上海教育出版社，1993．

［51］陆丙甫．从语义，语用看语法形式的实质［J］．中国语文，1998（5）．

［52］陆丙甫．作为一条语言共性的"距离-标记对应律"［J］．中国语文，2004（1）．

［53］陆丙甫．语序优势的认知解释（上）：论可别度对语序的普遍影响［J］．当代语言学，2005（1）．

［54］马清华．并列结构的自组织研究［D］．上海：华东师范大学，2004．

［55］马清华．并列连词的语法化轨迹及其普遍性［J］．民族语文，2005（1）．

［56］潘国英．修饰成分作为降级述谓性成分的地位［J］．世界汉语教学，2012（1）．

［57］彭小川，赵敏．连词"并"用法考察［J］．暨南学报（人文科学与社会科学版），2004（1）．

［58］彭睿．构式语法的机制和后果——以"从而""以及"和"极其"的演变为例［J］．汉语学报 2007（3）．

［59］沈家煊．类型学中的标记模式［J］．外语教学与研究，1997（1）．

［60］沈家煊．语言的"主观性"和"主观化［J］．外语教学与研究，2001（4）．

［61］宋青，曹炜．北京话并列连词的历史嬗变（1750—1950）［J］．学术交流，2012（2）．

［62］吴福祥．汉语伴随介词语法化的类型学研究——兼论SVO型语言中伴随介词—的两种演化模式［J］．中国语文，2003（1）．

［63］吴云芳．V＋V形成的并列结构［J］．语言研究，2004（9）．

［64］吴云芳．面向语言信息处理的现代汉语并列结构研究［M］．北京：北京师范大学出版社，2013．

［65］吴为善．汉语韵律框架及其词语整合效应［M］．上海：学林出版社，2011．

［66］谢信一，叶蜚声．汉语中的时间和意向（中）［J］．国外语言学，1992（1）．

［67］席嘉．近代汉语连词研究［M］．北京：中国社会科学出版社，2010．

［68］邢福义．邢福义自选集［M］．郑州：河南教育出版社，1993．

［69］邢福义．汉语复句研究［M］．北京：商务印书馆，2001．

［70］徐盛桓．A and B 语法化研究［J］．外语教学与研究，2004（1）．

［71］姚双云．递进层级句式的关联与易位［J］．语言教学与研究，2006（3）．

［72］姚双云．复句关系标记的搭配研究［M］．武汉：华中师范大学出版社，2008．

［73］姚双云．由"语义镜像法"看"而且"的并列用法［J］．汉语学报，2017（3）．

［74］姚双云．关联标记的语体差异性研究［M］．北京：世界图书出版公司，2017．

［75］玉柱．关于介词和连词的区分问题［J］．汉语学习，1988（6）．

［76］于江．近代汉语"和"类虚词的历史考察［J］．中国语文，1996（6）．

［77］袁毓林．并列结构的否定表达［J］．语言文字应用，1999（3）．

［78］袁毓林．定语顺序的认知解释及其理论蕴涵［J］．中国社会科学，1999（2）．

[79] 朱德熙. 语法讲义 [M]. 北京：商务印书馆，1982.

[80] 张敏.1 认知语言学与汉语名词短语 [M]. 北京：中国社会科学出版社，1998.

[81] 张亚茹.《红楼梦》中的并列连词 [J]. 语言教学与研究，2005（3）.

[82] 张宜春. 并列结构中并列项的句法结构和序列 [J]. 盐城师范学院学报，2003（3）.

[83] 张谊生. "就是"的篇章衔接功能及其语法化历程 [J]. 世界汉语教学，2002（3）.

[84] 赵永新. 汉语的"和"与英语的"and" [J]. 语言教学与研究，1983（1）.

[85] 周刚. 连词与相关问题 [M]. 合肥：安徽教育出版社，2001.

[86] 周荐. 四字组合论 [J]. 汉语学报，2004（1）.

[87] 周荐. 汉语词汇结构论 [M]. 上海：上海辞书出版社，2005.

[88] 周欣. 现代汉语并列 N 项式研究 [D]. 保定：河北大学，2006.

[89] 邹哲承. 联合结构的研究 [D]. 上海：上海师范大学博士论，2001.

[90] 邹哲承. 联合结构的标记类型及其作用 [J]. 山西师大学报（社会科学版），2002（2）.

[91] 朱晓亚. 并列短语的句法作用 [J]. 世界汉语教学，2001（1）.

[92] Aoun J, Benmamoun E, Sportiche D. Agreement, word order, and conjunction in some varieties of Arabic [J]. Linguistic inquiry, 1994（195-220）.

[93] Aoun J, Benmamoun E, Sportiche D. Further remarks on first conjunct agreement [J]. Linguistic inquiry, 1999, 30（4），669-681.

[94] Borsley R D. In defence of coordinate structures [J]. Linguistic Analysis, 1994（24）.

[95] Burton S, Grimshaw J. Coordination and VP-internal subjects [J]. Linguistic Inquiry, 1992（23）.

[96] Corbett G G. The agreement hierarchy [J]. Journal of linguistics, 1979, 15（2）：203-224.

[97] Croft W. Typology and universals [M]. Cambridge：Cambridge University Press，2002.

[98] Croft W, Poole K T. Inferring universals from grammatical variation：Multidimensional scaling for typological analysis [J]. Theoretical linguistics, 2008, 34（1）：1-37.

[99] Dryer M S. On the six-way word order typology [J]. Studies in Language, 1997, 21 (1): 69-103.

[100] Dryer M S. Significant and non-significant implicational universals [J]. Linguistic typology, 2003, 7 (1): 108-128.

[101] Dougherty R C. A grammar of coordinate conjoined structures [J]. Language, 1970 (46).

[102] Gazdar Gerald. Unbounded dependencies and coordinate structure [J]. Linguistic Inquiry, 1981 (12).

[103] George Lakoff. Women, fire and dangerous things: What categories reveal about the mind [M]. Chicago and London: The University of Chicago Press, 1987.

[104] Gleitman L R. Coordinating conjunctions in English [J]. Language, 1965 (41).

[105] Goodall Grant. Parallel structures in syntax: Coordination, causatives, and restructuring [M]. Cambridge: Cambridge University Press, 1987.

[106] Hudson R A. Coordination and grammatical relations [J]. Journal of Linguistics, 1988 (24).

[107] Namog H. A diachronic dimension in maps of case functions [J]. Linguistic Discovery, 2010, 8 (1): 233-254.

[108] Nishiyama K. Conjunctive agreement in Lamaholot [J]. Journal of Linguistics, 2011, 47 (2): 381-405.

[109] Rodney Huddleston, et al. The Cambridge grammar of the English language [M]. Cambridge: Cambridge University Press, 2002.

[110] Samuel Bayer. The coordination of unlike categories [J]. Language, 1996 (3).

[111] Wilson D, Sperber D. Linguistic form and relevance [J]. Lingua, 1993, 90 (1): 1-25.

[112] Xu L. Choice between the overt and the covert [J]. Transactions of the Philological Society, 2003, 101 (1): 81-107.

后记

本书是在博士后出站报告的基础上修改而成的。2016年的夏天，经北京大学宋亚云老师的推荐，蒙石锓老师不弃，我到湖北大学文学院从事博士后研究工作，石老师是语言学界著名的专家，是国家社会科学基金重大项目"类型学视角下的明清汉语语法研究"（15ZB098）的首席专家，在我进站之后，石老师让我根据自己的兴趣爱好，选择一个研究方向作为自己的主攻方向。之所以会选择并列标记作为自己的研究方向，是因为在博士期间研究汉语双音并列式复合形容词的时候发现汉语中的并列结构的一些问题很有意思，于是就选择了明清汉语并列标记作为自己的研究对象。

资质愚钝，又懒散成性的我，最终将报告写成了"急就章"。出站之后，由于家庭原因，我没能留在湖北大学文学院继续工作。在京工作期间，石老师又多次督促我修改文稿，且来京出差之余还专门找我谈话，鼓励我继续修改，不要放弃，可以说，这本书能有今天这样子，很大程度上都是石老师的功劳。石老师不仅在学术上给了我很多的指引，在站期间，石老师和师母也一直对我的家庭生活给予了很大的关心，我出站回京，石老师也对我的决定表示理解，石老师的学问和人品是我终身学习的榜样，所以在这里感谢石老师，能够受业于石老师是我这辈子很大的荣幸！

其次，同样要感谢推荐我的宋亚云老师，我一直认为宋老师是我人生中的贵人，在写博士论文期间，他就曾给过我很多指导，博士毕业之后，又极力推荐我到湖北大学文学院做师资博士后，所以我才有机会继续跟石老师研究学习，在这里向宋老师表示诚挚的谢意。

感谢湖北大学文学院的领导和同事，在两年的时间里，他们都给了我很多学术和生活上的启发，尤其是王光和教授、张鹏飞教授、周赛华教授、杜朝晖教授、邱庆山教授，跟他们的每次讨论、每次交流都让我受益匪浅。

感谢石门的同门们，杨红、刘云峰、刘念、马碧、高科、小艾……他们都给予了我很多的鼓励和帮助，让我的生活充满阳光、充满力量。

感谢我的家人一直以来的默默的支持，没有他们无私的理解和支持，该书是没有办法完成的，真心谢谢你们。

感谢华中科技大学出版社的宋焱老师为本书出版付出的辛劳。

闫长伟

2022 年 11 月 15 日　北京

图书在版编目（CIP）数据

基于类型学视角的明清汉语并列标记研究/闫长伟著．—武汉：华中科技大学出版社，2023.9

（明清汉语语法研究丛书）

ISBN 978-7-5680-9851-9

Ⅰ.① 基… Ⅱ.① 闫… Ⅲ.① 汉语-并列（语法）-研究-明清时代 Ⅳ.① H141

中国国家版本馆 CIP 数据核字（2023）第 184213 号

基于类型学视角的明清汉语并列标记研究　　　　　　　　　　　　　　　　　　闫长伟　著
Jiyu Leixingxue Shijiao de Ming-Qing Hanyu Binglie Biaoji Yanjiu

策划编辑：	宋　焱　周晓方
责任编辑：	张汇娟　宋　焱
封面设计：	原色设计
责任监印：	周治超
出版发行：	华中科技大学出版社（中国·武汉）　电话：(027) 81321913
	武汉市东湖新技术开发区华工科技园　邮编：430223
录　　排：	华中科技大学出版社美编室
印　　刷：	武汉科源印刷设计有限公司
开　　本：	710mm×1000mm　1/16
印　　张：	22.75　插页：1
字　　数：	446 千字
版　　次：	2023 年 9 月第 1 版第 1 次印刷
定　　价：	128.00 元

本书若有印装质量问题，请向出版社营销中心调换
全国免费服务热线：400-6679-118　竭诚为您服务
版权所有　侵权必究